数字赋能中国全球价值链攀升的逻辑研究

戴 翔 何启志 任志成 著

南京大学出版社

图书在版编目(CIP)数据

数字赋能中国全球价值链攀升的逻辑研究 / 戴翔，
何启志，任志成著. -- 南京：南京大学出版社，2024.
12. -- ISBN 978 - 7 - 305 - 28726 - 8

Ⅰ. F124—39

中国国家版本馆 CIP 数据核字第 2025LE2744 号

出版发行　南京大学出版社

社　　址　南京市汉口路 22 号　　　邮　　编　210093

书　　名　**数字赋能中国全球价值链攀升的逻辑研究**
　　　　　SHUZI FUNENG ZHONGGUO QUANQIU JIAZHILIAN PANSHENG DE LUOJI YANJIU

著　　者　戴　翔　何启志　任志成

责任编辑　武　坦　　　　　　　编辑热线　025 - 836592315

照　　排　南京开卷文化传媒有限公司

印　　刷　苏州市古得堡数码印刷有限公司

开　　本　787 mm×1092 mm　1/16　印张 20.25　字数 492 千

版　　次　2024 年 12 月第 1 版　2024 年 12 月第 1 次印刷

ISBN 978 - 7 - 305 - 28726 - 8

定　　价　98.00 元

网　　址：http://www.njupco.com

官方微博：http://weibo.com/njupco

微信服务号：njuyuexue

销售咨询热线：(025)83594756

前　　言

　　当前,中国融入全球价值链分工体系发展开放型经济,面临国内国际环境深刻变化,亟待迈向全球价值链中高端。毋庸置疑,影响全球价值链攀升的因素众多而复杂,从这一意义上看,中国攀升全球价值链中高端,既有机遇也有挑战。伴随人工智能、云计算、大数据等新兴科技的发展,数字经济已经成为当前和未来经济发展的重要趋势特征,数字技术也必将在重塑全球价值链、产业链和供应链,推动新一轮全球化发展等方面,扮演重要角色和发挥重要作用。在此背景下,中国能否抓住以数字技术为代表的新一轮信息技术革命带来的战略机遇,从而构筑数字经济发展的先发优势,打造国际合作与竞争新优势,依托数字赋能推动中国全球价值链攀升,事关中国能否在新一轮经济全球化中赢得开放发展的新机遇,在更高质量推动开放型经济发展的同时,为推动构建乃至优化全球价值链中做出更大的中国贡献。

　　针对数字赋能中国全球价值链攀升,可以从历史逻辑、理论逻辑和实践逻辑三个维度进行分析和探讨。

　　从历史逻辑角度看,中国改革开放的伟大事业正是在发达国家推动的全球价值链分工快速演进背景下开展的。经济全球化的发展史表明,国际分工由传统的以最终产品为界限的传统分工模式为主导,向以产品价值增值环节为界限的全球价值链分工模式为主导转变,主要得益于第二次世界大战后美国在信息技术革命方面取得巨大成就和突破。换言之,发端于美国的前一轮信息技术革命,为以全球价值链分工为主要内容和特征的经济全球化提供了动能。也正因如此,20世纪70年代以来,全球价值链分工的深度演进和发展主要由美国等发达国家跨国公司推动。改革开放以来的很长时间,中国融入和参与经济全球化,其实主要就是融入发达国家跨国公司主导的全球价值链分工体系。显然,囿于资源禀赋、发展差距以及技术条件等,中国只能以"低端嵌入"的方式参与全球价值链分工。这种参与方式和模式在特定发展阶段,具有选择上的必然性和合理性,一方面符合国际分工演进的大趋势,另一方面也契合自身的比较优势,因此总体上看是比较成功的。其结果不仅促进了中国产业规模尤其是制造业规模的迅速扩张,而且一定程度上也带来了产业升级。

融入发达国家跨国公司主导的全球价值链分工体系,只能是被动和跟随式发展,在全球价值链分工中扮演的角色也主要是"被整合者"。因此,这种发展模式到了一定阶段后,就会面临可持续困难。这种模式的不可持续性表现在多个方面,其中既有来自国内生产要素价格不断上升,从而传统比较优势丧失等因素,也有来自其他更多发展中国家参与带来的竞争加剧等因素。由此,中国攀升全球价值链中高端不仅紧迫,而且必要。然而,在原有技术革命推动的全球价值链分工过程中,由于主导和掌控全球价值链的主要是发达国家,因此,中国攀升全球价值链中高端,又会遭遇来自发达国家的"堵截"。也就是说,在原有由发达国家依托成熟技术主导和控制的价值链分工体系中,中国作为"被整合者"要想实现分工地位的根本性改善和突破,实际上是面临巨大挑战的。但是,2008年全球金融危机爆发表明,由前一轮技术革命和产业革命形成的推动经济全球化发展的动能基本衰弱,而以数字技术等为代表的新一轮信息技术革命正在加速发展。经济全球化发展史表明,任何国家和地区在新一轮技术和产业革命中,都有可能实现"弯道超车"的可能,进而在新一轮经济全球化发展中掌握和赢得发展的主动权。这对于当前面临数字经济蓬勃发展的中国而言,同样也不例外。或者说,中国面临构筑发展数字经济先动优势的可能机遇。这也就意味着,一方面,从中国融入全球价值链分工发展的历史进程看,当前已经到了亟待攀升中高端的关键阶段,另一方面,新一轮技术革命为打破发达国家在原有技术体系和技术范式上的绝对主导和控制,提供了新机遇。这是数字赋能中国全球价值链攀升的历史逻辑。

从理论逻辑角度看,推动分工演进的主要因素无非三个,即技术进步、要素禀赋和制度变迁。而在这三个因素中,技术进步通常又发挥着最根本性作用,并在一定程度上影响乃至主导着其他两个因素的发展和变化。如前所述,20世纪70年代以来全球价值链分工之所以能够得以快速发展,根本上在于技术进步。正因为技术进步,从而在生产技术上实现可分离性;正是因为技术进步,从而生产上实现可分离性后,不同生产环节和阶段能够被配置到不同国家和地区,实现了所谓全球价值链分工。其中当然还有制度上可分离的重要作用,比如,世界贸易组织(WTO)框架下的贸易和投资自由化制度,在全球范围内的推广和运行,为全球价值链分工发展提供了必要的制度保障,因此,不同生产环节和阶段才能够按照其要素密集度特征被配置到具有不同要素禀赋优势的国家和地区。然而,正如马克思主义政治经济学所揭示的生产力、生产关系以及上层建筑之间的关系,即虽然后两者对前者有反作用的影响,但生产力对后两者仍然具有决定性和根本性作用。归根到底,全球经贸规则的制度演进,其实也是社会生产力发展从而推动经济全球化发展的规律使然。

技术进步会带来产业革命和产业组织形态的巨大变革。与以最终产品为界限的传统分工模式相比,以产品价值增值环节为界限的全球价值链分工,就在产业形态和产业组织模式等方面有了很大变化和发展。这也正是为什么伴随全球价值链分工实践的发展,进而兴起了全球价值链大量理论研究的关键原因。因为虽然传统国际经济理论能够很好地解释传统国际分工和贸易,但很难很好地解释全球价值链分工下经济全球化出现的新形势、新变化、新问题。也就是说,实践的发展总是呼唤着理论的发展,伟大的实践呼唤着伟大的理论。经济全球化发展理论也是如此,总是伴随实践的发展而"与时俱进"。正确认识中国融入乃至引领经济全球化所处的历史方位和发展阶段,深入回答好在以数字技术为代表的新一轮信息技术革命下,能否实现以及如何实现中国攀升全球价值链等重大问题,都需要深厚扎实的理论支撑,需要马克思主义世界观方法论的科学指导,创新发展经济全球化理论和国际分工理论。比如,以数字技术为代表的新一轮信息技术革命,会对全球价值链分工形态产生怎样的影响,会导致全球价值链分工进一步拓展还是收缩?全球价值链分工演进会呈现怎样的趋势性变化?数字技术是否会导致全球价值链呈现重构趋势?对诸如此类问题的回答,不仅是理解新一轮经济全球化发展中出现的新形势、新变化、新问题、新现象的需要,也是从理论上解读中国能否在全球价值链新一轮发展中抓住机遇,实现分工地位根本性改善和提升的需要。理论上看,抓住新一轮科技革命产业革命的战略机遇,率先构筑先发优势,从中国融入国际分工角度看,既体现了发展的连续性,又体现了量变引发质变的阶段性。这是数字赋能中国全球价值链攀升的理论逻辑。

从实践逻辑角度看,顺应经济全球化发展大势,充分发挥自身比较优势,中国虽然以"低端嵌入"的方式融入发达国家跨国公司主导的全球价值链分工体系,却取得了开放发展的巨大成就。具体来看,通过40多年的开放发展,我们不仅通过融入全球价值链分工获取了一定的分工和贸易的静态利益,积累了大量的物质财富,而且一定程度上也促进了技术进步和社会生产力发展,提升了我们的生产能力和创造财富的能力。这种变化一方面意味着前文提出的,即继续走"低端嵌入"的参与方式和发展面临可持续困难,另一方面意味着我们已经具备了攀升全球价值链中高端的基础。众所周知,过去40多年中国的经济发展是在开放条件下取得的,未来经济高质量发展仍然需要在更加开放的条件下进行。因此,进入经济高质量发展新阶段后,从开放引领的角度看,开放型经济发展模式也必须从以往主要服务于经济高速增长,转向服务于经济高质量发展的新目标。显然,从融入全球价值链分工的特定维度看,必须在更高层次和更高水平上参与国际分工,实现分工地位的提升和改善。因为经济高质量发展从开放的角度衡量,绝不可能是一种"受制于人"或者"卡脖子式"的开放发展,而是要具有更高的附加值创造能力。同时,还需要对价值链具有一定的控制能力和主导能力。这就要求必须实现全球价值链攀升,这是中国开放发展进入新阶段的必然要求。

攀升全球价值链中高端,根本上取决于技术进步,取决于自主创新能力的提升。需要指出的是,在以往的开放发展中,由于我们融入的是发达国家跨国公司主导的全球价值链分工体系,因此,虽然一定程度上也实现了技术进步,也有自主创新,但主要是跟随和模仿式创新。当然,这也是在发达国家主导的成熟技术条件和技术范式下,尽快实现缩小与发达国家之间差距的必由之路。但是,当我们发展到一定阶段后,进步的空间就会被压缩甚至会被阻断。正如现有关于全球价值链攀升的理论研究指出的一样,一旦实现了工艺升级和产品升级,继续向链条升级和功能升级就会遭遇发达国家跨国公司的"堵截"。因此,在原有成熟技术范式和框架下,继续实施跟随和模仿式创新的开放发展战略显然已经没有进一步拓展的空间。庆幸的是,当前我们正面临以数字技术为代表的新一轮技术革命和产业革命带来的重要战略机遇。在数字技术进步和数字经济兴起的大背景下,在数字经济即将甚至可以说已经成为全球经济主要形态的大背景下,我们可以在新的技术范式和技术框架上实现新突破,依托自主创新能力的提升,在某个或某些领域率先实现突破,从而在全球价值链新一轮发展和演变过程中,占据某个或某些领域的制高点,并由此带动全球价值链分工地位的整体提升。这就是数字赋能中国全球价值链攀升的实践逻辑。

可见,数字赋能中国全球价值链攀升有其历史逻辑、理论逻辑和现实逻辑。正是因循这些基本逻辑,本书秉持"前提假设→理论建构→机制分析→效果评估→实践路径→战略调整与政策设计"的总体思路,着重探讨了数字赋能中国全球价值链攀升的如下几个方面的关键问题:

第一,数字技术下全球价值链攀升理论创新发展。理论来源于实践而又指导着实践。

明晰数字赋能中国全球价值链攀升问题,首先要对数字技术可能对推动全球价值链攀升理论的创新发展,进行深刻的阐释和探讨。本书研究认为,关于全球价值链攀升的本质内涵,传统理论解读主要侧重于提升开放效益、获取更多的分工和贸易利益。但在以数字技术为代表的新一轮信息技术革命及其引发的产业范式变革下,价值链分工中的产业链供应链安全稳定已经成为内生性需求,而非为应对外生冲击等被动选择。因此,兼顾效率和安全成为数字经济条件下全球价值链攀升的新本质内涵。与此同时,技术范式的改变会颠覆传统的所谓工艺、产品、功能以及链条划分的惯常逻辑和升级路径;"微笑曲线"原有形态也会发生各种变形,从而向两侧高端延伸的升级路径,同样面临不适用性的巨大挑战;数字技术甚至会对全球价值链产生显著的重构效应。基于对数字技术进步和数字经济兴起背景下新内涵的正确理解,全球价值链攀升理论亟待创新发展,不仅需要从"数字赋能"角度重新揭示价值链攀升的关键机制,还要从国内产业中高端化发展的"寻根之旅"上,探寻全球价值链攀升切实可行的新路径。

第二,数字赋能中国全球价值链攀升的世界意义。数字赋能中国全球价值链攀升,是根据我国新发展阶段、新历史任务、新环境条件做出的重大战略抉择。这不仅是我国经济发展模式的重大转型,从而具有"中国意义",而且有助于推动互利共赢的国际合作,为全球经济治理做出中国贡献,从而具有"世界意义"。当前经济全球化遭遇逆风逆流,全球价值链分工发展速度放缓乃至呈现一定程度的收缩,究其原因,是全球经济增长的传统动能弱化导致世界经济低迷、全球发展失衡,尤其是南北发展失衡的矛盾日益凸显、全球经济治理体系变革未能适应世界经济格局变化。中国依托数字赋能全球价值链攀升,必将为推动全球经济增长赋予新动能,在促进经济全球化发展更加具有包容性、推动全球经济治理体系不断趋于完善等方面发挥巨大作用。为了强化其"国际溢出"效应,凸显其应有的"世界意义",数字赋能中国全球价值链攀升,需要秉持人类命运共同体先进理念,并在依托以数字技术为代表的新一轮信息技术革命、畅通国内大循环、实施更高水平开放等方面尽快实现新突破。

第三,数字赋能中国全球价值链攀升的现实效应。针对数字赋能中国全球价值链攀升的现实效应,本书力图从两个层面、多个维度进行立体式和综合式探讨。所谓两个层面,主要是指根据数字赋能的作用形式,从而分别考虑数字基础设施的作用以及数字化投入的作用;所谓多个维度,主要是指考虑到当前度量全球价值链分工地位指标,虽然学术界已经提出了很多测算方法并不断加以改进,但截至目前仍未有普遍接受和认可的方法,为此,本章不仅借鉴现有各种采用相对普遍的测度方法,还在此基础之上进行适当的改进;不仅采用全球价值链分工地位指数等新指标,还采用诸如出口贸易结构优化、出口技术复杂度等传统指标作为中国全球价值链攀升的表征变量。实证检验结果表明,无论是数字基础实施所发挥的基础和支撑作用,还是从数字化投入可能产生的转型促进作用,都对中国全球价值链攀升产生了显著的积极影响,并且机制检验也在一定程度上证实了理论创新发展中所提出的各种假说。由此说明,依托数字赋能的确能够推动中国攀升全球价值链。

第四,数字赋能中国全球价值链攀升的路径识别。在数字技术下全球价值链攀升的理论创新发展分析中指出,传统理论所揭示的攀升路径在数字技术条件下面临适用性挑战。实际上,以何种方式参与国际分工以及在国际分工中究竟处于什么地位,根本还在于国内自身产业结构和产业层次。换言之,参与国际分工和贸易,只不过是国内产业和社会分工的跨国延伸,因此全球价值链分工地位的"根"仍然在国内。以数字技术为代表的新一轮技术革命,会推动全球产业结构朝着数字化、智能化、绿色化和服务化方向发展。因此,在数字技术条件下,实现全球价值链攀升的路径,从未来产业中高端化发展趋势看,必然意味着,谁在新一轮产业结构调整中以数字赋能,率先推动产业实现数字化、智能化、绿色化和服务化发展,谁就能占据新一轮全球价值链的制高点,就能在新一轮全球价值链分工中抢占发展先机,或者可以实现全球价值链攀升。这正是未来实现全球价值链攀升的必由之路。本书基于中国的经验数据分析发现,实现产业数字化、智能化、绿色化和服务化的中高端化发展,的确是中国攀升全球价值链的重要路径,但在进一步区分数字来源的国内国际差异时,我们发现两种不同的数字赋能"途径",会产生显著的差异性影响,甚至有可能会带来"差距陷阱"效应,即,如果中国与发达国家在数字技术等方面差距过大,从而对数字赋能的"国外途径"过度依赖,那么极有可能会跌入"差距陷阱"。这一研究发现对于如何依托数字赋能实现价值链攀升具有重要政策含义。

第五,数字赋能中国全球价值链攀升的机遇和挑战。从世界经济长周期的作用规律看,以数字技术为代表的新一轮信息技术革命,必将成为引领世界经济新一轮长期增长的重要动力,并且从技术革命和产业革命的历史逻辑看,每一次总会伴随着世界经济格局的调整和变化,尤其是不同国家和地区在世界经济中地位变迁。应该说,建立在数字技术进步基础之上的数字赋能,无疑能够为推动全球产业结构转型升级提供技术支撑和动力来源,但这种影响主要体现为"共性"而非"特有"。换言之,依托数字赋能实现全球价值链攀升,一方面,由于技术本身所产生的作用机制,对于所有国家和地区而言,应该说基本上都是成立和存在的;另一方面,数字技术作为一种客观因素,其具体的技术进步及其在各产业领域中的渗透和应用,也并非针对某个或某些国家和地区的专有权利。从这一意义上说,世界上所有国家和地区,都有可能率先在数字技术领域,或者说某些个别领域率先实现突破,并依托数字赋能而推动其他产业转型升级。从这一意义上说,中国在新一轮的以数字技术为代表的信息技术革命竞争中,实现数字赋能全球价值链攀升,既面临重要的战略机遇,也面临白热化技术竞争可能带来的挑战。

第六,以数字赋能全球价值链攀升为导向的中国开放战略调整。面临经济全球化出现的新形势和新特点,尤其伴随以数字技术为代表的新一轮技术革命推动下的全球价值链分工演进,中国亟待依托数字赋能推动全球价值链攀升,而把握上述机遇并实现上述目标,化解可能带来的风险和挑战,显然不能继续采用原有开放发展战略和路径选择,必须做出与新阶段相适应的战略调整和政策安排,必须在数字技术和数字产业领域的"卡脖子"和"牛鼻子"式的关键核心技术创新方面实现全面自主突破,如此才能在进一步适应新形势和把握新特点中,推动中国攀升全球价值链。这不仅需要进一步深化改革,还需要进一步扩大开放以适应数字技术开源开放的特征;不仅需要有短期的对策思路,从长周期的角度看,还需要有促进技术进步和激励自主创新的长期机制建设。

戴　翔

2024 年 11 月

目　录

绪　　论

　　自 20 世纪 80 年代以来,伴随科学技术的发展、国际范围内市场经济体制的基本建立和贸易投资壁垒的逐渐降低,国际分工和贸易的形式发生了巨大变化,突出表现为生产要素尤其是资本要素的跨国流动不断增强,以及全球中间产品贸易的迅猛发展,从而使得国际分工从传统的产业间及产业内分工向产品内分工转变。产品的价值链被分解了,国与国之间的优势更多体现为价值链上某一特定环节的优势,由此出现了国与国之间按同一产业或产品的生产环节或工序进行分工的现象,学术界把这种新的国际分工现象称之为全球价值链。中国改革开放的伟大事业,正是在此背景下开展的。然而,由于在改革开放之初,中国在劳动要素相对过剩、资本要素供给相对不足、企业制度相对落后造成企业家资源的高度稀缺、国家在教育以及研究开发方面所进行的投入非常不足等约束下,只能以"低端嵌入"的方式融入全球价值链。因此,面对全球价值链分工深入演进趋势下西方产业技术的转移和扩散,中国以开放的姿态主动接受和积极融合,虽然抓住了全球价值链分工所带来的战略机遇,从而实现了产业发展的"开阔地式推进"乃至升级,但长期以来开放型经济的传统粗放式发展道路,也带来了不平衡、不协调以及对资源环境过度消耗和损害等不可持续问题,尤其是进入 21 世纪以来,上述问题愈发凸显。从当前的背景和环境上看,正如党的十九届五中全会判断指出,世界正处于百年未有之大变局,单边主义、保护主义抬头、逆全球化浪潮兴起、多边制度秩序遭遇到前所未有的挑战,美欧等传统霸权国家对中国"出海"投资企业进行打压和抵制;从内部环境看,我国已转向高质量发展阶段,制度优势显著,治理效能提升,经济长期向好,物质基础雄厚,人力资源丰富,市场空间广阔,发展韧性强劲,社会大局稳定,继续发展具有多方面优势和条件,但也面临人口红利等传统低成本优势逐步丧失等巨大压力和挑战。总体来看,和平与发展仍然是时代主题,人类命运共同体理念深入人心,当前和今后一个时期,我国发展仍然处于重要战略机遇期,但机遇和挑战都有新的发展变化。面临国内国际环境的深刻变化,中国亟待攀升全球价值链中高端。

　　实际上,当前世界经济仍然处于深度调整期,贸易保护主义呈现抬头趋势,全球价值链、产业链、供应链正加速重组。经济全球化出现的新形势、新变化、新问题和新趋势,纵然是多种因素共同作用的结果,但其中最为关键和核心的因素仍然是推动分工演进的科技革命和产业革命。2008 年国际金融危机冲击以来,推动经济全球化发展的动力不足的根本原因,正是前一轮科技革命带来的信息、通信技术发展,尤其是计算机软硬件产业发展推动的全球化分工和产业布局的动力机制基本已经衰竭,或者说前一轮技术革命的生命周期基本已经结束。正是基于此,有学者研究指出,在新一轮技术革命大爆发并形成现实生产力之前,世界经济显然难以重返昔日繁荣发展的通道(裴长洪,2015)。令人欣慰的是,新一轮技术革命和产业革命已在孕育之中并初露端倪,正如习近平总书记在《求是》杂志发表的重要文章《努力成为世界主要科学中心和创新高地》指出,全球科技创新进入空前密集活跃的时期,新一轮科技革命和产业变革正在重构全球创新版图、重塑全球经济结构。而新一轮科技革命的实践演进趋势表明,不论是以人工智能、量子信息、移动通信、物联网、区块链为代表的新一代信息技术加速突破应用,还是以合成生物学、基因编辑、脑科学、再生医学等为代表的生命科学领域孕育新的变革,抑或融合机器人、新材料的制造业向智能化、服务化、绿色化方向的加速转型等,都与数字技术和数字革命密不可分。也就是说,伴随人工智能、云计算、大数据等新兴科技的发展,数字经济已经成为当前和未来经济发展的重要趋势特征,数字技术也必将在重塑全球价值链、产业链和供应链,推动新一轮全球化发展等方面,扮演重要角色和发挥重要作用。

第一节 研究背景及意义

改革开放四十多年来,中国快速而全面地融入全球价值链分工体系之中,既与自身选择的开放发展战略有关,也与全球价值链分工演进的大趋势和大环境有关。目前,一方面,中国亟待攀升全球价值链;另一方面,数字革命和数字技术进步已经成为推动全球价值链重塑的重要动力。基于这一现实背景,我们认为,中国全球价值链攀升必须顺应经济全球化和分工演进的发展大势,必须在新一轮技术革命和产业革命中有所作为,包括数字技术革命及其在实践中的应用。换言之,以数字赋能中国全球价值链攀升,不仅是重要的动力来源,也是重要的路径选择。

一、研究背景

改革开放四十多年以来,中国依托人口红利、政策红利、土地红利等传统低成本比较优势,以"低端嵌入"的方式加入发达国家跨国公司主导的全球价值链分工体系。这一模式在特定的阶段具有选择上的合理性和必要性,并且从实践经验角度看,也确实取得了巨大的开放发展成就。然而,一方面,近年来国际环境发生了深刻变化,突出表现为当今世界正经历百年未有之大变局。而新型冠状病毒感染疫情全球大流行使这个大变局加速变化,保护主义、单边主义上升,世界经济低迷,全球产业链供应链因非经济因素而面临冲击,国际经济、科技、文化、安全、政治等格局都在发生深刻变化,世界进入动荡变革期。另一方面,中国经济发展进入新阶段,原有的比较优势尤其是廉价的劳动力禀赋优势也发生了重大改变,廉价的劳动力禀赋优势基本不复存在。与此同时,当前以数字革命和技术进步为代表的新一轮技术革命和产业革命正在孕育之中,数字技术进步以及由此推动的数字经济发展,必将在重构全球创新版图、重塑全球经济结构方面产生重要作用。正是基于对国际国内环境的精准研判,党的十九届五中全会指出："加快发展现代产业体系,推动经济体系优化升级。坚持把发展经济着力点放在实体经济上,坚定不移建设制造强国、质量强国、网络强国、数字中国,推进产业基础高级化、产业链现代化,提高经济质量效益和核心竞争力。要提升产业链供应链现代化水平,发展战略性新兴产业,加快发展现代服务业,统筹推进基础设施建设,加快建设交通强国,推进能源革命,加快数字化发展";《中共中央关于制定国民经济和社会发展第十四个五年规划和二〇三五年远景目标的建议》在针对加快数字化发展进行战略部署时也明确指出:"发展数字经济,推进数字产业化和产业数字化,推动数字经济和实体经济深度融合,打造具有国际竞争力的数字产业集群"。

在此背景下,本书以促进中国全球价值链攀升和引领经济迈向高质量发展以及推动和引领新一轮经济全球化发展为导向,从经济全球化发展变化新趋势、新问题、新特点出发,尤其是从数字革命和数字技术推动的国际分工演进角度出发,结合中国自身经济发展阶段的实际变化情况,对"数字赋能中国全球价值链攀升"进行创新性理论分析,揭示"数字赋能"对"中国全球价值链攀升"的关键机制,厘清"数字赋能中国全球价值链攀升"的影响因素,包括面临的机遇和挑战,并对理论分析假说进行一系列的逻辑一致性计量检验,科学测度"中国全球价值链攀升"中的"数字作用和贡献",提出基于"数字赋能中国全球价值链攀升"的实现路径,探讨与之相适应的战略调整和政策优化,对相关问题展开深入系统的研究,具有重要的理论和实践意义。

二、学术价值

第一,探索与构建具有中国特色的开放发展理论体系。从指导思想上看,我国开放型经济发展理论的发展和演变,包括中国融入全球价值链分工体系实现开放发展,是在马克思主义理论的指导下,以马克思主义的基本观点和理论为基础,以中国特色社会主义经济重要思想为核心,从辩证唯物主义和历史唯物主义的角度看待国际经济理论,合理地借鉴经济全球化理论的精髓,结合中国经济发展的实践,形成了具有中国特色的开放发展理论。从发展理念上看,"数字赋能中国全球价值链攀升"是中国在世界经济缺乏新动能、以数字技术为代表的新一轮产业革命和技术革命出现端倪背景下,做出的重大开放发展战略转型,因此,其一方面体现了要顺应新一轮产业革命和技术革命推动分工演进的大趋势,另一方面体现了中国为推动世界经济新一轮繁荣发展赋予新动能而积极努力,彰显了大国责任和担当。也就是说,"数字赋能中国全球价值链攀升"不止具有中国意义,还体现出互利共赢、共同发展的理念,不断树立正确义利观,兼顾各方利益和关切,依托"数字赋能中国全球价值链攀升",努力构建互利共赢的开放发展模式,推动我国与世界各国、各地区共同发展。正如习近平总书记在第三届中国国际进口博览会开幕式上主旨演讲中所说:"下一步,中国将秉持开放、合作、团结、共赢的信念,坚定不移全面扩大开放,将更有效率地实现内外市场联通、要素资源共享,让中国市场成为世界的市场、共享的市场、大家的市场,为国际社会注入更多正能量。"与现有传统国际经济理论显著不同,在对数字经济条件下全球价值链理论做出创新性发展分析的同时,本书的研究还将"数字赋能中国全球价值链攀升"视为中国特色社会主义经济理论体系的重要组成部分,探索和构建具有中国特色开放发展理论体系。

第二,拓展关于全球价值链攀升路径的理论研究。理论总是伴随着实践的发展而发展,一方面,要在实践中不断总结理论,即根据实践的变化而进行理论创新,以解释新的实践现象;另一方面,创新发展的理论又能够用于指导进一步的实践。全球价值链理论包括全球价值链升级探讨形成的有关理论,正是基于分工演进的实践和现实需求而建立并发展起来的,在很多方面对传统国际贸易理论做出了创新性发展。全球价值链理论在价值链升级方面进行的大量探讨虽然已经取得了丰富的成果,并且正确地指出发展中国家融入发达国家跨国公司主导的全球价值链分工体系实现升级的路径,基本上是沿着从工艺升级或者说流程升级到产品升级再到功能升级以及链条升级的发展路径,这无疑为发展中国家实现全球价值链攀升指明了方向。但这种升级模式是不是一个自然而然的过程,其中的机制又是什么?对此,仍然语焉不详甚至存在巨大争议。著名的"微笑曲线"理论在解释企业和产业升级方面,同样存在类似的问题。总体来看,全球价值链升级的现有理论探讨无疑具有重要的借鉴意义和指导价值,但也面临进一步发展和拓展的巨大空间。特别地,犹如全球价值链分工模式相比传统国际分工模式有着巨大差异,从而推动了全球价值链理论快速发展一样,数字革命和数字技术的兴起正在重塑全球价值链,推动国际分工进一步深度演变。受此影响,不仅全球价值链攀升的路径可能会与以往的理论解释不尽相同,而且其中的作用机制可能同样发生了巨大变化。因此,关于全球价值链升级路径的理论同样需要创新性发展。比如,全球价值链的升级与全球价值链的治理模式密切相关,而数字经济的兴起不仅会改变以往传统价值链理论所揭示的"生产者驱动"和"购买者驱动"两种治理模式,还催生了所谓"平台经济"的新型治理模式,甚至这种模式可能成为未来一段时期内全球价值链治理模式的主导形式。显然,在传统治理模式发生改变以及出现新型治理模式下,升级的路径会发生怎样变化等问题,都需要做出进一步深入探讨。考虑到以上种种,本书将对全球价值链攀升路径在理论层面进行拓展分析。

第三,刻画"数字赋能全球价值链攀升"的理论机制。数字革命和数字技术进步,推动了数字产业化和产业数字化的快速发展,并凸显了数据价值,使得数据成为与土地、劳动力、资本、技术并列的第五大生产要素。显然,"数字赋能全球价值链攀升"本质上就是要发挥"数据"这一生产要素在促进全球价值链攀升中的作用。众所周知,伴随着经济实践的发展演变,生产要素界定的种类和范畴也在不断拓展,比如从最初的劳动这一单一生产要素发展为劳动和土地两种生产要素,再逐步拓展到资本、技术等三种、四种乃至更多种生产要素。在前一轮全球价值链分工演进过程中,不同国家和地区在全球价值链中的分工地位不同,实际上就是其不同的要素禀赋优势与具有不同要素密集度特征的生产环节和阶段相匹配的结果和表现。那么,当数据成为生产要素后,无疑会改变各国的要素禀赋结构,并且改变各种生产要素在影响和决定价值链分工地位的相对重要性。其中,数据要素将具有怎样的地位和扮演何种角色,能否赋能以及如何赋能全球价值链攀升,其中的作用机制尚需要进一步深入探究。生产要素的质量和层次,在全球价值链分工条件下,决定着一国分工地位的高低和层次。从这一基本原理出发,本书将从数据这一生产要素特殊属性和功能出发,及其与其他生产要素之间的关系和相对重要性角度,对数字赋能全球价值链攀升的机制进行理论刻画,从而明晰依托数字技术及其在各产业领域的渗透和融合,如何影响全球价值链攀升。

第四,实现研究方法的多样性。目前国内外针对数字经济条件下全球价值链攀升问题的研究,更多的是价值判断和应然性的讨论,基于传统的哲学和历史分析法,处于前实证阶段。这种以形式逻辑对现象进行分析和归纳的思辨分析方法,容易形成见仁见智的学术思想。比如,有学者认为"微笑曲线"在数字经济条件下会变为"武藏曲线",有学者认为会变为"悲伤曲线",也有学者认为"微笑曲线"会变得更为陡峭,等等。这就不可避免地存在未经排伪的因果结论和难以证伪的理论命题,难以形成逻辑缜密经受实证检验的科学理论,不利于对"数字赋能全球价值链攀升"形成科学认识,也难以为战略调整和政策优化提供更加科学的经验证据作为支撑。对"数字赋能中国全球价值链攀升的路径与测度"的深入研究,必须从思辨分析向经验分析、实证分析引入,向计量研究发现进一步拓展。本书研究全球价值链分工之"变",本质上是一个动态演进过程,我们完全可以结合经济学构建动态的数理和计量模型,进行定量研究,以科学的方式具体问题具体分析,在国际国内各种因素"变"的过程中,尤其是数字革命和数字技术带来的生产要素之"变"及一系列连锁之"变"过程中,实现目标最优化,找到均衡解。数量模型、计量方法尤其是因果识别和推断方法的快速发展,为解决相关问题提供了有力工具,我们可以将其合理充分应用,因而本书研究在方法上定性与定量结合,实现研究方法的多样性。

三、应用价值

第一,提升中国融入、扎根和攀升全球价值链能力,培育竞争新优势。改革开放以来,中国主要依托低端要素所形成的低成本比较优势,在快速而全面地融入全球价值链分工体系中,实现了中低端产业的"开阔地式"推进和发展,奠定了出口贸易增长奇迹的产业基础,带动了持续多年的经济高速增长。近年来,伴随国内各类生产要素成本进入集中上升期,传统低成本优势逐步弱化并未催生新型比较优势的形成,在产业层面上即突出表现为面临价值链低端锁定特征明显、产品品质提升困难等发展困境。而从外部发展环境看,当今世界正经历百年未有之大变局,我国开放发展面临的外部环境日趋复杂,单边主义、贸易保护主义有所抬头,经济全球化遭遇逆风逆浪,世界经济中的不稳定性、不确定性因素明显增多,经济全球化发展动能有所减弱。当然,从长期发展趋势看,由于驱动经济全球化发展的根本动力是社会生产力的发展和科技进步,而以数字革命和数字技术为代表的新一轮的技术革命和产业革命正在孕育之中,许多新的社会生产力因素正在形成,因此,经济全球化发展虽然遭遇了暂时的逆风逆流,但其发展的大趋势不会发生改变,开放、合作、共赢仍然是势所必然,尤其是和平与发展仍是时代主题。应该说,我国发展仍然处于重要战略机遇期,但机遇和挑战都有新的发展变化。因此,在此背景下,一方面,中国毅然决然地选择站在历史正确的一边,坚定地维护贸易和投资自由化,奋力推动经济全球化不断向前发展;另一方面,加快推动开放战略转型,迈向更高水平的开放,提升中国融入、扎根和攀升全球价值链能力,培育竞争新优势。唯有如此,中国才有可能在百年未有之大变局抓住新一轮发展机遇,才有可能在进一步"扎根"国际分工体系并不断提升分工地位中,更好地服务于经济高质量发展的现实需要,才有可能推动和引领新一轮经济全球化发展。

本题的研究旨在对"数字赋能中国全球价值链攀升"的理论、机制、现实效应等进行广泛探讨,对实现路径、战略调整和政策优化等进行研究,从而发掘和培育新型比较优势,提升中国融入、扎根和攀升全球价值链的能力。

第二,在亟待重塑国际合作与竞争新优势的关键阶段,对"数字赋能中国全球价值链攀升"的实现路径提供可靠的政策研究。本书拟对数字赋能中国全球价值链攀升的实际效果展开系统性分析,包括从国家宏观层面、产业中观层面以及企业微观层面分别进行考察。尤其是在理论和实证分析过程中,分别从需求层面、供给层面、作用渠道层面分析数字赋能中国全球价值链攀升的具体实现路径。在需求层面,利用全球多区域投入产出表,从国际最终需求、国内最终需求、国外中间品需求和国内中间品需求角度,识别不同的"需求引致效应"在提升数字化水平中的作用。在供给层面,着重从"分工和贸易利益"视角,审视数字在中国全球价值链攀升的实际"赋能"作用。在渠道层面,具体分析数字技术进步推动的产业数字化、智能化、绿色化和服务化发展程度,及其在促进中国攀升全球价值链中的实际作用。总之,本书将从不同视角、不同维度、不同细分领域等,分别进行系统性分析和探讨,从而在识别数字赋能中国全球价值链攀升的具体路径和评估其具体效果基础上,形成可为实践部门具体运用的对策和制度安排。

第三,全面评估"数字赋能中国全球价值链攀升"的实际效果。借鉴利用并在适当进行改进现有测度指标基础上,对全球价值链参与度、全球价值链位置、双边价值链关联度、简单价值链参与、复杂价值链参与、出口国内增加值等多维度,综合评估数字赋能在中国融入、扎根和攀升全球价值链能力中的现实效果和实际贡献,尤其是从要素收益角度评估数据这一生产要素在全球价值链中的价值创造能力,及其在出口国内增加值中的贡献度,进而从"分工和贸易利益"视角审视数字赋能中国全球价值链攀升的实际作用。与此同时,利用计量分析手段定量评估数字经济综合发展水平以及不同维度的数字经济发展状况,对"数字赋能中国全球价值链攀升"的作用效果。包括评估数字技术的关键要素,如网络通信(主要包括 4G 网络、5G 网络、光纤宽带、IPv6、卫星互联网等)、存储计算(主要包括数据中心、云计算以及人工智能等)、融合应用(通用软硬件基础设施+传统基础设施的数字化改造等)等数字基础设施,在赋能中国全球价值链攀升中的实际效果。此外,在定量全面评估"数字赋能中国全球价值链攀升"的实际效果的同时,还将识别影响提升行业数字化渗透率的主要影响因素,包括有利因素和不利因素,分析障碍因素可能产生的原因;厘清依托数字技术推动数字产业化和产业数字化面临哪些可能的机遇与挑战,利用主成分分析法等识别和检验主要影响因素等。据此,为理解和破除"中国低端嵌入全球价值链"的现实困境提供依据,从"数字赋能"视角为促进中国全球价值链攀升提供决策思路和具体对策举措。

第四,对研究结论赋予政策含义,具有决策参考价值。通过对"数字赋能中国全球价值链攀升的路径与测度"进行全面、系统、创新性深入研究,厘清中国依托数字赋能促进全球价值链攀升的各种有利因素和制约因素,确立实现"数字赋能中国全球价值链攀升"的具体路径,对各种促进数字经济发展和数字贸易发展的政策改革和扩大开放的政策举措,进行风险、收益及成本效益分析,从而有助于决策部门针对区域协作分工中的不同功能定位、不同经济发展水平、不同经贸合作层次、不同产业特征、不同消费情境、开放型经济不同发达程度等,在依托数字赋能促进全球价值链攀升过程中做出更加有针对性的安排。习近平总书记在深圳经济特区建立 40 周年庆祝大会上曾指出,越是开放越要重视安全,越要统筹好发展和安全这两件大事。尤其是在数据跨境流动的开放背景下,更应该重视安全问题。毋庸置疑,数字经济和数字贸易是经济全球化发展大势,但数据开放下的安全问题也会愈发凸显。越是在数据成为核心战略资源以及提升参与全球价值链分工能力的关键要素之际,越是要树立底线思维,把数据安全放在国家安全的重要战略位置。因此,对效果、风险、成本、收益等进行客观全面的分析,可以对研究结论赋予政策含义,提供更有参考意义的决策价值,有助于我们正确看待数字赋能中国全球价值链攀升与开放安全的辩证关系。

第二节　相关研究述评

在全球一体化的背景下,传统的以跨国公司为主导的,以进出口、对外直接投资、外包等经济活动为主要连接形式的全球价值链成为世界经济活动的一个主要形态,随着以中国为代表的发展中国家的崛起,对全球价值链的组成机制产生了重大影响,使价值链本身也发生了变化。特别地,以中国为主要引擎的世界经济中心"东升西降、南升北降"的格局变化,以及正在孕育中的新一轮产业革命和技术革命,正在推动全球价值链、产业链和供应链调整和重塑。另一方面,数字经济作为经济增长的主要驱动力在全球价值链的影响下也表现出了新的形态,即所谓数字贸易。数字革命和数字技术进步对传统价值链理论产生了颠覆性影响,为地区参与全球价值链和经济发展带来了新的机遇和挑战。中国共产党第十九届中央委员会第五次全体会议审议通过的《中共中央关于制定国民经济和社会发展第十四个五年规划和二〇三五年远景目标的建议》针对加快数字化发展进行战略部署时明确指出:"发展数字经济,推进数字产业化和产业数字化,推动数字经济和实体经济深度融合,打造具有国际竞争力的数字产业集群",这是我国经济发展进入新阶段后的重大发展战略,同时也是我国经济发展转向新的发展方式的重要标志。基于以上分析,本书拟把现有文献分为三大部分进行梳理:第一部分,全球价值链研究;第二部分,数字经济背景下的数字贸易研究;第三部分,数字经济影响全球价值链研究。

一、全球价值链研究

全球价值链,狭义上表现为"任务贸易"(Task Trade;Grossman,2002),即众多产业上下游各环节在主导性跨国公司的驱动下分布于世界各国进行生产、流通、销售和消费,本质上是主导性跨国公司为了在目标市场上获取有利的竞争地位,充分利用各地区相对较低的生产要素,组织与贸易成本完成各环节的任务,生产或提供相对低成本、相对高质量的产品或服务,各环节任务所在地区的承担者,即企业获得相应的增加值和利润。广义上表现为世界各国经济体凭借各自特定的、有显著差异的经济体制、要素禀赋和技术创新等方面比较优势,通过价值链连接在一起,形成一种共同发展的全球化网络。各地区之间或地区内部的企业在狭义的全球价值链上相互竞争、相互分工互补的关系使得各国经济体呈现出相互竞争、相互依赖的关系。全球性价值链分工范围越广,各国经济体之间一体化联系程度越高,全球性或区域性投资和贸易多边协定越加广泛和深入。拥有全球价值链主导企业数量越多的国家在全球化中获益越多,经济社会发展水平越高,其他国家分享其发展的机会越多,由此决定了它们在国际关系中影响力越大、维持和谐稳定的世界发展环境的国际责任越大。关于全球价值链的相关研究不断深入并且十分丰富,众多国内学者从价值链的动力机制、治理结构、产业升级等多方面进行了概括性探究且取得了一系列丰硕成果(金碚,2004;刘志彪,2009;鞠建东,2014),但就课题组所掌握的文献资料来看,还没有从全球价值链发展变化与数字技术创新驱动发展战略上直接进行研究,从本书研究思路和目标上看,这些文献的研究的侧重点与本书研究有很大的不同。现有文献主要涉及以下四大方面:① 全球价值链的兴起与产业升级研究;② 全球价值链下出口生产率的研究;③ 全球价值链下企业技术创新研究;④ 全球价值链与国内价值链关系研究。

(一)全球价值链的兴起与产业升级研究

关于 GVC(全球价值链)的升级模式,大致有工艺流程升级、产品升级、功能升级与链条升级四种形式,这四种模式与 OEM(原始设备制造商)、ODM(原始设计制造商)和 OBM(原始品牌制造商)进行对照。伴随产品附加值的不断提升,经济活动中,非实体产业的空心化程度也在不断提高。全球价值链具体的升级方式,主要由价值链的治理模式与动力机制所决定。治理模式包括市场导向关系型、稳定网络关系型、被俘获关系型与层级制四种,动力机制包括生产者驱动与购买者驱动两类。生产者驱动的 GVC 一般是资本和技术密集型产业的价值链,大型跨国制造企业发挥着主导作用。购买者驱动 GVC是指拥有强大品牌优势和国内销售渠道的经济体通过全球采购和贴牌加工(OEM)等生产方式组织起来的跨国商品流通网络,能够形成强大的市场需求,拉动那些奉行出口导向战略的发展中国家的工业化(Humphrey & Schmitz,2000;Gereffi & Korzeniewicz,1994)。

在全球化分工体系中,一个重要的经济特征就是部分发展中国家(新兴市场国家)以价值链低端加入以发达国家主导的该体系(且绝大部分加入 GVC 的企业同时也加入地方性产业集群),主要分为两种观点,发展中国家融入全球价值链是否有利于本土企业的升级,并未在学术上达成共识,存在众多分歧与争论。Gereffi(1999)认为,加入由发达国家所主导的 GVC 分工体系,发展中国家就会自动实现本土企业的价值链升级,从关注零部件到设计自己的产品,到拥有自主品牌,本土企业即可完成转型升级。Costinot & Rodriguez(2014)指出,当地方知识与外部知识结合时,已有的技术能力将实现扩张。持同样相似观点的还有 Dietzenbacher et al.(2013)、Chang(2014)、Aaronson(2018)、Rhee Yung(1984)。但是,与上述学者的观点不同,Gramer(1999)持相反观点,他认为由于局限于自身的比较优势,欠发达国家被迫处于 GVC 的初级产品生产活动,因此可能长期被锁定在发展的“低端道路”上,并在收益分配方面受到难以逆转的残酷剥削,从而无法实现升级。Humphrey 和 Schmitz(2004)等人也认为,在“被俘获”的 GVC 中,发展中国家企业的升级进程很可能被发达国家的大买家压制或者“被俘获”于 GVC 的低端环节,很难向价值链的高端攀升,更不存在升级过程中的所谓"自动"实现机制。

国内关于发展中国家加入 GVC 究竟是"比较优势陷阱"还是"比较优势馅饼"的观点,大致梳理如下:GVC 确实能推动发展中国家贸易量的迅速增长,融入全球分工网络有利于产业升级。一些学者(张晔,2005;安礼伟,张二震 2010;文嫦,曾刚,2005;张辉,2006;刘志彪,2007;卓越,张珉,2008;俞荣建,2010)认为,产业升级并不意味着代工升级,但是发展中国家单个企业、产业集群以不适当方式加入全球市场,可能会带来某些发展中国家出现贫困化增长的现象,或面临产业升级的障碍,我国大部分企业低端切入 GVC,收益很低,GVC 的大部分利润都被发达国家跨国公司获取。从其他角度进行研究的代表性观点主要有:张辉(2006)认为,针对 GVC 的生产者、购买者和混合型三种驱动类型动力机制,应该按照不同的市场竞争规则来运作。俞荣建等(2010)提出,构建自主的全球价值体系,是新一轮全球价值体系重构中本地企业的根本出路。韩晶(2008)认为,在 OEM 转向 ODM 的升级阶段,发展中国家最主要的策略是持续的技术学习以做好产业升级的能力积累;而在 OEM、ODM 向 OBM 的升级跳跃阶段,发展中国家的策略是创新和差异化,并且要注重价值链下游的渠道控制。卢福财、罗瑞荣(2010)指出,中国要实现产业升级,提升各产业在 GVC 分工中的地位,必须大力促进各地区特别是贫困地区加大对人力资源质量开发方面的投入,进入"收入低下—质量投入增加—质量提高—产业高度提升—收入增加"的良性发展。

(二)全球价值链下出口生产率的研究

作为全球价值链上非常重要的一个环节,出口对一国经济增长的作用越发显著。生产率的提高是经济增长的持久动力。考察出口和生产率之间的关系成为学界关注的重点之一。自 Beranard et al.(2006)的开拓性研究以来,很多文献利用不同国家的微观数据都发现了出口企业生产率较非出口企业更高的现象,并由此产生了一些相关的解释。第一个解释与"自我选择效应"有关,即只有生产率高的企业才能够出口。代表性研究,Melitz(2003)提出的异质性企业贸易模型讨论了企业的生产率对其出口决策的影响。异质性企业出口行为的一个普遍被接受的解释认为,生产率高的企业利润高,从而有能力承担进入出口市场的固定成本。另一个是关于"出口中学习"假说的解释,其强调企业通过与出口市场中的消费者或同行互动,能够获得新的知识和技术,从而出口有利于生产率的提高。大量研究对这两种解释进行了验证(Fold & Larsen,2008;Buciuni,2014;Afolabi et al.,2018)。还有一个被称为"贸易引致学习",在本质上与"出口中学习"类似。

国内的学者在早期对上述理论,尤其是"出口中学习"多数表示支持。例如,张杰、李勇、刘志彪(2008,2009)就以"出口中学习"为基本出发点,先后以江苏本土制造业企业微观数据和全国本土制造业企业微观数据,结合 OP 方法和 PSM 模型,都稳健地验证出口通过"出口中学习"效应促进了中国本土制造业企业全要素生产率的提高。还发现出口对中国本土制造业企业全要素生产率的促进效应,并不是通过促进企业自主创新能力的提升获得,而有可能是通过促进企业生产工艺流程与组织管理方式改善以及外部制度环境改进等非创新因素获得。

随后部分学者对我国出口贸易的经验研究发现这样一个有趣的事实:在一些行业内,

出口企业不仅占据了大多数,其生产率平均上也比非出口企业低(李春顶,2010;Firpo & Fortin,2011;Agrawal,2013)。这就和经典异质性企业贸易模型的预测(Melitz,2003;Bernard et al.,2003;Melitz & Ottaviano,2008)及发达国家的特征事实不一致(Bernard et al.,2007;Crestanello & Tattara,2011),我国出口企业生产率的经验事实预示出我国对外贸易可能存在某种"特殊性"。更为重要的是,如果中国出口企业的生产率水平低于非出口企业,Melitz(2003)中的企业自我选择效应就可能不会在中国发生。李春顶(2010)将这种现象称为"生产率悖论"。此后关于出口与生产率在中国究竟是正向关系还是反向关系展开了激烈的争论,这里仅选择一些代表性的文献来讨论。首先来看支持"生产率悖论"的文献。文东伟、冼国明(2014)运用动态面板数据模型和 GMM 模型讨论了制造业空间集聚、融资约束、全要素生产率等因素对中国制造业企业出口的影响。"生产率悖论"的现象在此得到了验证,即生产率越高的企业,出口强度反而更低。刘晴、张燕、张先锋(2014)通过将出口密集度和固定成本的取舍,关系融入经典异质性企业贸易模型,该文阐述了出口密集度与企业生产率的关联机制。模型结论表明:低效率企业会通过"低固定成本—高出口密集度"方式参与对外贸易,高效率企业则通过"高固定成本—低出口密集度"方式同时在国内和国外市场进行规模化销售。当外需减小时,大规模高出口密集度企业可能首先退出市场。另一方面,"生产率悖论"的呼声在近年有下降趋势,而范剑勇、冯猛(2013)通过细分出口密度得到了不同的结论。文章按照出口密度大小分成 4 组出口企业,发现第一组出口企业 TFP(出口密度为 0~25%)远高于内销企业和其余 3 组出口企业,且学习效应强度大、持续时间长;第四组出口企业 TFP(出口密度为 75%~100%)低于内销出口企业,且没有学习效应。上述结论否认了出口企业存在生产率悖论现象,证实出口企业的 TFP 高于内销企业。同时,出口企业的生产率优势来源于自选择效应和学习效应两种不同机制,其中出口学习效应约占生产率优势 34%~35%的贡献份额。

(三)全球价值链下企业技术创新研究

企业是出口贸易的微观主体,而出口价值链提升的本质实际上与企业自主创新和技术进步密切相关。因此,全球价值链对企业自主创新的影响研究在一定程度也可以看作是对出口价值链影响的研究。自主创新理论最早可追溯到技术创新理论,1912 年,美国籍奥地利经济学家熊彼特(Schumpeter,1912)在其著作《经济发展理论》中首次提出了"创新"(Innovation)概念,之后经过逐步完善形成了如今的创新理论。以技术变革和推广为对象的技术创新经济学则是创新理论的一个重要分支学科。所谓自主创新并不能理解为自己创新,而是一个包括原始创新、模仿创新、引进和消化吸收创新以及集成创新的综合性概念。在全球价值链理论产生以后,国内外学者开始将全球价值链和自主创新两个概念结合起来研究和讨论,尤其是在全球价值链对企业自主创新的影响方面,做了大量的研究。概括起来,现有研究主要表现为以下三支文献。第一支文献认为,全球价值链对自主创新可能具有积极影响。例如,Ernst(2002)对"俘获型"治理模式的全球价值链下企业创新活动进行了研究,其分析指出,跨国公司在全球布局生产网络,其外包项目不仅包括正常的生产加工,而且某些研发设计环节的外包也开始逐渐增加,这为落后国家融入全球价值链分工体系,获取知识和技术从而进行创新活动提供了广阔空间。Hobday(1995)、Johnson(2014)的研究进一步指出,在不同治理模式的全球价值链分工体系中,经营对于创新能力的获取是至关重要的。例如,为跨国公司进行代工生产,不仅能够为融入全球价值链分工体系的发展中国家企业提供工艺流程升级和产品升级的重要机遇,而且更加有利于提高国内价值链的整体创新能力。Sproll(2014)在研究拉丁美洲融入全球价值链的发展问题时,以产业升级作为创新的替代变量,研究认为,创新的目的是获得更多的附加值,而在全球价值链分工模式下,实现这一目的的方式应该说是多种多样的,如向全球价值链的高端攀升,或者使用新的生产力等,而无论是哪一种,都是企业创新的表现;这也就意味着,在利益最大化驱动下,融入全球价值链的企业更有创新的动力,以攀升高端获取更多的附加值。部分学者(Arie,1996;章健,2001;Sturgeon,2008;Kano,2018)从核心能力出发,认为在全球价值链条件下,企业的技术创新是由内而外和由外而内两方面的活动共同构成的一个良性循环过程,由外而内的创新活动能够创造出更加优秀的企业,而通过由内而外的产品开发、设计、生产和销售等,企业更加具有竞争力。更为积极的观点认为,发展中国家企业融入全球价值链分工体系,有利于整合全球资源进行创新活动,因此,积极融入全球价值链可以突破自身资源禀赋的约束,实现从线性思维到互动思维的转变,从而更有利于自主创新(Bottazzi,2003;张虹,2004;任家华和牟绍波,2009;康志勇,2010;Dmitriev,2013)。大体而言,融入全球价值链分工体系,对于发展中国家的企业而言,是实现技术进步和创新能力提升的重要机遇(Seres,2007;Ockwell et al.,2008;David,2009;Verdolini & Galeotti,2011;Sampath & Roffe,2012)。

与上述观点不同,部分学者研究认为,融入发达国家跨国公司主导的全球价值链分工体系,对于发展中国家企业来说,是不利于其自主创新能力提升的。这就是第二支研究文献的代表性观点。第二支研究文献认为,嵌入全球价值链对于企业自主创新具有制约或者影响作用比较小。比如,Strugeon(2002)从技术溢出的角度出发,研究指出,跨国公司主导着全球价值链的高端活动,诸如研究与开发,而这些高端活动或者说价值增值环节,往往集聚在几个特定的产业中,集聚在少数具有垄断能力的跨国公司手中,因而对落后国家的溢出效应不仅限定于特定的区域内,而且都是非核心技术,因此,总体来看,是不利于发展中国家企业提升自主创新能力的。更为重要的是,由于不同生产环节的要素密集度特征不同,以及专业化于各种不同生产环节可能面临的技术进步空间不同,发展中国家企业融入发达国家跨国公司主导的全球价值链,有可能会形成新的所谓"中心—外围"格局,从而对发展中国家企业的技术进步和自主创新能力的提升会产生"锁定效应",这种影响是极其不利的(Keller,2004;Mancusi,2008;Ockwell et al.,2010;Johnstone,2011;Glachant & Blanc,2013)。还有部分学者以市场竞争为切入点,从纵向和横向两个方面分析了全球价值链对发展中国家制造业自主创新的制约作用(Braun,2003;陈爱贞,2008;Hoffmaister;2010)。此类研究认为,在纵向竞争格局中,一方面,跨国制造业通过对价值创造和利益分配的控制,使得发展中国家制造业获得的利润微薄;另一方面,纵向竞争格局容易强化发展中国家企业在技术上对跨国公司的追随性,约束了发展中国家制造业的创新路径(谷克鉴,2000;Greenway,2004;Schankerman,2013)。而在横向竞争中,竞争压力会促使发展中国家制造业加快对跨国公司的技术引进,从而在一定程度上会弱化发展中国家企业自主创新的动力和潜力(Kokko,2006;刘春生,2008;Spatareanu,2009;Hovhannisyan,2011)。而且,有些学者的研究认为,发展中国家的企业由于受制于自身技术条件和禀赋结构的制约,一开始以"低端嵌入"的方式融入发达国家跨国公司主导的全球价值链,按照比较优势虽能获得一定的分工利益(Hoekman,2005;饶扬德,2007;Johnstone & Kahrobaie,2010),从而对发展中国家企业构成了一定的"馅饼"诱惑效应(Haites & Duan,2006;Silva & Johnstone,2012,郑雅东,2013),但是正如德国经济学家李斯特所指出,构建创造财富的能力要比财富本身要重要得多,然而,处于全球价值链控制端的跨国公司可能进行的"纵向压榨",会使得发展中国家企业的技术进步受阻,不利于技术水平提升和自主创新能力的提升,从而丧失创造财富能力提升的机会(Seres et al.,2006;Kahrobaie et al.,2011;Dekker et al.,2012)。

第三支文献是单独讨论全球价值链与企业自主创新之间关系的。比如,Altenburg(2006)融入全球价值链分工体系,对发展中国家企业自主创新能力的影响,或者说发展中国家企业是否具有自主创新能力,在很大程度上由发展中国家企业在全球价值链中的地位所决定的。当融入全球价值链分工体系中的发展中国家企业进行的创新活动与主导全球价值链的跨国公司利益相一致时,跨国公司就会给予支持和帮助,从而会缩短发展中国家企业的研发周期,促进其技术进步,提升其创新能力。但是,如果发展中国家企业进行的创新活动与主导全球价值链的跨国公司利益不相一致,甚至是威胁到主导全球价值链的跨国公司利益时,此时跨国公司不但不会给予支持和帮助,反而有可能会进行阻挠,这会延长发展中国家企业的研发周期,抑制其技术进步,抑制其创新能力的提高。Andrea et al.(2007)的研究认为,由全球价值链所带来的技术溢出效应,可能对嵌入其中的发展中国家企业技术进步和创新能力产生影响,这与全球价值链的治理模式有关。换言之,不同的治理模式下,其溢出效应可能不尽相同。因此,看待全球价值链的技术溢出效应要区别对待。Federica & Antonello(2008)从知识转移的视角,通过多元模型对泰国1 385家企业2001年至2003年的时序数据进行研究发现,跨国公司对东道国的知识转移,与跨国公司在泰国(东道国)的购买力、跨国公司为了适应泰国(东道国)市场所做出的努力,以及泰国(东道国)企业自身的技术实力等因素密切相关。Marcos & Patricio(2008)则以新古典主义理论为基础,分析了南半球最大的锯木企业,研究结果表明,企业在进行创新活动时,应主要集中于全球价值链中的高端环节。但与此同时,他们的研究还指出,这个结论不一定适合于其他所有的企业,无论是何种企业,以何种方式嵌入全球价值链分工体系,嵌入的具体位置是什么,嵌入的企业进行创新活动时,都应该根据自身的实际情况来做出合适的选择,并不存在一个放之四海而皆准的真理和标准。Roman et al.(2015)的研究则认为,发展中国家企业融入全球价值链分工体系,能否实现创新能力的提高,实际上不仅与企业自身的战略选择有关,还与国家的整个创新体系有关。还有些学者认为,融入全球价值链对发展中国家企业自主创新的影响,需要具体区分发展中国家企业在全球价值链中的具体位置,在工艺升级和产品升级阶段的自主创新行为,可能会得到发达国家跨国公司的支持和帮助,从而影响是有利的,但是一旦攀升到功能升级和链条升级的阶段,其自主创新可能会受到来自作为全球价值链"链主"的跨国公司阻扰,从而影响是不利的(刘志彪,2009;郑江淮,2010;Yeaple,2009;魏明亮和马涛 2012;Lybbert,2013)。总之,融入价值链本身很难说是有利于还是不利于发展中国家企业自主创新和技术进步(Saggi et al.，2005；华民，2007；Watson et al.，2011；Shih et al.，2012；WTO，2014)。

（四）全球价值链与国内价值链关系研究

在全球价值链的分工条件下，有关国内价值链与全球价值链的互动关系研究，实质上可以追溯到"母市场效应"(也称本土市场效应)的理论和实证研究。所谓本土市场效应，最早由 Krugman(1980)提出，核心思想是：在一个存在规模报酬递增和运输成本的世界里，企业为了充分利用规模经济的优势并节约运输成本，会集中在一个拥有较大需求的市场附近进行生产。因此，一个拥有较大需求的国家将成为净出口国。国家之间的专业化程度则取决于两国需求的差异程度，当需求差异程度超过进口品需求与国内产品需求的比率时，生产将完全集中在需求较大的国家，进行专业化生产。Kurgman(1991)在一个充斥着规模报酬递增、运输成本、差异化产品的世界中，扩展了"dixit-stiglitz"模型，构建了"中心—外围"模型(core-periphery)，解释了制造业企业为什么会集聚的问题。一个区域存在两股力量：向心力和离心力。向心力指的是农产品市场的竞争效应；离心力指的是本土市场效应和价格指数效应。向心力作为主导力量时，产业呈现集聚态势，反之会扩散(林桂军等，2013)。CP 模型成为新经济地理学(New Economic Geography)的基础模型，HME 则成为理论的基石。CP 模型放松了传统的 Heckscher-Ohlin-Vanek 模型的假定：从规模报酬不变的完全竞争(CRS-PC)转变成规模报酬递增的不完全竞争(IRS-MC)，从而发展出来的新贸易理论，其核心观点认为：在一个不存在要素禀赋和技术差异的世界中，消费者偏好的异质性和规模报酬递增也能导致分工和贸易。但是新贸易理论及其核心范式——本土市场效应过于依赖其精巧的假设条件，因此不断有学者研究和发展新贸易理论。在实证研究方面，Davis 和 Weinstein(1997)分析了日本国内不同区域之间的联系，并将结果与 OECD 国家之间做了比较，区域的数据证实了经济地理学的假说，日本 19个制造业中有 8 个支持 HME。Trionfetti(2001)提出了母国偏向效应，并且用投入—产出表来计算偏向效应，用来区分 IRS 和 CRS。实证结果表明：偏向需求和 IRS 的产出呈正相关，54.86％产出与 IRS 有关，41.15％的产出由 CRS 得出。Schumacher(2003)用引力模型及 22 个 OECD 国家 25 个 3 位数产业数据进行实证研究，解释了产业层面的双边贸易中的进/出口比率，制造业收入与市场规模正相关。此外，张帆、潘佐红(2006)结合了 Fujita et al.(2000)的理论模型和 Davis & Weinstein(1996、1999)的经验模型，利用中国1997 年 31 个省(市、区)19 个产业的生产、需求以及禀赋资源数据，发现了至少 7 个行业显著存在本土市场效应。邱斌、尹伟(2010)对贸易模式进行了细分，分为加工贸易和一般贸易。在加工贸易中，低劳动成本和技术水平行业，本土市场规模与出口负相关；一般贸易中拥有高劳动成本和科研能力的行业，本土市场效应更加强烈。上述研究对于理解全球价值链分工条件下，本土价值链构建具有重要意义，换言之，本土市场效应在一定程度上决定着一国出口价值链在全球价值链中的状况。

虽然"本土市场效应"的有关理论和实证研究，内含在全球价值链分工条件下，本土市场效应对一国出口价值链及其在全球价值链中的可能意义和内涵，但基于这一视角的研究并没有直接对全球价值链和国内价值链进行直接研究。近年来，针对全球价值链条件下中国出口品的国内增加值相对较低问题,引发了学者们对全球价值链和国内价值链互动问题的热烈讨论。较早的代表性研究,如刘志彪等(2008)分析指出,东部地区在加入全球价值链时,由于对"世界加工厂"的低端定位,在某种程度上把中西部地区压制在原材料和劳动力等生产要素供应商的地位,抑制了中西部地区发展劳动密集型产业的空间和可能的选择。由于目前东部沿海地区自身面临完成产业升级的艰巨任务,还没有足够的经济能量来带动区域经济和关联产业的发展,总之,嵌入全球产业链底部导致出口的国内价值链较短,是中国出口贸易的一个典型特征(徐朝阳和林毅夫,2009)。张少军(2009)利用来自投入产出表的新方法,测度了广东省和江苏省全球价值链和国内价值链的水平。结果表明,粤苏两省切入全球价值链的倾向高于切入国内价值链的倾向,其言外之意就是出口价值链相对较短。柴斌峰和杨高举(2011)基于非竞争型投入占用产出模型,提出了一个分析高技术产业国内价值链与全球价值链相互关联的新框架,即以改进的显示性比较优势指数加权的国内完全增加值衡量全球价值链地位,以国内完全消耗系数的部门构成衡量国内价值链状况,两者通过国内投入结构相互影响,通过历史时期的纵向比较与跨国的横向比较以及实证分析发现,国内价值链的高级化会明显地促进全球价值链地位的提升。赵放和曾国屏(2014)研究发现,当产业仍处于全球价值链中低端时,构建相关国内价值链(NVC)可能出现高技术行业升级对低技术行业升级"挤出"大于"互补"的联动效应,从而抑制本地相应生产性服务业的发展。徐宁、皮建才和刘志彪(2014)的研究指出,代工企业在全球价值链中处于微利化、被俘获的境地,无法拥有核心技术和自主品牌,难以实现真正的升级;选择加入国内价值链是代工企业突破跨国买家封锁,实现链条升级的重要途径。

二、数字经济背景下的数字贸易研究

数字贸易兴起的基础是数字经济(Digital Economy)。数字经济在《二十国集团数字经济发展与合作倡议》(2016)中被定义为以数字化信息和知识为生产要素,以现代信息网络为重要活动空间,有效利用信息通信技术(ICT)作为生产力增长的重要驱动力的一系列经济活动。因而,数字经济的不断发展很大程度上对产业产品进行了创新,对全球贸易体系产生了影响,从而形成了数字贸易(Carlsson,2004;Khumalo,2010;Maetal,2019;Meltzer,2019;吴伟华,2019;蓝庆新和窦凯,2019)。现有关于数字经济背景下数字贸易研究的文献主要涉及以下四大方面:① 数字贸易的演进历程;② 数字贸易的演进理论;③ 数字贸易的影响;④ 数字贸易规则。

(一)数字贸易的演进历程

数字贸易是全球化和数字化发展到一定时期而产生的新型贸易模式,在发展的起步阶段可以被认为是电子商务。其中,电子商务这一观念最早由 IBM 公司于 1996 年提出,Popescu & Manoela(2007)将电子商务定义为买卖双方的商业交易本身,交易前后所有的互动和信息交流,以及相关的技术支持。Turbanetal(2017)认为电子商务在实践中的应用最早可以追溯到 20 世纪 70 年代初,当时主要是在金融机构之间,货币以电子方式转移,被称为电子资金转移(Electronic Funds Transfer),资金可以从一个组织通过电子的方式转移到另外一个组织。然而,当时通过电子方式进行资金的转移仅限于大型公司、金融机构和其他一些敢于尝试的企业。而因特网在 1969 年出现,1991 年被允许向公众开放,1993 年支持多媒体应用的功能,均推动着电子商务的进程。

按照交易主体,电子商务模式主要分为企业对企业(B2B)、企业对消费者(B2C)以及消费者对消费者(C2C)这三种模式。而随着数字技术的不断发展以及在贸易中的广泛运用,电子商务的内涵不断地延伸与拓展,这就产生了"数字贸易"这一概念,也出现了企业对消费者对企业(BCB)这种新型的数字贸易模式。这种数字贸易模式将商家、个人以及生产供货商这三个贸易主体在互联网这一平台上紧密联系在一起。现阶段,学界认为电子商务属于数字贸易的范畴,数字贸易不仅包括通过电子商务进行的货物贸易,还包括与货物交付相关的服务贸易(王惠敏、张黎,2017),而数字贸易中具有代表性的形式为跨境电子商务(刘航等,2019)。总的来说,可以认为数字贸易是电子商务的进一步发展,是电子商务的更高级形式。

按照贸易形式,国际贸易发展到现阶段大概经历了三个阶段:首先是传统贸易的出现;之后,在运输等各方面成本降低的基础上产生了全球价值链贸易;随着全球现在经历的数字化趋势,沟通、传输的方式变得更加快捷简便,成本更加低廉,从而产生了数字贸易。数字贸易作为贸易体系,经过各种驱动因素发展到现阶段,在保留了之前传统贸易形式的同时,也具备了众多之前的贸易形式所不具备的特性。其一,数字贸易的贸易模式较之前两种贸易模式有所创新,数字贸易的产品既包括数字产品,也包括服务贸易以及实体货物(USITC,2014;Lund & Manyika,2016)。其二,由于数字贸易的发展依托云计算、大数据等技术的不断进步升级,在这些新型技术不断涌现的情况下,数字贸易的内容也在不停地更新与升级,这对制造业等相关产业的智能化转型会产生促进作用(Ma et al.,2019)。其三,数字贸易是在信息与通信技术等技术进步、相关基础设施不断完善的基础上衍生出来的,随着云计算、大数据、移动互联网、社交媒体等现代信息技术在全球范围内的普及应用,数字贸易也将能够在更广阔的地理范围得到普及(Abeliansky et al.,2016;Lund & Manyika,2016)。

根据马述忠等(2018)对"数字贸易"的演进历程的划分,认为可以将数字贸易的发展划分为两个阶段:第一阶段,数字贸易的贸易对象仅仅包含数字产品与服务;第二阶段,数字贸易的标的物中包含实体货物。这两个阶段以 2014 年美国国际贸易委员会(USITC)对"数字贸易"概念进行扩充作为划分的时间节点。认为当前世界上数字贸易较为发达的欧盟和美国等经济体均处在数字贸易发展的第二阶段,而其他一些数字贸易仍处于起步阶段的经济体和国家,其数字贸易发展仍然处于第一阶段。同时,部分经济体由于缺少数字贸易的相关基础设施,比如电信、互联网等硬件基础设施以及操作系统、共享平台等软件基础设施,尚未参与到数字贸易当中。

(二)数字贸易的演进理论

随着数字技术的发展,数字产品交易这一新型的贸易方式产生,而数字贸易中包含数字产品的贸易,因而在对数字贸易的定义进行归纳之前,需要先对数字产品的理论研究进展进行总结。Chau et al.(2002)认为任何能被数字化(转换成二进制格式)的商品或服务是数字产品。但是以上对数字产品概念的表达较为笼统,在 2003 年美国与智利签订的双边自由贸易协定中,数字产品被重新定义为计算机程序、文本、视频、图像、录音和其他经数字化编码并以电子方式传输的产品,这一定义在美国主导的自由贸易协定中一直使用。在早期的 WTO 谈判中,虽然秘书处未给出明确的定义,但是也将数字产品的分类列举出来:电视电影、音乐、软件、录音录像、计算机和娱乐节目。近年来,有学者认为对数字产品内涵的早期研究不够全面,所以开始从狭义的角度和广义的角度分别进行分析。从狭义上看,数字产品是通过数字或者网络方式传输的物品;广义上看,数字产品中还应包括运用数字技术的电子产品,通过网络进行传输的产品,以及依托于一定的物理载体而存在的产品(Gao,2017)。Neeraj(2019)更进一步认为,需要体现出商业贸易覆盖的全部产品和交易平台,因而将数字产品分为在网络上订购的有形商品,数字化的音乐、软件和书籍等的媒体,3D 制成品以及智能商品。

数字产品的贸易形成了早期的数字贸易,但经过发展的数字贸易变得较为复杂,比如在麦肯锡全球研究所发布的题为《数字全球化:全球流动的新时代》(Manyika et al.,2016)的报告中,认为除了传输有价值的信息流和思想流之外,数据流还支持商品、服务、金融和人员的流动。由于数字贸易的发展尚未经历很长的时间,尚未成熟,并且存在多种多样的发展方式,因而对于数字贸易的研究时间跨度较长,难度较大,全世界不同国家的不同机构和研究人员对于数字贸易这一概念都没有一个统一明确的界定。

一方面,从世界各国的官方机构对于数字贸易的定义这一角度来看,早期将数字贸易等同于电子商务。早在 1998 年世界贸易组织第二次部长会议设立的"电子商务工作计划"中,"电子商务"这一概念被定义为通过电子方式生产、销售或交付货物和服务,并在很长一段时间内被看作是"数字贸易"的概念。2013 年 7 月,USITC 在《美国与全球经济中的数字贸易 1》中正式提出了"数字贸易"的定义,将其狭义地表达为通过互联网传输产品和服务的国内商务和国际贸易活动,并且指出数字贸易所包含的内容:一是数字化交付内容,如音乐、游戏;二是社交媒体,如社交网络网站、用户评价网站等;三是搜索引擎;四是软件服务等其他数字化产品和服务。随着数字贸易中交易产品范围的扩大,2014 年 8 月,USITC 在《美国与全球经济中的数字贸易 2》中将实体货物包含进数字贸易的定义中,其中互联网和基于互联网的技术在订购、生产或交付产品和服务方面发挥着极为重要的作用,这一定义包含大部分实体商品的商业活动,即将之前在定义中排除的实体商品的贸易包含进来。联合国贸易和发展会议(UNCTAD,2015)把对电子商务的定义表达为通过计算机网络进行的购买和销售,并且认为电子商务包含实物商品以及数字产品和服务。2017 年,美国国际贸易委员会在《全球数字贸易 1:市场机遇与主要贸易限制》中指出,数字贸易是任意一家公司通过互联网进行产品和服务的交付,以及比如智能手机和互联网传感器等相关产品的交付,这一概念的论述又拓展了对于数字贸易的定义。

另一方面,学术界对数字贸易的定义是在官方定义基础上进行的更加深入的思考与扩展。Weber(2010)提出,数字贸易是指涉及通过电子交付传输有价值的产品或服务贸易,数字贸易的核心是数字产品或服务。这一定义比较模糊,没有对具体电子交付传输形式以及所传输的产品和服务的具体形式进行详细的描述。Deardorff(2017)将国际数字贸易定义为一种涉及多个国家的商务,其中贸易中产品本身是数字的,或者至少部分贸易通过使用互联网或者类似的数字技术完成了广告宣传、订购、交付、支付或者服务。正如在 WTO 中一直将数字贸易与电子商务等同看待,在部分贸易协定中,电子商务与数字贸易的定义没有实质上的区别,因而部分学者将数字贸易等同于电子商务,或者是跨境电子商务(Gao,2018)。为此,Meltzer(2014,2019)更关注的是跨境数据流本身作为一种贸易的方式或是通过企业使用数字服务来提高生产力这两种方式来实现数字贸易这种更加广泛的定义。

(三)数字贸易的影响

数字贸易对世界各国的经济增长与稳定发展具有驱动作用,学界对数字贸易在推进过程中产生的积极影响的研究从不同的角度进行了论述。一是关于数字贸易对贸易标的物的影响。在数字贸易快速发展背景下,商品数字化和数字化交易均扩大了商品交易范围,从而对贸易标的物产生了重要影响。Gonzalez & Jouanjean(2017)认为数字贸易不仅改变了我们的贸易方式,同时也对贸易标的物产生了影响。Meltzer(2016)通过对数字贸易前后小包裹的全球交付量的变化进行研究发现,在数字贸易产生之前,由于国际贸易中以大批量商品的出口为主导,因而出口低价值商品往往在商业上不可行,而数字贸易的出现改变了商品贸易的构成,能够对农产品等低价商品进行贸易。Lund & Manyika(2016)研究发现,随着数字贸易的发展,基于 3D 打印技术,很多跨国公司将医疗假肢以及零部件等产品生产所需的标准化技术文件出口至第三方,然后由第三方在当地进行生产与交易,使得商品标的物的生产不再局限于某一特定国家或地区,实现了商品生产与贸易的数字化,也改变了物理标的物的贸易流动形式。二是关于数字贸易对贸易成本和效率的影响。数字贸易在推进过程中能够通过大数据、云计算等新一代信息技术的运用来降低贸易成本,提高效率。Meltzer(2019)从宏观角度分析指出,数字贸易这一贸易的创新方式能够提高贸易的效率。Gonzalez & Jouanjean(2017)认为,由于数据流能够共享信息,因而在数字贸易的过程中能够降低信息不对称的情况,从而有效匹配供求关系,数字贸易因而能够使得从事进出口的市场成本降低。Jouanjean(2019)从农产品贸易的角度分析指出,数字贸易在农产品贸易中的应用而建立的物流中心等能够降低运输成本和交货时间。

(四)数字贸易规则

数字贸易作为一种新兴事物,是在世界的贸易、技术发展到一定阶段的产物,其发展还不够成熟,数字贸易对基础设施、技术进步以及法律法规等方面的要求都会较高,然而现阶段的法律法规可能滞后于数字贸易的快速发展,从而会对数字贸易的推进和发展过程造成一些阻碍,产生负面的影响,这就形成了数字贸易壁垒。USITC(2014)中对于数字贸易壁垒进行了明确清晰的分类,将贸易数字壁垒分为本地化要求、市场准入限制、数据隐私和保护要求、知识产权保护、不确定的法律责任规则、审查和海关措施这七大类,并且分别对于每一类数字贸易壁垒进行了明确的定义。有很多学者从这七个方面对数字贸易壁垒进行部分或者全部的研究,其中大部分学者将研究的重点放在本地化要求、市场准入限制、数据隐私和保护要求、知识产权侵权这几个方面。另外,也有研究人员针对"数字鸿沟"这一概念进行研究,主要从信息是否缺乏、互联网的普及程度、社会发展情况以及受教育程度等维度来研究各国之间、各地区之间由于数字贸易所产生的差距。对数字贸易规则的研究,目前主要聚焦于数据隐私和保护要求、本地化要求以及知识产权侵权这三个方面。

关于数据隐私和保护要求。由于新一代信息技术的使用,数字贸易发展过程中会产生数据隐私问题。例如,Montgomery(2012)从数字营销的角度切入,对数字营销收集个人数据的模式和产生的数据隐私问题进行研究后认为,需要通过政策规范和自律来制定安全保障措施,以解决数据隐私问题。Koskeetal(2014)认为互联网为部分参与者提供了从事非法活动、侵犯隐私以及从事可能伤害用户的欺诈活动的机会。Weber(2015)进一步从更大的数字技术影响的范围进行了研究,从社交登录的登录信息,第三方访问的在线数据,个人的位置数据,个人信息是否能够被公众访问,以及对个人的偏好进行分析的数字营销数据的收集这五个方面详细地研究了数字贸易过程中会产生的数据隐私问题。Janow(2019)从数据传输速度的角度分析指出,在数字贸易背景下的数据流动传输速度远远高于货物和服务的传输速度,如果不能对跨境的数据进行有效的监管,则会导致严重的后果。而各国政府等相关机构采取的保护数据隐私的措施会对消费者信息的收集、披露、分享、保护的监管体制机制产生较大差别,这会导致各国之间在这一领域产生摩擦或者冲突,从某种程度上来看会降低各国的贸易开放程度。

关于本地化要求。一些国家重视数字贸易中隐私保护等情况而采取本地化措施,但这一措施在保护了本国数据安全的同时也会产生一定负面影响。Cory(2017)针对欧盟、加拿大、法国、巴西等每一个实施数据本地化的国家或者地区所实施的政策进行了统计与展示,并且将数据的类型详细地划分为会计、税务和金融行业数据,个人数据,电信数据,新兴数字服务数据,政府和公开数据,以及其他数据六类,以清晰地展示出每个国家是针对哪些类别所实施的数据本地化政策。Meltzer(2016)在《最大限度地利用互联网进行国际贸易》一文中把隐私领域设定为数字贸易会对监管目标产生重要影响的两个领域之一。由于在线业务在出口的过程中会收集大量的个人隐私数据,可以进行个人识别,因而认为出口国存在对个人数据的流动施加限制的动机。据此,政府考虑到各国之间隐私法规存在的差异会破坏国内监管目标,以及出于对本土行业或者企业的保护,防止受到国外企业的冲击,会实施数据的本地化措施。另外Azmeh & Foster(2016)认为,在国家安全泄露事件发生之后,一些国家出于保护隐私或者维护系统安全等正当安全问题,以及对于本国的经济效益的正向效应的考虑,会选择本土化的措施,要求所有的公司必须按照政策要求将数据服务器本土化,这样会对数据的跨境传输造成一定的负面影响。同时,Meltzer(2019)从成本角度分析了数据的本地化措施对数字贸易的负面影响,将数字贸易过程中数据本地化的成本分为国内成本与国际成本,认为数据的本地化会提高访问和使用数据的成本,这样会损害数字贸易的收益。

关于知识产权保护。美国国际贸易委员会(2014)对数字通信行业企业的调查统计显示,75%的大型企业和50%的中小型企业认为,数字贸易中由于知识产权侵权相关法律规则的不完善而导致的数字贸易保护会对数字贸易的发展产生冲击。基于上述知识产权保护的现状,部分学者强调平衡合理的版权规则。Meltzer(2016)通过初步研究发现,采用平衡版权规则以及合理使用其他限制的国家会比使用封闭版权的国家获得更高的收益,更加有利于本国的研发创新,并且能够产生更多的就业机会。

三、数字经济影响全球价值链研究

由于数字贸易中的数字产品是一种在国际贸易中占有很大比重的中间产品,因而数字产品的不断更新与创新所引起的数字贸易的不断发展,会对全球价值链中各国各产业的生产与利益产生很重要的影响。现有文献认为数字贸易对全球价值链的影响,主要表现在四个方面:① 全球价值链中的数字产品嵌入效应;② 全新价值链的构建效应;③ 全球价值链创造模式变迁效应;④ 全球价值链治理模式调整效应。

(一)全球价值链中的数字产品嵌入效应

Gonzalez & Jouanjean(2017)认为全球价值链是不同企业在全球范围内以某一种共同商品为载体实现各自价值而形成的一个链条,不管这种商品是有形的还是无形的,其中都不可或缺的是作为中间投入品的生产性服务,如研发、设计、广告、分销、售后服务等。Serafica & Alber(2018)认为,随着新一代信息通信技术的快速发展,这些环节越来越多地被数字化,从而以数字产品的形式嵌入最终商品中,这个嵌入过程本身就是数字贸易过程,因此数字贸易的发展推动了更多的生产性服务业数字化,促使更多的数字化服务嵌入全球价值链中。Alfar(2019)认为,通过中间产品的嵌入还可以提升价值创造。数字技术将传统的线性供应链改造成以数据分析为核心的一体化供应链生态系统。有学者证明了使用高密度的信息技术可导致制造业的全要素生产率提升,从而创造出更大价值(Hampton & Wellman,2020)。

(二)全新价值链的构建效应

在数字经济时代下,更多的数字内容产品大量涌现,数字产品从创意、设计、制作到分销和售后本身就构成了一个全新的价值链条,这个价值链条的载体不再是有形的产品,而是无形的数字,自始至终由数字贯穿(UNCTAD,2020;郭周明,2021)。与此同时,数字产品先天具有贸易成本低的特点,另一方面,借助于现代信息技术,数字产品具有可编码、可重复、可检验的特点,从而以数字为内容的价值链克服了无形产品的信息不对称性问题(Oup,2019;Pisch,2020),这无形中极大地降低了由于无形产品的信息不对称性引起的交易成本,使数字产品贸易更加顺畅,因此价值链上的各个企业更容易在全球范围内根据每个环节的相对优势寻求上下游合作企业,从而形成全新的全球价值链(Tucker,2019;夏杰长,2021)。

(三)全球价值链创造模式变迁效应

有学者认为,数字经济的贸易成本效应对价值链创造模式变迁具有重要影响(Hamton,2003;宋慧桐,2021)。数字经济降低了运输成本,但距离的影响依然存在。线下零售需求、文化差异与高度本地化的社会网络依然是在线交易的重要影响因素。数字经济使信息成本大幅度降低甚至接近于零(Wellman,2019;徐金海,2021)。数字技术发展还大大降低了创新成本,这都有助于推动全球价值链创造模式的变迁。此外,数字化提升数字资本需求,加速区域价值链发展。这是因为,数字基础设施将成为区域价值链的关键推动力。宽带等数字连通性是提高全球价值链参与度的关键因素。数字技术增加了资本对劳动的替代率,数字经济发展需要在集中的地理范围内进行密集的资本和知识投入,因而将加大本国和区域内数字资本投资,加速区域价值链的形成(Goldfarb,2019;余南平,2020)。此外,数字化投资促使价值链治理模式趋向垂直化。数字技术等无形资产提升生产力的作用将呈现"J曲线"效应,重构价值链治理模式。领导企业因加大数字资本投资而对价值链的控制力加强,供应商的话语权有所降低,导致治理模式逐渐演变为垂直型。还有学者指出,新型数字技术对价值链的空间布局具有双向驱动力,可能导致价值链空间分布同时出现近岸外包和再外包两大相反趋势(Geisser,2018;沈玉良,2020)。

(四)全球价值链治理模式调整效应

数字平台从供给端和消费端重构价值链治理模式。数字平台模块化治理和分层模式鼓励全球范围内的开源创新。数字平台通过程序开源和平台分层来实现创新渠道多样化,避免将创新的负担完全寄托在平台领导者身上。平台分层还促使平台与其子平台之间保持协调和互补,强化了价值链在全球范围内地理分裂的动力(Sturgeon,2019;WDR Team,2020;闫云凤,2020)。数字平台促进了以分销为导向的模式来组织大规模定制化生产,推进价值链区域化。例如,"淘工厂"平台通过在线平台直接对接消费者,再连接到多元化的本地生产网络,本地中小供应商通过在线平台对小规模市场需求进行快速反应(Gortari,2017;Lobov,2018;傅元略,2020;方英,2021)。这类模式对市场的快速响应能力并非源于灵活的自动化能力,而是来自以数字市场为核心,具有在线营销能力的大规模中小供应商集群。其本质依然是购买者驱动型价值链,并未提供客户定制化供应链,未来也将继续朝着加强区域一体化生产的趋势发展和治理模式变迁(Tyazhelnikov,2018;高敬峰,2019;吕延方,2021)。

四、简要评价

分析当前中外文献对数字赋能中国全球价值链攀升问题的研究,虽然在某些特定维度取得了一定的研究成果,但是系统性、理论性、契合度都不够,存在进一步拓展的空间。

第一,针对数字经济条件下全球价值链攀升理论创新研究需要进一步拓展。国内外学者对数字经济条件下的全球价值链问题探讨,主要还是局限在传统全球价值链理论框架之下,过于集中在数字技术在全球价值链的运用可能对全球价值链产生的"边际"影响。为"数字赋能中国全球价值链攀升"从历史经济全球化和新型经济全球化理论中找到理论依据,尤其是从技术变革推动分工演进的特定视角,对数字经济条件下全球价值链理论进行创新性拓展分析,国内外研究显得不足。学术界如何对数字经济条件下传统全球价值链理论面临的不足和挑战,需要进行怎样的创新性分析,是进一步理解"以数字赋能中国全球价值链攀升"的理论前提。

第二,对数字赋能中国全球价值链攀升的作用机制,需要进行系统深入的探讨。现有研究要么侧重于从传统全球价值链理论框架中,阐释包括发展中国家在内的全球价值链攀升作用机制,包括出口中学习效应、技术溢出效应等作用机制,要么探讨数字技术对全球价值链进一步发展可能带来的影响,且分析结果比较笼统,没有整体性、全局性的综合分析,更没有揭示数字技术与全球价值链升级,尤其是数字经济与像中国这样的发展中国家全球价值链攀升的逻辑关系和主要作用机理,缺乏深入研究。将两个重大问题交叉融合,探索二者间的内在联系和作用机理的国内外研究明显不足。

第三,就全球价值链的理论变迁来看,尤其在全球价值链升级理论变迁过程中,关于"数字赋能全球价值链攀升"没有系统性的研究。在数字经济条件下,或者说基于数字技术进步推动的分工演进条件下,包括全球价值链升级的真正理论创新在哪里,如何实现创新,创新的路径是什么,创新的动力是什么,创新后的全球价值链攀升理论如何改善和指导中国在新形势下进一步融入全球价值链面临产业链供应链安全稳定的发展路径,怎样实现全球价值链攀升等问题皆没有详细充实的论证。

第四,国内外文献目前关于数字赋能中国全球价值链攀升的研究,不仅在定性分析方面不足,定量研究更为罕见。尤其是运用经济学中的数理、统计、计量分析手段对"数字赋能中国全球价值链攀升"问题的分析和研究,目前处于空缺状态,因而当前的对策研究在数据说理方面尚有不足。国内外文献从经济学视角和产业组织理论角度等,对全球价值链升级效应及其影响因素等方面有大量实证研究,包括本土市场效应、出口中学习效应、技术溢出效应等也有很多实证研究,但是当前国内外缺乏理论建模和实证分析"数字赋能中国全球价值链攀升"的创新性理论和实证研究,尤其是数字革命和数字技术进步究竟推动全球价值链理论怎样演变发展,以及数字赋能全球价值攀升的具体作用机制等,缺乏定量研究并提供科学的经验证据。

第三节　研究框架和内容

伴随人工智能、云计算、大数据等新兴科技的发展,数字经济已经成为当前和未来经济发展的重要趋势特征,数字技术也必将在重塑全球价值链、产业链和供应链,推动新一轮全球化发展等方面,扮演重要角色和发挥重要作用。本书以"数字赋能中国全球价值链攀升的逻辑"为题,显然,其研究对象是以"数字赋能"为切入点探讨中国全球价值链攀升问题。

一、研究框架

本书的总体研究框架具体如图0-1所示。

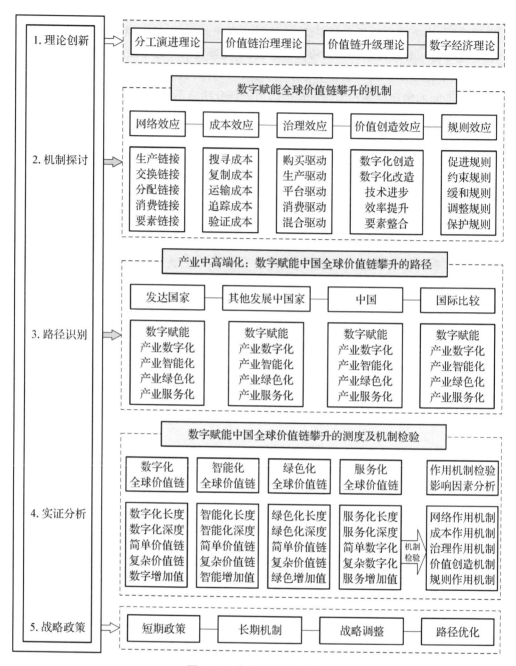

图 0-1　本书总体研究框架

二、研究内容

秉持"前提假设→理论建构→机制分析→实践路径→效果评估→战略调整与政策设计"的总体逻辑思路,研究中国依托数字赋能实现全球价值链攀升的理论、目标、机制、路径等系列问题,以全球数字经济发展演化的路径与发展趋势为背景主线,结合中国作为转型和新兴市场经济体参与经济全球化的现实需求,按照演绎与归纳相结合的科学逻辑研究范式展开,综合理论分析、统计测度与实证检验,提出"以数字赋能中国全球价值链攀升"的战略调整和政策优化。展望未来"数字赋能中国全球价值链攀升的逻辑"的重点内容和发展方向,有以下几个问题需要高度重视,这也是本书力图回答的关键问题和主要研究内容。

问题 1:在亟待重塑国际合作与竞争新优势的关键阶段,中国全球价值链攀升的总体目标是什么? 在指导思想、开放发展目的、发展理念、推进路径等方面,与以往全球价值链嵌入和发展模式有何不同? 指导新阶段进一步融入全球价值链实行开放发展的理论与传统理论有何差异? 如何形成具有中国特色的开放型经济发展理论?

研究内容 1:对传统国际经济学中有关经济全球化理论,包括合作与竞争的理论做了回顾,既有马克思主义理论,也有古典经济学理论,还有近现代的一些区域经济理论发展方向,这些理论尽管在解释开放发展的合作与竞争问题时都有一定参考价值,然而也还有各自不同的局限性,特别是在经济全球化条件下这些理论的解释力不足就更为明显。全球价值链分工条件下,尤其是伴随着生产要素的跨国流动,各国之间早已形成了"你中有我,我中有你"的共生性特征,而数字技术革命无疑会破除世界经济中的"时空约束",从而世界各国之间的关系比以往会更加密切,参与全球分工的"共赢链"特征会更加明显。习近平总书记的新时代对外开放思想、人类命运共同体思想是对中国优秀传统文化的创造性转化和创新性发展,是对马克思列宁主义的继承、创新和发展,是对新中国成立以来我国外交经验的科学总结和理论提升,蕴含着深厚的中国智慧,也为"数字赋能中国全球价值链攀升的路径和测度"开放发展理论指明了道路。

问题 2:中国是否能够依托数字赋能实现全球价值链的攀升? 如果答案是肯定的,那么其中的作用机制是什么? 依托数据生产要素,与以往基于初级要素的低成本优势相比有什么差别? 进一步融入、扎根和攀升全球价值链的竞争力和新型比较优势主要来源是什么?

研究内容 2:传统国际经济理论主要从要素禀赋结构形成的比较优势角度,解释全球价值链分工中的专业化选择进而分工地位问题,对要素跨国流动对要素禀赋结构的影响关注不够,尤其是要素跨国组合在决定价值链分工地位中的作用分析,还较为缺乏。实际上,在要素跨国流动并成为推动经济全球化重要动力机制下,优势要素成为一国参与国际分工进而价值链分工地位的决定因素。本书将在详细梳理全球价值链尤其是全球要素分工的文献基础上,突破以往仅仅基于要素禀赋形成的比较优势理论在解释全球价值链分工方面的局限,着重从要素跨国流动以及不同国家优势要素组合的视角,探讨数字革命和数字技术进步条件下,数据成为重要的生产要素后,其特有属性和功能可能对全球价值链分工模式的改变及其促进价值链攀升的作用机制,从广义要素的概念和外延,拓展传统国际经济理论关于比较优势形成的理论分析和假说,明晰数字经济条件下全球价值链分工的新型比较优势培育和来源问题。

问题 3:"数字赋能中国全球价值链攀升"是否具备了现实基础和基本条件? 需要怎样的动力机制? 新的动力系统与以往"低端嵌入"全球价值链所需动力系统有何区别? 如何才能构建形成其所需的内生动力系统?

研究内容3：从本质上看，"数字赋能中国全球价值链攀升"的关键在于，基于数字技术进步及其在各行业领域中的渗透和融合，据此培育融入、扎根和攀升全球价值链的竞争新优势。与以往要素和投资驱动的发展模式不同，"数字赋能中国全球价值链攀升"的开放发展模式，从动力机制看，就是要按照党的十九届五中全会的战略部署，把握扩大内需这个战略基点与深化供给侧结构性改革结合起来，要强化和培育企业主体地位的同时，更好地发挥政府作用以加大宏观政策应对力度，发挥新型举国体制优势在数字革命和数字技术方面实现重大突破，在着力推动数字经济发展中提升产业链现代化水平。为此，本书将从影响数字赋能的诸如数字基础设施、市场规模、产业规模、关键和核心技术等因素角度，探讨"数字赋能中国全球价值链攀升"的内生动力形成机制、作用因素等。

问题4："数字赋能中国全球价值链攀升"的现实效果如何？数字经济条件下产业是否实现了以数字化、智能化、绿色化和服务化为主要表现的中高端化发展，以及其实现程度如何？这一路径是否在促进全球价值链攀升中产生了显著成效？不同维度的需求在引致数字化全球价值链发展方面作用如何？

研究内容4："数字赋能中国全球价值链攀升"主要就是要凸显"数据"这一生产要素的作用，或者说"数据"这一生产要素是否发挥了作用，以及通过何种渠道发生了作用，促进了全球价值链的攀升。为此，本书将从宏观层面、中观层面以及微观层面分别构建能够反映全球价值链攀升的各维度指标，据此评估数字在"赋能全球价值链攀升"中的作用。并且从基于数字技术进步的产业数字化、智能化、绿色化和服务化等角度，探讨"数字赋能全球价值链攀升"的供给侧或者说生产层面的具体作用途径和渠道。与此同时，还将进一步考察开放条件下以及全球投入产出关系下，不同维度的需求，比如国外最终需求、国内最终需求、国际中间产品需求、国内中间品需求等，对"数字赋能"产生的引致效果，探讨"数字赋能全球价值链攀升"的需求层面的具体作用途径和渠道。换言之，就是要系统考察和测算各种"需求"引致的数字增加值创造水平和程度等。

问题5：在亟待重塑竞争新优势的关键阶段，为了实现"数字赋能中国全球价值链攀升"，需要怎样的与之匹配的战略调整，以及需要怎样的政策优化以产生激励效应？

研究内容5："数字赋能中国全球价值链攀升"的本质，就是要充分发挥数据这一优势要素，并在有效促进数字技术与其他产业领域融合发展基础上，安全有效地推动数据跨国流动和组合，并据此充分发挥数据优势要素在全球范围内整合和利用资源的功能和作用，推动全球价值链向中高端攀升，甚至形成区域乃至全球价值链的主导力和控制力，推动构建和优化全球价值链。为了实现上述目标，必须进行实时的战略调整以及能够起到支撑作用的有效政策设计。比如，推动数字技术进步和发展方面，如何依托强大国内市场，发挥新型举国体制和国家战略科技力量的优势，辅以供给侧结构性改革，加强数字技术领域的国家战略规划、科技专项实施和相关标准制定，突破高端芯片、基础软件等关键核心技术瓶颈，破除妨碍数字技术创新和进步的体制机制障碍？推动数字化产业与其他产业渗透和融合方面，如何贯通生产、分配、流通、消费各环节，打破行业垄断和地方保护，破除妨碍生产要素市场化配置和商品服务流通的体制机制障碍？在数据跨国流动和组合方面，如何探索高水平数字贸易国际规则，为我国在未来全球贸易竞争格局中赢得主动权和话语权，在确保数据安全条件下最大化发挥数据优势的全球资源整合功能？等等，是关系到

"数字赋能中国全球价值链攀升"路径选择、战略调整和政策设计的关键。本书将对诸如上述研究内容进行深入探讨。

第四节　主要创新

本书将数字赋能、产业中高端化、全球价值链攀升三者联系起来进行研究本身就具有新意。在相关理论领域，本书研究在问题选择上是将基于数字技术创新和技术进步的创新驱动发展研究、全球价值链上贸易与投资研究、产业组织研究与产业结构研究结合起来，并在统计核算法上拟有所改进和突破，进行交叉领域研究，孕育着丰富的理论和政策创新。相对现有的全球价值链研究来说，对全球价值链中中国实践的定位，不简单针对已有的某一个阶段的研究，而是将中国参与全球价值链的地位进行多阶段研究，研究其动态演化的特征，并且试图从技术变革驱动的分工演进视角，将技术创新、扩散、学习、再创新在不同的国家间形成的一个生命周期角度，将产品生命周期理论从全球价值链视角来重新审视，做出可能的创新。相对于自主创新和创新驱动发展研究来说，本书将数字经济和数字技术创新驱动的目标，定位在中国向全球价值链中高端攀升，形成一批中国企业主导的全球价值链。这就将数字经济背景下自主创新和创新驱动发展研究，放在一个国内创新与国际创新之间动态一般均衡的框架里分析，研究问题的背景和视角都有一定的创新，研究成果应能起到学术推进作用。

有可能创新的学术观点将产生于上述子课题研究当中，具体有以下几个方面。

一、经济全球化新形势以及各国合作竞争关系新认识

经济全球化发展进程中合作与竞争是并存的。随着国际分工的深化和细化，从竞争角度看，未来的全球竞争是价值链竞争，是各国依托优势要素参与国际分工的竞争，国家竞争优势已不再取决于在国际市场份额中的规模和体量，尤其是不再从总值核算法角度去加以衡量，而是取决于其在全球价值链中的位置和获取附加价值的能力，是一个国家和地区拥有什么层次和质量的生产要素，能够吸引、集聚和整合到什么层次和质量的全球生产要素，进而决定了参与什么层次的分工。从合作角度看，跨国公司推动构建的全球生产网络，使得世界各国之间形成了"你中有我，我中有你，你我中有他，他中有你我"的混血、交织、转基因复杂经济生态系统，从而世界各国随之也就越来越具有"人类命运共同体"的特征。但实现上述目标并非一个自然而然的过程，其中可能会遭遇逆风逆浪，为此，需要有担当、负责任的大国加以引领和推动。对经济全球化新形势以及各国合作竞争关系的系统性认识，是"数字赋能中国全球价值链攀升"的前提背景和逻辑起点。

二、全球价值链攀升路径的理论创新与突破

全球价值链分工的快速演进，在给世界经济带来繁荣发展的同时，也带来诸如分工地位不平等和利益分配严重失衡等问题。经济全球化进程中积累了许多矛盾并日益严重。因此，针对全球价值链攀升尤其是发展中国家全球价值链攀升问题的研究，一直是全球价

值链理论研究的核心问题之一。"数字赋能中国全球价值链攀升的路径与测度研究",是基于对技术变革推动下的经济全球化发展实践演变和当前特征深刻认知,以及对经济全球化发展趋势和中国开放发展所处现实阶段精准判断而做出的现实选择,对这一现实选择的理论依据进行探讨,是对已有全球价值链攀升理论的拓展,能够开拓关于世界经济理论的新境界,是全球价值链攀升的创新与突破。

三、实现政策实践的理论建构

本研究以"数字赋能中国全球价值链攀升的路径"政策实践为切入点,认为进一步融入、扎根和攀升全球价值链和培育竞争新优势,不仅包括中国的实践需要,在更广义层面上看,是全球化条件下,国家发展、融入世界经济体系,尤其是大国经济在参与经济全球化进程中,实现与世界各国相互促进的动态过程,具有一定的普遍性意义,既是与西方学术话语对接的基础上进行理论创新,同时也是构建具有中国特色的开放发展的理论创新。

第1章
数字技术下全球价值链攀升理论新发展

针对全球价值链攀升的本质内涵,传统理论解读主要侧重于提升开放效益、获取更多的分工和贸易利益。但在以数字技术为代表的新一轮信息技术革命及其引发的产业范式变革下,价值链分工中的产业链供应链安全稳定已经成为内生性需求,而非为应对外生冲击等被动选择。因此,兼顾效率和安全成为数字经济条件下全球价值链攀升的新本质内涵。与此同时,技术范式的改变会颠覆传统的所谓工艺、产品、功能以及链条划分的惯常逻辑和升级路径;"微笑曲线"原有形态也会发生各种变形,从而向两侧高端延伸的升级路径,同样面临不适用性的巨大挑战。基于对数字技术进步和数字经济兴起背景下新内涵的正确理解,全球价值链攀升理论亟待创新发展,不仅需要从"数字赋能"角度重新揭示价值链攀升的关键机制,还要从国内产业中高端化发展的"寻根之旅"上,探寻全球价值链攀升切实可行的新路径。从这一意义上说,加快推动中国攀升全球价值链,一方面我们不仅要抢抓数字技术发展的重大战略机遇、构筑先发优势;另一方面要创新发展全球价值链攀升理论,以更好地指导中国稳链、固链、强链的实践。

第一节　数字技术下 GVC 攀升亟待解决的关键理论问题

20世纪80年代以来,得益于信息技术革命等带来的交易成本大幅度下降,产品生产分割得以跨国实现,由此推动了全球价值链分工的快速演进和发展。这一新型国际分工带来世界经济繁荣发展以及世界财富急剧增长的同时,也带来了一些矛盾和问题,突出表现为全球价值链分工机会不均等和分工地位不平等(戴翔和宋婕,2021)。这些矛盾的积累乃至不断激化,无疑影响了全球价值链分工的进一步深度演进,影响了世界经济的健康持续发展。目前,经济全球化出现的一些逆风逆流,客观而言,一定程度上与全球价值链分工中积累的矛盾密切相关。众所周知,与以往以最终产品为界限的传统国际分工相比,全球价值链这一新型国际分工模式具备两个突出特征:一是产品生产环节和阶段被配置到不同国家和地区;二是生产要素尤其是以资本为纽带的一揽子生产要素,具备了越来越强的跨国流动性。而正是上述两个方面的突出特征或者说国际分工的深刻变化,为发展中国家参与经济全球化提供了重要战略机遇。正如已有研究指出,价值增值环节的跨国分解和生产要素的跨国流动,为发展中国家带来了显著的比较优势创造效应和激发效应,降低了发展中国家参与国际分工的门槛(张幼文,2017;赵春明和文磊,2020)。但是,国际分工的深化和细化,并没有改变经济全球化自产生以来就一直存在的分工地位不平等问题,甚至还会出现进一步固化和恶化发展趋势,形成了一些学者所说的新型"中心—外围"格局等(黎峰,2020;李丹,2017)。这是因为,依托资本、技术等优势而在国际分工中占据制高点的发达国家,在全球价值链中甚至会形成全面的主导优势,进一步突破以往产业间和产业内的分工差异,向产品内的分工差异深化和拓展。换言之,在全球价值链分工条件下,发达国家不仅在技术和资本密集型产业上具有绝对的主导优势,而且由于分工的细化和深化从而进一步控制着劳动密集型产业中的相对高端环节。因此,相对于机会不平等的问题,全球价值链分工中的地位不平等更加受到理论和实践部门的关注,尤其是对于发展中国家来说,尤为如此。如何实现价值链攀升,自然也就成为学术界热议的主要话题。

理论的发展总是伴随实践的演进而不断发展和创新,对全球价值链攀升问题的理论探讨,实际上就是基于国际分工实践新变化条件下而进行的。目前,有关全球价值链攀升问题的理论探讨已经取得了丰硕成果,甚至可以说已经形成了一些较为完善的理论体系,能够为我们认识和理解相关问题提供重要的参考价值和启发意义。但是,需要指出的是,全球价值链攀升既是一个老问题,也是一个新问题,还有许多亟待进一步拓展的研究空间。尤其是当前经济全球化实践又出现了一些新形势、新变化,理论探讨显然也需要"与时俱进"。从世界经济和国际分工的发展史看,每一次重要的技术革命和产业革命,都会推动国际分工的巨大变化以及相应的国际经济理论创新发展。2008年国际金融危机冲击以来,许多理论和实证研究均表明,主要发端于美国以信息技术革命为代表的前一轮技术革命和产业革命,其生命周期已基本结束,其所形成的推动经济全球化发展的动能已基本衰竭,这是世界经济长周期作用规律的必然表现和结果(张晓通和陈实,2021;张宇燕,2020)。推动经济全球化新一轮繁荣发展和国际分工深度演进,有待新一轮的技术革命和产业革命爆发并形成大规模生产力。虽然这一期待尚未成为现实,但以数字技术为代表的新一轮信息技术革命和产业革命,已经初现曙光。正如习近平总书记强调指出,全球科技创新进入空前密集活跃的时期,新一轮科技革命和产业变革正在重构全球创新版图、重塑全球经济结构。

这就提出了一个很有理论意义和实践价值的问题:数字技术究竟会对全球价值链攀升产生怎样的影响?或者说,在数字技术条件下,全球价值链攀升的传统理论面临哪些局限和不足?全球价值链攀升是否具有了新内涵和新表现?与以往相比,全球价值链攀升是否会有不同的发展路径?对于诸如此类问题的回答,还需要对全球价值链攀升理论进行创新发展,也是据此引领和推动全球价值链分工朝着更加普惠、共赢、包容等方向发展的理论指导需要。

第二节　全球价值链攀升的传统理论阐释

为了更好地理解在数字技术条件下,全球价值链攀升的传统理论阐释究竟面临哪些局限和不足,以及需要怎样的创新性发展,首先有必要对全球价值链攀升的传统理论阐释做一简要梳理。概括地看,全球价值链攀升的传统理论阐释主要聚焦于三个方面的主要内容:一是何谓全球价值链攀升? 二是全球价值链攀升的机制是什么? 全球价值链攀升的实现路径有哪些?

一、全球价值链攀升的基本内涵和表现

追根溯源,全球价值链理论最初源于 20 世纪 80 年代商业研究提出的价值链理论,其中最具代表性的便是波特在 1985 年提出的价值链理论(Porter,1985)。波特认为,公司的整体业务活动可以分为一个个单独的、具体的活动,比如技术、生产、运输、仓储、影响等,虽然这些活动分处不同的环节并具有不同的功能和属性,但都创造价值。将这些不同环节的价值创造活动连接在一起,就有了所谓价值链。在此基础上,克洛特(Kogut,1985)的研究认为,价值链创造活动不仅存在于公司内部,也存在于公司之间,甚至可以存在于国家之间,而不同的价值链创造活动如何在国家间实现空间配置,主要取决于不同国家和地区的比较优势。应该说,克洛特的观点与波特相比,进一步揭示了价值链的垂直分工及其空间布局关系,从而将价值链的概念拓展到了区域和国家层面。克洛特虽然没有使用全球价值链的概念,但其观点和分析问题的思路无疑对全球价值链理论的形成起到了重要的推动作用。进入 20 世纪 90 年代以后,价值链条的片段化及其跨国空间配置问题,日益受到学者们的关注,诸如克鲁格曼(Krugman,1985)、阿尔恩特和凯尔斯(Arndt and Kierzkowski,2001)等众多知名学者均对此问题进行了广泛探讨,并就其全球空间配置的产业组织模式,究竟是采取对外直接投资方式,还是采用外包等方式,从产权分离角度进行了理论分析。其中,美国杜克大学教授格里芬(Gereffi,1999)提出了全球商品链(Global Comodity Chain)的分析框架,将价值链与全球化的组织联系起来。后来,为了摆脱使用"商品"概念的局限性及可能产生的误解,格里芬及其相关领域的众多研究者一致同意采用全球价值链(Global Value Chain)的概念替代全球商品链。

显然,由于全球价值链涉及两个最关键也最核心的问题,即不同环节和阶段的价值创造活动及其在国家层面上的空间配置,因此必然会涉及不同环节价值创造大小有别问题,以及这些大小有别的价值创造活动究竟如何在国家间配置问题。从国际分工的角度看,价值创造的大小或者高低问题,反映的其实就是分工后的贸易利益问题。在全球价值链分工中选择具有更高附加值创造的活动环节,也就意味着能够获取更多的分工和贸易利益;反之,则相反。也就是说,价值链上的具有不同增值能力的环节和阶段及其在国家间的空间配置,实际上决定了不同国家和地区参与全球价值链这一国际分工,所能获取的分工和贸易利益;而价值增值能力不同或者说获益能力不同,反映的其实也就是在全球价值链分工中的地位不同。处于较高附加值创造环节从而攫取相对较多的分工和贸易利益,对应的就是较高的分工地位,处于较低附加值创造环节从而攫取相对较少的分工和贸易利益,甚至在参与国际分工中利益受损(如经典国际经济理论中的"悲惨的增长"),对应的就是不利的分工地位。正是因为不同的分工地位,对应的其实正是参与国际分工和贸易获益能力的不同,因此,攀升全球价值链的本质内涵实际上就是实现分工地位的提高和改善,其外在表现则是获益能力的提升,或者说在既定的经济全球化蛋糕红利中,能够分到更大的份额。毫无疑问,获取开放利益正是各国参与国际分工的初衷,因此,实现价值链攀升进而获取更多的开放利益,也就成了各国的必然追求。当然,由于不同环节和阶段在

进行跨国配置时,依然主要遵循比较优势基本原理,而"现实"的比较优势决定了在全球价值链分工中发达国家往往处于更加有利的地位,发展中国家往往处于不利地位,因此,全球价值链攀升问题对于发展中国家而言,也就显得更为重要(Blanchard 等,2006)。

二、全球价值链攀升的关键机制和路径

传统的理论研究认为,全球价值链攀升的机制和实现路径,主要与全球价值链的治理结构和模式有关。通常而言,全球价值链的治理结构和模式主要分为三种:一是购买者驱动的全球价值链治理结构和模式;二是生产者驱动的全球价值链治理结构和模式;三是混合型驱动的全球价值链治理结构和模式。所谓购买者驱动,主要是指拥有品牌优势和对销售渠道具有绝对优势的大型零售商、品牌商以及供应链管理者,通过全球采购和贴牌加工等方式在全球范围内构建生产网络,以强大的市场需求驱动全球价值链的构建和运营。在这种治理结构和模式下,有研究认为,虽然发展中国家处于从属或被领导的地位,所从事的价值创造活动主要集中在加工装配业务,以加工贸易类型参与国际分工和贸易,但是在采购者驱动的 GVC 中能够快速升级并形成"自动"实现机制(Humphrey 和 Schmitz,2001)。然而,这种"自动"实现的机制究竟是什么,包括 Humphrey 和 Schmitz 本人并未给出进一步令人信服的解释和答案。所谓生产者驱动,主要是指在产业资本上具有研发和核心零部件等显著优势的生产者,通过"保留核心、外包其余"的做法,在全球范围内构建垂直专业化分工体系,实现对价值链的治理(Gereffi 等,2003)。在生产者驱动的全球价值链治理结构和模式中,发展中国家由于能够接受来自发达国家跨国公司给予的生产技术指导乃至员工培训等,或者是与本土配套企业发生显著的技术知识的转移和溢出效应,从而推动发展中国家攀升全球价值链(Blomstrom 等,2001)。在对前述两种不同的价值链治理结构和特征进行比较的基础上,国内学者张辉(2004)等,还提出了所谓混合驱动型全球价值链驱动模式,在混合驱动的治理结构和模式下,推动价值链攀升的原有机制同样会发生"混合"作用。

在上述作用机制下,全球价值链升级通常可分为四种模式和实现路径,即工艺流程升级、产品升级、功能升级和链条升级。但是无论是从实践角度看,还是从现有的理论阐释角度看,所谓的四种升级模式和路径,对于发展中国家来说并非自然而然就能实现的。已有研究表明,无论是在购买者驱动还是生产者驱动,抑或混合驱动的全球价值链治理条件下,发展中国家如果战略得当、条件具备,往往能够顺利实现工艺流程升级以及产品升级,但是进一步实现功能升级和链条升级会遇到较大的阻力和障碍,包括来自占据全球价值链制高点的发达国家跨国公司的"堵截"。除了上述升级路径外,国内重要科技业者宏碁集团创办人施振荣先生曾从企业微观层面,提出了所谓"微笑曲线"的升级理论,后经过多年发展,微笑曲线不断被拓展至产业层面以及用于分析和指导全球价值链升级。从本质上看,微笑曲线将附加值创造和特定生产环节紧密结合起来,即位于微笑曲线左侧上端的研发、设计等,以及位于微笑曲线右侧上端的品牌、营销、服务等,都属于高附加值创造环节,位于底部的组装、制造等则属于低附加值创造环节。从全球价值链的分工格局看,基于微笑曲线所揭示的附加值创造和具体活动环节的对应关系,实现价值链攀升的路径,就是要沿着微笑曲线向两端攀升。

第三节　数字技术下传统理论面临的局限

关于全球价值链攀升的传统理论阐释,从特定发展阶段看,无疑是对发展实践的深刻理论总结,并能够为国际分工的演进提供进一步的理论指导作用。但是,伴随着实践的发展,尤其是当前数字技术的快速进步,数字经济已逐步成为全球经济主流趋势和态势,已有理论面临的局限和不足也日益体现,这一点,无论是从攀升全球价值链的具体表现上看,还是从作用机制以及实现路径上看,都是如此。

一、价值链攀升内涵传统理解的局限

在以往的全球价值链分工演进过程中,世界各国无论是理论界还是实践部门,更多关注的是全球价值链分工演进带来的效率提升,实现的资源优化配置,从而推动世界经济繁荣发展和财富急剧增长的积极效应。这也是全球价值链分工经常被理论和实践部门所"津津乐道"的重要原因。然而,伴随近年来逆全球化思潮的兴起、贸易保护主义、单边主义和霸权主义等不断抬头和涌现,叠加当前全球新型冠状病毒感染疫情的暴发和蔓延,从而对全球价值链带来了严重冲击,致使全球价值链面临"断裂"的风险。在此背景下,融入全球价值链分工体系中面临的产业链、供应链安全稳定等,日益进入人们的视野。因此,有学者研究认为,未来跨国公司在布局全球价值链时,不仅将考虑效率问题,同时还会考虑产业链供应链的安全稳定问题(金碚,2021)。当然,这不仅是跨国公司从构建全球生产网络从而保证价值链能够正常运转的角度,需要慎重考虑的问题,同时也是各国需要从产业安全角度应该考虑的问题。但是,我们认为,对融入全球价值链分工体系可能面临的产业链、供应链安全稳定的认识和重视,不能仅仅基于外生冲击下的"一时兴起",因为经济全球化是社会生产力发展的客观规律和必然结果,也就是说,经济全球化仍然是长期趋势和发展大势,逆全球化思潮终将会退潮;同样,新型冠状病毒感染疫情的冲击也会在不久的将来慢慢结束。那么,如果这些外生冲击不复存在,产业链供应链的安全稳定问题,就应该淡出我们的视野吗?

答案显然是否定的。只不过,在前一轮的全球价值链分工演进过程中,国际分工改变的主要是产业组织范式,与以往"最终产品"为界限的传统国际分工相比,产业发展的安全稳定等问题,并未发生本质改变。更何况,在全球价值链所形成的投入—产出关系下,各国产业之间已经形成了"你中有我,我中有你"的交织状态,在全球价值链没有遭受外生冲击从而面临发生"断裂"风险下,效率因素自然成为人们更关心的问题。然而,伴随数字技术的进步及其在各产业领域中的广泛渗透和应用,并成为推动全球价值链发展的重要因素后,融入全球价值链分工体系需要注重的产业链供应链安全稳定问题,显然不再是"断裂"的简单问题,而是数据流动和数据控制可能引发的安全问题。众所周知,基于数字技术支撑的数字经济的兴起,整个社会生产力的要素运行结构和运行逻辑都将发生重大变化,生产要素的种类不仅从传统的资本、土地、劳动等方面进一步拓展数据,而且与传统生产要素相比,数据在经济活动中的作用和角色更加凸显,与经济运行的安全稳定更加密切

相关。从这一意义上说,数字技术条件下一国参与全球价值链分工,攀升全球价值链的本质内涵和特征表现,不仅在于分工地位的提高和获益能力的增强,与此同时还要防范和化解可能引发的产业链供应链安全隐患。也就是说,兼顾效率和安全是新的数字技术条件下,参与全球价值链分工的内生需求,而不是外生冲击后的"权宜之计"或"一时兴起"。全球价值链分工地位的高低,不仅表现为获益能力的强弱,同时还将体现为对产业链供应链安全稳定的控制能力。

二、传统机制和实现路径的局限

由于攀升全球价值链的内涵和表现,在数字技术和数字经济条件下,有了新的变化和新的表现,因此,攀升全球价值链的传统作用和路径,也难以完全适应数字技术条件下的全球价值链分工问题。比如,所谓的技术知识的转移和溢出作用机制,是否存在以及在多大程度上还能够存在,实际上值得进一步探讨和分析。因为在数字技术支撑下的全球价值链生产模式和组织范式,可能与以往完全不同。对于掌控全球价值链的跨国公司而言,对发展中国家进行指导和培训,或者发生所谓技术知识的转移和溢出,其重要性和必要性可能都将大大降低。因为通过数字技术,跨国公司完全可以实现跨国远程对生产全过程的监控、指导乃至操作,甚至是东道国的全产业链和供应链的主导和控制。比如在数据程序和3D打印技术相结的条件下,跨国公司完全可以将已经设计好的生产流程数据化,通过网络的形式传输到生产所在地,再利用3D打印技术而直接进行生产。生产所在地的价值创造活动可能会被弱化为类似于傻瓜相机式的"傻瓜式操作"。这一点,在现有电子商务和在线销售平台层面已经有所体现。比如在传统销售模式下,商场的销售员还需要面对面与客户进行交流,需要掌握一定的销售技能和沟通交流能力,但是在线销售的模式产生了两种极化效应,一是进一步将销售等极化至网络平台,二是将传统的与客户面对面交流的宣传和销售方式极化为骑手快速的机械性操作。可见,基于数字技术的全球价值链分工可能会出现新的演变形态,进而产生类似的极化效应。在此背景下,传统的全球价值链攀升机制是否存在以及在多大程度上发挥作用,显然已经面临巨大挑战。

数字技术条件下,与传统作用机制是否能继续发挥作用亟待商榷一样,传统升级路径的适用性同样需要再探讨。这是因为,无论是所谓的从工艺流程升级、产品升级、功能升级再到链条升级的路径,还是微笑曲线理论所揭示的向"两侧"延伸的攀升路径,在数字技术条件下都会面临巨大的不确定性。现有研究指出,数字技术条件会对全球价值链产生显著的重构效应(郭周明和裘莹,2020),而所谓的全球价值链重构,并非传统价值链分工简单的收缩、扩张或者是区域空间布局的调整,而是会对现有产业组织范式进行颠覆性和革命性的改造和再造,比如数字技术催生的诸如数字价值链等新兴形态、线上和线下的融合发展模式,以及数字技术支撑或者说与数字技术相匹配的即时制造等,都将与以往全球价值链的组织形态和组织范式有着显著区别。在新的组织形态和范式下,所谓的工艺划分、产品划分、功能划分以及链条划分的惯常逻辑也会被打破,由此所遵循的攀升路径也就难以再具有普遍的适用性和指导意义。"微笑曲线"揭示攀升路径面临同样的挑战和局限,因为在数字技术条件下,"微笑曲线"所揭示价值创造活动环节与价值创造高低之间的关系,也并非总是成立。现有研究指出,"微笑曲线"在数字经济条件下可能会变成"悲伤曲线"(黄群慧和贺俊,2013),即原来具有高附加值的活动环节和阶段,会变成低附加值环节,而原来属于低附加值的活动环节,会相应变成高附加值环节;但也有研究认为(孙黎和许唯聪,2021),"微笑曲线"在数字经济条件下会变得更加"深凹"和"陡峭",即原来高附加值的活动环节和阶段,其附加值创造能力会得到进一步提升和强化,而原先处于低附加值的活动环节将会进一步被弱化为"低端"。这种截然不同的观点不论孰是孰非,至少说明数字经济条件下"微笑曲线"所揭示的传统升级路径,已经面临是否适用的巨大挑战,而不同观点的"争议"本身也预示着传统升级路径在数字经济条件下需要重新考量。

第四节　数字技术下全球价值链攀升理论亟待新发展

基于前文分析可见,针对全球价值链攀升所试图回答的三个最基本和最关键的问题,即何谓攀升、何能攀升以及何以攀升,所做出的理论探讨和阐释,在数字技术条件下均已面临一定的局限性,亟待做出进一步拓展和创新性发展。应该说,全球价值链攀升所要回答的基本问题没有变,所要变化的是,在数字技术条件下如何理解并进行理论总结。因此,数字技术条件下创新性发展全球价值链攀升理论,亟待需要在如下几个方面实现新突破。

一、正确理解全球价值链攀升的新内涵

毋庸置疑,参与国际分工的根本目的就是要获取开放发展利益,但其前提必须是安全的开放。也就是说,以提高分工和贸易利得为表现的开放效率,在任何历史时期和发展阶段,无疑都是衡量国际分工地位的主要指标,但并非唯一的指标,尤其是在不同发展阶段,产业发展的安全性和稳定性的概念和意义不同,将其作为衡量国际分工地位重要指标之一时所需考虑的权重也不尽相同。应该说,在数字技术条件下,效率和安全应该被给予同等程度的重视,在衡量全球价值链分工地位时应该被赋予相同的权重。客观而言,全球价值链分工体系中附加值创造及其利益分配的大小多少等,主要还是由不同国家拥有不同优势要素所决定。经济学的稀缺性原理告诉我们,要素收益主要由要素的相对稀缺性决定。相较于发展中国家,发达国家往往在技术、信息等高质量和高层次生产要素上更具有优势,由此决定了其在全球价值链分工中获益能力更强(张幼文,2013)。如果说由这一基本原理决定的附加值创造及其利益分配关系,符合经济学基本逻辑从而具有一定的合理性的话,那么由此可能延伸出的另外一个问题,则会对于处于相对不利分工地位的发展中国家带来更为严重的负面影响,即主导与被主导、控制与被控制所可能引发的安全问题。不论经济全球化发展到何种历史阶段,只要国家属性存在,其总是会有两面性,即一方面是合作,另一方面是竞争。后者不仅会因为市场经济的非完全竞争性,而给处于弱势地位的发展中国家带来不公平和不公正等问题,还会因为国家间的制度、意识形态、理念、文化、信仰等差异,对发展中国家的安全发展带来巨大威胁,其中包括产业链供应链的安全稳定问题。

通常而言,处于具有较高附加值创造活动环节并攫取更多的分工和贸易利益的国家

（企业），会对全球价值链的发展拥有足够的主导力和控制力，并且凭借这些主导力和控制力，对发展中国家（企业）进行进一步的盘剥和压榨，使得发展中国家（企业）处于更加不利的地位。这实际上就是马克思主义国际经济学中所指出的国际不平等交换关系，在全球价值链分工条件下的新发展和新表现。许多理论和实证研究也证实了发达国家跨国公司凭借主导力和控制力对价值链上的发展中国家企业进行纵向压榨事实的存在（张晔，2006；任保全等，2016）。值得警惕的是，在数字技术条件下，一旦数据要素全面融入全球价值链分工体系，不仅会形成新的控制与被控制、主导与被主导、依附与被依附的新型关系和格局，更为严重的是，处于全球价值链分工中不利地位的国家和地区，随时都会面临产业链和供应链的"全面坍塌"。如同在电力时代生产经营对用电的依赖一般，一旦出现"断电"将会导致几乎所有生产经营活动停摆，数字技术条件下对数据的依赖同样出现类似的情形。更何况，数据要素的"渗透"和"侵入"本身就具有安全隐患。如果价值链分工中微观经济主体的分工地位差异及其形成的控制与被控制、主导与被主导、依附与被依附的关系，上升到国家层面并被运用于竞争和博弈中，无疑会带来极大的产业链供应链的安全隐患。

因此，未来伴随数字技术对全球价值链的重构，攀升全球价值链的理论内涵需要充分考虑产业链供应链的安全维度，或者说，需要兼顾开放效率和安全开放双重因素。虽然目前理论和实践部门对产业链供应链的安全稳定等问题，已经开始重视并进行了相应研究（王静，2021），但是已有的探讨仍然集中在对其重要性等问题的论述上。如何在学理上深刻阐释价值链分工条件下，尤其是数字技术推动的全球价值链分工条件下，效率与安全的关系，如何构建合理的指标体系为测度产业链供应链的安全稳定提供理论支撑，无疑都是正确数字技术条件下全球价值链攀升新内涵，亟待进行理论研究的重要趋势和方向。

二、揭示全球价值链攀升的新作用机制

针对全球价值链攀升作用机制的传统理论阐释，一方面是并未完全解释清楚的"自动"实现的升级机制，另一方面是部分作用机制在数字技术条件下已然面临巨大的挑战和局限。因此，数字技术条件下全球价值链攀升的作用机制究竟是什么，尚需要在理论上进行拓展和深化研究。对这一问题进行研究的重要性在于，不同国家和地区在全球价值链分工中的地位差距，伴随数字技术进步尤其是"数字鸿沟"的不断扩大，可能会被进一步放大，由此不仅会导致经济全球化红利的分配朝着更加不公平不公正的方向发展，而且更为重要的是，还会引发前文所说的产业链供应链安全稳定问题。因此，如果说在前一轮的全球价值链分工演进过程中，揭示全球价值链攀升的作用机制，从而力图推动全球价值链分工朝着地位更加平等方向发展，是推动经济全球朝着普惠、共赢方向发展的现实需要的话，那么数字技术条件下揭示全球价值链攀升的新作用机制，不仅是处于全球价值链分工中地位相对不利国家更强烈的利益诉求需要，也是实现安全开放的需要，维护产业链供应链安全稳定的现实需要。那么在数字技术进步和数字经济兴起条件下，推动全球价值链攀升的作用机制究竟是什么，是一个有待于在理论层面进行深入探讨的大课题。

针对传统理论阐释中作用机制并不清晰的问题，国内学者刘志彪（刘志彪，2008）曾从产业结构差异角度指出，发达国家之所以在全球价值链中占据制高点，根本原因在于其有发达的现代服务业尤其是生产性服务业支撑。生产性服务业对于制造业而言，犹如"聪明

的脑袋"和"飞翔的翅膀"。这一观点的背后实际上蕴含了制造业攀升全球价值链的可能作用机制,那就是生产性服务作为中间投入,对攀升全球价值链的重要作用。当然,目前全球价值链分工不仅发生在制造业领域,同时也在不断向服务业领域拓展,从而形成服务业全球价值链(夏杰长和倪红福,2017),在不断向研发设计等领域拓展从而形成所谓全球创新链(吴福象,2021),甚至在数字经济兴起背景下形成了所谓全球数字价值链这一新型价值链形态(沈玉良等,2020)。显然,在全球价值链不断拓展深化和演变的新形势下,尤其是在数字技术条件下,全球价值链攀升的具体作用机制尚需要进一步的理论探讨。虽然生产性服务作为中间投入,从而能够成为制造业攀升全球价值链的重要促进机制,在全球价值链分工演变新形势尤其是在数字技术条件下,同样面临是否适用性的挑战,但其看待和分析问题的思路极具启发和借鉴意义。我们认为,数字技术对全球价值链分工的影响本质上是技术变迁推动的分工演进,包括全球价值可能出现的重构趋势,因此,促进全球价值链攀升的关键机制实际上就是数字技术的运用,或者称之为数字赋能。显然,依托数字赋能,不仅可以发生在制造业产业领域,也可以发生在服务业产业领域,更会发生在数字产业领域,也就是说,不论全球价值链分工向何种领域进一步拓展和深化,促进全球价值链攀升的关键机制则在于数字赋能。类似于生产性服务的中间投入作用机制一样,"数字赋能"作为一种新的重要"中间投入品",不仅很大程度上决定了附加值创造情况,而且对其掌控和运用也在很大程度上决定了安全和稳定情况。

如果说在数字技术条件下,数字赋能的确是促进全球价值链攀升的关键作用机制的话,那么由此需要理论界做出进一步分析和探讨的问题是:数字技术与以往的技术变迁究竟有何不同? 会引发要素结构和要素间关系发生怎样的改变? 数字技术是否会导致生产要素和经济行为的不同运行逻辑? 数字技术变迁条件下原有的标准经济模型会如何变化? 诸如固定成本、边际成本、边际收益等之间的关系会发生怎样的改变? 对诸如此类问题的深入探讨并形成系统的理论阐释,对于深度揭示和深入理解全球价值链攀升的新作用机制,具有极为重要的意义。这显然是全球价值链攀升理论研究亟待创新发展的重要趋势和方向之一。

三、探寻全球价值链攀升的新实现路径

如前所述,受到数字技术进步及其在各产业领域广泛运用的影响,传统的工艺划分、产品划分、功能划分以及链条划分的方式及攀升路径遭遇挑战,"微笑曲线"也可能出现各种变形,那么这是否就意味着全球价值链攀升因此而无路可循了呢? 事实应该并非如此。如果我们进一步深究所谓"微笑曲线"可能变为"悲伤曲线"等各种论断的话,其实背后隐含的无非就是价值创造活动环节在"数字赋能"下,其价值创造能力得到了改变,从而各个环节和阶段究竟孰高孰低,将面临很大的不确定性。但是在巨大的不确定性下唯一能够"确定"的是,谁掌握了数字技术,谁能够更好地进行数字赋能,那么谁就能在附加值创造中占据新的高端,谁就能在新一轮全球价值链分工中赢得发展的主动权,谁就能更好地实现产业链供应链的安全稳定发展。实际上,以何种方式参与国际分工以及在国际分工中究竟处于什么地位,根本还在于国内自身产业结构和产业层次。换言之,参与国际分工和贸易,只不过是国内产业和社会分工的跨国延伸,因此全球价值链分工地位的"根"仍然在

国内。从这一意义上说，探寻攀升全球价值链的实现路径其实就是寻"根"之旅。在前一轮全球价值链分工演进过程中，中国虽然抓住了机遇从而取得了开放发展的巨大成就，但"低端嵌入"的模式也引来理论和实践部门的诸多诟病，比如，有学者研究指出，中国融入发达国家跨国公司主导的全球价值链分工体系，出现"有出口而无产业、有产业而无技术、有技术而无产权、有增长而无利益"等现象（张幼文，2006）。导致上述现象的出现，实际上还是国内产业发展的"根"不够深、不够牢、不够壮，从而表现在全球价值链分工中必然就是地位不高。俗话说，根深才能叶茂。因此，实现全球价值链攀升，根本的出路实际上就是产业中高端化的发展路径。那么由此引发的一个问题是，数字技术条件下，代表未来产业中高端化的发展路径究竟是什么，或者究竟有哪些？

当然，融入全球价值链与国内产业结构之间本质上是一种互动关系，也就是说，加入全球价值链对国内产业结构演进也会产生影响，比如在全球价值链上可能获得的学习效应以及为了攀升所进行的投资带来的资源重新配置等效应，都会引发产业结构的变化。但是，根据唯物辩证法的基本原理和规律可知，国内产业结构是"主要矛盾"，是"内因"，促进全球价值链攀升的"根"仍然是国内产业结构及其所处发展阶段。我们认为，以数字技术为代表的新一轮技术革命，会推动全球产业结构朝着数字化、智能化、绿色化和服务化方向发展。因此，在数字技术条件下，实现全球价值链攀升的路径，从未来产业中高端化发展趋势看，必然意味着，谁在新一轮产业结构调整中以数字赋能，率先推动产业实现数字化、智能化、绿色化和服务化发展，谁就能占据新一轮全球价值链的制高点，就能在新一轮全球价值链分工中抢占发展先机，或者可以实现全球价值链攀升。实际上，无论是《中国制造2025》，还是《中共中央关于制定国民经济和社会发展第十四个五年规划和二〇三五年远景目标的建议》，对产业发展规划进行战略部署时都明确指出，要推动产业朝着数字化、智能化、绿色化和服务化方向发展。显然这一战略部署正是基于对数字经济发展趋势有着深刻认知和科学研判而做出的。总之，在开放发展条件下，产业转型升级的路径其实就是攀升全球价值链的实现路径，依托数字赋能推动产业数字化、智能化、绿色化和服务化发展，是未来实现全球价值链攀升的必由之路。

如果说产业数字化、智能化、绿色化和服务化，的确是数字技术驱动下的全球价值链攀升的实现路径的话，那么由此需要理论界做出进一步分析和探讨的问题是：数字产业化发展的自身价值链分工地位如何度量和识别？依托数字赋能，如何推动产业的智能化发展、绿色化发展和服务化发展？或者说，数字技术与绿色发展等之间有何内在的逻辑关系？数字赋能下的诸如产业绿色化发展，是简单的"数字＋绿色"还是数字与绿色的深度融合模式？全球价值链分工中的数字化、智能化、绿色化和服务化发展程度，如何进行识别和度量？对诸如此类问题的深入探讨并形成系统的理论阐释，无疑是正确认识和准确识别数字技术条件下全球价值链攀升实现路径的关键，亟待在理论研究层面实现创新发展。

第五节　结论性评述

每一次科技革命和产业革命都会对国际分工产生深刻影响，并改变着世界经济格局，改变着各国在国际分工中的地位。当前,以数字技术为代表的新一轮信息技术快速进步,已经昭示了新一轮技术革命和产业革命。这必将对重构全球经济版图、重构全球经济、重构全球价值链带来革命性影响。总体来看,由前一轮信息技术革命推动的前一轮全球价值链分工演进过程中,美国等发达国家凭借着信息技术等方面的绝对主导优势,占据着全球价值链高端,主导并控制全球价值链运行,成为经济全球化红利的主要受益者;而包括中国在内的大部分发展中国家,虽然也获得了一定程度的开放发展利益,但在全球产业格局中总体处于中低端,面临攀升全球价值链中高端的紧迫需求。在数字技术可能重构全球价值链的大背景下,应该说,发展中国家既面临机遇,也面临风险和挑战。机遇表现为,在以数字技术为代表的新一轮科技革命中,有"弯道超车"的可能,从而依托数字赋能,充分利用可能的新机制和新路径实现价值链分工地位的提高和改善,在新一轮全球价值链分工中赢得发展的主动权;风险和挑战在于,新一轮技术竞赛中也有可能会进一步落后,从而进一步拉大与发达国家之间的差距,在新一轮全球价值链分工中,被置于更加不利的地位。当前的发展实践表明,发达国家和发展中国家之间存在着明显的"数字鸿沟",比如国际电信联盟数据显示,2017 年,发达国家互联网普及率达到 81%,而发展中国家仅为 41%。联合国贸发会议(UNCTAD)发布的《2019 年数字经济报告:价值创造和捕获,对发展中国家的影响》(后文简称《报告》)显示,全球发达国家(美、日、德、英)数字经济占 GDP 比重在 50% 左右,美国数字经济规模排在全球首位,已超 10 万亿美元,占 GDP 比重超 58%。融合型数字经济的主体地位进一步巩固,主要发达国家融合型数字经济占比普遍超过 70%,少数国家甚至接近 90%。据此可见,以数字技术为代表的新一轮信息技术革命中,广大发展中国家即便面临"弯道超车"的可能机遇,但风险和挑战总体来看大于机遇。

　　在数字经济条件下,发达国家不仅企图在新兴产业领域占据高端,赢取发展主动权,而且由于采取数字化、智能化和服务化等新制造技术,以 3D 打印、机器人等为代表,在组装制造环节用高生产率优势来抵消高劳动力成本劣势,重新确立组装制造环节的综合生产成本优势,推动制造高端环节从发展中国家回流到发达国家。此外,从数字技术驱动的全球价值链治理模式看,新一轮全球价值链发展与前一轮相比也将呈现重大差别。即传统的购买者驱动和生产者驱动,可能会逐步让位于平台驱动。也就是说,数字化平台将是未来推动全球价值链发展的主导者。而从目前全球数字经济的 7 个"超级平台"看,仅美国一国就占有 5 个,包括微软、苹果、亚马逊、谷歌、脸书。如果说全球价值链治理结构和模式,是影响全球价值链攀升的关键因素的话,那么实践中的这一数字平台分布格局,无疑意味着发展中国家在新一轮全球价值链分工中面临的巨大压力和挑战。可见,以数字赋能推动全球价值链攀升,对于广大发展中国家来说,如何弥合"数字鸿沟"中的"接入鸿沟""使用鸿沟""能力鸿沟",在新机制和新路径的理论指导下将"愿望"转变为现实,对于广大发展中国家而言可谓是"任重而道远"。

　　值得庆幸的是,数字技术和数字经济在中国已经受到高度重视。《习近平谈治国理政》第三卷中,多处都提到了数字经济,既涉及推动经济高质量发展,也涉及合力打造高质量世界经济。习近平总书记指出,"各国应该把握新一轮科技革命和产业变革带来的机遇,加强数字经济、人工智能、纳米技术等前沿领域合作,共同打造新技术、新产业、新业态、新模式。"而从具体的发展实践看,无论是在规模层面还是在质量层面,中国都表现出了一定的竞争力。比如,《报告》就曾指出,全球数字经济一直由一个发达国家即美国和一个发展中国家即中国共同领导。尽管中国在数字技术和数字经济方面已经具备一定优势,但是在核心技术以及关键设备等方面,包括软件开发等方面,我们仍然面临"卡脖子"。因此,加快推动中国攀升全球价值链,一方面,我们固然要抢抓数字技术发展的重大战略机遇,构筑中国数字经济发展的先发优势,加快建设创新型国家和世界数字技术强国;另一方面,我们还要针对数字技术条件下全球价值链攀升问题,强化理论研究,揭示其中的作用机制和明晰其中的实现路径,以更好地指导中国在数字技术条件下顺利实现攀升全球价值链的目标。

第2章
数字技术重构全球价值链的新逻辑

技术进步、要素禀赋和制度变迁,是推动分工演进的三个关键要素,其中,技术进步又发挥着最核心的作用。国际分工的演进史表明,世界上每一次重要的技术变革都将以不同的理论逻辑,推动着国际分工以新的形式乃至新的性质发展。当前,以数字技术为代表的新一轮信息技术革命正在迅速发展,而新一轮信息技术革命不仅在技术本身上会与以往不同,而且其将引发的要素禀赋变化以及所要求的适应性制度变迁,与以往相比同样会有所不同。具体地看,数字技术将会协同要素禀赋变化和制度变迁,共同以新的理论逻辑从根本上改变产业组织范式、改变不同要素相对重要性以及改变着国际经贸规则体系,从而进一步推动全球价值链朝着"五化"方向调整和发展,即产业数字化、供应多元化、布局区域化、导向本土化以及治理平台化。在此背景下,开拓新思路,寻找新对策,抓住新机遇,迎接新挑战,不仅是中国在新形势下攀升全球价值链的必由之路,也是推动和引领全球价值链重构,在调整和优化全球价值链中做出更大贡献的必然选择。

第一节 数字技术引致全球价值链重构新问题

20 世纪 80 年代以来,得益于国际生产分割技术的快速发展、信息通信技术的飞速进步以及交通基础设施的不断完善,全球价值链逐步成为国际分工的主导形态。客观而言,全球价值链分工的快速演进在推动世界经济繁荣发展的同时,也带来了一些问题和矛盾,比如分工机会不均等、分工地位不平等以及发展差距和收入差距不断扩大等。在此背景下,重构全球价值链日益成为世界各国的共同需要,只不过,不同国家对价值链重构的期望发展方向不同而已,比如,发达国家在力图继续主导和控制全球价值链高端的同时,期望能够"重振制造业"并推动部分环节和阶段"回流",更多的发展中经济体则期望能够在全球价值链分工或者能够获得更多的参与和发展机会,并提升全球价值链分工地位(戴翔和金碚,2021)。特别地,2008 年全球金融危机冲击之后,世界经济在结构性和周期性双重因素作用下明显趋缓,全球价值链分工演进速度也明显放缓甚至出现一定程度的萎缩(倪红福,2020);加之当前全球新型冠状病毒感染疫情带来供给和需求等多维度冲击,甚至引发人们对价值链分工条件下产业链供应链安全稳定的重新思考,进而推动全球价值链重构加速。当然,经济全球化是社会生产力发展的客观规律和必然结果,因此,影响以全球价值链分工为主要表现的经济全球化发展的根本力量无疑仍然是技术变迁。换言之,在前一轮技术革命和产业革命形成的动能基本衰竭条件下,推动全球价值链进一步发展或者说重构的动力,必将依赖于新一轮技术革命和产业革命,及其由此引发的产业和组织范式乃至制度规则等变化。

当前,以 5G 网络、人工智能、工业互联网和物联网等为标志的数字技术,作为新一轮技术革命的曙光已经初现,并已开始向生产和生活的各领域渗透和融合。可以说,数字技术正在成为推动世界各国经济发展的新动能和新引擎,也必将加速推动全球价值链重构。需要指出的是,作为技术变化和产业变革的重大标志性成果,与以往技术革命和产业革命类似,数字技术必将以一种全新的方式影响着生产、生活和国际分工。那么,由此提出的一个自然而然的问题是:从开放发展和国际分工角度看,数字技术推动全球价值链重构是否表现出新逻辑? 如果是,那么这种新逻辑是什么? 由此对全球价值链和国际分工格局产生怎样的影响? 受此影响,中国进一步融入全球价值链分工体系的开放发展道路应该怎么走,或者说应该采取什么样的对策举措? 本章力图对上述问题做一简要分析。

第二节 技术进步:全球价值链演进的根本动力

众所周知,国际分工是社会分工发展到一定阶段、跨越民族国家界限的表现和结果,是社会分工发展到一定历史阶段的产物。在这一发展过程中,建立在技术进步基础之上的社会生产力发展起着决定性作用。世界经济的发展史表明,虽然社会分工在原始社会末期就已经产生,但是由于当时的社会生产力水平极其低下,尚不足以支撑起国际分工的需要。直到资本主义生产方式建立起来从而社会生产力得到空前发展,国际分工才随之逐步发展起来。从重大和标志性历史事件角度观察,自资本主义生产方式确立以来的每一次技术革命和产业革命,都以其特有的理论逻辑并以其特有的范式极大地推动了国际分工的发展。比如,18 世纪爆发的第一次工业革命使得英、法率先成为工业国,其他广大国家则处于农业国和原料国的发展阶段,于是形成了工业国和农业国、原料国之间的国际分工格局和体系。19 世纪末至 20 世纪初,以发电机、电动机、内燃机的发明及其广泛应用为标志的第二次工业革命大爆发,推动了英、美、德等国家工业化快速发展,而其他国家通过引进技术和设备,轻工业和基础设施得到一定程度上的发展,此时的分工格局不仅表现为工业国和农业国、原料国的国际分工格局和体系,并开始有了工业部门之间的分工格局。20 世纪 40 年代和 50 年代爆发的第三次科技革命,催生了一系列新兴工业如高分子合成工业、电子工业等部门的诞生,并推动了工业化分工体系日益走向专业化,即表现为不同型号规格的产品专业化、零配件和部件的专业化以及工艺过程的专业化等,由此形成了发达国家工业部门之间为主导的国际分工形态和格局。国际分工发展到这一阶段,全球价值链的分工模式实际上已经开始显现,但是由于受到其他方面的因素制约,无论是从发展的速度还是从发展的广度上看,真正意义上的全球价值链分工模式都还没有形成,直到 20 世纪 80 年代至 90 年代美国信息技术革命的爆发,再一次推动了国际分工模式发生巨变,即全球价值链分工逐步成为国际分工的主导形态,并且在分工的区域格局上也出现了深刻调整和变化。

　　总之,技术进步是推动国际分工演进的最根本力量,全球价值链分工的演变与发展也不例外。因此,为了更好地理解数字技术条件下全球价值链重构的新逻辑,我们不妨对前一轮主要发端于美国的信息技术革命推动全球价值链分工演进的基本理论逻辑做一简要分析。这不仅有助于我们进一步深入认识技术进步对推动分工演进的作用,也更加有助于我们在比较分析中理解全球价值链在数字技术推动下缘何能够得以重构,或者说必然发生重构。

一、全球价值链分工:技术带来分割的可行性

　　全球价值链分工能否得以实现,根本上取决于两个方面的条件:一是产品生产在技术上具有可分割性,二是被分割后的不同环节和阶段被配置到不同国家和地区具有可行性。所谓生产的可分割性,主要是指伴随着生产技术的进步从而产品生产活动被分解为越来越多的“操作”或者“职能”,产品生产过程的最基本单位越来越小。比如,亚当·斯密在论述分工问题时所举的制针例子,其环节和工序的划分本质上就是产品生产分割,只不过,此时不同的生产环节和阶段尚未从企业独立出去而市场化,更无从谈及价值链的跨国分工问题。后者主要是指建立在生产具有技术上的分割性基础之上,生产活动能够在制度上实现“分离”,尤其是能够进行国际“分离”。阿林·杨格的分工理论表明,分工能否演进或者说一组复杂的生产过程能否不断转化为越来越多的简单过程,并进行市场交易,关键取决于分工效率的提升以及由此带来的因为环节增多而导致交易成本上升的比较,如果效率提升足以弥补因此而带来的成本上升,那么分工就能够得以演进和细化,反之则不会。实际上,分工演进的历史经验表明,生产活动的技术上可分离性,要远比交易上可分离性简单,这也正是为什么产品内分工早就存在,真正实现市场分工乃至跨国分工则相对较晚的主要原因。

　　影响交易成本尤其是跨国交易成本的因素固然是众多的,但是最主要的无非在于沟通协调成本和运输成本。而 20 世纪 80 年代至 90 年代美国爆发的信息技术革命,为进行远距离沟通协调带来了极大的便利性,大大降低了不同生产环节和阶段进行对接所需要的沟通和协调成本。与此同时,在信息通信技术支撑下,辅之以交通运输模式的改变,交通运输成本也有了极大降低。也就是说,技术进步带来的不仅是生产效率的提高,也导致了交易成本的大幅度下降,由此,使得在技术层面上实现分割的不同生产环节和阶段,进行跨地区和跨国配置变得可行。信息技术的快速进步,不仅促使不同国家和地区的管理者和生产者进行及时的信息交流和沟通变得更为便捷和高效,甚至生产过程的控制和质量参数校准等协调也变得更加容易和便捷,大大节约了甚至可以说是避免了人员跨国往来的交通成本和时间成本。由信息技术革命带来的交易成本下降作用机制,使得产品生产不同环节和阶段得以在不同国家和地区间进行,以最大化利用了分工细化带来的效率提升效应。因此,如果说生产技术的可分割性主要为全球价值链分工提供了可能性的话,那么信息技术革命则进一步提供了可行性,并将生产跨国配置的可能性转化为现实性。

二、全球价值链分工:技术改变要素的重要性

　　如前所述,从 20 世纪 40 年代和 50 年代爆发的第三次科技革命到 20 世纪 80~90 年

代美国爆发的信息技术革命这段时间,国际分工主要发生在具有相似要素禀赋的发达国家之间,所利用的主要是制成品生产的规模经济效应。此时,受沟通协调成本和运输成本的制约,价值链分工虽然已经初现端倪但尚不发达,尤其是还没有发展中国家的广泛参与,换言之,发展中国家的优势要素在国际分工中的作用尚未得到发挥。然而,伴随信息技术革命的爆发及由此推动的全球价值链分工的深度演进,越来越多的发展中国家具备了参与国际的机遇和条件,逐步融入由发达国家跨国公司主导的全球价值链分工体系之中,成为全球生产网络中的节点国家。之所以出现这种变化,本质上看,源于信息通信等技术变化,改变了不同国家和地区生产要素禀赋的相对重要性,进而改变着全球分工格局。或者说,在不同程度上为不同国家和地区利用优势要素参与国际分工提供了机遇。

众所周知,工业制成品从最终产品角度看,生产技术成熟条件下主要表现为资本密集型特征。因此,此时的分工难以按照要素禀赋理论所预期的那样,在发达国家和发展中国家形成资本密集型产品和劳动密集型产品专业化分工和国际交换的格局。这正是分工主要发生在发达国家之间,并主要利用规模经济效应的重要原因之一。实际上,如果进一步从产品生产的具体过程看,或者称之为经济活动过程的不同"操作"和"职能"角度看,其实仍然具有不同的要素密集度特征差异。也就是说,有些环节和阶段具有技术和资本密集型特征,有些环节和阶段则具有劳动密集型特征等。比如,研发设计、关键和核心零部件等就是产品价值链中具有技术和资本密集型特征的环节和阶段,而组装、加工等通常就是产品价值链中具有劳动密集型特征的环节和阶段。只不过,在主要以最终产品为界限的分工模式下,由于最终产品均具有类似的资本要素密集度特征,从而分工主要建立在规模经济优势基础之上并主要发生在发达国家之间的分工格局下,发展中国家由于难以融入国际分工体系之中,其初级要素禀赋优势也就难以发挥作用。或者说,诸如劳动等初级要素的重要性尚不足以体现。但是,受到信息技术革命的推动,一旦价值链分工变得可能并且可行,从而制成品生产可以进行国际分割,那么不同生产环节和阶段的要素密集度差异便得以体现,并且可以利用不同国家和地区的不同要素禀赋优势。此时,发展中国家就可以突破在最终产品生产上不具备比较优势的限制,可以根据自身要素禀赋优势状况选择相应要素密集度特征的生产环节和阶段。当然,对于发达国家跨国公司来说,将不同环节和阶段按照要素密集度特征,配置到具有不同要素禀赋优势的国家和地区,既可以继续利用规模经济效应,又进一步利用了要素禀赋优势。总之,在信息技术革命推动的全球价值链分工演进趋势下,发展中国家的诸如劳动等初级要素优势得以显现和利用。这正是20世纪80年代以来越来越多的发展中国家能够融入经济全球化进程之中的重要原因之一。

三、全球价值链分工:技术推动规则的保障性

当然,经济全球化发展除了受到技术进步,或者说技术进步推动生产力发展影响外,还会受到各国开放政策选择的影响。毋庸置疑,如果各国或者世界上大部分国家都采取闭关锁国的政策措施,高筑关税和非关税壁垒,那么也就谈不上开放型经济发展。没有世界各国的参与,也就谈不上国际分工,谈不上经济全球化问题。降低关税和非关税壁垒,让更多的国家开放市场,参与到经济全球化之中来,需要有制度性保障。从资源优化配置角度看,开展分工和自由贸易固然有利于世界财富的增长,从而在公平公正的分配体制

下,各国都能够从分工和贸易中受益。但是,利益分配并非始终是公平公正的,尤其是在世界财富增长的既定增量下,一国获利更多必然意味着他国获利减少,而采用不当竞争的手段通常可以改变利益分配方式和利益分配格局,不同的国家和地区实际受益将存在较大差别。比如最优关税理论所揭示的情形,就是假定对方不改变关税水平,一国提升关税可以提升福利效应,本质就是贸易利益的转移和掠夺效应。因此,在没有适宜的体制机制安排和保障下,极易引发关税大战,最终导致贸易无法正常开展,经济全球化受阻。总之,没有恰当的制度性安排,"以邻为壑"的贸易政策会成为经济全球化发展的重大障碍。

所幸的是,第二次世界大战以后由美国等发达国家主导的国际组织及其规则体系,尤其是 WTO 框架下的贸易和投资自由化规则,在全球范围内得到了普遍推广,对贸易和全球对外直接投资提供了规则等制度保障作用。由马克思主义政治经济学的基本原理可知,生产力和生产关系二者的有机统一构成生产方式,其中,生产力的发展是生产关系变化的原因和新旧生产关系更替的依据。从这一意义上说,当前国际经贸规则的形成和普遍推行,本质上仍然是技术推动下社会生产力发展的必然结果。也就是说,为了适应新技术条件下国际分工发展的现实需要,贸易和投资自由化不仅成为发达国家的需求,也成为发展中国家的需求。应该说,在全球价值链分工条件下,关税等成本的下降对于分工的开展极为重要。这是因为,全球价值链分工的特征决定了,最终产品生产完成之前,中间产品通常会经过多次跨境流动,如此,其中一个不起眼的关税成本,在反复流动的累加作用下,也会产生强烈的"放大"效应,从而会阻碍分工的发展。因此,应技术推动下国际生产分割的需要,贸易和投资自由化经贸规则体系应运而生,为全球价值链提供制度性保障,实际上同样是技术进步下的必然产物。

第三节　数字技术:全球价值链重构的理论逻辑

技术进步、要素禀赋和制度变迁,是推动分工演进的三个关键要素,其中,技术进步又发挥着最为核心的作用。基于上述分析可见,在前一轮的全球价值链分工中,信息通信技术革命成为国际分工演进的最根本动力。当前,以数字技术为代表的新一轮信息技术革命正在迅速发展,这一变化无疑将推动国际分工进一步发展。新一轮信息技术革命不仅在技术本身上会与以往不同,而且其将引发的要素禀赋变化以及所要求的适应性制度变迁,与以往相比同样会有所不同。也就是说,数字技术将会协同要素禀赋变化和制度变迁,共同以新的理论逻辑推动着全球价值链出现重构。需要指出的是,目前对于全球价值链重构的研究已经取得了大量成果(余振等,2018;高运胜和杨阳,2020;史丹和余菁,2021;马永飞,2021),但是究竟何为全球价值链重构,学术界并未给出统一的界定和阐释。本章理解的全球价值链重构,主要是指以一种不同以往的产业组织范式,推动全球价值链朝着不同以往的分工格局演变,或者说,会推动全球价值链分工呈现新发展格局,而这种产业发展格局至少表现在三个维度上:一是产业自身,二是地理空间分布,三是治理结构。对此,我们将在后文进行进一步分析。此处我们将接着上述分析,继续从技术进步、要素禀赋以及制度变迁三个维度,对推动全球价值链分工演进的根本动力做进一步分析和探讨,以明晰数字技术推动全球价值链重构的基本理论逻辑。

一、数字技术将从根本上改变产业组织范式

如同前文分析指出,前一轮信息技术革命,主要是从交易成本上发挥了作用,从而使得全球价值链分工变得可行。虽然与以往以最终产品为界限的传统国际分工模式下产业组织范式相比,全球价值链的组织范式有着根本不同,但是如果不从国际分工角度去观察,而仅仅从产品生产过程去看,那么在企业内部甚至在一国区域内部,价值链分工模式实际上早就存在了,只不过由于价值创造并不分属于不同国家,因而还没有所谓全球价值链的概念。所以,前一轮信息技术革命实际上并没有从根本上颠覆和改变传统生产模式,只不过是将实际上早已存在的生产组织范式,通过技术进步进一步推广到全球范围内而已,并且从国际分工层面看,确实出现了与以往完全不同的产业组织模式和形态。以最终产品为界限的生产和贸易方式,逐步让位于以中间产品为界限的生产和贸易方式,呈现出相同或者相似要素密集度生产环节和阶段在地理位置上的集中,以及不同要素密集度生产环节和阶段在地理空间上的分散。

与前一轮信息技术革命相比,以数字技术为代表的新一轮信息技术革命将完全不同,它改变的不仅仅是沟通和协调成本以及简单的国际贸易运输成本,更重要的是,它将彻底改变产业的生产组织范式。在数字技术进步影响下,生产组织范式的改变也绝不是仅仅从企业内部或者一国内部开始,然后再受到企业技术进步的影响进而推广和扩散到全球范围内,而是从一开始便有可能在全球范围内引发产业组织体系的重构。从目前的发展趋势看,大数据、物联网、移动互联网、云计算、人工智能、虚拟现实、区块链等前沿技术,将为未来产业发展助力。受数字技术的影响,或者说伴随数字技术在各产业领域中的渗透和应用,传统产业的数字化转型、网络化转型、智能化转型、绿色化转型以及服务化转型等步伐明显加快,数字技术的应用也大幅提高了企业全要素效率。更为重要的是,数字技术在产业领域的渗透不仅会催生出一系列新兴产业业态,比如,与产品价值链相平行的数字价值链(沈玉良等,2021),还会通过降低经济运行的成本(包括信息搜索和获取成本、资源配置成本等)、降低经济活动主体之间的信息不对称、大幅度降低资本专用性成本、促使线上和线下的融合、助力实现供需精准匹配、为小众生产提供"广阔"空间、提高企业间的生产协同水平,促进产业分工进一步深化和专业化发展。数字技术变革带来的上述诸多方面的变化,将从供给侧、需求侧以及治理结构等多个维度影响到产业组织范式。比如,供给侧的智能制造和自动化技术带来的效率提升,必然推动供应链更加具有即时性特征以实现高效匹配,而供应链的即时性又必然对企业和产业空间布局等产生重要影响,甚至可以说,会对企业和产业的空间布局起到重要的调整和重塑作用。

二、数字技术改变了不同要素的相对重要性

数字技术的兴起,不仅使得数据成为重要的生产要素,从而进一步拓展了生产要素的范畴和种类,而且还深刻地改变着不同生产要素之间的相对重要性。在以往的生产技术条件下,国际分工不管是以最终产品为界限的分工模式,还是以产品生产环节和阶段为界限的分工模式,产业或者产品价值链不同阶段之间,仍然存在显著的要素密集度特征差

异,即通常所谓的技术密集型、资本密集型和劳动密集型等传统划分方式。从这一意义上说,全球价值链分工的演进和发展,之所以能够为条件具备、战略得当的发展中国家带来战略机遇,主要就是因为发展中国家有着自身优势要素——丰富廉价的劳动力禀赋优势,在价值链分工条件下有了"用武之地"(张二震,)。换言之,因为在劳动密集型产业和产品生产环节上,丰富廉价的劳动力要素有着极为重要的作用,从而吸引着劳动密集型产业和产品生产环节不断进行国际梯度转移,具有劳动力禀赋优势的发展中国家也就因此成了"承接地",从而获得了发展的机遇。当然,这种情况归根到底,仍然得益于前一轮信息技术革命推动的全球价值链分工。前文分析指出,在前一轮信息技术革命爆发之前,世界各主要国家进入工业化发展重要阶段,分工主要发生在最终产品具有资本密集型特征的制造业领域,尽管其过程有着劳动密集型环节,但由于无法进行生产的国际分割,因此这一部分的生产主要还是局限在一国国内。信息技术革命推动下的全球价值链分工则改变了这一情形和分工格局。不同生产要素在不同产业中相对重要性不同的根本逻辑,推动了不同产业和产品生产环节根据其要素密集度特征,在全球范围内寻找优势要素进行最适宜区位配置。

　　然而,数字技术进步及其在各产业领域的广泛运用,将从根本上颠覆上述作用机制和内在逻辑。这不仅是因为数字技术条件下,生产要素的种类从传统的所谓资本、劳动等,进一步拓展到了数据层面,从而要素的种类增加了,所谓不同差异的要素密集度特征据此也就有了更多的划分方式,比如,除了传统划分方式外,至少会增加所谓数字密集型产业和产品生产环节。更为重要的是,数字技术的应用将改变各种产业和产品生产环节的要素密集型特征,从而改变着不同生产要素的相对重要性。实际上,在数字经济条件下,各产业领域都可能具有数字密集型特征,当然,不同产业的数字化发展程度可能仍然会有所差异,因此,按照要素密集度的定义仍然可以有着不同的种类划分。但是,由此所导致的各种生产要素的相互替代性和相对重要性变化,是不容忽视的。比如,伴随数字技术的渗透,制造业转型升级的一个重要方向就是智能化,而智能化后的制造业发展大多具有类似的数字化特征,因此,从制造业产业层面看,除了数字密集型特征之外,另外一个重要的要素投入可能就是资本而非普通劳动力。也就是说,在智能化发展条件下,资本替代劳动将成为重要发展趋势,由此,即便是在价值链分工条件下,所谓劳动密集型产业占比会急剧下降,从而一般劳动力的相对重要性也会相对下降。受此影响,考虑到除了一般劳动力之外的其他生产要素跨国流动性不断增强,国家和地区的要素禀赋优势和作用同样会下降,或者说,除了数字技术外其他要素禀赋优势,将难以继续成为跨国公司布局全球生产网络考虑的重点因素。全球价值链的布局可能会呈现出一个全新的逻辑。

三、数字技术推动国际经贸规则高标准发展

　　平心而论,现行的全球经贸规则虽然是在美国等发达国家主导下构建和推行的,从而更多地反映着发达国家的利益诉求,对发展中国家关注不够,但是,由于其基本符合了国际分工发展的实践需求,尤其是 WTO 框架下的贸易和投资自由化,对全球价值链分工的开展和演进提供了重要的保障制度。当然,伴随国际分工的深度演进,尤其是世界经济格局的演变,现行的国际经贸规则和体系,已经越来越不适合当前世界经济发展的现实需

要,亟待改革和重塑。这也正是当前 WTO 机构面临的主要任务和困境。实际上,在前一轮信息技术革命爆发从而全球价值链分工快速发展之际,新国际分工对全球经贸新规则就有了内生性需求,即除了 WTO 框架下以贸易和投资自由化为主要表现的边境开放措施外,分布在不同国家和地区的生产环节和阶段要实现无缝对接,还要求各分工参与国实现边境后开放,即不同国家和地区的内部经济规则等制度,要尽可能地实现协调和统一。然而,由于在前一轮的全球价值链分工演进过程中,发生国际梯度转移的主要为劳动密集型生产环节和阶段,从而对其转移具有决定性影响的主要是要素禀赋优势决定生产成本,而非规则等制度因素决定交易成本,因此即便边境后开放规则体系,在全球价值链分工发展以来很长一段时间内并未形成,但也并未对国际分工演进造成实质性障碍。但是,当全球价值链分工演进至新阶段后,尤其是数字技术的广泛应用导致劳动密集型产业占比和重要性逐步下降条件下,全球价值链的布局将更加看重规则等制度因素,因此,国际经贸规则向高标准化发展方向发展,也就成了必然趋势和要求。

近年来,有关数字贸易规则的讨论,学术界已经取得了大量研究成果。尤其是在 WTO 改革举步维艰的背景下,各种形式的区域经济一体化协议和组织如雨后春笋般涌现,其中,以数字规则为代表的高标准化经贸规则成为各种区域贸易协定谈判的主要议题和重要内容,进而引起了理论和实践部门的高度重视。从实践看,无论是《全面和进步的跨太平洋伙伴关系协定》(CPTPP),还是《美加墨协定》(USMCA),无论是《区域全面经济伙伴关系协定》(RCEP),还是《数字经济伙伴关系协定》(DEPA),无不在一定程度上涉及数字贸易规则,甚至可以说以数字贸易规则成为协定的主要内容和议题。之所以如此,无疑是源自数字技术进步形成的推动力量。世界经济的现实发展趋势表明,伴随数字技术等新一代信息技术革命的快速发展,数字化已经成为世界经济增长的重要动力引擎。但是,现行国际经贸规则又难以适应新经济形态和新国际分工演进的需要,形成的"生产关系阻碍生产力发展"的困局,最典型的表现在于,由于缺少全球性规则和一致性监管方案,全球数字经济发展尤其是建立在数字经济形态基础上的价值链分工,面临网络安全、数据隐私、知识产权、存储本地化、市场准入以及税收和管辖权等一系列问题。数字技术推动下的全球价值链分工演进,亟待在规则等制度层面上进行改革和突破。以数字技术为代表的国际经贸规则高标准化发展,必将为全球价值链重构提供规则等制度保障,促进全球价值链分工以新逻辑向前演进。

第四节 五化同步:全球价值链重构的未来趋势

前文分析指出,全球价值链分工可以从三个维度上进行观察:一是产业自身角度,即价值链分工的产业基础发生了怎样的变化?二是价值链的地理空间分布,即不同生产环节和阶段究竟如何在不同国家和地区进行配置?三是全球价值链治理结构,即驱动全球价值链的方式在数字技术条件下是否发生了显著改变?本章认为,数字技术会在上述三个维度上同时发力,推动全球价值链加速重构。具体来看,数字技术会推动全球价值链朝着"五化"方向同时发展。

一、数字技术推动产业数字化发展

伴随人工智能、互联网、大数据、云计算、物联网等数字技术的快速发展及其运用,数字化是产业未来转型升级的重要方向和趋势,这不仅是制造业发展,同时也将反映在第一产业和第三产业上。甚至有研究指出,在数字经济条件下,传统的产业划分方式及其统计方式将面临挑战和改革,因为不同产业的划分边界在数字化作用下,将会变得越来越模糊,越来越难以识别(陈冬梅等,2020)。显然,这种变化趋势无疑说明了数字化将是产业未来发展的重要特征。实际上,无论是当前讨论的产业智能化,还是产业服务化,抑或是产业信息化等,本质上都是数字赋能下产业转型升级的目标方向和结果。数字技术推动下的产业数字化发展,不仅会因为新的技术投入和数据投入而改变企业的生产函数,从而全球生产网络的构建及其节点等均将随之发生变化,而且还会催生出新的产业链和价值链,或者说,在依托数字赋能而推动传统产业转型升级和战略性新兴产业发展的同时,基于数字本身而构建的全球价值链,将会成为一个与传统产业链平行的价值链。显然,数字价值链更是产业数字化发展的典型表现和代表。目前,有关数字价值链的研究已经开始受到了学术界的关注,并取得了初步成果。现有研究的基本共识是,在数字技术条件下,全球价值链的拓展和延伸,不仅表现为从以往制造业领域向服务业领域拓展,与此同时还在向数字领域拓展,并且,数字价值链的业态、布局、组织形式、治理结构等都将与以往价值链迥异。这也就意味着,在数字技术推动下,无论是产业数字化还是数字产业化后的全球价值链发展,与全球价值链的前一轮发展相比,都将有新的变化。

二、数字技术推动供应链多元化发展

全球价值链的深度演进,在推动分工细化从而在进一步优化全球资源配置过程中,虽然带来了世界经济的繁荣发展和财富的巨大增长效应,但也带来了风险传播和扩大的不利影响。包括日本大地震引发的海啸以及全球新型冠状病毒感染疫情的暴发等,导致全球价值链在一定时期、一定范围乃至全球范围内出现断裂,从而影响到全球价值链的正常运转,就是明证。在全球价值链时代,各种内生或者外生的危机冲击,会透过价值链而产生放大效应,已经被学术研究和实践所证明(代谦和何祚宇,2015;戴翔,2016)。当然,由贸易保护而引发的产业链供应链安全,也日益受到各国的重视。因此,如何在继续融入国际分工体系从而享受分工和贸易利益的同时,尽可能地避免产业链供应链不安全、不稳定等问题,是当前各国在发展开放型经济时考虑的重要问题之一。为了避免产业链供应链可能面临的断裂以及"卡脖子"问题,如果某一国家试图在自身内部建立起全产业链,拥有全部的配套生产技术和生产能力,显然是不可能的。即便对于大国来说有这样的能力和条件,但也是以牺牲效率为代价,更难以同世界产业分工体系相竞争和抗衡。那么,唯一的出路就是增强可替代性。这是我们在享受全球分工带来红利的同时,又可以最大限度避免产业链供应链可能存在风险的必然选择。而数字技术的发展为这种选择提供了可能。在数字技术支撑下,"连接"成为数字经济的重要特征,换言之,在数字经济条件下世界经济将真正进入万物互联的时代,并且,"连接"的成本也在急剧降低。这也就意味着,参与国际分工的门槛会大大降低。在以往全球价值链分工中被边缘化的国家和地区,在数字经济条件下有了融入国际分工的机会;异质性企业贸易理论所揭示的那些由于生产率水平相对较低从而难以进入国际市场的企业,同样也有了参与国际分工的机会。总之,更多国家、更多地区、更多微观经济体主体参与到全球价值链分工体系中来,也就意味着选择的多样性和多元化。总之,数字技术支撑的客观条件和产业链供应链安全稳定的主观需要,将共同推动全球价值链朝着供应多元化方向发展。

三、数字技术推动布局区域化发展

全球价值链演进过程中,全球化和区域化一直是其两个重要特征。在前一轮信息技术革命的影响下,生产国际分割虽然得以实现,并且全球价值链分工日益细化和专业化,从而在全球范围内不断拓展和蔓延,但其中区域化仍然扮演着重要角色。比如,在当前的全球价值链分工体系中,以美国为主导的北美区域价值链、以德国为主导的欧洲区域价值链,以及以中国和日本为核心的亚洲区域价值链,被认为是全球价值链的“三足鼎立”(鞠建东等,2020)。区域价值链之所以仍然重要,主要是因为生产国际分工带来的交易成本的上升,其中,沟通和协调等成本固然会受信息技术革命影响而大幅下降,但占比相对较高且难以大幅下降的运输成本存在,阻碍了价值链在空间布局上并非能够“随心所欲”,因为跨国公司对低成本要素之“爱”也难以经受距离之远的“伤害”。有研究发现,伴随信息通信技术的进步,以及交通基础设施的不断完善,地理距离对开展进出口贸易的阻碍作用,受此影响应该会逐渐减弱。然而,大量的经验研究发现,上述“阻碍”作用不仅没有随着时间演进而逐渐减弱,反而有了进一步增强的态势,即贸易的距离弹性随时间演进而不断提高。这一现象被学术界称之为“距离之谜”。实际上,“距离之谜”的产生正是因为价值链分工的兴起所致,由于生产环节被不断切割,而运输成本在中间产品多次往复循环的跨境流动中形成了极大的阻碍效应,因此,生产国际分割也尽可能地安排在区域内实现。以数字为代表的新一轮信息技术革命虽然在经济活动各领域产生深刻影响,包括推动各种成本的下降,但运输成本并不会因此而出现实质性和大幅度下降。受此影响,考虑到前文分析指出的数字技术条件下供应链即时性特征,必然要求不同生产环节和地区在地理区位上更加相对集中,以提高供应链的即时性、有效性和竞争性。甚至可以说,在数字技术引发的产业和生产范式变革下,供应链对区域化的要求将更加强烈。可以预期的是,数字技术必然推动全球价值链在空间布局上将更加凸显区域化特征。

四、数字技术推动需求导向本土化

联合国贸发会议(UNCTAD)的一项调查研究显示,在影响全球价值链区域布局的各种关键因素中,要素禀赋优势或者说要素成本是跨国考虑的首位因素,仅次于要素成本的是本土市场需求规模。前文的分析指出,在数字技术条件下,由于生产要素相对重要性的改变,诸如资本和劳动等传统生产要素价格,可能将不再是跨国公司布局全球生产网络考虑的首要因素,代之而成为首要因素的将是市场需求。也就是说,跨国公司根据市场规模进行生产的空间配置,将是未来数字技术推动下全球价值链区位布局的重要逻辑。需求因素之所以重要,不仅是因为需求是创造数据要素的重要来源,从而成为制造业等产业数字化发展的重要支撑力,更为重要的是,在生产范式和产业组织模式改变条件下,尤其是价值链空间布局上的区域化和相对集中化,从需求层面看更要实现贴近需求市场化,从而在生产领域实现即时供应链的同时,同样需要在对接消费领域也实现即时性。尽可能地缩短与需求者的距离,从而在第一时间获取需求信息,在第一时间根据需求安排和调整生产,并尽可能在第一时间将产品定向投递给消费者,同时实现生产、分配、交换、消费四大循环的即时性,将是未来塑造全球价值链竞争力的关键。数字经济的重要特征之一就是经济活动的高效性和即时性,因此,价值链区域布局在空间布局上区域化的相对集中,与市场需求导向有机结合,不仅能够确保价值链运转的时间成本大大节约,而且可以尽可能减少客观存在的运输成本。因此,未来本土市场需求因素将是影响价值链布局的关键因素,或者说,数字经济条件下,全球价值链的区域布局更大程度上将会以本土市场规模需求为导向。

五、数字技术推动治理平台化发展

全球价值链的理论研究表明,从大的类型上看,全球价值链的治理结构主要包括两种类型:一是生产者驱动型全球价值链,二是需求者驱动型全球价值链。在不同的价值链治理结构和模式下,价值链运行和主导力不同,其发展变化尤其是全球价值链参与者的分工地位动态调整也不同。在数字经济条件下,全球价值链治理结构除了传统的生产者驱动和需求者驱动之外,还会创新性地产生平台驱动型全球价值链。甚至可以预期,在数字经济逐步成为全球经济发展主要趋势下,平台驱动型全球价值链,也将会逐步取代生产者驱动和需求者驱动,成为全球价值链治理结构和模式的主导形态。目前,腾讯、阿里巴巴、谷歌、脸书、亚马逊等数字平台,已经成为新型数字市场,一头连接着消费者,一头连接着生产者,成为控制、主导和驱动全球价值链发展和演进的重要平台。由此,所谓生产者驱动和需求者驱动的价值链治理结构,将逐步让位于平台型驱动。数字化平台借助其强大的信息搜索能力、数字存储能力、数据加工能力、数据传输能力、数据分析能力,从而发挥调节生产和消费的重要"中介"。全球化数字平台借助于诸如上述方面的强大能力,掌握和控制国内大循环和国际大循环中各环节经济互动的各种数据,再利用日益精准的算法对消费者需求进行预测、研判乃至引导,并据此指导生产者的生产行为,进而主导和重构全球价值链。

第五节　数字赋能全球价值链重构下的中国对策

经过几十年的开放发展,中国已经成为全球价值链分工体系的重要参与者,在世界经济中的角色也由一个"因变量"的单纯角色,转变为同时为"因变量"和"自变量"的双重身份。当前,全球价值链重构既面临主观需要,从技术变革角度看,也初步具备了客观条件。对于世界各国来说,基于技术变革所推动的全球价值链重构,既带来了机遇,也意味着挑战。所谓机遇,主要是指如果能够抓住新一轮技术革命和产业革命的战略机遇,率先在数字经济领域构筑竞争优势,从而能够在新一轮全球价值链分工中占据主导和优势地位;所谓挑战,主要是指在此过程中,可能会出现全球价值链分工地位下降,以及对于部分国家尤其是发展中国家而言,面临被进一步低端锁定和边缘化的风险。因此,开拓新思路,寻找新对策,抓住机遇,迎接挑战,不仅是中国在新形势下攀升全球价值链的必由之路,也是推动和引领全球价值链重构,在调整和优化全球价值链中做出更大贡献的必由之路。如果说,中国正是因为顺应了全球价值链前一轮发展的重要趋势,从而抓住了机遇,成为经济全球化受益者的话,那么,在数字技术推动全球价值链重构的大背景下,中国亟待依托数字赋能,在顺应乃至引领全球价值链演进新趋势中把握新机遇,继续成为经济全球化受益者的同时,也能更好地担当起经济全球化的贡献者。

一、加快推动数字经济发展,抢占未来国际竞争制高点

在新一轮技术革命和产业革命推动下,数字经济是世界经济发展的新趋势、新动向,数字技术是引领未来的战略性技术。当前,世界各主要发达国家不仅把发展数字经济作为引领经济增长的新引擎,更将其作为提升国家参与经济全球化竞争力、维护国家经济安全的重要战略,并且围绕核心技术、顶尖人才、标准规范等方面进行了一系列战略部署,力图在新一轮技术革命和产业革命中率先实现新突破,在新一轮的全球价值链分工演进或者说价值链重构中继续掌握主导权。当前,中国开放发展面临的全球竞争态势异常严峻、复杂、多变。2021年10月,习近平总书记在中共中央政治局第三十四次集体学习时强调:"发展数字经济是把握新一轮科技革命和产业变革新机遇的战略选择……数字经济健康发展有利于推动构筑国家竞争新优势,当今时代,数字技术、数字经济是世界科技革命和产业变革的先机,是新一轮国际竞争重点领域,我们要抓住先机、抢占未来发展制高点。"(李拯,2021)除此之外,习近平总书记在很多重要场合多次论述了大力推动数字技术进步、大力发展数字经济的重要性和紧迫性。因此,我们应以习近平总书记的重要论述为指引,放眼全球、主动谋划、系统布局,加快推动数字经济发展,抢抓全球新一轮技术革命和产业革命发展的重大战略机遇,构筑我国发展数字经济的先发优势,夯实数字产业化和产业数字化所需赋能的数字基础,提升重构全球价值链的能力,开拓开放型经济发展新空间。

二、积极拓展外部市场空间,构建供应多元化网络体系

利用数字经济特有的"连接"特征和功能,在继续做好向美国等发达国家开放的同时,还要加快向其他发展中国家开放的步伐。这不仅是优化开放发展的外部空间的需要,也是全面构建开放发展新格局的现实需要。更为重要的是,通过"放大向东开放优势、做好向西开放文章",实现供应链的多元化发展,构建更加广泛且具有一定替代性的供应链网络体系,可以为产业链供应链安全稳定提供更多保障。从构建全面开放新格局的角度看,"一带一路"建设是重要的发展路径。目前,"一带一路"建设已经进入高质量发展的新阶段,加快合作领域和合作项目的数字化转型,无疑是高质量共建"一带一路"的重要方向和选择。况且,"一带一路"建设的核心和聚焦点正在于"互联互通",这一点与数字经济的"连接"特征在本质上具有高度一致性。从这一意义上说,"一带一路"建设既为中国开展与沿线国家在数字经济领域合作提供了新的空间,与此同时,依托数字化转型,也可以更好地实现"一带一路"高质量建设,促进"互联互通"。展望未来,中国高质量参与"一带一

路"建设,不仅要通过数字赋能继续做好公路、港口、机场、码头等基础设施的互联互通建设,还要通过数字赋能推动贸易畅通、资金融通、政策沟通、民心相通等互联互通建设,据此构建起基于数字化转型的价值链、产业链和供应链。令人欣慰的是,目前中国已经走在实践探索的路上,比如"中国—东盟信息港""中国—东盟商贸通数字化平台"等项目,正是通过加速探索数字化转型来高质量建设"一带一路"的表现。总之,在数字经济条件下,中国不仅要通过继续放大向东开放,与发达经济体加强合作,抓住新一轮科技革命和产业变革机遇,与此同时还要依托"一带一路"高质量建设,在5G、人工智能等数字经济领域打造更多合作亮点,构建具有多元化特征的供应链网络体系。

三、利用区域自由贸易协定,打造以我为主区域价值链

目前,区域贸易安排和区域贸易自由化,已经成为世界各主要国家融入经济全球化的重要战略选择,这也是顺应全球价值链分工演进中区域化发展的需要。在数字经济推动的全球价值链重构中更是如此。实际上,新型冠状病毒感染疫情、中美博弈、新一轮科技革命等内外因素的变化,对保障我国产业链供应链稳定安全、推动我国开放型经济高质量发展以及全国构建新发展格局,既带来了挑战也蕴含着机遇。积极实施区域经济一体化战略,参与各种区域自由贸易协定,对于构建区域价值链、保障产业链供应链安全稳定具有重要意义。比如,在RCEP框架下,加快推动构建东亚国际经济循环体系,就不失为通过构建区域价值链以应对各种风险和挑战,以及通过区域价值链的发展和壮大来更好地参与全球价值链竞争的一条可行路径。何况,从目前区域贸易协定的内容及由此推动的区域经济合作领域看,数字经济已经成为各成员方关注的重点领域。这一点,充分体现在各种区域贸易协定框架下的议题和规则方面。比如,前文所提及的CPTPP、USMCA、RCEP以及DEPA等。为此,我们要积极主动抓住区域经济一体化发展的重要战略机遇,在已经加入和已经达成的自贸易协定框架下,努力深化合作的层次;在尚未达成和尚未加入的,要尽可能地争取有利条件下及早加入,拓展开放合作的范围。以自由贸易协定,助力我们顺应数字化推动的全球价值链分工演进新趋势,加快构建区域价值链分工体系,并借助自身优势乃至率先发展的先动优势,打造以我为主的区域价值链。

四、发挥本土市场规模效应,培育价值链内生竞争优势

前文分析指出,在数字经济条件下,本土市场需求对价值链的空间布局具有决定性意义。目前,中国已经具有在位规模优势,这一点,无论是从产业体系和产业规模角度看,还是从经济总量角度看,无论是从消费能力变化角度看,还是比美国人口总数还多的4亿多中产阶级群体角度看,都是如此。如果说,在全球价值链的前一轮演变和发展过程中,中国主要依靠的是普通劳动力等初级要素形成的低成本优势,并且同时借助于"两头在外"的外部优势,实现了开放型经济快速发展的话,那么在数字技术推动下的全球价值链重构阶段,中国需要依托自身超大本土市场规模优势,内生地培育参与乃至引领全球价值链的竞争新优势。尤其是从发展数字经济角度看,本土市场规模的作用机制,除了传统的母市场效应理论所揭示的主要机制外,对于数字价值链的形成和发展还有特殊意义和作用,主要包括对于已经成为重要生产要素的数据生成、搜集、存储、加工、传输、利用等,具有极为

关键的意义。当然,需要指出的是,总量上的规模可能还不是真正意义上的实际规模,因为考虑到中国市场分割、诸侯经济等现象的存在(徐保昌和谢建国,2016),规模效应的整体性还有待进一步提高。从这一意义上说,进一步通过深化改革,尤其是要素市场改革,打破行政壁垒和地方保护,尽快推动和形成国内统一大市场,才能更好地发挥本土市场规模效应,真正使得超大本土市场规模优势成为动态培育竞争新优势的来源。这也是当前我国构建双循环新发展格局的题中应有之义。

五、积极参与数字规则制定,加快推动制度性开放进程

从全球经贸规则演变态势看,尤其是受到数字经济的影响,以数字贸易规则为代表的更高标准的经贸规则正在形成之中。甚至有学者认为,未来全球经贸规则的高标准化发展,其实就是以数字贸易规则为主导的发展,从本质上看,这其实就是边境后开放的进一步深度演进,或者说是继商品和要素流动性开放之后的制度型开放。虽然目前 WTO 在电子商务等数字贸易规则的谈判和改革上举步维艰,何时能够取得进展以及是否能够取得实质性进展,仍然面临很大不确定性。但是,这并没有妨碍技术变革推动下的经贸规则演变和发展。如前文所述,目前依托各种形式的区域贸易协定,以数字贸易规则等为代表的新一轮全球经贸规则正在形成。习近平总书记在政治局第十九次集体学习时曾经指出:"多边贸易体制和区域贸易安排一直是驱动经济全球化向前发展的两个轮子。现在,全球贸易体系正经历自 1994 年乌拉圭回合谈判以来最大的一轮重构。加快实施自由贸易区战略,是我国积极参与国际经贸规则制定、争取全球经济治理制度性权力的重要平台,我们不能当旁观者、跟随者,而是要做参与者、引领者,善于通过自由贸易区建设增强我国国际竞争力,在国际规则制定中发出更多中国声音、注入更多中国元素,维护和拓展我国发展利益。"因此,我们要抓住新一轮全球经贸规则调整和重塑的机遇,加快推动制度性开放进程,在制度性开放中,积极参与数字经贸规则的制定,提升制度性话语权,为重构全球价值链争取更为有利的制度保障。

第 3 章

数字赋能 GVC 攀升:中国作用及世界意义

数字赋能中国全球价值链攀升,是根据我国新发展阶段、新历史任务、新环境条件做出的重大战略抉择。这不仅是我国经济发展模式的重大转型,从而具有"中国意义",而且有助于推动互利共赢的国际合作,为全球经济治理做出中国贡献,从而具有"世界意义"。当前经济全球化遭遇逆风逆流,全球价值链分工发展速度放缓乃至呈现一定程度的收缩,究其原因,是全球经济增长的传统动能弱化导致世界经济低迷、全球发展失衡,尤其是南北发展失衡的矛盾日益凸显、全球经济治理体系变革未能适应世界经济格局变化。中国依托数字赋能全球价值链攀升,必将为推动全球经济增长赋予新动能,为促进经济全球化发展更加具有包容性、推动全球经济治理体系不断趋于完善等方面,发挥巨大作用。为了强化其"国际溢出"效应,凸显其应有的"世界意义",数字赋能中国全球价值链攀升,需要秉持人类命运共同体先进理念,并在依托以数字技术为代表的新一轮信息技术革命、畅通国内大循环、实施更高水平开放等方面尽快实现新突破。

第一节 处于"十字路口"的经济全球化:问题和症结

随着东欧剧变和苏联解体,两大阵营对立局面不复存在,两个平行的市场也随之消失,从而经济全球化进入快速发展阶段,并由此推动全球经济持续几十年的高速增长,创造了巨大的世界财富。然而,这一进程却被 2008 年突如其来的全球金融危机打破,自此,全球经济进入深度调整期。至今,距离 2008 年全球金融危机的暴发已有 10 余年,然而世界经济仍然深陷泥沼,难返昔日高速增长的繁荣景象。更为重要的是,危机冲击后的全球经济深度调整期间,特别是近年来,贸易保护主义抬头、单边主义横行,经济全球化遭遇逆流。加之新型冠状病毒感染疫情的全球暴发和蔓延,进一步加速了国际格局调整,世界进入动荡变革期。国际社会正在经历多边和单边、开放和封闭、合作和对抗的重大考验。正如中共十九届五中全会所指出,世界正处于百年未有之大变局,单边主义、保护主义抬头、逆全球化浪潮兴起、多边制度秩序遭遇到前所未有的挑战。在这一宏观背景下,"世界怎么了,我们怎么办"成为时代之问。那么,当前经济全球化发展面临的主要问题和症结究竟是什么?我们认为,导致经济全球化走到当前十字路口的关键因素,主要包括以下几个方面。

一、全球经济增长的传统动能弱化

众所周知,经济全球化是科技革命和社会生产力发展的客观规律和必然结果。2008年全球金融危机前经济全球化的快速发展,无疑是得益于前一轮技术革命和产业革命的推动。然而,任何产品和技术都有生命周期,经济发展理论所揭示的经济周期,本质上也是技术革命和产业革命周期性规律作用的结果。因此,进入深度调整期的全球经济,表面上看是受金融危机冲击所致,但实际上是经济周期规律作用的结果。更确切地说,是推动经济全球化发展的前一轮产业革命和技术革命生命周期已基本接近尾声,由此所形成的动能已经基本衰竭。这也正是在危机冲击期间以及危机冲击之后,世界各主要经济体普遍采取凯恩斯式的宏观经济刺激政策也未能将世界各国经济重新推到以往高速增长通道的关键原因。受此影响,全球贸易和全球对外直接投资也进入低迷期,从而又反过来制约全球经济的进一步增长。更为重要的是,以往的历史经验表明,经济不景气往往是滋生贸易保护主义的土壤,通过贸易保护以防本国需求"外流"以及对本国相关产业提供保护,成为力图恢复一国经济增长的惯常手段。然而,这些举措的有效性在短期内仍然值得商榷,长期来看显然并非解决问题的根本之道。只要全球经济增长缺乏新的动能以弥补传统动能的减弱,经济全球化就难以重返以往的高速增长通道。总之,传统动能的弱化和新动能的缺失,不仅使经济全球化继续向前推进缺乏动力,还会引发经济全球化进程中隐藏的各种问题和矛盾不断爆发,比如贸易保护主义抬头、经济全球化逆流等。

二、全球发展失衡的矛盾日益凸显

全球发展失衡一直是困扰经济全球化发展的重要问题。虽然诸如贸易失衡一直是关注的焦点,但其实南北发展差距的失衡才是最大的问题。前一轮的经济全球化迅猛繁荣发展,虽然使世界总财富得以实现巨大增长和积累,但是这并不意味着经济增长和财富增长的成果惠及了不同国家和地区。客观现实是,与经济全球化快速发展相伴随的是全球发展失衡的矛盾日益凸显。不同国家和地区不仅在经济发展方面难以得到平等的机会以及得到公正的待遇,而且在国际分工体系中往往面临不利的分工地位,从而遭遇地位不平等的严重问题。总体来看,无论是从经济、科技等综合实力来看,还是从全球经济规则的制定权和主导权来看,美国等发达国家在全球产业链和价值链分工中一直占据高端,处于主导和控制地位,从而在本质上就成为经济全球化的最大受益者。相比较而言,部分发展中国家,虽然在前一轮经济全球化中遇到了发展的机遇,并且由于条件具备和战略得当,从而在以开放促发展方面取得了巨大成就,但是与发达经济体相比,在全球分工中仍然地位不高,甚至在进一步提升全球产业链和价值链分工地位时,面临来自美国等发达国家利用其技术等优势进行"卡脖子"的关键约束。更为重要的是,还有更多发展中国家和最不发达国家,受地缘因素、要素禀赋等现实条件约束,未能很好地融入经济全球化实现开放发展,在全球产业链和价值链分工格局中,被不断边缘化。有些国家则在经济全球化分工体系中退化为资源和初级产品的出口国。由于机会不均等和地位不平等,全球发展失衡的矛盾和问题不断积累,一旦遭遇外部冲击,如国际金融危机,各种问题和矛盾便会集中爆发并引发各种连锁反应,导致经济全球化逆流。

三、全球经济治理规则和体系未能与时俱进

众所周知，第二次世界大战以来形成的全球经济规则和治理体系，主要是在美国等发达国家主导下制定的，并借助于 WTO 等国际组织，在全球范围普遍推行。客观而言，全球经济的现行治理规则和体系，在推动第二次世界大战后的贸易和投资自由化发展方面发挥了积极作用，并且正是由于贸易和投资自由化的发展，特别是以资本为纽带的各种生产要素跨国流动性不断增强，推动了国际分工从以往的以最终产品为界限的传统模式，向以价值增值环节为界限的全球价值链新型分工模式转变。各国在参与经济全球化过程中甚至不再以整机产品或者产品生产阶段，而是以优势要素参与国际分工。这就是目前大多数学者所说的"要素分工"。全球要素分工的发展带来了两个方面的深刻变化：一是前文所说的国际分工形态的改变；二是世界经济格局的演变。这两个方面的变化，均使现行全球经济治理规则和体系出现了不适应。比如，就第一个方面的变化而言，现行全球经济规则的制定和运行，主要是在以最终产品为界限的传统国际分工下形成的，或者说旨在降低关税和非关税壁垒的边境开放措施等，更加适合于传统国际分工模式，但是在要素分工条件下，由于各国的开放已经从传统边境开放拓展延伸至境内开放，各国经济活动也形成了"你中有我，我中有你，你我中有他，他中有你我"的复杂状态，显然，侧重于"边境开放"议题的全球经济治理规则体系，是无法满足"境内开放"的现实需要的。就第二个方面的变化而言，近年来伴随部分新型经济体的发展和崛起，世界经济格局呈现一个突出的特征就是"东升西降"，其中，中国无疑发挥了重要的引擎作用。然而，正如前文所分析，现行全球经济治理规则体系，主要是美国等发达国家主导制定和推行的，更多是反映和代表发达国家的利益诉求，对发展中国家和新型经济体关注不够，发展中国家和新型经济体的制度性话语权与世界经济格局的变化显然不相匹配。

第二节　构建全球增长共赢链：新一轮经济全球化的出路

综上可见，困扰当前经济全球化健康持续发展的主要问题和症结，就是全球经济增长的动能不足、全球经济发展过度失衡以及全球经济治理规则体系的滞后，或者说当前经济全球化发展走到"十字路口"，甚至遭遇逆风逆流，其根本原因就在于上述三个方面。因此，推动经济全球化进一步持续健康向前发展，关键就在于破解其所面临的上述三个方面的困境。具体来说，推动和引领新一轮经济全球化发展的路径选择，亟待在以下三个方面实现新突破。

一、加快技术进步，塑造全球经济增长新动能

目前，世界经济深层次的结构性调整正在推进，推动经济全球化发展的动能处于换挡期，虽然基于前一轮产业革命和技术革命所形成的传统动能已经减弱，甚至可以说接近尾声，但与此同时，新一轮产业革命和技术革命已经处于孕育之中。包括大数据、云计算、人工智能、3D 打印等新技术正在不断涌现，新的生产力因素正在形成。尤其是受到全球新

型冠状病毒感染疫情暴发和蔓延的影响,正在加速推动新技术的发展进程。虽然这一系列的变化和发展苗头,让世界看到了新一轮产业革命和技术革命的曙光,然而,至于其何时爆发并形成世界经济的新增长点,何时能够借此为世界经济开辟一条新路,仍然难以准确预期。更为重要的是,一方面,在技术进步加速发展的情境下,产品生命周期和技术生命周期不断缩短;另一方面,技术创新在很多领域表现出工程越来越大,难度越来越高的趋势特征,比如生物技术和基因测序等技术领域。上述两个方面的变化和趋势特征实际上比历史上任何时期,都更加需要国与国之间开展更为紧密的合作,需要不同国家和地区的企业联合进行技术攻关,更快实现技术进步,为全球经济增长打造新动能。但遗憾的是,经济全球化逆流涌动、贸易保护主义抬头,不但没有为之提供更加有利的条件和动力,反而形成了严重的阻碍。比如,美国为了维持自身在全球经济中的垄断地位,凭借自身技术仍然具有的垄断地位,不断发起并升级对华经贸摩擦,尤其是在科技领域发起的技术排挤战,无疑会给跨国技术合作,推动全球技术进步带来巨大危害。在全球经济亟需依靠技术创新和突破,从而塑造新动能的关键发展阶段,诸如此类的“逆全球化”举措和贸易保护主义做法,不仅为中美两国带来损失,而且是对世界经济的伤害。推动世界经济走出深度调整期,必须依托新一轮技术革命和产业革命,重新塑造全球经济增长新动能。

二、改变发展模式,促使经济全球化更具包容性

经济全球化发展过程中出现的问题,仍然需要通过发展的方式和手段加以解决。尤其是全球经济失衡中的南北发展差距问题,需要通过经济全球化的进一步繁荣发展,特别是更加具有包容性的繁荣发展加以解决。根据有关统计,全球最富有的 1% 人口所拥有的财富总量,超出了全球 99% 人口所拥有的财富总量之和,并且收入分配不平等的问题仍然在加剧。这从经济全球化发展空间看,主要发生在南北发展的不平衡上,主要发生在发达国家和发展中国家、欠发达国家及最不发达国家之间。目前,全世界仍有 7 亿多人口生活在极端贫困之中,而这主要集中在发展中国家、欠发达国家和最不发达国家。这才是当今经济全球化发展失衡中的最大不平衡问题,也是当今经济全球化发展面临的最大挑战。全球失衡无疑会导致“逆全球化”思潮的兴起。尤为值得注意的是,施瓦布先生在《第四次工业革命》一书中曾写道,新一轮的技术革命和产业革命,将会产生更加广泛和深远的影响,在带来新一轮全球经济增长的同时,极有可能会进一步加剧发展不平等问题。这种预期和担忧应该引起我们充分的重视。虽然国际分工演进至全球要素分工新阶段后,经济全球化对包容性增长更加具有内生性需求,甚至可以说其自发演进的特点在一定程度上能够推动经济全球化朝着包容性方向发展,但是部分发达国家受到传统霸权思维的影响和束缚,难以容忍经济全球化的“均势化”发展趋势,进而采取了逆全球化举措,出现了频繁“退群”的现象,不仅没有积极主动地推动经济全球化朝着更加包容的方向发展,反而故意阻挠。在推动和引领新一轮经济全球化发展过程中,这一问题必须加以解决,使经济全球化发展更加开放包容。

三、调整和完善全球经济治理规则体系使其向更加公平公正的方向发展

全球经济治理规则和体系的调整与完善,一方面需要充分考虑到世界经济格局演变

的事实特征，另一方面要切合国际分工演进新趋势和经济形态演变新特点的现实需要。如此才能为经济全球化发展提供切实的制度保障。据联合国贸发会议相关研究报告，目前，新兴市场经济国家和发展中国家经济增长，对整个世界经济增长的贡献率已经达到了80％左右，其中，又以中国的贡献最为显著。据中国国家统计局发布的《2019 年国民经济和社会发展统计公报》，中国经济增速在世界主要经济体中名列前茅，2019 年，中国国内生产总值比上年增长 6.1％，明显高于全球经济增速，在经济总量 1 万亿美元以上的经济体中位居第一，中国对世界经济增长贡献率达 30％左右，持续成为推动世界经济增长的主要动力源。2020 年，全球经济受新型冠状病毒感染疫情的巨大冲击和影响，而中国成为全球主要经济体中唯一一个实现经济正增长的国家，对全球经济增长的贡献率更大。世界经济格局这种"东升西降""南升北降"的变化，必然要求在全球经济治理规则体系中，需要有更多的发展中国家拥有话语权，这也是生产关系适应生产力在国际层面上体现的必然要求。至于国际分工形态的演变和发展，伴随科技进步和创新步伐的加快，新的产业链、供应链、价值链、服务链、创新链等日益形成和发展，全球生产的网络特征越发明显，但是贸易和投资的规则尚未充分延伸至"境内"，未来的贸易和投资等规则需要从全产业链视角出发，更多注重境内开放问题，从商品和要素流动型开放向制度型开放方向调整和发展，尽快打破机制封闭化、规则碎片化等问题。因为经济活动分布在不同国家和地区，全产业链的正常运转需要不同国家和地区在规则等方面实现无缝对接，如此才能保证产业链的高效运转。

◇ 第三节　数字赋能：打造全球增长共赢链的关键机制

众所周知，20 世纪 80 年代以来全球价值链分工之所以能够得以快速演进，根本在于发端于美国的前一轮信息技术革命的作用。信息技术的快速发展大幅度地降低了交易成本，从而使得生产分割技术能够得以在全球范围内应用。由分工演进的基本原理可知，分工能否得以演进和细化，不仅取决于分工细化带来的效率提升，与此同时还取决于因交易频率增加而带来的交易成本的变化。只有当前者高于后者时，分工才能得以演进和深化。实际上，生产技术上的可分离性远比我们想象的要简单得多，比如，早在工场手工业中的内部分工，实际上就实现了生产技术上的可分离性。而要进一步发生在企业之间、地区之间乃至国家之间，则取决于交易成本。需要指出的是，于 2008 年爆发的金融危机就已经表明，前一轮信息技术革命所能形成的动能已基本衰弱，从而全球价值链分工进一步深化的难度加大。正如已有研究指出，依托前一轮技术革命和产业革命推动的全球价值链发展，目前已基本定型，难以进一步向纵深拓展，甚至在危机冲击之下，还会呈现一定程度的收缩（史丹和余菁，2021）。前一轮技术革命和产业革命形成的动能虽已衰弱，但以数字技术为代表的新一轮信息技术革命及其由此可能引发的产业革命，已经初现曙光（裴长洪和刘斌，2020）。应该说，数字技术不仅将为经济全球化深入发展提供新的动能，而且会推动全球价值链进一步深度发展，甚至对全球价值链产生重构效应，从而进一步夯实"全球增长共赢链"的分工基础。概括地看，数字技术打造全球增长共赢链的关键机制主要在于如下几个方面。

一、数字技术的广泛链接作用机制

如果说前一轮全球价值链发展主要发生在制造业领域的话，那么以数字技术为代表的新一轮信息技术革命及其由此推动的产业组织范式变革，将会在纵横两个维度推动全球价值链深入发展。所谓横向维度，主要是指在数字技术条件下，全球价值链不仅主要发生在制造业领域，还会向服务业领域拓展，向全球创新链领域拓展，甚至向学术界所说的全球数字价值链等新型价值链形态方向拓展。也就是说，在数字技术支撑条件下，全球价值链分工的领域将会更加广阔，将以前无法进行跨国分工和贸易的，或者难度相对较高从而在全球分工和贸易中几乎可以忽略不计的产业领域，比如服务业分工和贸易，席卷至经济全球化进程中来，更大范围地拓展全球合作与竞争的领域范围，从而实现纵向维度的拓展。所谓纵向维度，主要是指价值链分工的细化程度不断加深，越来越多的环节和阶段从产品和服务提供流程中分离出来，从而专业化程度越来越高。事实上，无论是全球价值链分工的横向拓展，还是纵向深化，本质上均源自数字技术所具有的广泛链接作用。因为在数字技术支撑下，数据将成为重要的生产要素，而一旦数据成为生产要素，其与其他生产要素相比的一个最为突出的特点，就是其跨国流动往往不受时空限制，也不受数量限制。数据生产要素在地理空间上具有无限的广延性，在时间上具有高速性和即时性，并且，由于其可以反复使用从而不受物理数量的约束。这种特性使得其在链接不同生产环节和阶段时，不仅高效而且低成本，从而具有广泛的链接作用。显然，数字技术所具有的这种广泛链接性特征，会进一步强化前文分析所指出的全球价值链"全球性"根本属性，从而夯实打造全球增长共赢链的基础。

二、数字技术的产出效率提升机制

正是因为数字技术具有广泛的链接性，从而推动全球价值链分别沿着横向和纵向两个维度深入发展，也就是说，世界经济各领域的分工都将朝着更为细化的方向发展。那么，与这种变化相伴随的另一个必然作用机制，就是产品生产和服务提供的效率提升作用机制。数字技术在生产和服务领域的应用，不仅直接促进分工深度演进从而提升了产出和服务的效率，与此同时，对于交易成本的下降也有着十分重要的推动作用。包括不同生产方和服务提供方，在进行生产和服务交流以及协调等时，都可以通过数据及时传输的形式进行。总之，交易成本方面同样可以依托数字技术实现对时空约束的大突破，从而产生极强的成本节约效应。成本的节约从另一层面看，也就意味着生产和服务提供的实际可用资源变得更多，从而提升了产出能力。微观经济学中有关生产可能性曲线的描述，总是在既定的技术假定条件下，充分利用资源所能得到的各种产品和服务最大产出的组合。一旦技术条件发生变化，生产可能性曲线的位置就会发生相应变动。数字技术的应用实际上就是改变了产品生产和服务提供的函数形式，从而推动着生产可能性越来越远离原点，实现产出和服务的快速增长。由此可见，数字技术推动的全球价值链分工，会进一步提升产出增长能力和服务提供能力，从而将世界各国参与分工和贸易的利益创造更多地体现在产出增长层面。由此可见，在数字技术支撑条件下，全球增长共赢链的"增长"利益也就越发凸显，或者说，源自产出增长的利益在数字技术推动的全球价值链分工体系下，其主导作用会得到进一步加强。

三、数字技术的深化协作作用机制

实际上，数字技术对全球价值链的影响和作用，不仅表现在其将推动全球价值链向纵深方向发展，而且还会改变产业组织范式，从而对全球价值链产生重构作用（徐金海和夏杰长，2020）。由于数字技术支撑条件下数据生产要素对时空约束的突破，乃至对物理数量的突破，从而在生产效率和服务提供效率上将大幅提升。换言之，全球生产网络的正常运转更加注重效率因素，更加需要处于全球生产网络中不同节点的国家或者生产部门，进行更加有效率的协作。比如，有研究认为，数字经济条件下"即时制造"将成为制造业的普遍特征（李海舰和李燕，2020）。而要完成和实现"即时制造"，不同生产环节和阶段将会更加倾向于在同一地理位置集中，即价值链的区域化将成为全球价值链重构的重要方向。由此可见，数字技术对生产的影响，在效率提升方面不仅来自技术应用本身，从全球价值链分工角度看，同样有赖于各参与方的协同效率。也就是说，数字技术的效率提升效应会要求全方面的共同提高，而不是某个特定节点的单独提高。进一步深化各参与国之间的协作关系和提升协作效率，成为数字技术渗透到生产和服务领域后的必然要求。那么，由此也就不难想象，分工和贸易参与国依托数字技术所能实现的协作程度和协作效率越高，产品生产和服务提供的增长效应也就越强；反之，则反是。这就意味着以产出增长为表现的利益创造，在数字技术条件下，其"链"式特征实际上也就越发明显。深化协作会对世界各国在生产和服务提供中的"匹配性"要求更高，由此也会导致全球增长共赢链的利益"链"式特征越发明显。

四、数字技术的开放开源作用机制

特斯拉汽车公司于2021年6月12日宣布，该公司将史无前例地向任何公司公开其专利技术。而据该公司创始人马斯克自己声称，这是"秉持开放源代码运动的精神"的决定。"决定"一出，便引发了世界各国的高度关注和广泛舆论，其中也包括关于"公司公开其专利"目的的很多争论。但其实不论其真实目的如何，也不论争论各方孰对孰错，特斯拉的这一决定确实反映了数字经济条件下数字技术的开放开源特征，代表的是未来数字技术推动全球价值链分工演进的一个重要发展方向和模式。国内学者江小涓也曾强调指出，数字技术的一个重要特征就是其开放开源性（江小涓，2021）。物理学中的熵增定律表明，在一个封闭系统里，无序和混乱程度总是不断增大。而解决这一问题的最优路径就是开放，换言之，通过与外界不断进行物质和能量的交换，是任何一个生命体和生态系统保持竞争力的必然要求。数字技术的开放性其实就是熵增定律在经济社会领域中的体现。而开放的本质是什么？其实就是实现发展的共享性。这种"共享性"虽然并非出于"慈善"，更多可能还是为了自身利益最大化，但问题的关键恰恰在于，实现自身利益的最大化会内生地要求其对自己的发展成果进行一定程度的"共享"。从全球价值链发展角度看，"共享"在促进整个价值链更好运转、在促进整个行业更好发展的同时，自身也就能够实现更好的发展。亚当·斯密在论证分工原理时曾指出，在完全自由竞争市场体系下，追逐个人私利其结果经常会不自觉地增进公共福祉。我们认为,在数字经济条件下,更好地追逐个人私利将越来越依赖于自觉地"增进公共福祉"。总之,数字技术条件推动的全球价值链分工将更加内生地要求世界各国之间实现真正的"互利共赢"。

第四节 数字赋能中国 GVC 攀升的世界意义:内涵与作用

关于数字赋能中国全球价值链攀升的重大意义,我们认为,这是适应我国经济发展阶段变化的主动选择,是应对错综复杂的国际环境变化的战略举措,是发挥我国超大规模经济体优势的内在要求,是抓住新一轮技术革命战略机遇的必然选择。考虑到数字赋能中国全球价值链攀升本质上是"更加开放的国内国际双循环",以及中国在全球经济中角色和地位的转变,数字赋能中国全球价值链攀升不仅对于新阶段中国发展而言具有特定的时代意义,而且对于当前处于十字路口的经济全球化而言,更加具有世界意义。对此,基于前述分析指出的当前经济全球化发展中遇到的主要问题和症结,以及未来发展的主要出路,我们可以从数字赋能中国全球价值链攀升在其中可能发挥和起到的关键作用进行分析和探讨。

一、形成推动世界经济发展新动能

数字赋能中国 GVC 攀升,实施创新驱动发展战略都是关键所在。目前,中国虽然已经拥有了庞大市场规模优势,但是从社会生产和扩大再生产的具体环节看,在生产、分配、交换和消费等环节都存在不同程度的堵点和痛点,不过最大的堵点和痛点仍然在于生产领域,即供给侧层面。中共十九大报告做出的"我国社会主要矛盾已经转化为人民日益增长的美好生活需要和不平衡不充分的发展之间的矛盾"的科学判断,实际上也在本质上揭示了生产和供给与需求不相匹配的问题,更确切地说,有效、高端供给不足实际上是当前内循环不能畅通的关键症结。在进一步融入国际大循环的开放发展中,同样如此。传统低成本优势逐步丧失,我们无法继续以低端嵌入的方式融入国际大循环,实现国际大循环的畅通,甚至在外部环境恶化条件下,关键环节和核心技术领域面临"卡脖子"困境。也就是说,在经济全球化发展新形势下,国际大循环出现的最大堵点同样在于供给侧层面未能形成新型合作和竞争优势。可见,无论从畅通国内大循环还是畅通国际大循环的需要看,数字赋能中国 GVC 攀升关键点都在于抓住以数字技术为代表的新一轮技术革命重大机遇,在供给层面实现技术进步和创新突破。值得欣慰的是,在新一轮科技革命和产业变革深入发展时期,中国创新驱动的发展能力日益增强,在很多领域完全有可能实现弯道超车。比如 5G、人工智能等新一代信息技术等,中国已经处于世界领先地位。当然,中国注重技术进步和创新驱动发展,并不是封闭式的技术进步和创新,更不是像一些发达国家那样实施技术排挤战,实施贸易保护主义措施,而是强调开放融合创新,积极推动和融入"全球创新链"这一重要新发展趋势的全球要素分工体系。正是基于这一点,新阶段中国构建"新发展格局"必将推动技术进步和技术创新,进而为推动经济全球化新动能的形成做出巨大的贡献。

二、推动经济全球化朝着更加包容性方向发展

中共十九届五中全会通过的《中共中央关于制定国民经济和社会发展第十四个五年规划和二〇三五年远景目标的建议》明确指出，抓住数字经济发展的战略机遇，构筑数字经济的先动优势，是中国在新形势、新阶段重塑国际合作与竞争新优势的重要战略抉择。而重塑国际合作与竞争新优势的重要依托，就是要利用我国已经具备的超大市场规模优势，抓住以数字技术为代表的新一轮技术革命重大机遇，形成参与国际合作与竞争新优势。这也就意味着，在前一轮开放发展过程中，我们作为经济全球化发展的受益者和贡献者，尤其是作为贡献者，主要是从为国际市场提供"物美价廉"的最终产品和中间产品、为跨国公司布局全球生产网络提供了丰裕的初级要素支撑等。而在数字赋能全球价值链攀升的新一轮开放发展过程中，毫无疑问，中国将在进一步把握新的战略机遇中，继续从经济全球化中受益；但从贡献者的角度看，不仅将继续为国际市场提供商品和要素支撑等方面做出贡献，更为重要的是，中国将抓住以数字技术为代表的新一轮技术革命重大机遇，基于国内庞大市场规模优势为世界经济发展做出更大的贡献。也就是说，依托新的技术进步和庞大市场规模优势，我们可以在吸引和集聚全球生产要素的同时，在利用扩大进口所能形成的诸如强化竞争等各种积极作用的同时，向世界各国（跨国公司）开放中国市场，让世界各国（跨国公司）都能够充分利用中国市场，实现共同发展，搭乘中国经济发展的快车，共同建设和分享中国经济发展的成果。习近平主席在第三届中国国际进口博览会开幕式上的主旨演讲中指出："下一步，中国将秉持开放、合作、团结、共赢的信念，坚定不移全面扩大开放，将更有效率地实现内外市场联通、要素资源共享，让中国市场成为世界的市场、共享的市场、大家的市场，为国际社会注入更多正能量。"这种共同发展的思想和实践，依托数字赋能中国全球价值链攀升，显然是有助于经济全球化向着更加具有包容性方向发展的。

三、补充和完善全球经济治理规则体系

习近平总书记在经济社会领域专家座谈会上特别强调："新发展格局决不是封闭的国内循环，而是开放的国内国际双循环。我国在世界经济中的地位将持续上升，同世界经济的联系会更加紧密。"这一重要科学判断，意味着构建"双循环"新发展格局作为一种新的开放发展观和发展模式，未来必将引起三个方面的变化：一是中国在世界经济中的地位必将得到巩固与提升。这一点无论是从中国的各种体量指标在世界经济中所占比重角度看，还是从中国在全球产业链和供应链中的地位变迁角度看，均是如此。二是中国与世界经济的关联程度必将进一步提高。与部分发达国家的逆全球化举措不同，中国表现出了倡导和坚定拥护贸易和投资自由化的决心，以更加开放的姿态进一步融入乃至推动和引领经济全球化进一步发展，因此在"东升西降"和"南升北降"的世界经济格局演变过程中，在全球生产网络的拓扑结构变化过程中，中国在世界经济中的节点地位必将更加重要，与世界其他各国和地区之间的经济联系必将更加紧密。三是外部世界对中国市场的依赖程度会进一步提高。这一点显然是与"双循环"新发展格局以"国内大循环为主体"以及"让中国市场成为世界的市场、共享的市场、大家的市场"是密切相关的。尤其是在抓住以数

字技术为代表的新一轮技术革命重大机遇下,中国的发展必然能够给世界其他国家和地区带来更多的发展利好,能够让其他更多的国家搭乘中国发展的快车。数字赋能中国全球价值链攀升后,中国可以为世界上其他国家和地区,尤其是其他发展中国家和地区,提供更多融入全球价值链分工的机会,与此同时,也可以带动其他发展中国家一道改善全球价值链分工地位,推动全球价值链分工朝着机会更加均等和地位更加平等方向发展。当然,数字赋能中国全球价值链攀升,不仅表现在技术和经济层面,与此同时还会表现在规则层面。即以数字贸易规则为代表的新一轮全球经贸规则高标准化发展等,中国必将在其中做出更大贡献。上述变化决定了在新一轮全球经济规则重塑中,中国的制度性话语权必将得到进一步提升,从而在补充和完善全球经济治理规则体系中体现更多的中国理念、中国智慧和中国方案。实际上,中国根据变化了的环境和条件,以数字赋能全球价值链攀升,除了发挥上述三个方面的重要作用,从而能够在一定程度上解决当前经济全球化发展遇到的主要问题和症结,并代表经济全球化未来发展方向外,还有一个"无形"的作用,那就是在经济全球化走到"十字路口"的关键阶段,中国通过更加积极的作为和实践,为世界各国树立扩大开放的"榜样",从而以"榜样的力量"感召世界各国,共同构建开放型世界经济。

第 4 章
数字赋能中国 GVC 攀升：双循环有效联动中重塑竞争新优势的作用分析

改革开放很长一段时间以来，中国实施了"两头在外"国际大循环发展模式，在特定发展阶段是具备现实基础和客观条件的，更确切地说，既充分发挥了自身要素优势，也契合了全球要素分工演进的大势，符合经济学比较优势基本原理，从而取得了经济发展的巨大成功，促进了国内市场发育发展。然而，当前内外环境的深刻变化使得上述模式局限性日益凸显，转向"新发展格局"的必要性和紧迫性日益凸显。以国内大循环为主重塑竞争新优势，进而促进全球价值链攀升，具体作用机制主要包括需求引致创新作用、诱发高端价值链向国内转移作用、虹吸全球高端要素向国内集聚作用、发挥扩大进口产生的溢出效应、构建双向循环开放型经济体系作用等。而充分发挥上述具体作用机制，亟待在尽快打破市场分割推动市场一体化发展、以区域经济高质量一体化为引领有序推动国内市场统一、以高水平开放促进国际循环等方面实现新突破。数字革命和数字技术进步，推动了数字产业化和产业数字化的快速发展，并凸显了数据价值，使得数据成为与土地、劳动力、资本、技术并列的第五大生产要素。数据成为重要的生产要素后，由于其特殊属性，将极大地推动全球要素分工发展，深刻改变贸易的性质和内涵并使得贸易向数字化方向演变。受此影响，社会生产和扩大再生产循环过程中的生产、分配、交换、消费四大环节国内外边界将发生变化，更确切地说，上述四大环节在贸易数字化条件下，国内外边界日益模糊并呈现"一体化"或者说真正的"全球化"特征，从而具备了内外"联动"的客观条件和基础。这就意味着数字赋能中国 GVC 攀升，可以在形成双循环有效联动新引擎中重塑竞争新优势，促进价值链攀升。

第一节　双循环：重塑竞争新优势促进 GVC 攀升的理论逻辑

2008 年国际金融危机冲击之下本已疲迷的世界经济，受到当前全球新型冠状病毒感染疫情的蔓延和扩散的叠加影响，更是充满了多变、复杂和不确定等因素。尤其是部分国家的逆全球化举措，导致贸易、投资和产业链供应链遭受自然和人为的双重冲击。一些国家对全球产业链和供应链进行调整，即参与全球分工不仅考虑经济效率，与此同时还要注重经济安全等，致使全球分工受非经济因素冲击日益严重。中国开放发展的外部环境无疑将面临更多逆风逆水情况,为此,必须做好准备,应对一系列新的风险挑战。与此同时,中国发展的国内环境也发生了深刻变化。随着人民收入水平的提高,劳动等初级要素的成本和价格也日益高企,因此,依托低成本形成的传统竞争优势日渐消逝。正是基于对中国开放发展面临的国际国内环境的深刻认知,以及中国开放发展新阶段的精准判断,习近平总书记在各种场合多次强调要"推动形成以国内大循环为主体、国内国际双循环相互促进的新发展格局",并指出:"这个新发展格局是根据我国发展阶段、环境、条件变化提出来的,是重塑我国国际合作和竞争新优势的战略抉择"(习近平,2020)。

形成"双循环新发展格局"提出之后,理论和实践工作部门对此进行了广泛探讨,包括对双循环新发展格局概念的解读(黄群慧,2020)、双循环新发展格局可能具有的经济影响和效应的分析(李旭章,2020),以及如何推动形成双循环新发展格局(刘志彪,2020)等。现有探讨和观点无疑为我们理解相关问题提供了重要的启发,但同时也存在一些疑虑和误读,错误地判断中国经济从此将转向封闭式"内循环"。对此,习近平总书记8月24日"在经济社会领域专家座谈会上的讲话"中特别强调双循环新发展格局"是重塑我国国际合作和竞争新优势的战略抉择",再一次澄清了一些"误读"。那么,新发展格局能够重塑国际合作和竞争新优势吗?本章力图对此做一初步探讨。

一、新形势下"两头在外"国际大循环面临的局限

为了便于问题的理解,我们有必要简要回顾一下改革开放以来中国开放发展走过的道路,梳理一下我国开放战略演变的历史逻辑、理论逻辑和现实逻辑。

(一)发挥比较优势形成国际大循环

改革开放之初,我国经济发展的底子薄、基础弱、生产力相对而言比较落后。由于生产力相对落后,从而供给能力严重不足;人民收入水平较低,从而需求受到严重抑制。经济发展面临资金、外汇"双缺口"的严重问题。如何打破生产和消费的"低水平"循环?中国毅然决然地实施了改革开放政策,融入经济全球化之中,从不断扩大开放中寻求发展的机会。我们选择了既契合自身比较优势又适应经济全球化发展大势的"两头在外"国际大循环战略,较好地把握住了国际分工变化带来的重要机遇,选择了上述开放发展路子,收获了经济发展的巨大成就(张二震和戴翔,2020)。关于"两头在外"国际大循环开放发展模式形成背景,现有研究已经做出了较为丰富的探讨和阐释(刘元春,2020),本章不再赘述。这里从国际分工演进角度,就实施"两头在外"国际大循环开放发展战略实施的条件做一简要分析。

20世纪80年代以来,以产品生产环节和阶段的全球配置以及要素跨国流动等为主要内容和特征的新型国际分工日益成为主导形态,由此,国际经济学理论关于生产要素不具备跨国流动性的假定遭遇巨大挑战,具体生产过程局限在一国国内,更确切地说,生产只能由本土生产要素独立完成的传统生产模式遭遇颠覆性变化。生产的全球化更为本质的意义是,来自不同国家的生产要素进行专业化协作共同参加某一环节和阶段或最终产品的生产,从而使得生产从一开始便有了全球化的基因。在这种新型国际分工和生产模式下，各国显然不再是生产某一具体的最终产品，或者是产品的某一具体阶段，即参与国际分工的边界不再是"产品"，而是以"要素"为边界了。正因如此，也有学者将这一新型国际分工模式称为"要素分工"（戴翔，2019）。"要素分工"的实质是跨国公司通过开展对外直接投资等具体形式，整合和利用全球生产要素和资源，从而按照要素禀赋优势的基本原理，对产业和产品价值增值阶段进行全球化区位配置，构建全球性的生产分工体系并将目标定位于全球消费市场。在这种新型国际分工模式下，即便一国在经济发展水平较为落后的条件下，尤其是缺乏必要的资本、技术、生产设备等条件下，也能够借助生产要素的跨国组合，而将自身的优势要素甚至是闲置要素加以充分利用，从而将潜在的生产能力变为实际生产力，据此解决供给能力不足。如果说，没有生产要素的跨国流动，即便产品生产环节得以分解，由于缺乏资金和技术等关键要素，诸如像中国这样底子薄、基础弱的发展中国家，在改革开放初期也很难将自身潜在优势转化为现实比较优势。因此，价值链的分解和生产要素的跨国流动，对于破除生产能力不足的供给约束发挥了极为关键的作用和意义。

跨国公司主导的全球要素分工本质是一种新型全球化战略，即基于全球生产和全球消费的新型产业组织范式和循环模式。因此，在这种新型生产和贸易模式中，正是由于全球价值链和生产网络，对应的世界性的消费，也就是说，位于一国的生产不再完全与该国消费对接和循环。由此，便破除了收入较低所形成的需求约束。而上述模式其实正是中国得以实施"两头在外"国际大循环的基础。换言之，中国实施的上述发展战略是符合比较优势的基本分工原理的，同时也是有客观条件的。一方面，在生产落后和供给不足约束下，我们通过发挥丰富廉价的劳动力要素优势，与跨国公司基于成本最小化或者效益最大化的全球战略相吻合，或者说顺应了跨国公司在世界范围内整合和利用资源的发展大趋势，将自身优势要素与发达国家技术、资本等优势要素相结合，形成并促进了生产力的快速发展。另一方面，利用经济全球化繁荣发展所形成的强劲需求，尤其是来自发达国家的强劲需求，破解了低水平需求乃至需求不足对生产驱动的弱拉动。这正是改革开放以来很长一段时间内，我国"两头在外"国际大循环优势得以形成的基础和环境。

（二）"两头在外"国际大循环取得了巨大成功

"两头在外"国际大循环发展模式，导致中国对外贸易出现持续多年的贸易顺差，由此形成的增加的外汇储备解决了经济发展起初阶段面临的资金、外汇"双缺口"问题。通过短短几十年的开发发展和努力奋斗，中国便走过了西方发达国家用了几百年才走完的工业化发展历程，促进了中国工业规模的快速扩张乃至产业结构的不断升级。WTO 统计数据表明，中国制造业增加值于 2010 年就超过了美国，从而一跃成为全球制造业最大的国家；2018 年，在全球制造业增加值中，中国所占比重达到了 28% 以上，从而成为世界制造业增长的重要领跑者；在世界 500 多种主要工业产品当中，中国大约有 220 多种位居全球产量第一。此外，UNCTAD 统计数据表明，2019 年，在世界经济总量中，中国占比超过16% 并由此贡献了世界经济的 30% 左右。表 4 - 1 列示的进出口数据等部分指标，也充分显示了改革开放以来取得的巨大成绩。

表 4 - 1　2000—2019 年中国开放发展的几个主要指标　　　单位:亿美元

年　份	出口总额	进口总额	进出口差额	实际利用外资额	GDP 增长率
2000	2 492.03	2 250.94	241.09	593.56	10.85%
2001	2 660.98	2 435.53	225.45	496.72	10.31%
2002	3 255.96	2 951.70	304.26	550.11	10.25%
2003	4 382.28	4 127.60	254.68	561.40	13.36%
2004	5 933.26	5 612.29	320.97	640.72	18.19%
2005	7 619.53	6 599.53	1 020.01	638.05	15.23%
2006	9 689.78	7 914.61	1 775.17	698.76	17.76%
2007	12 200.60	9 561.15	2 639.44	783.39	23.59%
2008	14 306.93	11 325.62	2 981.31	952.53	18.66%
2009	12 016.12	10 059.23	1 956.89	918.04	8.31%
2010	15 777.54	13 962.47	1 815.07	1 088.21	17.94%
2011	18 983.81	17 434.84	1 548.97	1 176.98	17.80%
2012	20 487.14	18 184.05	2 303.09	1 132.94	11.16%
2013	22 090.04	19 499.89	2 590.15	1 187.21	9.46%
2014	23 422.93	19 592.35	3 830.58	1 197.05	9.56%
2015	22 734.68	16 795.65	5 939.04	1 262.67	6.50%
2016	20 976.31	15 879.26	5 097.05	1 260.01	8.33%
2017	22 633.45	18 437.93	4 195.52	1 310.35	11.83%
2018	24 866.96	21 357.48	3 509.48	1 349.66	9.98%
2019	24 990.29	20 770.97	4 219.32	1 381.35	8.12%

资料来源:国家统计局网站。

　　总之,中国开放发展的实践表明,"大进大出"的国际大循环战略,推动了中国开放型经济快速发展并取得了骄人成绩。我们不仅收获了分工和贸易"静态利益",还收获了更为重要的"动态利益",即大幅提高了创造财富的生产力。毫无疑问,与前者相比后者其实更为重要。这也是我国转向"以国内大循环为主体、国内国际双循环相互促进的新发展格局"的坚实基础。

（三）新形势下"两头在外"国际大循环动能明显减弱

　　随着国际国内环境的深刻变化,"两头在外"国际大循环发展战略的局限性日益凸显。一方面,2008 年全球金融危机冲击至今已 10 余年,但世界经济增长乏力的状况没有得到根本性改变。美国等发达国家由经济全球化的主要推动者转变为主要搅局者,贸易保护主义和单边主义上升。这种变化无疑会从供给和需求两端,对"两头在外"国际大循环产生严重冲击。另一方面，经过 40 多年的开放发展，中国已经不再是一个对世界市场毫无影响力的国家，而是一个可以称之为"巨型"开放型经济体的"大国"。随着世界经济大环境的变迁，以及我国自身比较优势的变化，市场和资源两头、"大进大出"的国际大循环动能不可避免地出现减弱之势。

而从全球价值链分工角度看，"两头在外"的开放发展其实也是与价值链上特定生产环节和阶段有关的。顾名思义，"两头在外"和"大进大出"，其实意味着上游中间产品，包括关键和核心零部件等都要依赖于从上游供应商进口，而在完成了特定生产环节和阶段的组装和加工后进行再出口，即将终端需求市场包括高附加值创造部分的营销、售后及其相关服务等，又交由下游需求商。因此，从全球价值链分工的物理环节和特性看，能够形成"两头在外"和"大进大出"往往是价值链中低端部分。关于这一点，其实正是中国过去几十年融入国际分工体系的典型事实特征。然而，中国经济发展进入新阶段后，在供给和需求两个层面都不允许继续走"低端嵌入"的传统发展老路。首先，在供给侧层面，"低端嵌入"全球价值链在要素分工条件下必须依赖初级要素形成的低成本优势。然而，如前所述，近年来国内各种初级生产要素价格不断攀升，包括低技能劳动者工资水平的不断提高，致使传统比较优势逐步丧失。其次，从需求层面看，消费升级也要求经济发展需要迈向高质量阶段，而"低端嵌入"显然与高质量要求不匹配。继续因循"两头在外"国际大循环为主的开放发展模式，不仅无益于上述目标的实现，甚至会产生阻碍作用。

二、依托国内大循环重塑国际合作与竞争新优势的关键机制

实际上，依托国内市场规模优势作为竞争优势的来源，进而参与国际合作与竞争，在国际经济理论中早有论述。具有代表性的学说有克鲁格曼为代表的母市场效应说（本土市场效应说）、林德的重叠需求理论以及波特的国家竞争优势理论学说等，均强调了本土市场需求的重要作用。应该说，诸如上述理论探讨已经为依托国内大循环重塑竞争新优势提供了理论支撑。实际上，除了现有理论揭示的需求引致创新传统作用机制外，更为重要的是，还能够形成和发挥诸如高端产业转移的诱发机制、先进生产要素的虹吸机制、扩大进口的溢出效应机制等，从而推动传统比较优势向新格局下创新发展竞争优势转变。

（一）以国内大循环为主有助于发挥需求引致创新作用机制

关于产业结构演进的理论指出，推动产业结构转型和升级的两大因素，一是来自供给层面的如技术变迁等所能形成的直接推动力；二是来自需求层面的如需求规模和需求层次变化所能形成的间接推动力，即需求规模的扩大有可能引致创新。从生产体系来看，由于不同产业之间存在分工关系和投入产出关系，因此，产业规模的扩大不仅意味着为分工细化提供了更为广阔的市场空间，从而有助于实现斯密式的分工促进技术进步的结果，而且生产规模扩大意味着对其他产业投入需求的增多，从而引发其他产业的创新和技术进步，并且在产业间、产业内以及产品内形成相互促进等效应。消费需求规模的扩大同样如此，会通过诱发产业规模的扩大进而引致创新。当然，当消费需求层次和水平提高时，尤其是代表性消费需求层次和水平提高时，会推动追随代表性需求的厂商进行技术创新，实现技术进步等。对于需求引致创新的理论分析较多，在此不拟赘述。需要强调指出的是，

与"两头在外"和"大进大出"国际大循环为主的传统模式相比,依托庞大的国内需求市场,充分发挥需求引致创新的作用机制,可以提升自主创新的能力,突破"卡脖子"的关键生产环节和关键技术。这一点也正是"两头在外"国际大循环模式在发展到特定阶段后面临的最大问题和痛点。目前,中国在全球产业链分工体系中遭遇的"排挤战"就是例证。

(二)以国内大循环为主有助于诱发高端价值链向国内转移

UNCTAD 的一项调查报告表明,在影响跨国公司全球价值链的布局上,本土市场需求是仅次于要素禀赋的第二大因素。实际上,对于承接方来说,在全球要素分工条件下不仅取决于自己拥有什么样的优势要素,即自己究竟能做什么,还取决于跨国公司将哪些生产环节和阶段配置到该地区,即跨国公司给你做什么。毕竟,全球要素分工的主要推动者就是跨国公司。而如前所述,除了优势要素这一主要决定能够做什么的因素外,跨国公司还会考虑到市场因素,从而决定给你做什么。决定给你做什么,显然会直接影响到全球价值链分工地位,因为不同生产环节和阶段仍然具有不同的要素密集的特征差异,会表现出不同的附加值创造能力。那么接下的问题是:本土市场规模扩大对于本国在全球价值链分工中地位变化,究竟如何产生利好影响?正如现有研究指出,产品生产国际分割以后,会产生生产和消费的"分割"成本,而不同生产环节和阶段对同样的分割程度敏感性不同,因而从成本最小化角度看,对贴近本土市场的需求也就不同(戴翔等,2017)。具体而言,价值链中的高端环节和阶段对"分割"成本往往较为敏感,从而更贴近本土市场的需求,比如研发和设计。与之相比,诸如加工组装等低附加值创造环节对"分割"成本的敏感性相对降低,而对生产要素价格相对敏感,因此对贴近市场的需求就不如研发设计等强烈。因此,本土市场规模扩大以后,会逐步对价值链高端生产环节的国际梯度转移形成诱发作用,促使跨国公司将更高端的生产环节和阶段配置到本土市场。

(三)以国内大循环为主有助于虹吸全球高端要素向国内集聚

引进外资参与全球要素分工,是过去 40 多年中国开放发展的经验所在。未来,中国要在进一步融入乃至推动经济全球化发展中,实现与全球各国共同发展,仍然要顺应全球要素分工发展演进大势。但是,与以往简单地引资战略不同,新阶段下中国需要向高质量、集聚全球高端和先进生产要素方向实现战略转型,通过吸引高质量的外资、引进具有创新能力的国际化人才等,服务于中国更高层次和更高水平开放型经济发展。而本土市场规模优势显然可以对全球高端要素形成强大的虹吸力。伴随着世界经济重心"东升西降"格局的调整,尤其是 2008 年全球金融危机冲击后这一变化趋势更加明显,包括中国在其中发挥的重要引擎作用,在此背景下,跨国公司可能更加看重中国市场,并将具有创新要素密集型特征的诸如研发阶段转移到中国国内来。显然,这有助于我国实施创新驱动战略并夯实参与全球价值链分工的基础。

(四)以国内大循环为主有助于发挥扩大进口产生的溢出效应

在本土市场规模不断扩大背景下,以国内大循环为主不仅意味着对本土市场的需求会增强,与此同时,对外部需求也会增强,从而会扩大进口需求。伴随中国本土市场规模的不断扩张,我们不仅在客观上有着更高的进口需求,在主观上也切实采取了扩大进口的举措。尤为值得注意的是,全球要素分工下贸易的性质出现了本质改变,即从以往简单的链接生产和消费的流通过程,转变为链接不同环节和阶段的生产过程。因此,从这一意义上看,扩大进口的本质作用,在中国开放发展新阶段不仅是为了满足消费需求升级,更是中国在全球范围内配置资源,从而助推开放型经济高质量发展的需要。比如,通过扩大进口"补齐"产业发展中的短板,在不断扩大进口中学习,将引进、消化、吸收和开放创新有效结合起来,提升自己补短板的能力。此外,依托本土市场规模优势主动扩大境况,还可以产生开放倒逼改革的制度环境优化效应,产生进口竞争效应等,从而发挥促进技术进步的良性机制。

(五) 以国内大循环为主有助于构建双向循环开放型经济体系

开放型经济是一个包括"引进来"和"走出去"的双向循环系统。不论是哪一种都是参与全球要素分工的方式。而将二者有效结合,可以更好地整合和利用全球资源。改革开放以来的很长一段时内,我们主要以"引进来"为主,"走出去"起步相对较晚,当然,这主要与我国经济发展所处现实阶段有关。根据异质性企业贸易理论可知,在企业国际化方式中,开展对外直接投资面临的门槛和成本最高,因而对企业生产率等要求也就最高。也就是说,如果对企业生产率进行梯度排序,只有处于第一方阵的企业才能够开展对外直接投资。由于受到要素禀赋、企业家能力等多种现实因素制约,短期内培育出具有国际竞争优势的企业确实不易。本土市场规模的不断扩大以及市场发育程度的不断提高,为本土企业成长提供了必要的土壤和养分,而且,本土市场规模优势还有助于实现规模经济,形成产品和品牌的差异化竞争优势,从而提升中国企业"走出去"的能力,帮助中国企业从以往主要作为全球要素分工的简单参与者向全球要素分工的积极推动者转变,从而可以在全球范围内更好地整合和利用资源。

三、双循环发展新格局重塑我国国际合作和竞争新优势的现实路径

综上分析可见,我国开放发展新阶段既有转向新发展格局的必要,也有其现实基础和条件。但是,由于体制、机制等方面约束,国内市场分割现象还比较严重,还未能实现真正意义上的国内大循环,内需潜力并没有得到充分挖掘,从而使得表面的超大市场规模没有形成超大有效规模。因此,加快形成双循环新发展格局,重塑国际合作竞争新优势的现实路径,需要在下述几个方面尽快实现突破。

(一) 尽快打破市场分割推动市场一体化发展

以国内大循环为主,其首要前提是实现国内市场的畅通。由于体制机制的约束,以及一定程度的地方保护主义等因素的存在,国内市场受行政区划的影响,市场分割和碎片化的现象依然比较突出。已有研究指出,目前的市场分割现象使得中国不同区域间形成了"诸侯经济"特征,而市场分割的存在显著抑制了产业链转型升级(盛斌和赵文涛,2020;张昊,2020)。因此,打破不同省市间的行政壁垒,尽快破除体制机制等方面形成的约束作用,是推动市场一体化的根本出路。这是发掘市场规模潜在优势的前提。为此,需要按照

《中共中央国务院关于构建更加完善的要素市场化配置体制机制的意见》，重点突破要素市场的改革难题等，进一步激发全社会创造力和市场活力。

（二）以区域经济高质量一体化为引领有序推动国内市场统一

考虑到中国经济发展在不同区域间存在显著差异的特征事实，因此完全消除所有壁垒进而实现国内市场统一，显然不太现实。为此，在推动市场一体化进程中，可以率先打造区域经济高质量一体化，据此为引领逐步拓展、扩散，最终推动国内市场的统一。比如，目前正在打造区域一体化，包括长三角高质量一体化等。这就需要尽快形成区域一体化发展的全局意识和统筹决策，尽快破除其中的体制机制约束，打通产业链、供应链中的人员流、技术流、物质流等关键堵点和断点，率先形成和打造集产业链、市场链、创新链于一体的高质量一体化标杆和示范，以此为带动其他地区一体化发展提供引领示范作用，提供经验借鉴作用。

（三）以高水平开放促进国际循环

相互促进的新发展格局，顾名思义，畅通国内循环其实仍然离不开融入国际循环。实际上，中国过去几十年开放发展的实践已经充分证明了，国际循环对国内循环的促进作用。对其中的作用机理也进行了较为广泛的探讨。从这一意义上，重塑竞争新优势还需要进一步发挥融入国际循环的作用，或者说融入国际循环对促进国内循环的作用。当然，继续发挥融入国际循环对国内循环的促进作用，重塑国际合作和竞争新优势，显然不能停留在原有水平的国际大循环上，而是要在稳定外资外贸基本盘的基础上，探索开放发展的新路子，尤其是要促进开放型经济迈向更高水平和更高层次，以高质量对外开放促进国内经济大循环。为此，需要将中国本土市场规模优势同时转化为其他各国企业发展的动能，也就是说让中国经济发展能够为世界各国的企业提供更加广阔的市场机会，让中国市场能够成为世界各国企业向往的投资首选地，让中国市场能够成为全球优质和创新要素集聚的热土，从而在扩大开放和高水平开放中，将两个市场有效链接起来，真正实现相互促进的双循环开放发展新格局。此外，新一轮的高水平开放不仅体现在开放领域需要进一步放宽，同时还要注重更高水平开放型经济新体制的建设，尤其是制度型开放的步伐要加快。通过打造更为优越和完善的制度环境，让国内市场在资源配置和经济发展中起决定性作用，从而将中国市场打造成一个高度开放、安全和自由流动的市场，如此，全世界生产性要素（包括人才、资本、金融）都愿意流入和集聚；如此，才能以新的竞争优势改变中国参与国际经济循环的形式、方式和途径，实现从以往"两头在外"的循环格局转变为"以国内大循环为主体、国内国际双循环相互促进的新发展格局"，打造国际合作和竞争新优势。

第二节　双循环有效联动的分工基础：数字赋能下全球演变新趋势

党的十九届五中全会明确提出，要加快构建以国内大循环为主体、国内国际双循环相互促进的新发展格局。这是党中央在对我国开放发展面临的环境、条件和所处阶段进行科学研判基础上做出的重大战略调整和重要战略抉择。实际上,正如已有研究指出,开放发展的本质是国际国内双循环的相互促进,只不过在不同的发展阶段其表现的形式和侧重点有所不同而已(戴翔等,2020)。改革开放 40 多年来,中国已经成为深度融入经济全球化的巨型开放经济体,不仅是世界经济中的"因变量",同时也是重要的"自变量"。也就是说,中国开放发展在受世界经济总体外部环境影响的同时,也成为影响世界经济发展和走向的重要因素,从而蕴含国内循环和国际循环具有互促和联动的本质内涵。如果说,过去 40 多年中国开放发展中国际国内双循环互促联动,主要表现为以开放促发展,即通过融入国际大循环促进国内市场育发和发展,并在国内发展的基础上进一步提升融入国际大循环的能力,那么,未来双循环新发展格局下的国际国内双循环互促联动,将主要表现为更加积极地发挥本土市场效应在推动乃至引领经济全球化发展中的作用。即如已研究指出,中国开放发展以往主要是客场全球化,而新发展格局下会转变为主场全球化(刘志彪和凌永辉,2021),在主场全球化条件下,国际国内双循环的相互促进将会改变以往的"被动"特征,更加凸显积极的"联动"特征。新发展格局下双循环有效联动,不仅意味着中国将更加积极地发挥超大本土市场规模优势,以扩大内需为战略基点并辅以供给侧结构性改革,以重塑我国国际合作和竞争新优势,更为重要的是,作为已经深度融入经济全球化的巨型开放经济体,中国市场已然成为国际市场的重要组成部分,从而更加具有联动的基础。实际上,经济全球化的本质是社会分工跨越国界,从而在全球范围内形成分工和产业格局的过程。因此,正确理解和看待新发展格局下双循环有效联动问题,我们认为,除了经过几十年的开放发展从而使得中国与世界经济的关系发生变化这一重要因素外,更重要的还是要基于分工演进推动的经济全球化发展及中国在其中可能扮演的角色维度,进行探讨和分析。

当前,世界经济仍然处于深度调整期,贸易保护主义呈现抬头趋势,全球价值链、产业链、供应链正加速重组。经济全球化出现的诸如上述新形势、新变化、新问题和新趋势,纵然是多种因素共同作用的结果,但其中最为关键和核心的因素仍然是推动分工演进的科技革命和产业革命。2008 年国际金融危机冲击以来,推动经济全球化发展的动力不足的根本原因,正是前一轮科技革命带来的信息、通信技术发展,尤其是计算机软硬件产业发展推动的全球化分工和产业布局的动力机制基本已经衰竭,或者说前一轮技术革命的生命周期基本已经结束。正是基于此,有学者研究指出,在新一轮技术革命大爆发并形成现实生产力之前,世界经济显然难以重返昔日繁荣发展的通道(裴长洪,2015)。令人欣慰的是,新一轮技术革命和产业革命已在孕育之中并初露端倪,正如习近平总书记在《共产党员》杂志发表的重要文章《努力成为世界主要科学中心和创新高地》中指出,全球科技创新进入空前密集活跃的时期,新一轮科技革命和产业变革正在重构全球创新版图、重塑全球经济结构(习近平,2021)。而新一轮科技革命的实践演进趋势表明,不论是以人工智能、量子信息、移动通信、物联网、区块链为代表的新一代信息技术加速突破应用,还是以合成生物学、基因编辑、脑科学、再生医学等为代表的生命科学领域孕育新的变革,抑或融合机器人、新材料的制造业向智能化、服务化、绿色化方向的加速转型等,都与数字技术和数字革命密不可分。也就是说,伴随人工智能、云计算、大数据等新兴科技的发展,数字经济已经成为当前和未来经济发展的重要趋势特征,数字技术也必将在重塑全球价值链、产业链和供应链,推动新一轮全球化发展等方面,扮演重要角色和发挥重要作用。

《2021 数字化转型白皮书》发布的最新研究成果表明,2019 年中国数字经济规模达到 35.8 万亿元,占 GDP 比重达到 36.2%,增速超过同期 GDP 增速 7.85 个百分点。可以说,数字经济已经成为当前发展最快、创新最活跃、辐射最广泛的经济活动。正是基于对现实发展状况的深刻认知以及对未来发展趋势的精准判断,2020 年 4 月,中共中央、国务院发布《关于构建更加完善的要素市场化配置体制机制的意见》(简称《意见》),提出"加快培育数据要素市场",将"数据"作为与土地、劳动力、资本、技术并列的第五大生产要素,实际上就是对"数字技术"和"数字革命"在未来经济发展中重要作用的充分肯定,会进一步提升和夯实中国"重构全球创新版图、重塑全球经济结构"的基础和能力。在此背景下,作为我国国民经济重要组成部分的对外贸易,也必将利用数字技术实现高质量发展,推动贸易朝着"数字化"方向发展。从这一意义上说,构建双循环新发展格局,作为新环境、新条件和新阶段下"重塑我国国际合作和竞争新优势的战略抉择"(习近平,2020),促进国际国内双循环有效联动,必须顺应经济全球化和分工演进的发展大势,必须在新一轮技术革命和产业革命中有所作为,包括数字技术革命及其在实践中的应用。如此,中国才能在新一轮全球化分工和产业布局上占据制高点,推动全球价值链、产业链和供应链向优化方向发展。这就提出了一个很有理论意义和实践价值的课题:基于数字赋能的贸易数字化能否成为国际国内双循环有效联动的重要引擎?

目前,针对双循环新发展格局的探讨已经取得了丰富的成果,包括国际大循环和国内大循环之间关系的研究。自改革开放以来,中国积极融入全球化浪潮,实现了经济高速增长,从世界范围来看,大型经济体依托国内大市场开展国际大循环是一个普遍规律(张宇燕和徐秀军,2020;孙杰,2021)。在此背景下,较为一致的观点认为,一方面,新发展格局要求以国内大循环为主体,加快关键核心技术攻关,打造自主可控现代产业体系(余淼杰,2020);另一方面,新发展格局要求国内国际双循环相互促进,国内需求的形成及有效供给有赖于国际供应链、产业链的协同,国际领先技术的获得也需融入全球创新链(姚树洁和房景,2020;江小涓和孟丽君,2021;贾康,2020;张礼卿,2021)。也就是说,党中央之所以提出两个循环相互促进,主要是因为两个循环发展之间的联系密不可分,二者是"相互促进"的关系,实践中需要实现两个循环之间优势互补、互相驱动(刘洋,2020;沈国兵,2021)。至于"双循环"新发展格局如何以国内大循环为主体,实现以内促外的发展模式,现有研究认为,其关键举措在于通过供给侧结构性改革,提升供给质量,释放内需潜力,畅通国内循环,从而促进更高水平的开放,实现国内国际双循环有效联动(逢锦聚,2020;任保平,2021;樊纲,2020)。

综上可见,现有研究对我们理解国际国内双循环相互促进,无疑具有重要的启发意义和借鉴作用,但针对双循环如何联动,尤其是关于技术变革如何促进双循环有效联动的研究,目前还较为缺乏。如前所述,开放发展条件下一国与世界经济的关系主要表现为分工和产业布局的关系,而分工和产业布局主要又是由技术变革而推动。因此,深入理解新发展格局下双循环有效联动问题,需要从技术变革推动的分工演进角度进行深入探讨。考虑到数字技术和数字革命在新一轮产业革命和技术革命中具有的特殊作用和地位,以及当前数字技术在各产业领域的加速突破应用,本章着重从数字技术革命在对外贸易领域运用的视角,即基于数字赋能的贸易数字化角度探讨双循环有效联动问题。开放发展条件下,中国双循环新发展格局的国际国内循环有效联动问题,归根结底还是中国参与全球化分工体系问题,换言之,对上述问题的理解离不开全球化分工的大背景。为此,我们首先需要明晰的一个基本理论问题是:基于数字赋能的贸易数字化将推动全球分工如何演变,或者说,在数字革命和数字技术条件下,全球分工将呈现怎样的发展趋势? 概括起来,数字革命和数字技术推动的全球分工将呈现如下几个方面的趋势特征。

一、全球要素分工发展趋势进一步加强

20 世纪 80 年代以来,国际分工形式出现了重要变化,主要表现为跨国公司通过开展对外直接投资或者外包的形式,在全球范围内整合和利用资源,将世界各国不同程度地纳入全球生产网络之中。这一分工形态突破了以往以最终产品为界限的分工模式,不同国家和地区共同参与某一产品生产逐步成为国际分工的主导形态。对于这一新的国际分工形式,学术界采用了不同的名称加以描述,如国际生产分割(International Production Fragmentation)、垂直专业化(Vertical Specializing)、地点分散化(Delocalization)、产品内分工(Intra-product Specialization)、中间品贸易 (Intra-mediate Trade)以及全球价值链(Global Value Chain)等。虽然上述不同的概念和名称都在极力反映并且一定程度上能够刻画当前国际分工的特点,即建立在分工基础之上的贸易,在继续充当生产和消费跨国分离的链接纽带的同时,越来越扮演着链接分布于不同国家和地区不同生产环节和阶段的角色,或者说,贸易已经不再局限于以往的流通和交换过程,其本身已经成为继续和完成生产过程的必要环节和阶段。这无疑是当前国际分工的重要特征之一,但诸如上述名称和概念忽略了,或者说没有反映出一个与传统国际经济理论重要假定不符的现实,那就是生产要素的跨国流动性不断增强,这也是当代国际分工中跨国公司构建全球生产网络的重要方式和手段。如果忽略这一点,仅从生产过程全球分解角度看,其实国际分工的演变并无本质变化,因为分工的边界仍然是"产品",只不过是从传统的以"最终产品"为界限,分解和细化到以"中间产品"为界限而已。这显然不符合当代国际分工的事实和本质。因为当全球生产网络是以跨国公司开展对外直接投资等方式构建的话,那么从国与国之间的分工关系看,显然不再是以"产品"为界限,而是以"要素"为界限了。这一点无论是从最终产品角度观察还是从中间产品角度观察,都是如此。也就是说,不同国家和地区依托各自的优势要素,共同参与产品生产并成为全球生产网络中的一个或某些节点,才是当前国际分工的本质特征,也是区别以往以"产品"为界限的传统国际分工模式的关键所在。从这一意义上说,用"全球要素分工"的概念来刻画当代国际分工的新特征(张二震,2005;盛斌和马涛,2008),确实更为妥当和合适。因为无论是最终产品还是中间产品,在生产要素跨国流动条件下,其价值都不再完全由某个国家的本土要素所独自创造,而是多国以"优势要素"共同参与生产的结果。

国际分工之所以能够从以最终产品为界限的传统分工模式,逐步发展到以生产要素为界限的全球要素分工这一新型国际分工模式为主导,无疑得益于生产要素跨国流动性的不断增强。但需要指出的是,不同生产要素的跨国流动性存在巨大差异,有些生产要素(如资本)的跨国流动性较强,有些生产要素(如劳动)的跨国流动性相对较弱,还有些生产

要素(如土地)等根本不具备跨国流动性。跨国公司依托对外直接投资构建全球生产网络的实践表明,在全球要素分工的前一轮发展过程中,资本的跨国流动性最强并居于主导地位,其他生产要素的跨国流动基本上是以资本为纽带而进行的。伴随着经济实践的发展演变,从而所界定的生产要素种类和范畴也在不断拓展,比如从最初的劳动这一单一生产要素发展为劳动和土地两种生产要素,再逐步拓展到资源、技术等三种、四种乃至更多种生产要素。从生产要素跨国流动的实践发展角度看,除了资本之外,其他生产要素虽然一定程度上也具有流动性,但要么由于要素属性差异,要么由于政策管制等作用,跨国流动程度相对要低得多。总之,全球要素分工在前一轮发展演变过程中,主要依托于资本跨国流动,或者说资本在世界各国游走从而与当地生产要素结合,促使了全球要素分工的发展,推动全球价值链、产业链、供应链发展演变,以及深刻地改变了建立在分工基础之上的贸易性质。近年来,基于人工智能、云计算和大数据的数字革命和数字技术的发展,推动了数字经济的快速发展并凸显了数据的价值,进而数据这一生产要素被誉为新一轮科技革命的"石油"。这正是《意见》将"数据"作为与土地、劳动力、资本、技术并列的第五大生产要素的重要原因所在。当数据被视为生产要素且其作用和价值日益凸显时,由于其自身属性的特征,从而更加有助于推动全球要素分工的发展。

当数据成为生产要素并推动世界经济进入数字化发展阶段后,全球要素分工的发展趋势会更加明显。这不仅是因为数据成为生产要素后,可跨国流动的生产要素的种类得以增加,而且作为一种特殊的生产要素,其在强化全球要素分工方面还有其自身的特殊功能和作用。在生产要素跨国流动主要依靠资本的条件下,更确切地说,不同国家和地区的生产要素共同进入生产过程,主要依赖于资本的流出和流入这种相对单一的路径,当数据的跨国流动性(包括以其他各种载体而实现的数据跨国流动)不断增强时,不同国家和地区之间实现优势要素的组合和协作,至少从路径方面看已经朝着多元化方向发展。这让不同国家和地区的生产要素实现"优势组合"有了更多的路径选择,也就进一步提升了不同国家以优势要素参与全球要素分工的便利性和可能性。这无疑对全球要素分工进一步发展有重要推动作用。此外,更为重要的是,成为生产要素的数据由于其特有属性,对全球要素分工的发展和演变能够起到更为积极的推动作用。这一点,至少表现在如下两个方面:一是与包括资本在内的其他生产要素相比,主要依赖于互联网等传输手段的数据要素具有更强的流动性。有研究指出,过去几十年的经济全球化发展中,资本超越贸易成为驱动经济全球化发展的主要动力机制,这也是全球要素分工得以快速演进的重要原因(张幼文,2005),那么可以预期和判断的是,伴随数字革命和数字技术进步,数字经济将逐步成为世界经济的主导形态,数据的跨国流动必将超越资本的跨国流动,成为驱动经济全球化发展的另一重要动力机制。二是数据使用的非排他性。也就是说,一个企业在收集和利用数据的同时,并不会排除其他企业搜集和利用数据。显然,当某种生产要素的使用具有非排他性时,要素的实际存量和可使用量将会发生分离。从理论上说,存量数据一般而言在某个时点上是固定的,但是,由于其可以被无限多个主体同时和反复收集和利用,因而具体的使用量也就并不存在上限,具有无限增长空间的可能。并且,其使用并不存在物质损耗和折旧问题。这些特性显然是其他一般有形生产要素所不具备的。这也就意味着优势要素的跨国组合,从数据这一生产要素看,受要素数量的限制会得到很大程度的缓解，这为全球要素分工发展提供了更为广阔的空间。

二、服务全球化和碎片化趋势更加明显

服务由于其无形性、不可运输性、不可存储性以及服务提供者和消费者通常必须贴近（即同时同地）等特殊性，从而服务业发展通常只能局限在一国国内。或者说，正是因为上述属性，服务的可贸易性相对较差，致使长期以来服务贸易发展远远滞后于货物贸易发展。近年来，伴随着信息技术和通信技术的进步，伴随着全球服务贸易制度的建立和推行，服务业传统发展格局被打破，服务的可贸易性不断增强，服务业呈现全球化和碎片化发展趋势。世界贸易组织（WTO）发布的统计数据表明，全球服务贸易出口总额已从2010 年的 3.98 万亿美元上升到 2019 年的 6.21 万亿美元，其间增长了 1.56 倍，年均增长率约为 5.11%。同期，货物贸易从 2010 年的 15.30 万亿美元上升到 2019 年的 19.01 万亿美元，其间增长了 1.24 倍，年均增长率约为 2.44%。可见，服务贸易的增速远高于货物贸易的增速，由此服务贸易出口与货物贸易出口额之比也由 2010 年的 26.01% 上升到32.66%。正是基于此，联合国贸发会议（UNCTAD）发布的《2020 年世界贸易和发展报告》利用世贸组织全球贸易模型进行的测算表明，到 2040 年全球服务贸易额在全球总贸易额中的占比可提高 50%。当然，基于传统的测算方法使其远远低估了全球服务贸易额及其所占比重。因为在服务业全球化和碎片化发展趋势下，尤其是全球价值链不断向服务业领域拓展，服务可能更多以货物为载体而进行跨国交易，而非仅限于世界贸易组织所界定的 4 种传统的服务贸易方式进行。对此，已有的测算和实证分析已经提供了基本的经验证据（戴翔，2016；夏杰长和倪红福；Ehab，2021）。当然，服务业全球化和碎片化发展趋势，不仅体现在全球服务贸易的快速增长方面，同时也反映在全球对外直接投资的领域方面。例如，联合国贸发会议发布的《2021 年世界投资报告》提供的相关统计数据显示，2019 年全球对外直接投资中的绿地投资额为 8 460 亿美元，其中，流向服务业领域的对外直接投资额为 4 229 亿美元，超过制造业领域的 4 020 亿美元和初级产业领域的 211 亿美元，占比达到 49.99%，已经达到全球绿地对外直接投资的半壁江山；2020 年全球对外直接投资中的绿地投资额为 5 641 亿美元，其中，流向服务业领域的对外直接投资额为3 158亿美元，超过制造业领域的 2 371 亿美元和初级产业领域的 112 亿美元，占比进一步上升到 55.98%。如果说跨国公司是依托开展对外直接投资推动构建了前一轮的制造业全球价值链的话，那么现在它正以同样的方式推动构建全球服务业价值链，促使服务业发展呈现全球化和碎片化趋势。

数字技术的强势崛起推动了产业深度融合，并在引领服务经济蓬勃发展的基础上，构建起服务贸易发展的基石，进一步推动服务业全球化和碎片化发展。之所以如此，是因为数字革命和数字技术进步，至少会对服务业及其全球化和碎片化发展产生如下两个方面的实质影响：一是提升服务业的可贸易性。犹如前文分析指出，长期以来服务贸易远滞后于货物贸易的根本原因之一，就在于前者的可贸易性不高。受到信息和通信技术的影响，虽然服务贸易的增长表现出良好势头，但就规模而言仍未超过货物贸易，主要还是因为服务业大部分仍然具有本地化特征和较低的可贸易性。不过，这一局面正在被崛起中的数字技术改变。就 WTO 界定的四种服务贸易方式而言，包括跨境交付、境外消费、商业存

在和自然人移动,都将在不同程度上受到数字技术的影响而大幅提升其可贸易性。对于跨境交付而言,数字革命和数字技术进步,可以极大地破除时空约束,也就是说,突破以往服务提供者和消费者必须同时同地出现的约束,极大地提升了以跨境交付方式进行的服务贸易。对于境外消费而言,本质上与服务提供和消费的本地化没有太大差异,因此,数字革命和数字技术进步对境外消费的影响,如同能够为本地服务提供者和消费者拓展事前和事后服务一样,进一步扩大境外消费的过程和规模。对于商业存在而言,数字革命和数字技术进步,不仅能够为新型服务提供者提供更加便利的技术和手段,而且能够起到激励作用,从而促进其跨境设立商业机构,为东道国消费者提供服务以及在全球范围内布局服务提供流程。对于自然人流动而言,数字革命和数字技术进步无疑能够为其提供更加多样的辅助性功能,从而促进其进一步发展。在 2020 年新型冠状病毒感染疫情全球扩散和传播期间,诸如在线教育、远程医疗、协同办公、跨境电商等服务的广泛应用,不仅体现了数字革命和数字技术在抗疫方面的积极作用,同时也显示了其在推动和促进服务贸易发展方面的重要作用。

数字革命和数字技术对推动服务业全球化和碎片化发展的重要作用,不仅在于提高了服务的可贸易性,还在于催生了新的服务种类,包括在创造出新的服务行业的同时,通过对传统服务业进行改造而呈现可贸易的新形态,达到丰富全球服务业种类和服务贸易内容的目标。比如,数字革命和数字技术进步本身,催生了以数据为主的信息跨国流动,推动了新型数字贸易的发展。数字技术的应用拓展至传统的商业服务、通信服务、卫生服务、运输服务和文体娱服务领域后,会大幅度提高这些传统服务部门的效率水平,进一步夯实诸如此类服务贸易的基础。WTO 发布的《2019 年全球贸易报告》曾明确指出,在影响服务贸易未来发展趋势的几大因素中,数字技术的影响将超过收入增加、人口变化以及气候变化等因素作用,成为推动服务贸易高速发展和成长的最核心动力,尤其是对于发展中国家来说,如果能够提高数字技术的应用水平,尤其是与其他产业的融合发展水平,发展中国家的服务出口在全球服务贸易中的占比将会显著增加。当然,数字革命和数字技术对服务业全球化和碎片化的促进作用,无论是从提高服务的可贸易性角度看,还是从催生新型服务内容角度看,主要还是聚焦于供给侧层面;除了供给侧层面外,其对服务需求的影响也是不可忽视的,从而会产生需求驱动效应。

三、数字贸易规则等将重塑经贸新规则

全球经贸规则和治理体系,是推动经济全球化发展的重要制度保障。从这一意义上说,WTO 等框架下形成的现行国际经贸规则和治理体系,尽管是第二次世界大战后以美国等为首的西方发达国家主动制定的,并主要代表着西方发达国家的利益诉求,但是从推动经济全球化发展方面来说,其积极意义仍然是值得肯定的。根据马克思主义政治经济学基本原理可知,生产力和生产关系是社会生产过程中两个不可分割的方面,具有辩证统一的关系。一方面,生产力决定生产关系;另一方面,生产关系对生产力有反作用。也就是说,当生产关系适应生产力的发展水平和发展阶段时,它就积极地推动生产力的发展;当生产关系不适应生产力的发展阶段和发展变化时,它就成为生产力发展的桎梏,阻碍并破坏生产力的发展。这时,生产关系就要变革,以解放和发展生产力。生产力和生产关系

的这种辩证统一关系同样适用于国际经济社会。应该说，第二次世界大战以后以美国等为首的西方发达国家建立起来的国际经济秩序，是适合当时经济全球化发展的现实需要的，从而推动了世界各国的生产力进步，推动了经济全球化发展和世界经济繁荣。尤其是 WTO 框架下的贸易和投资自由化等制度设计，适应了当时的经济全球化发展需要，并为全球要素分工的发展和演进提供了制度保障。可以说，没有贸易自由化下关税和非关税壁垒的逐步降低乃至消除，就无法促进产品尤其是中间产品跨国的频繁和反复流动。正如已有研究指出，在全球生产分割状态下，任何一个不起眼的关税壁垒，在中间品多次跨境流动中也会产生显著的累积效应从而阻碍分工的发展（张二震和戴翔，2021）；同样地，如果没有投资自由化作为保障，以资本为纽带的生产要素跨国流动也就难以得到迅猛发展，更不可能实现所谓"投资超越贸易"而成为经济全球化运行的主要动力机制，也就无从谈起所谓的全球要素分工。但总体来看，WTO 框架下现行国际经贸规则主要聚焦于"边境开放"措施，较少涉及"境内开放"或者说"边境后开放"，能够适应全球要素分工演进的初始阶段。但当全球要素分工演进至新发展阶段后，现行国际经贸规则和治理规则的局限性日益凸显，不但不能推动经济全球化和世界经济的进一步繁荣发展，反而成为桎梏。

在全球要素分工发展的初级阶段，主要是发达国家跨国公司通过开展对外直接投资的方式，推动产业和产品生产环节的国际梯度转移，构建全球生产网络。而全球生产网络构建初期乃至很长一段时间内，"梯度转移"的主要还是劳动密集型产业或者产品生产环节和阶段。这时，尽管全球生产网络的构建，已经使得开放的内容实质上从"边境"拓展和延伸至"境内"，也就是说，在开放举措和国际经贸规则层面上，实际上已经需要从"边境开放"措施向"境内开放"措施升级和演变，以适应全球价值链和全产业链的需要。分布于不同国家和地区的生产环节和阶段，要想实现无缝对接，必须要求参与全球生产网络的不同国家和地区之间，在国内经济管制、规制和措施等方面，实现协调和对接。但是，需要指出的是，不同生产环节和阶段的生产经营活动的成本，包括对接成本等，对不同的因素和条件敏感性不同。从大的角度进行划分，生产经营活动成本大体可以分为两种：一种主要是由生产要素价格决定的生产成本，另一种主要是由规则等制度质量决定的交易成本。劳动密集型产品和环节的成本主要取决于生产成本，从而对生产要素价格的高低变化较为敏感，而对制度质量的要求相对较低；相比较而言，知识、技术和信息等要素密集度较高的生产环节和阶段，对生产要素价格的高低和变化敏感度相应就会下降，而对规则等制度质量决定的交易成本会越来越敏感。这正是在全球要素分工发展的初期，主要以劳动密集型产业和产品生产环节为主要内容的国际梯度转移阶段，只要有"边境开放"措施，基本就能满足全球要素分工的主要原因。但是，一旦全球要素分工进一步从传统的国际梯度转移模式，演变发展至更加具有知识、技术和信息等要素密集度较高的生产环节和阶段在全球范围内进行布局的新阶段，比如当前的研发国际化发展趋势等，对境内开放等规则制度的要求就会越来越高。这正是当前 WTO 框架下现行国际经贸规则局限性和不足日益凸显、面临亟待改革的主要原因。也正是 WTO 改革的滞后从而无法满足当前经济全球化发展的新需要，如雨后春笋般的各种区域贸易协定和安排不断涌现。而从主要的经贸规则议题看，诸如知识产权保护、劳工标准、营商环境、竞争中立等国内经济措施，正成为各种区域贸易协定和安排的谈判焦点，从而推动开放举措从传统"边境开放"向"境内开放"

拓展和演变。

数字贸易规则就是当前全球经贸规则调整和完善的重要内容和方向之一，这也是全球要素分工在数字经济推动下进一步深化发展和演变的现实要求。基于数字赋能的贸易数字化以及由此带来的广义数字贸易，与传统贸易形式有着巨大差别，其不仅在贸易形式上发生了深刻变化，比如在没有实物载体的条件下，直接以数字的形式进行的贸易，将不再通过一国海关并且受海关监管，而且在贸易手段和贸易要素等方面，均发生了深刻变化。这种变化不仅涉及监管问题，还会涉及诸如电子签名、电子支付、电子合同、跨境数据流动、数据内容不歧视、透明度、网络安全、能力建设、互联网和数据访问、消费者保护、隐私保护和商业信任等，一系列跨境尤其是国内法律监管和规则等制度规则等问题。这种经贸规则体系的谈判和确立，显然远远超越了传统的关税和非关税壁垒的"边境开放"措施，更加具有"边境后开放"措施特征，甚至是在基于数字赋能的贸易数字化条件之下。总之，在数字经济日益成为世界经济主导形态的新发展阶段，在数字技术不断渗透到其他各产业领域并与其他各产业领域融合发展，数字产业化和产业数字化均将进一步夯实数字贸易发展的基石，因此，在高标准经贸规则谈判过程中，围绕数字贸易以及数据跨境流动等问题，必将成为主要议题和焦点，已经成为国际经济秩序重构的重要方向和内容。

第三节　双循环有效联动的四大融合：数字赋能下内外一体化表现

基于数字赋能的贸易数字化从广义上看，实际上包含两层意思：一层含义是指数字贸易，即数据作为贸易内容本身而进行的跨境流动和交易；另一层含义是通过数字技术与其他产业领域的渗透和深度融合，包括与服务业和制造业等实体经济的深度融合，从而推动其他产业发展呈现数字化特征，并在此基础上以数字技术为手段、数字服务为核心、数字化平台为载体、数字化交付为特征的贸易新业态，不断提高对外经济交往和合作的数字化、网络化、智能化水平。可见，从广义角度理解，基于数字赋能的贸易数字化增加和改变的绝非贸易内容和贸易流程本身，而是凭借数字化的强大渗透能力，不仅实现对外贸易全流程，而且实现全产业链、全价值链、全供应链的数字化转型；数字化赋能的不仅是数字产业，还有研发设计、智能制造、物流供应、售后服务、技术设施、监管流程、转型范式等。这一系列变化置于全球要素分工背景下，促使社会生产和扩大再生产的生产、分配、交换、消费的国内循环和国际循环之间的关系同样发生着深刻的本质变化，并由此推动国内循环和国际大循环更好地联动发展。所谓联动，原本是指若干个相关联的事物中某一个或某几个运动或变化时，其他事物也会跟随运动或者变化，即联合行动之意。国内国际双循环缘何能够"联合行动"？关键就在于基于数字赋能的贸易数字化下贸易本质内涵发生了变化，全球要素分工出现了前文分析指出的深度演进趋势，从而上述四大环节在国内外边界日益模糊并呈现"一体化"或者说真正的"全球化"特征，具备了联动的客观条件和基础。

一、基于数字赋能的贸易数字化下的生产内外一体化

传统国际分工和贸易条件下，如前所述，分工的边界是"最终产品"，也就是说，产品生

产从一开始到最终产品的完成，主要在一国或地区内部完成，全部的附加值创造过程都在一国国内完成，也不能存在其他国家和地区生产要素参与的情形。伴随国际生产分割技术的进步，当同一产品不同生产环节和阶段能够被配置到不同国家和地区时，此时的生产开始具有全球化的特征，也就是说，最终产品生产的完成，不再是由某个国家独立完成。正如 WTO 前任总干事拉米所言，传统的所谓中国制造、美国制造、日本制造几乎已经不存在，现实中的大部分贸易品都具有"世界制造"（made in the world）的特征。也就是说，在产品国际生产分割条件下，世界各国和地区在参与国际分工和贸易过程中，均成为全球价值链上的某个或某些增值环节的创造者，世界各国通过全球价值链而"链"在一起，生产过程初步具备了"全球化"特征。因为生产过程有了全球化特征，显然，其循环过程也就不再局限于一国国内，而是必然嵌入全球生产体系之中，从而国内循环成为国际大循环的一部分，在生产环节层面也就初步具备了联动的基础和条件，并在实践中表现出来。对此，无论是之前发端于日本的海啸、泰国的洪水，还是全球新型冠状病毒感染疫情传播和蔓延，引发的全球价值链共振及其对全球生产的影响，都是最好的证明。

如果说上述生产层面的"联动"特征，伴随生产环节和阶段的全球化配置而初步具备了"联动"所需的"一体化"基础和现实条件的话，那么由要素流动或者说全球要素分工而推动构建的全球生产网络，则进一步夯实了"联动"所需的"一体化"基础条件，尤其是从基于数字赋能的贸易数字化推动的全球要素分工演进新趋势角度看，更是如此。也就是说，当全球价值链、产业链、供应链的构建，主要是跨国公司通过开展对外直接投资的方式而实现，那么此时的生产全球化一体化的特征进一步会发生两个方面的改变。一是改变了生产全球化一体化的形式和程度。从国际生产分割角度看，由于不同生产环节和阶段被配置到不同国家和地区，因此，世界各国在生产过程中形成的"一体化"，主要依赖于中间产品的多次跨境流动和各国间的相互使用，即所谓的世界投入产出关系而实现，并且"一体化"的真实关系必须反映在最终产品层面。也就是说，正是由于来自不同国家和地区的不同生产环节和阶段"组成"了最终产品，从而使得各国生产之间具有了全球化一体化的特征。如果抛开最终产品生产，仅从中间产品角度进行观察的话，全球化一体化的特征尚不明显，各国之间以"中间产品"为界限的分工关系，在生产领域仍然具有独立性和"各自为阵"的特点。全球要素分工则不同，因为在这种新型国际分工条件下，各国以优势要素参与全球生产，也就意味着生产从起初便具有了跨国合作的特征。也就是说，即便是中间产品的生产，也是各国优势要素跨国组合和分工协作的结果。由此可见，全球要素分工进一步强化了生产层面的全球一体化发展趋势，同时也改变了全球一体化的形式，即从最初的中间品投入产出关系，进一步深化拓展至优势要素跨国组合关系，从而使得生产从一开始便有了全球化一体化特征，由此国内国际双循环联动发展也就有了更为坚实的基础。

全球要素分工演进不仅改变了生产全球化一体化的形式和程度，也改变着全球化一体化宏观和微观关系，更确切地说，全球要素分工促使生产全球化的表现，逐步从宏观层面发展到微观层面。在以"最终产品"为界限的传统国际分工模式下，生产层面无从谈起所谓全球化和一体化问题，而在以"中间产品"为界限的国际分工模式下，或曰全球价值链分工模式下，生产层面初步具备了全球一体化特征，但是这种特征主要是侧重于国家宏观层面观察的结果，在微观层面尚没有实现所谓的全球一体化。这是因为，在没有全球要素分工条件下,虽然从事跨国经营的微观主体仍然以企业为主,但是每个国家的企业的生产活动只能局限在一国国内,没有在全球范围内构建生产网络。换言之,全球生产网络的搭建并不依赖于任何一个国家或地区的某个或某几个企业。此时,全球投入产出关系仅仅表现为某个国家在某个行业上出口或者进口了多少中间产品,用于其他行业的中间生产或者最终产品生产,微观经济主体的作用仅仅限于"幕后英雄"。总之,此时的全球生产网络主要表现在宏观层面而非微观层面。有了以资本为纽带的全球要素分工则不然,跨国公司通过开展对外直接投资的方式布局全球生产网络,企业突破国家"边界"而越来越具有全球化特征,生产网络的构建也越来越表现在跨国公司微观层面上。也就是说,是跨国公司在世界各国整合和利用资源,直接推动和构建全球产业链、价值链和供应链,全球生产网络的布局与跨国公司的对外直接投资区域布局高度相关并呈现一体化,全球生产一体化的微观特征越来越明显。毋庸置疑,当全球生产一体化越来越具有微观特征,或者说生产的全球化已经成为跨国公司自身经营的全球战略时,此时由于跨国公司的企业"边界"与国家"边界"不再完全一致,从企业微观层面看,生产的国内边界和国际边界也会日益模糊。跨国公司全球化战略考量必然意味着国内国际双循环更加具有联动特征。

因循上述逻辑,不难理解,由于基于数字赋能的贸易数字化会进一步强化全球要素分工的发展趋势,那么也就必然会推动生产朝着更加具有全球一体化特征方向发展,这一点不仅继续发生在制造业层面,而且会在服务业领域进一步深化拓展,夯实生产层面国内循环和国际循环的有效联动。特别需要指出的是,基于数字赋能的贸易数字化从全球要素分工角度看,依托数据要素相比于其他生产要素而言,对其他产业的渗透能力会更强,实现跨国整合资源的形式更加多样化,对全球价值链、产业链、供应链的重构效应会更加明显。

二、基于数字赋能的贸易数字化下的分配内外一体化

获取贸易利益是一国参与国际分工和贸易的直接动机和动力机制,因此,利益分配问题一直以来是传统国际经济理论研究的最基本的理论问题之一。传统国际经济理论完美地论证了分工和贸易的互利性原理,即自由贸易有助于实现资源优化配置,从而提升世界总产出水平,与封闭条件相比,开放条件下总产出水平提高的部分,就是世界各国参与分工和贸易的总收益。这一总收益只要按照适当的比例在分工和贸易参与国之间进行分配,那么各国均可以从中获利。然而,对于贸易利益究竟如何在国与国之间进行分配,传统国际经济理论一直语焉不详。换言之,各国从分工和贸易中获得利益的大小,乃至是否一定能够获利,传统国际经济理论并没有给出明确的答案。后来的诸如依附理论、中心—外围论以及贫困化增长理论等,则指出了在缺乏公平公正的利益分配保障机制下,处于弱势地位的国家和地区在国际分工和贸易中,获利相对较少甚至成为受损者。上述分析说明,传统国际经济理论虽然论证了分工和贸易的互利性原理,但并不能保证每个国家和地区都能够从中获益。这一论断背后的逻辑意蕴是,在传统国际分工模式下,国与国之间的利益分配并不存在相互依赖、相互依存的一体化关系。关于利益分配问题,传统国际经济利益除了关注参与国际大循环的外部分配关系外,也关注内部利益分配关系,即开放条件下不同生产部门和不同要素所有者,利益分配会受到怎样的影响。对此,国际经济理论的

生产要素价格均等化理论给出了经典答案，即参与分工和贸易有助于提升一国丰富要素所有者的收入水平，降低稀缺要素所有者的收入水平。当然，在实践中，由于实现所谓的要素价格均等化的各种条件受限和难以满足，往往可能出现与理论预期不同的经验现象（Mujumdar，2004；鲁晓东，2008）。但是，不管理论和经验研究结论如何，从利益分配的国内国外的"边界"角度看，国内利益分配与参与国际大循环的国际利益分配，同样不存在交叉融合之处，分属于两个不同的问题研究。

　　总之，不论是从参与国际大循环获取分工和贸易利益的"外部"分配角度看，还是从开放条件下的"内部"利益分配角度看，国内国际还不存在一体化问题，因此在利益分配及其变化方面也就谈不上直接的联动问题。然而，当国际分工演进至全球要素分工后，尤其是基于数字赋能的贸易数字化推动全球要素进一步深度演进新阶段，无论是一国参与国际分工和贸易从而与他国之间进行的"外部"利益分配，还是一国不同生产要素或者不同要素所有者之间的所谓"内部"利益分配，其内外边界同样日益模糊，并呈现一体化特征。具体而言，在全球要素分工条件下，国与国之间的利益分配关系会变得更加复杂，甚至难以严格区分本国利益和他国利益之间的边界。比如，传统的贸易条件理论表明，一国贸易条件改善代表本国在国际分工和贸易中获得更多的贸易利益。这一理论在传统国际分工模式下无疑是正确的，在全球要素分工条件下却遭遇严重挑战，具有明显的局限性。因为，进出口商品不再完全由某一个国家独立生产，出口商品中可能内含国外中间品进口，本国进口商品也有可能内含本国出口的中间产品，因此，以价格表示的附加值创造，显然不再能够简单并准确表示利益分配的关系。换言之，贸易条件的改善并非意味着一国获益水平的提高，贸易条件的恶化也不再简单地等同于获益能力的下降。此时，生产上的交织关系使得利益分配上同样存在着交织关系，从而具有了一体化的特征事实。进一步地，从国内不同部门和不同生产要素所有者的利益分配关系看，由于全球要素分工条件下生产要素的流入和流出问题，生产已经变成了多国优势要素组合和协作分工的结果，因此，所谓的国内利益分配已经不再局限于国内不同生产部门之间或者国内不同生产要素所有者之间，与所谓的外部利益分配显然也不再分属于两个不同的问题，要素收益的分配关系由于有国外生产要素参与，因此从一开始便具有了全球一体化特征。实际上，目前针对要素跨国流动对收益分配产生的复杂影响，已有实证研究进行了有益的探索和分析尝试（周琢和祝坤福，2020）。

　　如前所述，基于数字赋能的贸易数字化发展会进一步促进全球要素分工深度演进，而全球要素分工的发展又会使得国内国际循环在利益分配层面呈现出全球一体化发展趋势，从而在分配层面具有了双循环的有效联动发展基础。基于数字赋能的贸易数字化发展产生的影响不仅限于上述方面，更为重要的是，一方面，基于数字赋能的贸易数字化发展拓展全球要素分工的范围，比如前文所述的服务业全球化和碎片化，从而在更大范围内将对国内国际循环在利益分配层面的联动产生重要影响；另一方面，会改变全球要素分工的作用形式，从而促使利益分配的国际关联更加密切。比如，以往跨国公司主要通过开展对外直接投资的方式，通过参与管理等对设立在其他国家和地区的工厂进行控制，参与要素收益的分配。而在基于数字赋能的贸易数字化条件下，跨国公司采取跳过对外直接投资的方式，实现同样的控制，并实现利益分配的国际化。典型的方式如跨国公司研发部门将其研发成果,或者所拥有的数据优势,通过数据跨境流动的方式直接参与位于其他国家和地区的产品生产,通过输出知识、信息、技术等数字服务,渗透到远在其他国家和地区的企业和工厂,远程控制和主导生产全过程,乃至生产环节可能涉及的其他价值链、产业链和供应链。这种方式显然超越了绿地投资等方式,仅仅通过基于数字赋能的贸易数字化而实现基于要素分工的全球生产网络的布局,并改变着利益分配的国内国际边界,促使利益分配朝着全球一体化方向发展。

三、基于数字赋能的贸易数字化下的交换内外一体化

在传统国际分工条件下,交换具有国内交换和国际交换之分,而且二者的界限非常明显。这种界限的存在主要源自两种因素:一是国家的存在。因为有国家边界,也就有了居民和非居民的界定和区别,发生在居民之间的货物和服务交换,一般被界定为国内交换;而发生在居民和非居民之间的交换,才会被界定为国际交换。二是与国家存在相延伸的一个问题,那就是国与国之间设置的关税和非关税壁垒。这种交易壁垒一般而言在国内是不存在的,只存在于国家之间,因此,就使得国内交换和国际交换有了明显的区分。这一点如同在较早时期,交通不发达等因素导致交易成本过高,以及地方保护主义等现象存在,使得即便是国内市场,同样存在着贸易壁垒,尤其是省际贸易壁垒。比如就中国而言,有研究指出,目前虽然受到线上消费等影响,从而在消费层面上基本上消除了国内市场分割问题,但是在生产领域仍然存在较为严重的市场分割现象(马述忠和房超,2020)。当然,最新的一项实证研究发现,即便是从线下转向线上,国内消费市场仍然存在一定的市场分割问题,统一的国内消费大市场依旧没有形成(孙震等,2021)。一个国家内部尚且存在市场分割,国与国之间就更不足为怪了。总之,在传统国际分工模式下,主要受到上述两个方面因素的作用,国内国际两个市场、两种资源,有着明确的界限和划分。

应该说,国内国际两个市场的分割现象,伴随着贸易和投资自由化的发展,一定程度上得以弱化,尽管关税和非关税壁垒得到逐步削减乃至消除,或者说全球要素分工的前一轮发展一定程度上促进了世界市场的发育和发展,但是内贸和外贸仍然有着严格区分,且导致内贸和外贸"边界"清晰存在的因素,还难以从根本上予以消除。基于数字赋能的贸易数字化的快速发展,有助于打破上述内外贸分割的局面,促使国内国际双循环在交换层面日益向全球一体化方向发展。未来,伴随数字贸易化发展,对于任何企业来说,可能都不再具有内贸和外贸之分,都不再有国内市场和国际市场的隔离。交换更多地体现在微观经济体主体之间,而不再受到地理空间的局限,或者国民属性等带来的局限。之所以会如此,主要是因为基于数字赋能的贸易数字化能够显著弱化导致前文所述的两个因素的作用。首先,从居民和非居民的国家属性来看,这一概念其实在全球要素分工条件下已经开始逐步弱化,而在数字贸易化的进一步推动下,全球要素分工的深度演进会使得上述概念和边界更加模糊。也就是说,全球要素分工使得企业和国家的"边界"日益分离,国家的"边界"依旧存在,但企业的国家"边界"概念会日益淡化,尤其是跨国公司的国家属性将逐步让位于全球属性。从企业和消费者之间的交换关系来看是如此,从企业之间的交换关系来看更是如此。这也就意味着国内市场和国际市场的交换边界在发生变化,全球一体化的趋势会更加明显。

其次，从国与国之间设置的关税和非关税壁垒来看，数字化贸易更有助于越过壁垒。也就是说，传统的贸易壁垒对于数字化贸易的阻碍作用，会远远低于传统国际分工形式的跨境贸易。需要指出的是，不同贸易形式和贸易内容对关税和非关税壁垒的敏感度是不同的。比如传统的货物贸易更容易受到关税和非关税壁垒的影响，也更容易受到海关的监管。与之相比，数字贸易、数字化推动的服务贸易等由于其无形性，不易受到关税和非关税壁垒的影响，海关也难以对其交易进行相应监管。这也就意味着伴随着基于数字赋能的贸易数字化发展，越来越多的数字产业会出现，越来越多的服务会借助数字化技术和手段变得可贸易，因而其受到关税和非关税壁垒的约束也就会得到不断放松。包括数字技术向制造业的渗透和大规模运用，都会在一定程度上影响制造业跨境交易面临的壁垒问题。当然，这并非意味着数据跨境流动不面临壁垒问题，只不过，影响数据跨境流动和交易等壁垒更多表现为国内经济规制和管制措施方面，即所谓的"边境后开放"问题。而前文分析指出，在全球经贸规则逐步从"边境开放"措施向"边境后开放"措施的高标准化演进过程中，数字贸易规则不仅是其重要内容和组成部分，同时也是引领全球经贸规则高标准发展的重要一极。因此，从发展趋势上看，如同 WTO 框架下关税和非关税壁垒的削减乃至消除一样，影响基于数字赋能的贸易数字化发展的各种"壁垒"，也必将在"制度型开放"开放框架下不断得以削减和消除。一旦此类的流动障碍降低，与传统国际分工条件的一般货物贸易不同，大部分数字化贸易并不面临诸如长途运输、仓储等时空交易成本，也就意味着更容易实现跨境流动和交易，有助于内外市场一体化发展，夯实国内国际双循环在交换层面联动的基础。

四、基于数字赋能的贸易数字化下的消费内外一体化

伴随经济全球化发展阶段的变化，消费的地理边界也在发生变化。无疑，在封闭条件下，一国消费者只能购买和消费本国生产和提供的产品和服务，此时，消费不存在国内循环和国际循环问题，即在消费层面实际上不存在内需和外需之分。从封闭走向开放以后，需求就会超越一国边界，不再局限于一国国内。也就说，本国消费者可以从国际市场上进口消费品，本国生产者也可以将国内生产的产品出口到国际市场供国外消费者消费。在这一发展阶段，需求就有了全球化意义，因为无论是国内消费者还是国外消费者，消费需求都可以从全球范围内得到满足，也就有了所谓国内消费需求和国外消费需求之分。本国消费者消费本国生产的产品，通常就被认为是消费层面的内需；当本国消费者消费进口商品，通常就被称为需求外流；本国生产的产品出口到国外市场供国外消费者消费，就是通常所谓的消费层面的外需。并且，在以"最终产品"为界限的传统国际分工模式下，由于产品生产和消费从国别层面看依然具有独立关系，也就是说，生产在一个国家和地区独立完成，消费则在另外一个国家和地区实现，显然，此时的消费具有特定性，也就是说具体消费哪一个国家和地区的产品，其边界是清晰的。因此，这一阶段的需求尽管具有了全球化意义，但消费的国内和国际边界是可分的，我们不妨将之称为消费全球化 1.0 版。

当国际分工演进至全球要素分工阶段后，即便所谓的外需和内需概念在理论和实践部门仍然被沿袭和采用，但实质上外需和内需的边界已经日益模糊，甚至可以说无法区分。从最终产品的消费需求层面去考察，或许还能按照传统的方式区分所谓内需和外需，

但是考虑到生产的全球化,这种区分显然就变得非常不准确,也非常不客观。如同在全球价值链分工模式下,基于传统总值核算法会错误地估计一国真实对外贸易额一般,进而贸易增加值核算逐渐成为当前理论和实践部门关注的重点(张杰等,2013;Adao et al.,2017。同样地,仅仅从最终产品角度去观察,采用传统方法测算一国出口技术含量,也会得出误导性结论,进而如何剔除出口产品中内含的进口中间品技术含量,真实且准确地测度一国出口技术含量,成为理论研究的重点课题(姚洋和张晔,2008)。对外贸易额以及进出口产品技术含量存在上述问题,需求边界的区分其实因为生产全球化也同样存在上述问题。比如,从传统意义上理解,一国生产的最终产品如果被本国消费者所消费,那么就是所谓的内需。但是,在全球价值链分工关系下,本国最终产品生产可能含有大量的进口中间品,所以消费的产品并非完全是本国生产,同样有国外生产的部分。出口的产品同样如此,因为可能含有进口中间品成分,所以出口产品也不能完全算作外需。当制成品变成"世界制造"时,情况就更为复杂了。尤其是中间品经过多次跨境流转,形成往复循环的全球投入产出关系,此时内需和外需的边界无疑是难以界定的。考虑到全球要素的跨境流动,即生产是全球优势要素合作和协作的结果时,情况更是如此。此时,需求便形成了"内需中有外需,外需中有内需"的新格局。从而,消费实现了全球一体化。我们不妨将之称为消费全球化 2.0 版。可见,在消费全球化 2.0 版阶段,国内国际双循环在消费层面也具备了有效联动基础。

基于数字赋能的贸易数字化发展会从三个维度进一步深化全球要素分工对消费全球一体化的影响。一是从区域维度上看,基于数字赋能的贸易数字化发展会进一步突破时空约束,从而使得原先由于受到时间和距离的影响,而无法开展的贸易,现在有了更为便捷的方式从而变得可贸易了。有关研究指出(Caroline 和 Sandra,2019),数字经济的发展能够带来更低的搜寻成本、更低的复制成本、更低的运输成本、更低的追踪成本、更低的验证成本。显然,每一种成本的降低,本质上都是贸易壁垒的降低。比如,很多产品和服务之所以无法进行跨国交易,就是因为其包括克服长途运输等在内的交易成本过高,甚至超过了商品和服务价值的本身,从而具有不可贸易性。有些产品之所以只能进行近距离交易,而不能"卖得更远",主要就是因为交易成本过高会导致单位效用的实际价格更高(Peter 和 Michael,2004;余壮雄和董洁妙,2020)。基于数字赋能的贸易数字化发展推动各种成本下降,会使得贸易网络更加具有扩张效应,比如依托跨境电商的迅速发展,可以真正实现"全球买,全球卖;买全球,卖全球"。二是从产品维度上看,如前所述,伴随数字技术向其他各产业领域尤其是服务业领域的渗透和融合,传统条件下不可贸易品,在数字经济条件下具有了可贸易性,并催生出更多的制成品和服务品种类,从而更多产品和服务能够参与到"全球买,全球卖;买全球,卖全球"的大网络之中。三是从规模经济维度上看,由于受到技术、信息、成本等因素影响,无论是生产还是贸易尤其是对外贸易,长期以来都有着最低规模经济要求,伴随着数字技术和数字经济的发展,比如依托跨境电商的电商平台和独立站,全球范围内进行"零售"成为可能。更确切地说,依托数字技术进步,生产能够进行柔性化设计、接受个性化定制,促使更小众的产品和服务在全球范围内生产和流通。无疑,上述三个维度的发展无论是在广度上还是深度上,都对消费层面的国内国际双循环有效联动具有重要推动作用。这一阶段可称之为消费全球化 3.0 版。

　双循环有效联动基础条件:中国基于数字赋能的贸易数字化优劣势

双循环新发展格局不仅是新阶段中国开放发展模式的战略转型,从而具有中国意义;与此同时,在经济全球化走到十字路口的关键阶段,对于推动经济全球发展,尤其是依托发掘本土市场潜力转向所谓的"主场全球化",让中国市场成为世界的市场、共享的市场、大家的市场,为国际社会注入更多正能量有着重要作用,因此更加具有世界意义(周文和刘少阳,2021)。当然,双循环有效联动的新发展格局构建,以及据此推动和引领新型全球化发展,不能只是一种主观愿望,还需要有把握住发展机遇的基础条件和优势。换言之,在新一轮经济全球化中若能起到推动乃至引领作用,必须在新一轮技术革命和产业革命中有所突破,如此才能占据新一轮经济全球化和国际分工的制高点,夯实推动和引领经济全球化发展的能力基础。那么,从建立在数字革命和数字技术进步基础之上的基于数字赋能的贸易数字化角度看,中国是否具备了一定的基础条件,或者说中国的优势究竟表现在哪些方面,概括地看,我们认为主要有以下几点。

一、数字基础设施优势

所谓数字基础设施,主要是指面向数字经济、数字社会和数字政府发展需要,提供数据感知、采集、储存、传输、计算和应用等支撑能力的新一代数字化基础。主要包括三个层面。一是网络通信层面的基础设施,主要包括 4G 网络、5G 网络、光纤宽带、IPv6、卫星互联网等;二是存储计算层,主要包括数据中心、云计算以及人工智能等;三是融合应用层面,即通用软硬件基础设施＋传统基础设施的数字化改造等。总体来看,三个层面的数字基础设施,中国目前具有一定的优势。比如,在网络通信层面,目前我国处于世界领先地位,具有一定的先发优势。以基站建设方面为例,有关统计数据表明,2019 年,中国基建建设数量达到了 13 个,而作为世界经济中目前最发达的美国,也仅有 3 个;2020 年,中国的基站数量增加到了 60 个,而美国的数量仅增加至 5 个;以专利申请为例,我国提交的 5G 国际标准文稿占到了全球总提交数量的 32％,牵头的标准化项目占全球 40％,专利申请量占全球 34％。在存储计算层面,相关统计数据表明,2018 年中国人工智能专利占比达到了 39％,而美国和日本的占比分别为 20％和 13％。至于在超大数据中心建设方面,虽然中国与美国相比有一定差距,但是差距正在逐步缩小。在融合应用层面,以软件为例,相关统计数据显示,中国的供给体系正逐步趋于完善,包括在基础软件的开发方面,比如华为的鸿蒙移动操作系统、阿里云的 PolarDB 云原生数据库。总之,在数字基础设施建设方面,在大部分领域,中国已经处于世界先进水平。

二、超大规模市场优势

目前,中国已经成为仅次于美国的第二大经济体。考虑到中国是一个超过 14 亿人口的开放型经济大国,而且目前中等收入群体已经超过 4 亿,比美国的总人口数量还多。有研究指出,伴随中国经济发展不断迈上新台阶,未来在 10～15 年内,中国的中等收入群体完全有可能从当前的 4 亿人口增加到 8 亿乃至 9 亿人口。另外,根据国际货币基金组织(IMF)的预测推算,伴随中国经济实力的不断提升,对世界经济贡献率的逐步提高,人民币国际化程度的不断提升,以及人民币对美元的继续升值,中国完全有望在 2026 年超越美国,成为全球第一大经济体。毋庸置疑,伴随中国经济体量的不断增大,以及中等收入群体规模的不断扩张,由此形成的消费需求潜力也将得到充分释放,并形成需求驱动创新的积极效应,包括对数字技术进步的驱动和引领作用。比如,就网络通信的市场规模而言,全球移动通信协会的统计数据预测表明,2025 年中国 5G 用户数量将突破 4.54 亿,而同期欧洲的 5G 用户数量为 2.03 亿,美国的 5G 用户数量为 1.89 亿,日本的 5G 用户数量为 0.95 亿,韩国的 5G 用户数量为 0.37 亿美元。也就是说,届时中国的 5G 用户数量接近于其他几大发达经济体 5G 用户数量之和。巨大的消费需求数量必然形成强大的需求引致创新效应,驱动数字技术变化和技术进步及其在其他产业领域的渗透和融合。

三、巨大产业规模优势

中国国家统计局的相关统计数据显示,中国制造业增加值早在 2004 年就超过了德国,位居全球第三;2006 年,中国制造业增加值超过日本,成为仅次于美国的全球制造业第二大国;2009 年,中国超过美国成为世界第一制造业大国;2018 年,中国制造业实现增加值 40 027 亿美元,规模超过美国、日本和德国三大制造强国之和。更为重要的是,在世界 500 多种主要工业产品中,中国有 220 多种产品产量位居世界第一。中国有完整的工业体系,是全世界唯一拥有联合国产业分类当中全部工业门类的国家,中国的制造业与全球产业链供应链已深度融合,并呈现出巨大的制造业产业规模优势。在服务业产业规模方面,国家统计局发布的统计数据显示,1952—2018 年,中国第三产业(服务业)增加值从 195 亿元扩大到 469 575 亿元,如果按照不变价计算,年均增速高达 8.4%,比国内生产总值(GDP)年均增速高出 0.3 个百分点。中国服务业规模日益壮大,综合实力不断增强,新产业新业态层出不穷,已经逐步成长为国民经济第一大产业。其中,又以数字化产业为代表的互联网产业规模扩张最为引人注目。智研咨询发布的《2021—2027 年中国互联网行业发展现状调研及发展趋势预测报告》数据显示:2020 年中国网民总体规模已占全球网民的五分之一。2020 年,中国网民规模为 9.89 亿人;而《中国互联网发展报告(2021)》提供的统计数据显示,无论是在大数据产业规模方面,还是在人工智能产业规模方面;无论是在云计算市场规模方面,还是在物联网产业规模方面;无论是在工业互联网产业规模方面,还是在智能网联汽车销量方面,都呈现出迅猛发展的良好势头,并在很多产业领域领跑全球。当然,无论是制造业发展还是服务业发展,中国虽然已经取得了一定的在位规模优势,但是大而不强的问题依然存在(金碚,2020;夏杰长和徐紫嫣,2021)。辩证地看,这种大而不强也有有利的一面,那就是巨大的产业规模在为数字技术进步提供相关产业支撑的同时,依托数字技术实现数字化转型有着巨大的发展空间。

四、关键和核心技术自给率不足的劣势

需要指出的是,虽然目前中国在数字基础设施建设方面位居世界前列,包括在某些技术领域,均处于世界领先地位,但是在很多核心零部件和核心技术方面,自给率仍然相对

较低,特别是高端芯片、基础软件以及核心元器件等对进口依赖度还比较高。此外,全球软件产业链中的一些核心技术,比如操作系统和中间件等对国外的依赖程度也相对较高,数字产业和产业数字化中的价值链核心环节和阶段,仍然掌握在少数发达国家跨国公司手中。总体来看,在数字技术的基础领域和高端领域,目前中国与发达国家存在显著差异。比如在基础领域中的底层核心技术、开源底层架构以及融合应用技术开源生态等方面,在高端领域的高端工业软件设计和应用等方面,均存在一定差距。当然,导致上述领域存在一定发展差距,归根结底还在于相关产业领域人才的缺乏。尤其是在大数据、人工智能、云计算等新一代信息技术领域,目前凸显出人才短缺的发展困境,尤其是这些领域中的高级技术人才和领军人才,其供给不足一定程度上制约了数字产业链自身高端化发展。

五、数字化交付国际竞争力不足的劣势

伴随数字技术的快速发展,服务贸易的数字化交付成为全球服务贸易发展的重要趋势。联合国贸易和发展会议(UNCTAD)统计数据库提供的统计数据显示,2009—2019年,保险、商业或金融等传统服务行业,建立在数字技术进步和数字化交付基础上,实现了快速增长,其间出口年均增长率为 7%~8%,2019 年全球实现服务基于数字赋能的贸易数字化交付额达 3.14 万亿美元。这一数据背后的逻辑内涵是,数字化交付服务(Digitally-deliverable Services)已经成为全球服务贸易增长中的重要引擎,通过数字化进行交付的服务贸易价值,已经远远超过了信息通信技术服务(ICT)本身价值的多倍。这说明了数字技术在服务业领域包括传统服务业领域的渗透和应用,以及由此推动服务贸易增长的重要性。然而,与世界上其他服务贸易强国相比,中国不仅在服务贸易整体层面的国际竞争力依然相对较弱(许志瑜等,2018),在服务基于数字赋能的贸易数字化交付发展方面也明显滞后。UNCTAD 提供的统计数据显示,2019 年,在全球服务基于数字赋能的贸易数字化交付出口额中,美国占据全球市场份额高达 16%,位居此类服务出口的榜首,其次是英国和德国,分别位居第二名和第三名,而整个发达经济体在 2019 年出口的数字可交付服务占了全球数字可交付服务出口量的 77%,其中,中国数字可交付服务出口量不仅位于美国、德国、英国、法国等发达国家之后,甚至低于印度等发展中国家,仅居全球第八。这显然与中国经济体体系和服务业产业规模等地位不相称,也凸显了中国在数字化交付方面国际竞争力不足的现状。

数字革命和数字技术不仅是当前正在孕育的新一轮技术革命和产业革命的重要趋势和发展方向,而且从其与其他产业领域关系角度看,也具有特殊地位和扮演关键角色。也就是说,伴随数据要素价值在经济领域中的凸显,以及在企业产业领域中的广泛渗透和应用,数据要素将成为经济发展中的基础要素并具有奠基作用。从这一意义上看,数据要素被誉为第四次科技革命的“石油”,应该说当之无愧。更为重要的是,数据要素成为经济活动中最为基础且最为重要的生产要素后,由于要素本身属性的特殊性,其必将在推动全球要素分工方面发挥更加重要的作用,并且改变着社会生产和扩大再生产中各环节的国内外边界。也就是说,在数字技术变革推动下的全球要素分工发展,会使得生产、分配、交换和消费的边界均发生深刻变化,更加具有全球一体化的特征。正是在新阶段经济全球化

和国际分工演进新趋势下,国内大循环和国际大循环能够实现联动发展的国际分工基础。正是基于上述理论逻辑,伴随中国本土市场规模不断扩张,以及对世界经济影响力和贡献度逐步提高,让"中国市场成为世界的市场、共享的市场、大家的市场",不仅是顺应全球要素分工演进发展大势的表现,更是中国践行人类命运共同体先进理念的表现。换言之,加快构建以国内大循环为主体、国内国际双循环相互促进的新发展格局,实现双循环有效联动发展,不仅是经济全球化和中国开放型经济发展新阶段的实践需求,同时也具有坚实的理论基础。即,依托基于数字赋能的贸易数字化,在顺应乃至推动引领新一轮全球要素分工中展现更大的中国作为,是促进双循环有效联动的必然选择和有效途径。

目前,中国在数字技术及其应用方面,既有优势也有劣势,既有长板也有短板,但总体来看,优势大于劣势,机遇大于挑战。因此,抓住数字革命和数字技术带来的机遇,对于亟待构建双循环新发展格局、实现双循环有效联动新发展阶段的中国而言,不仅必要,而且可行。基于数字赋能的贸易数字化,完全可以成为驱动双循环有效联动的新引擎。应当看到,中国有着庞大的人口基数、超大的本土市场规模、巨大的产业规模优势、完善的基础设施以及在数字技术的某些领域具有的领先优势,能够成为中国发展数字经济的坚实基石,能够成为中国依托基于数字赋能的贸易数字化重塑全球产业链、价值链和供应链的重要支撑。但与此同时,我们也要清晰地认识到当前在数字技术及其应用方面的不足,尽快在锻长板和补短板上有新突破。尤其要发挥新型举国体制和国家战略科技力量的优势,尽快在数字技术领域全面提升技术创新、业态创新和模式创新能力,补齐短板,锻造长板,全面推动产业和贸易的数字化转型,加速 5G、大数据、云计算、人工智能、区块链等与农业、制造业和其他服务业的融合发展。此外,在积极发展数字经济,在夯实数字贸易和基于数字赋能的贸易数字化基础的同时,还要顺应乃至推动全球经贸规则高标准化发展,积极探索高水平数字贸易国际规则,参与数字贸易国际规则制定,这也是中国在未来全球贸易竞争格局中赢得主动权和话语权的关键所在,是充分发挥基于数字赋能的贸易数字化促进双循环有效联动的重要引擎作用的关键所在。

第5章
数字基础设施对中国参与GVC的影响

当前,中国制造业不仅面临进一步深度融入全球价值链分工的任务,更面临攀升全球价值链中高端的任务。在以数字技术为代表的新一轮信息革命背景下,新型数字基础设施建设是否以及如何影响中国制造业参与全球价值链分工,是理论和实践部门亟待解决的重要课题。本章的理论分析表明,新型数字基础设施对中国参与全球价值链分工,会从深化参与程度和提升全球价值链分工地位两个维度,产生重要影响。而从具体的机制看,主要通过降低成本和提升效率两个方面发挥作用。进一步利用企业微观层面的经验数据,在科学测度制造业企业层面的全球价值链分工地位指标,以及新型数字化基础设施指标等基础上,计量检验结果证实了理论预期,即新型数字基础设施建设有助于中国制造业企业更深度地融入全球价值链分工体系,有助于改善全球价值链分工地位,而且上述影响主要通过成本降低和效率提升两种机制发挥作用。此外,进一步的计量检验表明,上述影响效应在不同所有制企业之间以及不同要素密集型企业之间具有异质性。因此,抢抓以数字技术为代表的新一轮信息技术革命带来的战略机遇,必须加快和完善新型数字基础设施建设,夯实中国制造业参与全球价值链分工的基础,进而实现"稳链"和"强链"的目标。

第一节 基础设施、GVC参与及代表性观点

改革开放以来,中国抓住了全球价值链分工带来的历史性机遇,通过发挥人口红利等低成本比较优势,在积极融入发达国家跨国公司主导的全球价值链分工体系中获得了开放型经济的快速发展。但是,与开放型经济高速增长乃至产业规模快速扩张相伴随的另外一个重要特征事实是,中国在全球价值链分工体系中,主要处于附加值创造相对较低的组装、加工等环节,位于全球价值链的中低端。虽然近几年来中国全球价值链分工地位一定程度上有所改善,但总体而言,与诸如美国等发达国家相比仍然有较大差距,包括面临的在全球产业链和供应链中的"卡脖子"等问题。需要指出的是,全球价值链的发展从技术变革所形成的推动力角度看,主要源于美国等发达国家的信息技术革命的作用。而当前以数字技术为代表的新一轮信息技术革命正在重塑世界经济版图。正如已有研究发现,云计算、物联网和机器学习等数字技术的快速进步和发展,会改变交易成本、搜寻成

本、验证成本、生产效率、产业组织模式等而影响全球价值链（OECD，2014）。值得警惕的是，由于在前一轮技术革命和全球价值链分工中，正是由于发达国家技术等方面具有先行和垄断优势，从而占据着价值链高端。如果数字经济条件下，发达国家和发展中国家在数字技术进步和使用方面不断扩大"数字鸿沟"，那么在新一轮全球价值链中可能会被置于更加不利的地位。诸如以往的所谓全球价值链分工机会不均等和地位不平等的现象，会在新的技术条件下被强化（Rodrik，D. 2018）。从这一意义上看，如果要突破我国长期以来在发达国家跨国公司主导的全球价值链分工体系中的"低端锁定"困局，就要抓住数字技术带来的战略机遇，在提升自主创新能力中实现产业数字化转型升级。值得一提的是，在2018年的中央经济工作会议上，在中国首次提出加强5G网络等新型数字基础设施建设后，中国各级政府开始重视新型数字基础设施的建设问题。这就提出了一个自然而然的问题：从参与全球价值链的角度看，新型数字基础设施能够产生怎样的促进作用？具体而言，新型数字基础设施建设有助于在促进中国更深度地融入全球价值链分工体系的同时，提升中国全球价值链分工地位吗？

遗憾的是，针对上述重要命题，现有直接研究还较为鲜见。已有研究主要侧重于从数字经济或者数字技术的某个特定角度进行研究，如工业机器人的使用、互联网的连接情况等（周烁，张文韬，2021；姜舸等，2021），针对新型数字基础设施与中国参与全球价值链关系的文献还十分缺乏。在关于中国融入全球价值链分工体系中的进一步"扎根"和如何实现全球价值链攀升问题，现有研究已经做出了较为丰富的探讨，尤其是从影响因素角度，现有文献取得了丰硕的研究成果。包括从利用外资角度、从开展对外直接投资角度（李磊等，2018）、从人力资本积累角度（周茂等，2018）、从营商环境优化角度（裴长洪，刘洪愧，2020）、从制造业服务业化角度（戴翔，2016）等开展的研究，能为我们理解相关问题提供有益的借鉴和重要的启发意义。但是，目前有关影响因素的文献研究，均没有直接涉及新型数字基础设施的作用。尽管现有文献还缺乏从新型数字基础设施角度探讨中国参与全球价值链问题，但是已有文献从传统基础设施角度开展的研究，以及探讨新型基础设施可能具有其他方面的经济影响等，能够为本章研究提供具有启发意义的借鉴作用。

已有的大量理论和实证研究均表明，诸如铁路、公路等传统基础设施，在国际贸易中发挥着十分重要的作用。俗话说："要想富，先修路。"其实就是基础设施建设在促进一国或地区在与外界进行交流时的重要作用。完善的基础设施不仅有助于极大地减少"通勤"等交易成本，更加有助于运输等效率的提升，从而促进贸易的发展（Limão等，2001；Baldwin，2012）。传统基础设施的建设和发展，其实影响的不仅是一国或地区的对外贸易额，甚至会影响其出口技术含量（王永进，2010）。由于分工是基础，贸易是表现，因此传统基础设施对贸易的影响，从根本上看，其实就是对一国或地区参与国际分工的影响。由此我们可以认为，针对基础设施与贸易关系的文献研究及其所得结论，对于我们理解全球价值链参与问题，同样具有借鉴和启发意义。针对基础设施对参与全球价值链分工的影响，也有许多文献做出了直接探讨。现有研究表明，不论"软"基础设施还是"硬"基础设施，对于参与全球价值链分工的微观企业而言，都有降低其相关成本以及提升其相关效率的作用，从而有助于降低其融入全球价值链分工体系的门槛，或者提高其融入全球价值链分工体系的能力，提升全球价值链分工的参与度（王一鸣，2020）。此外，还有研究发现，良好的基础设施有助于企业提升全要素生产率(田磊等,2021)、促进企业间更好地进行交流从而产生广泛的溢出效应(柏培文,喻理,2021;洪银兴,2021)、为产业集聚提供必要的支撑(郭克莎,田潇潇,2021)等,从而有助于一国或地区能够更好地融入全球价值链分工体系之中(段文奇,景光正,2021)。

在针对新型数字基础设施可能产生的经济效应方面,已有的文献主要从制造业高质量发展、产业结构转型升级以及服务业产业集聚等层面,开展了有益的探讨。在对制造业高质量影响方面,代表性研究立足于制造业全产业链条,从"研发设计""生产制造""市场匹配"三个环节阐释新型数字基础设施影响制造业高质量发展的理论机理,并进行了实证检验,研究发现:新型数字基础设施能够显著促进制造业高质量发展,且对高效率制造业的正向影响更加强烈(钞小静等,2021;郭金花等,2021)。在产业结构转型升级方面,现有研究主要从新型数字基础设施的技术创新效应、资源配置效应和消费升级效应探讨了其对产业结构升级的逻辑机理以及经验证据,研究结果发现,新型数字基础设施能够显著促进产业结构升级(何玉梅和赵欣灏,2021)。关于新型数字基础设施可能形成的产业集聚效应,已有文献主要是从服务业角度进行了初步探讨,其主要观点认为,新型数字基础设施的单个技术、组织、环境因素构成现代服务业虚拟集聚的必要条件,而三类因素的五种路径组合是现代服务业虚拟集聚的充分条件;新型数字基础设施在促进现代服务业细分行业虚拟集聚时,每条路径中都包含环境因素中的同侪竞争压力且不同组态路径的省份分布相对分散(张青和茹少峰,2021)。此外,还有部分文献探讨了数字基础设施对结构变动等方面的影响(施震凯,2021)。

显然,不论是从传统基础设施角度开展的相关研究,包括出口贸易的研究以及对全球价值链分工的直接研究,还是新型数字基础设施可能产生的其他方面的经济效应研究,都有助于我们进一步深化认识新型数字基础设施对中国参与全球价值链分工的影响,乃至针对中国如何更好地根植全球价值链、实现全球价值链分工地位的改善,都有着重要的借鉴价值和启发意义。但与此同时,我们不得不看到,传统基础设施与新型基础设施之间,虽然有联系,但重要的是区别。联系方面主要表现为传统基础设施能够通过物理设施的共建和共享,依托其现有的要素资源以及构架起的物理载体,为新型数字基础设施提供更为高效的空间布局和要素链接的基础性服务;与此同时,新型数字基础设施的建设和发展,对于提升传统基础设施的建设质量和水平,也有重要的支撑作用。与前述的相关性相比,本章认为更重要的是二者之间存在的区别。具体来看,新型数字基础设施和传统基础设施不仅在物理形态方面存在巨大差异,而且在作用和功能方面同样也存在显著不同。就前者而言,所谓的以"铁公机"为代表的传统基础设施,其具体的物理形态更多表现为钢筋混凝土、砂石加水泥以及其他工业原料等组合和构建的空间架构。与之相比,新型数字基础设施的物理形态则更多表现为诸如芯片、通信、分子涂层、数据、软件等"数字材料"所构建的软硬件一体化的空间布局。就后者而言,传统基础设施和新型数字基础设施所支撑的经济运行体系有着巨大差异。我们知道,在经济发展的不同阶段,不仅生产要素的内涵和外延不同,比如生产要素已经从以往的劳动,不断发展为包括劳动、资本、土地、管理乃至包括当前数字经济条件下的数据等,更为重要的是,建立在不同生产要素内涵和外延基础之上的要素运行逻辑、机制和模式等也会发生巨大变化,从而支撑要素运行的基本架构和所需要的技术基础也不尽相同。众所周知,建立在前一轮信息技术革命基础上的工业化快速发展,以"铁公机"为代表的传统基础设施发挥了重要的基础性作用,但是这一传统的基础设施显然已经难以完全适应数字经济运行的基本需求。因为在数字经济条件下,数据这一新型生产要素的运行机制和作用规律,不仅与诸如劳动和资本的要素相比差异巨大,而且数据成为新的生产要素结构后,也会改变生产要素之间的相互关系乃至相互作用原理,由此,经济运行所需要的底层架构和技术基础,即"新型数字基础设施"产生了内生需求。正是基于这一意义,我们认为,有必要对新型数字基础设施影响中国参与全球价值链的理论和现实效应,进行专文探讨。

综合上述分析和考虑,本章将在理论分析新型数字基础设施影响中国制造业参与全球价值链基础之上,包括参与程度和全球价值链分工位置,进一步采用企业层面的微观数据,对理论分析中形成的命题假说进行逻辑一致性计量检验。与已有研究文献相比,本章的可能贡献包括:第一,在研究视角上,与现有文献关注于传统基础设施不同,本章着重从新型数字基础设施的作用视角,探讨影响中国参与全球价值链分工的因素,从而拓展和深化有关中国参与全球价值链影响因素的认识。第二,在研究内容上,本章不仅力图揭示新型数字基础设施究竟能否对中国参与全球价值链产生影响,更为重要的是,还力图揭示新型数字基础设施究竟如何对中国参与全球价值链产生影响,即在理论和实证层面分析新型数字基础设施对中国参与全球价值链产生影响的作用机制,从而能够为我们从新型数字基础设施建设角度,探寻促进中国攀升全球价值链的更好的对策建议。在研究方法上,尤其是在全球价值链分工地位的指标构建上,本章还尝试突破现有文献构建指标的不足,创新性地从企业层面构建能够更好地反映全球价值链分工地位的科学指标。

第二节　理论分析与假设

新型数字基础设施是智慧经济时代贯彻新发展理念,吸收新科技革命成果,实现国家生态化、数字化、智能化、高速化、新旧动能转换与经济结构对称态,建立现代化经济体系的国家基本建设与基础设施建设。在数字经济兴起的大背景下,作为经济活动重要主体的微观企业,尤其是从开放条件下看,其融入全球价值链分工体系,包括参与度和全球价值链分工地位,会受到怎样的影响,还需要在理论上予以分析和阐释。

一、基于资源优化配置角度的作用分析

异质性企业贸易理论表明,融入国际分工体系通常会面临更高的成本,比如较高的运输成本、较高的交易成本、较高的交易成本等,从而只有生产率相对较高的企业才能进入国际市场,而生产率相对较低的企业,只能留在国内市场(Melitz,2003;Baldwin 等,2012)。传统基础设施就是因为能够在降低运输和交易成本等方面发挥作用,从而有助于降低企业融入国际分工体系的门槛,或者说有助于提升企业融入全球价值链分工体系的能力。需要指出的是,虽然传统基础设施在降低运输等方面有重要作用,但与之相比,新型数字基础设施在降低相应成本方面,还有自身的特殊作用,而且发挥着极为关键的特殊

作用。一方面,如同前文所述,数字基础设施支撑的主要是以数据生产要素为主导的经济运行,而数据生产要素具有虚拟性、可复制性、低边际成本性,甚至可以说边际成本几乎为零等特征,致使数据生产要素往往存在占有上的非竞用性以及使用上的非排他性,也就是说,企业在依托新型数字基础设施而实现要素投入,尤其是数据要素投入和运行时,实现以低成本生产的方式运行。另一方面,新型数字基础设施对数据的搜集、传输、整合、分析、应用等均能够产生显著的支撑作用,因此,其不仅能够有效降低企业的搜寻成本,而且数字化和智能化也有助于企业改善经营管理模式,改善企业的组织架构,实现内部经营管理流程的优化,从而降低企业内部的组织和协调成本(李海舰,李燕,2020)。这显然有助于提升企业融入全球价值链分工的能力,在提升参与度的同时改善其在全球价值链分工中的地位。

因循异质性企业贸易理论的研究,当我们将企业参与全球价值链分工的能力,或者说企业异质性因素进一步聚焦于企业生产效率时,容易理解,新型基础设施的建设和发展,提升了企业运用数据生产要素的便利性和能力,从而对不同生产环节和阶段的效率提升,均能产生显著的促进作用。比如,从企业的生产链条角度看,在新型数字基础设施的支撑作用下,融入全球价值链分工体系的企业,能够借助物联网、工业互联网等,实现"万物联通"和"人机互联",从而企业可以通过数据中心对生产过程进行监控乃至实现远程操控,不仅提高了生产和服务流程的精确性,也提高了生产和服务提供的效率水平。此外,更为重要的是,犹如前文分析指出,数据成为重要生产要素以后不仅改变了要素的内涵和外延,更为重要的是还改变了要素结构及其不同生产要素之间的关系。新型数字基础设施能够助力发挥数据生产要素在其他生产要素中的链接作用,促进不同生产要素之间的高效和协同,并且加快数字资本等生产要素对传统生产要素的替代,从而在整体层面上提升生产要素的质量和层次。建立在这一新型变化和模式基础之上,新模式和新业态等得以不断催生,并由此不断提升企业的研发效率和创新效率,进一步产生并强化了企业间的学习效应和辐射效应。进一步地,从不同生产环节和阶段的"链接"角度看,建立在新型数字基础设施基础之上的海量数据处理和分析,有助于企业更加有效率地整合价值链条上不同环节和阶段的相关信息,从而根据信息不断调整不同生产环节和阶段的生产速度和质量参数,从而形成更加有效的、更加精准的供求匹配,提升整条价值链的运营质量和水平。从生产者角度看,新型数字基础设施为生产者提供了数字服务平台的构建,从而为厂商能够根据不断变化的市场信息变化生产决策,实现更为精准的动态定价,并且更加有助于进行歧视性定价(郝寿义,2020)。从消费者角度看,新型数字基础设施提升了数字化学习能力,使得消费者可更加高效地将自身偏好信息等传输到相关数据平台,实现供给和需求的精准匹配(孔艳芳,2021),实现消费需求的个性化定制,或者说生产者更加有助于针对消费者进行"私人定制"并提供更加有效的售后服务。如此,便能在提高企业资源优化配置中提升企业融入全球价值链分工体系的能力。

二、基于要素逻辑关系变迁的作用分析

此外,根据前文分析可知,新型数字基础设施与传统基础设施的最大和根本不同,不仅表现为物理形态上,更为重要的是支撑要素和经济运行的逻辑不同,底层架构和技术架

构有着本质不同。具体而言,新型数字基础设施建设和完善,主要用于支撑以数据为核心的生产要素的全新生产体系和生产关系,在实践中主要表现为大数据、物联网、云端存储与计算、区块链和人工智能等。显然,诸如此类的新型生产力结构系统及其运行逻辑,离不开新型数字基础设施的根本支撑和基础性作用。也可以说,在数字经济兴起的大背景下,新的经济形态和生产力结构对新型数字基础设施建设必然产生内生要求。而正是由于新型数字基础设施支撑起了这种新的生产要素和经济运行逻辑,从而可以从根本上改变企业参与全球价值链分工的能力。比如,建立在新型数字基础设施之上的物联网工程的快速进步及其应用,由于物联网具备的"万物互联"的本质特征,从而会促使不同经济主体之间的连通性大大提高,极大地降低不同经济主体之间的协调、沟通以及协作等成本。并且建立在"万物互联"及其高效运作的基础之上,企业还可以大大突破以往经营模式下面临的"时空限制"。据此可以看出,正是在新型数字基础设施的支撑之下,企业可以更好地实现成本降低和效率提升的双重利益,从而在进一步夯实融入全球价值链分工体系的基础能力的同时,提升完善全球价值链分工地位的能力。建立在新型数字基础设施基础之上的物联网是如此,其他诸如区块链、人工智能等会产生同样的效果,或者说会从不同层面和维度影响企业的成本和效率,从而有助于企业进一步"扎根"全球价值链,有助于提升企业全球价值链分工地位。比如"区块链"技术的发展和应用,可以在很大程度上解决传统经济运营模式下面临的信息不对称问题,从而经济学中长期存在的"声誉"问题就能在最大程度上得以解决,对传统"声誉模型"产生革命性影响,降低各经济主体的信誉验证成本,极大地提高合作效率。总之,架构在新型数字基础设施之上的要素和经济运行新逻辑,会对企业降低成本和提升效率产生极大的影响,从而提升企业融入全球价值链分工的能力,夯实"扎根"的能力,提升改善分工地位的本领。

基于上述分析,我们提出如下理论假说:

理论假说 1:新型基础设施建设有助于提升企业融入全球价值链分工的能力,从而提高企业的全球价值链参与度。

理论假说 2:新型数字基础设施建设不仅有助于提升企业的全球价值链分工参与度,而且有助于改善全球价值链分工地位。

理论假说 3:新型数字基础设施影响企业全球价值链参与度和分工地位的具体作用机制,主要通过降低成本和提升效率两个方面发挥作用。

三、模型、指标及数据

(一) 模型设定

基于前文分析,我们拟从全球价值链参与程度和全球价值链分工地位两个层面,实证分析新型数字基础设施可能产生的影响,并由此设定计量模型(5-1):

$$\mathrm{GVC}_{it}(或\ \mathrm{DVAR}_{it}\ 或\ \mathrm{GVC\_Pat}_{jt}) = \beta_0 + \beta_1\mathrm{didlic}_{rt} + \sum \mathrm{control}_{irt} + \mathrm{year}_t + \mathrm{industry}_j + \mathrm{firm}_i + \varepsilon_{ijrt}$$

$$(5-1)$$

式中,下标 i 表示企业;下标 r 表示地区;下标 t 表示年份;下标 j 表示行业;GVC_{it}表示 i 企

业在第 t 年的全球价值链分工地位指数。在具体的测算过程中,我们借鉴 Koopman 等 (2010)的方法进行计算;与此同时,我们还采用 $DVAR_{it}$ 即企业出口国内增加率表示全球价值链分工地位指数,因为通常而言,参与国际分工的获益能力或者说附加值创造能力,一定程度上能够反映其价值链分工地位。比如传统的微笑曲线理论,处于附加值创造能力较强的诸如研发设计等阶段,对应的其实就是较高的分工地位,而处于附加值创造较低的诸如组装加工等环节,对应的其实就是较低的分工地位。因此,除了借鉴 Koopman 等 (2010)的方法计算 GVC 分工地位指数外,我们还采用出口国内增加值率作为替代变量。除了全球价值链分工地位指数外,我们还关注全球价值链参与度可能受到新型数字基础设施的影响,为此,我们借鉴 Wang et al.(2013)、Koopman et al.(2014)的方法,从行业层面上测算 GVC_Pat_{jt} 全球价值链参与程度指标,并进一步将其分解为价值链前向参与度指数(GVC_Pat_f)和价值链后向参与度指数(GVC_Pat_b),以此表征中国全球价值链分工的参与程度。$didlic_{rt}$ 表示地区 r 第 t 年的新型数字基础设施发展水平指数,$\sum control_{irt}$ 表示其他控制变量,$year_t$ 表示年份固定效应,$industry_i$ 表示行业固定效应,$firm_i$ 表示企业个体固定效应,ε_{ijrt} 表示随机误差项。

(二)主要指标选择及测度

1. 全球价值链分工地位指数变量

能反映全球价值链分工地位的指标,一方面我们借鉴 Koopman 等(2010)的方法进行计算,另一方面我们计算出口国内增加值率(DVAR)作为表征变量。关于 DVAR 的计算,我们借鉴 Upward 等(2013)、张杰等(2013)、许和连等(2017)的做法,在充分考虑中国对外贸易特征,即充分考虑一般贸易、加工贸易和混合贸易的基础上,利用中国工业企业数据库和中国海关数据库计算企业 DVAR,具体的测算公式如下:

$$DVAR_{it} = 1 - \frac{M_A^P + \delta_{jts}(M^T - M_A^P)}{Y_{it}^O}, shipment = O \qquad (5-2)$$

$$DVAR_{it} = 1 - \frac{M_{AM}^O + \delta_{jts}(M^T - M_{AM}^O)}{Y_{it}^P}, shipment = P \qquad (5-3)$$

$$DVAR_{it} = w_O \left(1 - \frac{M_A^P + \delta_{jts}(M^T - M_A^P)}{Y_{it}^O}\right) + w_p \left(1 - \frac{M_{AM}^O + \delta_{jts}(M^T - M_{AM}^O)}{Y_{it}^P}\right), shipment = M$$

$$(5-4)$$

式中,下标 i 代表企业;t 代表年份;O 代表一般贸易;P 代表加工贸易;M 代表混合贸易;w_o 和 w_p 则分别代表企业如果是混合贸易型企业时,一般贸易和加工贸易在企业对外贸易中的比重;M_A^P 代表企业的实际加工贸易进口额;M_{AM}^O 代表企业的实际一般贸易中间品进口额;M^T 表示企业的中间投入额;Y_{it}^O 代表一般贸易企业总产出;Y_{it}^P 代表加工贸易企业总产出。考虑到现实中企业所使用的国内原材料份额中也有部分来自外国产品,且在不同制造业行业与贸易模式下国内中间品投入所内含的进口成分可能存在显著差异,本章参考 Koopman et al.(2012)的方法测度了中国不同制造业行业的国内中间投入中含有的进

口价值比率 δ_{jts}，其中 s 表示企业不同贸易方式。

2. 全球价值链参与程度指数变量（GVC_Pat）

新型基础设施对中国参与全球价值链的影响，不仅表现在分工地位上，还可能表现在分工参与度上。关于全球价值链分工参与度，我们采用 Wang 等（2013）、Koopman 等（2014）的方法所计算出的全球价值链参与度指数。

3. 新型数字基础设施变量（didlic）

针对新型数字基础设施变量的测度，首先，我们选用了 2005 年至 2013 年光缆线路长度与互联网宽带接入端口数，作为衡量新型数字基础设施发展水平的基础指标；其次，考虑到固定电话交换机容量决定了固定线路连接互联网的带宽、数据吞吐量与数据交换能力，是早年拨号上网所必需的基础设施，本章将样本区间内中国各地区每万户移动电话交换机容量纳入指标测度体系之中；最后，本章借鉴郝晓等（2017）的做法，运用熵权法对前述的各指标进行客观赋权。具体而言，第一步是先对每个指标 X_{rt} 进行极差标准化处理，据此以消除各个指标可能因为量纲的不同而带来的偏误，其中，$X_{rt} = \dfrac{\boldsymbol{X}_{rt} - \min(\boldsymbol{X}_{rt})}{\max(\boldsymbol{X}_{rt}) - \min(\boldsymbol{X}_{rt})}$；第二步是计算每个指标的权重 $w_r (r = 1, 2, \cdots, n)$；最后利用公式 $didlic_{rt} = \sum\limits_{r=1}^{n} \boldsymbol{w}_r \boldsymbol{X}_{rt}$ 测算新型数字基础设施发展指数。

4. 其他控制变量

为尽可能地避免关键变量遗漏从而对估计结果带来的不良影响，我们根据现有针对全球价值链参与度和分工地位的影响因素研究（戴翔等，2014；吕越等，2018），进一步在地区层面和企业层面上选取如下因素，以作为控制变量纳入计量模型之中。其中，地区层面的控制变量主要包括：第一，外商直接投资（fdi），本章采用的是地区层面的外商直接投资额与该地区当年的实际 GDP 总额之比；第二，人力资本投入（hci），本章采用的是地区层面的教育经费投入额与当年该地区的实际 GDP 总额之比；第三，地区经济发展水平（gdpi），本章采用的是各地区的 GDP 指数。企业层面的控制变量具体为：第一，企业年龄（lnage），本章采用的是企业成立至今的实际年龄加 1 后再取对数；第二，企业规模（size），本章采用的是企业固定资本总额的自然对数；第三，赫芬达尔指数（hhi），我们把企业资产总额占其所在行业市场份额的比重作为度量指标。

（三）数据来源及说明

本章企业层面的数据主要来自两套数据库，一是中国工业企业数据库，二是中国海关贸易数据库。地区层面的相关统计数据主要来源于《中国统计年鉴》、各省市历年统计年鉴以及 CNRDS 数据库。行业层面的数据主要来源于 WIOD 数据库以及 RIGVC UIBE 2016 数据库。考虑到以上两个数据库行业分类不一致问题，本章根据中国国民经济分类（GB/T 4754—2002）标准对两者进行行业匹配，匹配情况见表 5-1。此外，考虑到中国工业企业数据库只更新到 2013 年，受限于数据可得性与完整性，本章的样本区间设定为2005 年至 2013 年。

表 5 - 1　制造业行业匹配表

WIOD 行业分类号	WIOD 行业分类中文名	对应中国制造业 行业分类(13—43)
c5	食品、饮料和烟草制品的制造	13、14、15、16
c6	纺织、服装和皮革制品的制造	17、18、19
c7	木材、木制及软木制品的制造,家具除外;草编材料制品制造	20
c8	纸和纸制品的制造	22
c9	印刷和复制录制媒体	23
c10	焦炭和精炼石油产品的制造	25
c11	化学品和化学产品的制造	26、28
c12	基础药品和药剂制剂的生产	27
c13	橡胶及塑料制品的制造	29、30
c14	其他非金属矿产产品制造	31
c15	基本金属制造	32、33
c16	金属制品制造,机械设备除外	34
c17	计算机、电子、光学产品制造	40
c18	电气设备制造	35、39
c19	机械设备制造业	36、41
c20	汽车、挂车和半挂车的制造	37
c21	其他运输设备制造	
c22	制造的家具;其他制造业	21、24、42、43

第三节　数字基础设施影响 GVC 参与:实证结果分析

一、基准回归

利用前文设定的计量模型(5-1),本章采用双向固定效应模型对其进行估计,据此识别新型数字基础设施对中国参与全球价值链分工的影响。表 5 - 2 第(1)至(4)列给出的估计结果,是针对新型数字基础设施影响中国全球价值链分工地位的现实效应,其中,第(1)列和第(2)列的回归估计结果,是我们将企业出口国内增加率作为全球价值链分工地位指数时的回归估计结果;第(3)列和第(4)列的回归估计结果,是我们将传统的 GVC 分工地位指数作为被解释变量时的回归估计结果。据此可见,不论我们采用哪一种测度指标作为全球价值链分工地位的测度指标,也不论我们是否纳入其他控制变量,本章最关心的核心解释变量,即新型数字基础设施发展水平变量的系数估计值,在各列中均为正且通过了显著性统计检验。由此说明,新型数字基础设施对提升中国参与全球价值链分工,实现分工地位的改善,确实有着显著的促进作用。由此,前文理论假说1通过了初步的逻辑一致性计量检验。

融入全球价值链分工体系,不仅表现为分工地位的高低问题,还表现为参与程度的问题。分工地位纵然是我们关心的重要维度,但由于分工程度一定程度上意味着在"扎根"全球价值链的能力,从而也是影响一国参与全球价值链的重要衡量维度。据此,我们再针对计量模型(5-1),分别采用价值链前向参与度指数(GVC_Pat_f)和价值链后向参与度指数(GVC_Pat_b)作为被解释变量,据此分别进行回归估计,所得结果具体汇报于表5-2第(5)至(8)列。从中可见,无论全球价值链前向参与度指数,还是全球价值链后向参与度指数,其变量的系数估计值在各列中均为正,且通过了显著性统计检验。由此说明,新型数字基础设施不仅对中国全球价值链分工地位有着显著提升作用,而且对于提升中国全球价值链的参与度也有显著的促进作用。据此,前文理论假说2通过了初步的逻辑一致性计量检验。

表 5 - 2 基准结果分析

VARIABLES	(1) GVC_Pat_b	(2) DVAR	(3) DVAR	(4) GVC	(5) GVC	(6) GVC_Pat_f	(7) GVC_Pat_f	(8) GVC_Pat_b
didlic	0.180 9 *** (0.011 4)	0.332 7 *** (0.012 9)		0.373 7 *** (0.008 0)	0.004 5 *** (0.000 6)	0.003 0 *** (0.000 7)	0.010 6 *** (0.000 6)	0.006 3 *** (0.000 6)
fdi		0.014 9 *** (0.000 6)		−0.010 9 *** (0.000 4)		−0.000 1 *** (0.000 0)		0.001 1 *** (0.000 0)
hci		−1.356 5 *** (0.033 1)		−0.761 8 *** (0.022 1)		0.007 7 *** (0.001 9)		−0.011 5 *** (0.001 6)
gdpi		0.472 7 *** (0.049 5)		0.498 9 *** (0.028 7)		0.014 1 *** (0.002 8)		0.035 3 *** (0.002 4)
hhi		0.030 1 *** (0.006 3)		0.075 4 *** (0.005 1)		0.002 1 *** (0.000 4)		−0.009 9 *** (0.000 3)
size		−0.000 3 (0.000 5)		−0.020 1 *** (0.000 4)		−0.000 1 *** (0.000 0)		0.000 2 *** (0.000 0)
lnage		0.133 0 *** (0.004 8)		0.269 0 *** (0.003 7)		0.031 1 *** (0.000 3)		0.067 2 *** (0.000 2)
年份固定效应	控制	控制	控制	控制	控制	控制	控制	控制
行业固定效应	控制	控制	控制	控制	控制	控制	控制	控制
个体固定效应	控制	控制	控制	控制	控制	控制	控制	控制
Observations	387 408	387 408	387 408	387 408	387 408	387 408	387 408	387 408
R-squared	0.086 8	0.094 0	0.086 8	0.164 1	0.716 0	0.716 0	0.823 6	0.825 4

注:* * * 、* * 、* 分别表示在 1%、5%、10%的水平上显著。

二、稳健性检验

(一)更换被解释变量

虽然企业出口国内增加值率和全球价值链分工地位指数能在一定程度上反映企业分工地位状况,但正如已有研究指出,这些指标各有合理之处,但与此同时也存在一定缺陷。比如,当我们以出口国内增加值率来衡量全球价值链分工地位时,其内含的基本理论逻辑是,出口国内增加值率越高通常意味着具有更高的贸易利益获取能力,从而意味着更高的国际分工地位。需要注意的是,在全球价值链分工条件下,出口国内增加率的变动不仅与自身附加值创造能力有关,与此同时还与价值链分解的程度有关。殊不知,之所以有所谓出口国内增加值率的概念,就是全球价值链分工这一新型国际分工形式所致。具体来看,全球价值链分工越细,每个国家或者地区的专业化程度可能就会越高,也就是说,更多的附加值创造环节和阶段将从价值链中被剥离出去,被配置到其他国家和地区,从而每个国家在整个全球价值链的附加值创造中的比重都会呈现一定程度的下降。显然,由于这种全球价值链分工的细化和深化所带来的出口国内增加值率的下降,并非一定意味着附加值创造能力的下降,反而有可能是附加值创造能力的提升;它是一国或地区聚焦具有更高附加值创造环节和阶段后,将其余附加值创造部分外包给其他国家和地区的必然结果和表现。这也就意味着,从企业层面观察其全球价值链分工地位问题,不仅要考虑到出口国内增加值率的高低问题,还需要考虑到全球价值链分工的演变情况,即全球价值链分工的链条是变长了(反映的就是分工环节和阶段数的增加)还是变短了(反映的就是分工环节和阶段数的减少)。在全球价值链的链条长度越来越长的情况下,即便出口国内增加率出现降低,只要后者的降低速度低于前者的延伸速度,那么此时我们依然可以认为全球价值链分工地位是呈现改善趋势的。基于这一考虑,我们对全球价值链分工地位的测度指标进行适当的改进。为此,本章借鉴 Wang 等(2017a,2017b)提出的生产长度(Production Length,PL)的概念。所谓全球价值链生产长度,主要是指某个行业从产品生产开始的最初环节到最终产品到达消费者手中的全过程的平均生产阶段数。显然,如果某个行业从产品生产开始的最初环节到最终产品到达消费者手中的全过程,所经历的平均生产阶段数越多,那么也就意味着该行业的生产链条越长。

Wang 等(2017a,2017b)将价值链生产长度分为两种,一种是基于前向产业关联的价值链长度(PLv);另外一种是基于后向产业关联的价值链长度(PLy)。所谓前向产业关联的价值链长度,主要是指某行业从最初的要素投入最终消费的生产阶段数。显然,该生产阶段数越多,说明该行业的下游生产阶段越多,那么该行业离最终消费端的距离也就越远,从而价值链结构的复杂程度或者说长度就越长。所谓后向产业关联的价值链长度,主要是指某一环节和阶段的生产,其单位最终产品价值所需要的来自上游的总中间投入,或者说来自上游中间投入的生产阶段数。显然,该行业所需要的上游生产阶段越多,也就意味着该行业离最初生产端越远,由此说明该行业越是处于价值链的下游阶段。进一步地,Wang 等(2017a,2017b)根据生产环节是否跨越国界,将前向产业关联的价值链长度又分为三个部分,即前向纯国内生产长度(PLv_D)、前向传统贸易生产长度(PLv_RT)以及前向 GVC 贸易生产长度(PLv_GVC);根据最终产品的中间投入附加值增长来源不同,将后向产业关联的价值链长度同样分解为三个部分,即后向纯国内生产长度(PLy_D)、后向传统贸易生产长度(PLy_RT)以及后向 GVC 贸易生产长度(PLy_GVC)。

然而,如果仅仅从行业层面进行讨论和度量全球价值链长度,显然无法很好地展示企业微观层面的全球价值链分工位置和地位。鉴于此,我们在 Wang 等(2017a,2017b)的研究基础之上,借鉴徐博等(2021)的研究思路,将全球价值链中的中国部分提取出来,并沿着企业三种不同贸易方式的路径进行分解从而在企业层面测度全球价值链分工地位。其中,企业前向价值链关联的纯国内生产长度,主要是指剔除企业参与国际贸易活动后的部分,仅仅保留纯国内贸易部分,其具体的计算公式为:

$$PLv_i\_D = \sum_{j=1}^{N} PLv_j\_D \times \frac{Sale_i - Trade_i}{Sale_i} \qquad (5-5)$$

式中,PLv_j_D 代表行业 j 的前向纯国内生产长度;$Sale_i$ 代表 i 企业的总销售额;$Trade_i$ 代表企业 i 的总出口额。企业前向传统贸易的生产长度可以表示为:

$$PLv_i\_RT = \sum_{j=1}^{N} PLv_j\_RT \times \frac{Inp\_Trade_{ij}}{Intp\_Trade_i} \qquad (5-6)$$

式中,PLv_i_RT 代表行业 j 的前向传统贸易生产长度;Inp_Trade_{ij} 代表 i 企业加工贸易部分在行业 j 中的最终产品进口;$Intp\_Trade_i$ 代表企业 i 的加工贸易部分最终产品进出口总额。企业前向 GVC 贸易生产长度的计算公式具体如下:

$$PLv_i\_GVC = \sum_{j=1}^{N} PLv_j\_GVC \times \frac{Ing\_Trade_{ij}}{Intg\_Trade_i} \qquad (5-7)$$

式中,PLv_i_GVC 代表行业 j 的前向全球价值链贸易生产长度;Ing_Trade_{ij} 代表企业 i 加工贸易部分在行业 j 中的中间品进口额;$Intg\_Trade_i$ 代表企业 i 的一般贸易部分中的中间品进出口总额。那么,对上述三种生产长度按照加权方法求和,权重即为按基于前向产业关联计算的增加值比重 ω_f^D、ω_f^{RT}、ω_f^{GVC},据此可以得到 i 企业的前向生产长度 PLv_i,具体见式(5-8):

$$PLv_i = \omega_f^D \times PLv_i\_D + \omega_f^{RT} \times PLv_i\_RT + \omega_f^{GVC} \times PLv_i\_GVC \qquad (5-8)$$

基于同样的逻辑,我们可以得到企业后向 GVC 贸易生产长度(PLy_i_GVC)、企业后向传统贸易生产长度(PLy_i_RT)、企业后向纯国内生产长度(PLy_i_D)以及企业 i 的后向生产长度 PLy_i,具体的测算公式如下:

$$PLy_i\_D = \sum_{j=1}^{N} PLy_j\_D \times \frac{Sale_i - Trade_i}{Sale_i} \qquad (5-9)$$

$$PLy_i\_RT = \sum_{j=1}^{N} PLy_j\_RT \times \frac{Outp\_Trade_{ij}}{Intp\_Trade_i} \qquad (5-10)$$

$$PLy_i\_GVC = \sum_{j=1}^{N} PLy_j\_GVC \times \frac{Outg\_Trade_{ij}}{Intg\_Trade_i} \qquad (5-11)$$

$$PLy_i = \omega_b^D \times PLy_i\_D\_b + \omega_b^{RT} \times PLy_i\_RT\_b + \omega_b^{GVC} \times PLy_i\_GVC\_b \quad (5-12)$$

式中，$Outp\_Trade_{ij}$ 代表 i 企业加工贸易部分在行业 j 中的最终产品出口额；$Outg\_Trade_{ij}$ 代表企业 i 加工贸易部分在行业 j 中的中间产品出口额；PLy_i_D、PLy_i_RT、PLy_i_GVC 分别代表行业 j 后向纯国内生产长度、后向传统贸易生产长度和后向全球价值链贸易生产长度；ω_b^D、ω_b^{RT}、ω_b^{GVC} 为基于后向产业关联计算的增加值比重。

据此，我们构建了能够综合考虑企业出口国内增加率和企业参与全球价值链分工长度两种因素，进而能够更科学地度量企业全球价值链分工地位的指标，即采用前述介绍的企业出口附加值率分别与企业前向生产长度和企业后向生产长度的乘积项，作为科学测度企业参与全球价值链分工地位的表征指标，据此开展进一步的实证研究，所得结果见表 5-3 的第(1)和(2)列。从中可见，新型数字基础设施发展水平这一核心解释变量，在第(1)和(2)列均为正，且在 1% 的显著性水平下通过统计检验，由此可以得出进一步判断，在改进后的全球价值链分工地位指标基础上，计量检验结果依然支撑了新型数字基础设施能够有效促进中国制造业攀升全球价值链的基本结论。从而前文的理论假说 1 得到了再一次的逻辑一致性计量检验。

表 5-3　稳健性检验：替换核心变量、工具变量检验

	(1)	(2)	(3)	(4)	(5)	(6)
	替换被解释变量			工具变量检验		
	Dvar_PLv	Dvar_PLy	GVC	DVAR	GVC_Pat_f	GVC_Pat_b
didlic	0.427 5*** (0.035 88)	2.242 2*** (0.071 05)	0.365 4*** (0.007 9)	1.860 2*** (0.147 18)	0.112 3*** (0.008 59)	0.055 4*** (0.007 80)
fdi	−0.013 6*** (0.001 69)	0.065 1*** (0.003 35)	−0.011 2*** (0.000 3)	0.004 3*** (0.001 21)	0.000 7*** (0.000 07)	0.001 5*** (0.000 06)
hci	0.056 9	−9.639 2*** (0.092 41)	−0.753 3*** (0.015 8)	−2.968 3*** (0.162 01)	0.129 4*** (0.009 31)	0.053 6*** (0.008 44)
gdpi	0.008 8 (0.138 01)	3.007 4*** (0.273 32)	0.483 6*** (0.020 9)	0.238 5*** (0.053 78)	0.031 8*** (0.003 32)	0.044 7*** (0.002 74)
hhi	−0.026 5 (0.017 72)	0.037 1 (0.035 09)	0.065 1*** (0.004 3)	0.028 8*** (0.006 39)	0.002 2*** (0.000 34)	−0.009 8*** (0.000 22)
size	−0.009 8*** (0.001 36)	0.059 8*** (0.002 69)	−0.018 5*** (0.001 2)	−0.000 8 (0.000 53)	−0.000 1** (0.000 03)	0.000 3*** (0.000 03)
lnage	−0.003 9 (0.013 43)	−3.004 7*** (0.026 59)	0.253 8*** (0.020 17)	0.184 6*** (0.006 99)	0.027 2*** (0.000 42)	0.065 1*** (0.000 38)
LM statistic	—	—	2 084.11	2 100.744	2 100.744	2 100.744
Wald F statistic	—	—	3 186.302	3 366.092	3 366.092	3 366.092
年份固定效应	控制	控制	控制	控制	控制	控制

	(1)	(2)	(3)	(4)	(5)	(6)
	替换被解释变量			工具变量检验		
	Dvar_PLv	Dvar_PLy	GVC	DVAR	GVC_Pat_f	GVC_Pat_b
行业固定效应	控制	控制	控制	控制	控制	控制
个体固定效应	控制	控制	控制	控制	控制	控制
Observations	387 408	387 408	385 993	385 993	385 993	385 993
R-squared	0.012 9	0.204 8	0.053 4	0.053 4	0.693 3	0.820 1

注：＊＊＊、＊＊、＊分别表示在 1%、5%、10%的水平上显著。

（二）内生性检验

尽管我们在基准回归中采用了双向固定效应模型,这种估计方法在一定程度上能够缓解内生性问题,但新型数字基础设施发展水平对企业参与全球价值链的影响,仍可能受到内生性问题的影响。这是因为,首先,新型数字基础设施发展水平有助于提升企业参与全球价值链分工的能力,包括提升参与程度以及提升全球价值链分工地位,与此同时也可能会产生反向因果关系,也就是说,伴随企业融入全球价值链分工体系程度的提高,以及企业在全球价值链分工中地位提升,进一步深度融入全球价值链分工会内生地要求建设和完善新型数字基础设施,也就是说,参与全球价值链可能会对新型数字基础设施的建设和发展产生显著的"倒逼"作用。由此,便产生了二者之间的双向因果关系。其次,尽管我们在借鉴现有文献研究基础上,尽可能控制了影响全球价值链参与的其他影响因素,但这并不能排除仍然可能有未被考虑进来的其他重要因素的存在,因此可能的变量遗漏同样会带来内生性问题。基于上述考虑,我们进一步采用工具变量对前述计量模型进行回归,以尽可能降低因内生性问题的存在而导致的估计偏误。关于工具变量的选取,我们借鉴 Lai(2007)的研究思路,选用各地区夜间灯光平均强度与其平原面积占其行政区域总面积比重的乘积项,作为工具变量。由此,基于工具变量的回归结果如表 5-3 第(3)至第(6)列所示。为了确保工具变量选择的有效性,表 5-3 后几行一并给出了工具变量的有效性检验,结果显示所选工具变量是合适和有效的。从表 5-3 第(3)至第(6)列汇报的回归估计结果可见,本章最为关注的核心解释变量,即新型数字基础设施发展水平在各列中的系数估计值仍然正,且通过了显著性统计检验。由此可见,在进一步解决了内生性问题后,新型数字基础设施对企业全球价值链分工地位与企业全球价值链参与程度,所产生的影响仍然表现为积极和稳健,再次证实了前文理论假说的正确性。此外,工具变量的有效性检验结果表明,本章所构建的工具变量通过了工具变量识别不足检验以及弱工具变量检验,这说明本章工具变量的构建是合理的。

（三）考虑外生冲击事件的影响

2008 年发端于美国的次贷危机进而波及世界各国的全球金融危机,对各国企业生产经营活动带来了不同程度冲击,以至于出现了 2009 年的被学术界称之为全球贸易"大崩溃"现象。事实上,全球金融危机的冲击,不仅会使居民收入水平受到影响,企业流动性呈现紧缩现象,还会对企业出口产品需求造成冲击,需求下降进而导致企业出口产品库存积压,在供需双因素的共同作用下,会促使出口产品价格呈下降之势。另一方面,在全球金融危机冲击中,中国并非处于"重灾区",与发达国家相比,中国在全球金融危机冲击期间仍然可以算上是"优等生"。而正是这种金融危机带来的相对性变化,致使人民币可能出现被动升值现象,从而导致企业出口成本的上升。在这一背景下,如同前文所述,新型数字基础设施一方面具有提高企业生产效率的作用,另一方面具有降低相关成本的作用。因此,为了考察全球金融危机冲击前后,中国参与全球价值链分工,包括参与程度和分工地位,是否会受到新型数字基础设施影响及其表现出冲击前后的差异性,本章设定全球金融危机虚拟变量(Financialcrisis)以考察其实际效果。为此,我们以 2008 年为界,将之前的年份设定为,其余设定为 1。据此所得的回归估计检验结果汇报于表 5-4。从中可见,表征金融危机冲击的虚拟变量系数估计值为负,且通过了显著性统计检验,这一结果与理论预期基本相符。我们更为关心的是,加入虚拟变量是否会改变本章最核心的解释变量,结果表明,新型数字基础设施发展水平的系数值,对中国参与全球价值链的程度和全球价值链分工地位的影响,无论是从方向性上看还是从显著性上看,都没有发生根本性改变。据此可以判断,新型数字基础设施对中国参与全球价值链分工的影响,并未受到金融危机负面冲击的影响而出现改变,再次证实了前述检验结果的可靠性和稳健性。

表 5-4　稳健性检验:金融危机冲击

	(1)	(2)	(3)	(4)
	DVAR	GVC	GVC_Pat_f	GVC_Pat_b
didlic	0.332 7*** (0.012 9)	0.328 5*** (0.006 6)	0.003 0*** (0.000 7)	0.006 3*** (0.000 6)
fdi	0.014 9*** (0.000 6)	−0.010 7*** (0.001 2)	−0.000 1*** (0.000 0)	0.001 1*** (0.000 0)
hci	−1.356 5*** (0.033 1)	−0.760 1*** (0.013 2)	0.007 7*** (0.001 9)	−0.011 5*** (0.001 6)
gdpi	0.472 7*** (0.049 5)	0.452 8*** (0.019 6)	0.014 1*** (0.002 8)	0.035 3*** (0.002 4)
hhi	0.030 1*** (0.006 3)	0.058 3*** (0.003 7)	0.002 1*** (0.000 4)	−0.009 9*** (0.000 3)
size	−0.000 3 (0.000 5)	−0.017 4*** (0.002 1)	−0.000 1*** (0.000 0)	0.000 2*** (0.000 0)
lnage	−0.169 8*** (0.015 9)	0.243 5*** (0.012 4)	−0.023 9*** (0.000 9)	0.028 2*** (0.000 8)

续　表

	(1)	(2)	(3)	(4)
	DVAR	GVC	GVC_Pat_f	GVC_Pat_b
financecrisis	−0.192 6 *** (0.009 5)	−0.173 5 *** (0.008 2)	−0.035 0 *** (0.000 5)	−0.024 8 *** (0.000 5)
年份固定效应	控制	控制	控制	控制
行业固定效应	控制	控制	控制	控制
个体固定效应	控制	控制	控制	控制
Observations	387 408	387 408	387 408	387 408
R-squared	0.294 0	0.298 5	0.716 0	0.825 4

注：＊＊＊、＊＊、＊分别表示在 1%、5%、10% 的水平上显著。

（四）采用不同的回归方法

由于本章的被解释变量的值域处于[0,1]之间，为此，我们使用 Tobit 广义线性回归模型对[0,1]左右截尾的再估计，以便能够更好地反映变量的边际作用以及尽可能地避免样本选择性偏误。由此所得的回归估计结果如表 5-5 所示。由此可见，就本章最为关注的核心解释变量而言，新型数字基础设施发展水平的系数估计值，在各列中均为正且通过了显著性统计检验，由此说明新型数字基础设施对中国参与全球价值链的影响，无论是在提升参与程度上还是在提升全球价值链分工地位上，都具有显著的积极作用，由此进一步证实了前文估计结果的稳健性和可靠性。

表 5-5　稳健性检验:更换回归方法

	(1)	(2)	(3)	(4)
	DVAR	GVC	GVC_Pat_f	GVC_Pat_b
didlic	0.621 5 *** (0.011 5)	0.302 8 *** (0.005 9)	0.000 1 *** (0.000 3)	0.002 8 *** (0.000 3)
fdi	−0.004 9 *** (0.000 5)	−0.009 8 *** (0.002 5)	−0.000 1 *** (0.000 0)	0.000 2 *** (0.000 0)
hci	−1.247 4 *** (0.030 3)	−0.753 3 *** (0.026 1)	0.001 2 (0.000 8)	−0.010 4 *** (0.000 7)
gdpi	0.724 8 *** (0.050 3)	0.463 2 *** (0.018 7)	0.009 2 *** (0.001 5)	0.023 6 *** (0.001 4)

续　表

	(1)	(2)	(3)	(4)
	DVAR	GVC	GVC_Pat_f	GVC_Pat_b
hhi	0.021 1*** (0.007 4)	0.059 1*** (0.004 1)	0.005 0*** (0.000 3)	−0.008 9*** (0.000 3)
size	−0.020 9*** (0.000 5)	−0.016 8*** (0.001 9)	−0.000 0 (0.000 0)	0.000 0** (0.000 0)
lnage	0.287 7*** (0.005 3)	0.238 6*** (0.013 3)	0.030 8*** (0.000 2)	0.072 7*** (0.000 2)
年份固定效应	控制	控制	控制	控制
行业固定效应	控制	控制	控制	控制
个体固定效应	控制	控制	控制	控制
Observations	387 408	387 408	387 408	387 408
R-squared	0.094 0	0.273 6	0.716 0	0.825 4

注：＊＊＊、＊＊、＊分别表示在1％、5％、10％的水平上显著。

三、异质性检验

（一）基于企业所有制不同的检验

企业所有制不同,因而经营环境、企业组织管理模式以及产权关系等方面都不尽相同,由此,不同所有制可能具有不同的研发激励效应、技术进步的创新效应以及投入产出效应。例如,已有研究指出,在不同的所有制结构企业中,民营企业的创新激励效应更为明显。相对而言,国有企业由于存在着剩余控制权与价值索取权不相对应等问题,一定程度上会影响其创新激励,进而会影响其技术进步的实际效果(孙晓华等,2013)。为了明晰新型数字基础设施对中国参与全球价值链的影响,可能在不同所有制企业之间具有的差异性,我们借鉴沈国兵等(2020)的做法,将企业样本分为国有企业和非国有企业两个样本组。对国有企业和非国有企业的划分主要按照如下方法,即按照国家资本与集体资本占比的高低进行区分,如果这一比例高于或等于50％,则视为国有企业;如果这一比例低于50％,则视为非国有企业。据此所得的回归结果如表5-6所示。结果表明,无论是在国有企业样本组,还是在非国有企业样本组,无论是从全球价值链分工参与度角度看,还是从全球价值链分工位置角度看,新型数字基础设施发展水平变量的系数估计值均显著为正,说明新型数字基础设施在不同组别仍然表现出相同的积极影响。所不同的是,从相同维度观察,新型数字基础设施发展水平变量的系数估计值,在非国有企业样本组中都要略大于国有企业样本组,从而证实了前文的异质性影响理论预期。

表 5-6 异质性分析:国有和非国有企业

	国有企业				非国有企业			
	(1)	(2)	(3)	(4)	(5)	(6)	(7)	(8)
	DVAR	GVC	GVC_Pat_f	GVC_Pat_b	DVAR	GVC	GVC_Pat_f	GVC_Pat_b
didlic	0.215 3***	0.312 4***	0.000 7***	0.003 3***	0.380 4***	0.313 1***	0.002 1***	0.003 5***
	(0.039 1)	(0.002 8)	(0.001 5)	(0.001 8)	(0.017 5)	(0.006 2)	(0.005 3)	(0.001 7)
fdi	0.007 7**	−0.006 7***	−0.002 4***	0.001 5***	0.012 3***	−0.011 6***	−0.003 2***	0.001 8***
	(0.003 5)	(0.003 3)	(0.003 7)	(0.002 4)	(0.000 7)	(0.006 6)	(0.004 3)	(0.002 7)
hci	−1.127 5***	−0.743 6***	0.001 6	−0.011 2***	−1.292 5***	−0.723 1***	0.010 9	−0.013 1***
	(0.088 8)	(0.028 1)	(0.002 8)	(0.002 1)	(0.044 4)	(0.024 4)	(0.001 7)	(0.006 6)
gdpi	−0.048 9	0.459 6***	0.006 9***	0.024 3***	0.711 5***	0.456 3***	0.010 2***	0.031 5***
	(0.150 4)	(0.016 3)	(0.001 7)	(0.002 7)	(0.063 6)	(0.014 4)	(0.003 1)	(0.002 3)
hhi	0.041 0	0.052 8***	0.003 8***	−0.009 6***	0.030 1***	0.058 8***	0.004 1***	−0.007 6***
	(0.025 7)	(0.003 9)	(0.001 2)	(0.003 3)	(0.007 3)	(0.003 9)	(0.001 6)	(0.002 4)
size	−0.000 7	−0.015 4***	−0.000 5	0.000 5**	−0.000 0	−0.014 6***	−0.002 7	0.001 9**
	(0.001 2)	(0.002 2)	(0.002 1)	(0.002 6)	(0.000 6)	(0.002 2)	(0.001 7)	(0.003 5)
lnage	0.141 2***	0.221 9***	0.035 8***	0.087 5***	0.142 2***	0.253 1***	0.041 5***	0.076 2***
	(0.018 4)	(0.012 7)	(0.001 4)	(0.001 6)	(0.006 1)	(0.012 8)	(0.001 4)	(0.003 3)
年份固定效应	控制	控制	控制	控制	控制	控制	控制	控制
行业固定效应	控制	控制	控制	控制	控制	控制	控制	控制
个体固定效应	控制	控制	控制	控制	控制	控制	控制	控制
Observations	98 822	98 822	98 822	98 822	288 586	288 586	288 586	288 586
R-squared	0.068 0	0.068 0	0.068 0	0.068 0	0.102 3	0.102 3	0.102 3	0.102 3

注:* * *、* *、*分别表示在1%、5%、10%的水平上显著。

（二）基于不同要素密集型企业的检验

新型数字基础设施对中国参与全球价值链的影响,在不同要素密集型的企业间是否会有差异性影响效应?因为不同要素密集型企业,不仅意味着技术进步的空间等存在巨大差异,而且就全球价值链分工演进的程度和趋势也不尽相同。为了明晰其中可能的异质性影响,我们参考江静等(2007)的做法,将总样本组按照要素密集度分成三个组个,即劳动密集型制造业企业、资本密集型制造业企业与技术密集型制造业企业①。据此所得的回归估计结果见表 5-7 和表 5-8。据此容易看出,无论在哪一个样本组,新型数字基础设施发展水平这一核心解释变量,其系数估计值均为正且通过了显著性统计检验,说明新型数字基础设施对中国制造业企业参与全球价值链分工的影响,无论是从参与程度维度观察,还是从全球价值链分工地位维度观察,均表现出影响方向的一致性和积极性。不同的是,就影响的作用力大小差异而言,新型数字基础设施发展水平变量的系数估计值在劳动密集型样本组中最大,说明其作用力也就最大,其次是技术密集型样本组,最后为资本密集型样本组。出现上述差异的原因可能在于,从中国融入全球价值链分工体系的实践逻辑看,依托低成本的人口红利等优势,选择劳动密集型产业以"低端嵌入"的方式尽快参与到经济全球化进程中来,是改革开放以来很长一段时间内,中国开放发展的路径选择。无疑,这种选择在特定发展阶段具有合理性和必然性。但是,近年来伴随人口红利的逐步消失,以及数字技术等快速进步,依托数字技术的应用来弥补人口红利的消弭,是企业发展的重要选择。从这一角度看,新型数字基础设施的建设和发展,可能对长期以来主要以劳动密集型产业参与全球价值链的分工产生更显著的影响,也就容易理解了。

表 5-7　异质性分析:劳动密集型和资本密集型

	劳动密集型				资本密集型			
	(1)	(2)	(3)	(4)	(5)	(6)	(7)	(8)
	DVAR	GVC	GVC_Pat_f	GVC_Pat_b	DVAR	GVC	GVC_Pat_f	GVC_Pat_b
didlic	0.380 6*** (0.019 0)	0.308 5*** (0.003 7)	0.001 2*** (0.006 2)	0.002 8*** (0.002 8)	0.237 9*** (0.022 8)	0.300 8*** (0.001 3)	0.001 6*** (0.002 6)	0.002 7*** (0.003 3)
fdi	0.014 3*** (0.000 9)	−0.005 6*** (0.007 1)	−0.003 1*** (0.004 3)	0.002 1*** (0.005 2)	0.009 7*** (0.005 5)	−0.007 3*** (0.006 2)	−0.003 5*** (0.007 4)	0.002 2*** (0.001 8)
hci	−1.390 8*** (0.048 1)	−0.751 8*** (0.009 3)	0.002 4 (0.005 5)	−0.013 6*** (0.004 1)	−0.756 5*** (0.060 7)	−0.730 7*** (0.027 9)	0.002 5 (0.006 6)	−0.013 7*** (0.005 1)
gdpi	0.581 8*** (0.072 4)	0.460 26*** (0.007 5)	0.007 1*** (0.002 4)	0.025 1*** (0.003 5)	0.209 0** (0.088 7)	0.460 7*** (0.018 1)	0.007 1*** (0.002 2)	0.018 9*** (0.003 4)

---

①　三种类型企业分类情况如下:劳动密集型企业,具体类型包括农副食品加工,食品制造,饮料制造,烟草制造,纺织,纺织服装、鞋、帽制造,皮革、皮毛、羽毛(绒)及其制品,木材加工及木、竹、藤家具制造,造纸及纸制品,印刷,文教体育用品制造,橡胶制品,塑料制造,工艺品及其他制造,废弃资源和废旧材料回归加工;资本密集型企业,具体类型包括石油加工、炼焦及核燃料加工,非金属矿物制品,黑色金属冶炼及压延加工,有色金属冶炼及压延加工,金属制品,通用设备制造,专用设备制造,仪器仪表及文化、办公用机械制造;技术密集型行业,具体类型包括化学原料及化学制品制造,医药制造,化学纤维制造,汽车制造,其他运输制造,电气机械及器材制造,通信设备、计算机及其他电子设备制造。

	劳动密集型				资本密集型			
	(1)	(2)	(3)	(4)	(5)	(6)	(7)	(8)
	DVAR	GVC	GVC_Pat_f	GVC_Pat_b	DVAR	GVC	GVC_Pat_f	GVC_Pat_b
hhi	−0.012 2*	0.060 1***	0.002 9***	−0.008 4***	0.383 0***	0.051 6***	0.004 3***	−0.008 5***
	(0.006 5)	(0.006 7)	(0.003 7)	(0.005 5)	(0.039 1)	(0.004 2)	(0.002 1)	(0.002 7)
size	0.001 5**	−0.014 9***	−0.001 3	0.001 6**	−0.002 9***	−0.016 1***	−0.002 1	0.000 9**
	(0.000 7)	(0.004 3)	(0.006 6)	(0.003 7)	(0.000 9)	(0.007 1)	(0.008 4)	(0.006 5)
lnage	0.203 5***	0.215 8***	0.049 1***	0.086 6***	0.087 2***	0.230 1***	0.031 9***	0.076 1***
	(0.007 1)	(0.008 5)	(0.006 2)	(0.007 1)	(0.008 8)	(0.009 8)	(0.005 7)	(0.002 4)
年份固定效应	控制	控制	控制	控制	控制	控制	控制	控制
行业固定效应	控制	控制	控制	控制	控制	控制	控制	控制
个体固定效应	控制	控制	控制	控制	控制	控制	控制	控制
Observations	174 547	174 547	174 547	174 547	106 954	106 954	106 954	106 954
R-squared	0.127 2	0.143 1	0.132 8	0.136 9	0.149 1	0.148 8	0.150 3	0.151 7

注:＊＊＊、＊＊、＊分别表示在1%、5%、10%的水平上显著。

表5-8 异质性分析:技术密集型

	技术密集型			
	(1)	(2)	(3)	(4)
	DVAR	GVC	GVC_Pat_f	GVC_Pat_b
didlic	0.337 4***	0.332 1***	0.000 6***	0.002 8***
	(0.027 0)	(0.004 4)	(0.003 7)	(0.005 1)
fdi	0.018 5***	−0.005 9***	−0.003 6***	0.002 2***
	(0.001 3)	(0.002 7)	(0.004 3)	(0.003 9)
hci	−1.673 9***	−0.731 56***	0.002 1	−0.020 3***
	(0.070 0)	(0.007 9)	(0.002 8)	(0.003 6)
gdpi	0.489 6***	0.461 3***	0.007 1***	0.018 93***
	(0.104 3)	(0.009 1)	(0.005 6)	(0.005 8)
hhi	−0.337 6***	0.053 6***	0.004 2***	−0.008 4***
	(0.049 0)	(0.002 7)	(0.007 1)	(0.002 5)

	技术密集型			
	(1)	(2)	(3)	(4)
	DVAR	GVC	GVC_Pat_f	GVC_Pat_b
size	−0.002 5**	−0.020 8***	−0.002 1	0.001 2**
	(0.001 0)	(0.002 1)	(0.007 5)	(0.006 6)
lnage	0.077 1***	0.230 7***	0.041 5***	0.070 25***
	(0.010 0)	(0.021 8)	(0.022 5)	(0.025 1)
年份固定效应	控制	控制	控制	控制
行业固定效应	控制	控制	控制	控制
个体固定效应	控制	控制	控制	控制
Observations	105 907	105 907	105 907	105 907
R-squared	0.096 2	0.143 2	0.153 4	0.175 6

注：***、**、*分别表示在 1%、5%、10% 的水平上显著。

第四节 影响机制分析

在初步验证新型基础设施对中国制造业企业参与全球价值链的现实影响后，我们还需要进一步检验，其产生的现实影响是否通过前文理论分析中所揭示的关键机制而发挥作用。为此，本章将采用中介效应模型对其中的作用机制进行检验和识别。为了缓解中介机制可能存在的内生性问题，在此，本章均使用工具变量对中介机制第二阶段的模型进行检验。

一、成本下降的作用机制检验

为验证新型基础设施对中国制造业企业参与全球价值链的现实影响，是否通过成本下降的机制产生作用，首先需要构建能够反映成本的变量。为此，我们采用成本费用占营业利润的比重，作为衡量制造业企业生产成本的表征变量，这一指标能够反映制造业企业为了取得单位销售利润而支付的成本和代价，也由此能够说明制造业企业对其生产成本的控制情况。据此构建的中介效应模型如式(5 − 13)、式(5 − 14)：

$$\text{Costpro}_{it} = \beta_0 + \beta_1 \text{didlic}_{rt} + \sum \text{control}_{irt} + \text{year}_t + \text{industry}_i + \varepsilon_{irt} \quad (5-13)$$

$$\text{DVAR}_{it}(\text{GVC\_Pat}_{jt}) = \beta_0 + \beta_1 \text{didlic}_{rt} + \beta_2 \text{Costpro}_{it} + \sum \text{control}_{irt} + \text{year}_t + \text{industry}_i + \varepsilon_{irt}$$
$$(5-14)$$

中介作用机制的检验结果具体汇报于表 5 − 9，从中可见，新型数字基础设施对企业成本的降低具有显著的促进作用，与此同时，企业成本的下降又对全球价值链参与度以及全球价值链分工地位产生了显著积极影响，由此说明，成本下降的作用机制，确实是新型数字基础设施影响中国制造业企业参与全球价值链的中介机制。

表 5-9　中介效应检验：基于降低成本渠道

VARIABLES	(5)				
	costpro	DVAR	GVC	GVC_Pat_f	GVC_Pat_b
		(5)	(6)	(7)	(8)
didlic	0.009 1**	0.364 9***	0.297 4***	0.000 5***	0.005 0***
	(0.004 5)	(0.021 6)	(0.005 1)	(0.001 5)	(0.001 0)
fdi	−0.001 1***	0.010 9***	−0.006 3***	0.000 2**	0.001 2***
	(0.000 2)	(0.001 2)	(0.008 2)	(0.000 1)	(0.000 1)
hci	0.023 2**	−1.274 0***	−0.761 9***	0.001 4	−0.014 8***
	(0.011 6)	(0.058 1)	(0.008 4)	(0.003 9)	(0.002 5)
gdpi	0.143 8***	0.983 1***	0.421 5***	−0.024 9***	0.014 7***
	(0.017 4)	(0.115 5)	(0.006 8)	(0.008 1)	(0.005 1)
hhi	−0.001 3	0.025 5***	0.062 4***	0.002 5***	−0.009 7***
	(0.002 2)	(0.009 3)	(0.005 3)	(0.000 6)	(0.000 4)
size	0.005 3***	0.018 6***	−0.013 5***	−0.001 5***	−0.000 5***
	(0.000 2)	(0.002 9)	(0.008 1)	(0.000 2)	(0.000 1)
lnage	0.012 4***	0.177 5***	0.232 1***	0.027 8***	0.065 4***
	(0.001 7)	(0.010 1)	(0.007 9)	(0.000 7)	(0.000 5)
costpro	—	3.560 4***	3.082***	0.269 7***	0.143 9***
	—	(0.519 9)	(0.521 7)	(0.035 7)	(0.023 9)
LM statistic	—	78.242	78.242	78.242	78.242
Wald F statistic	—	94.894	94.894	94.894	94.894
年份固定效应	控制	控制	控制	控制	控制
行业固定效应	控制	控制	控制	控制	控制
个体固定效应	控制	控制	控制	控制	控制
Observations	387 284	385 848	385 848	385 848	385 848
R-squared	0.005 9	0.344 8	0.317 9	0.103 0	0.637 2

注：***、**、*分别表示在1%、5%、10%的水平上显著。

二、生产率提升作用机制检验

前文理论分析部分指出，新型数字基础设施对制造业企业的影响，不仅表现为具有成本降低的作用,对于提升企业生产效率同样具有重要作用。换言之,通过提升企业生产效率,可能同样是新型数字基础设施影响中国制造业企业参与全球价值链的重要中介机制。为了验证这一理论判断,我们借鉴 Levinsohn 和 Petrin(2003)的方法,采用全要素生产率(TFP)作为企业生产效率的表征变量。据此构建的中介效应模型如式(5 - 15)、式(5 - 16)所示:

$$\text{TFP}_{it} = \beta_0 + \beta_1 \text{didlic}_{rt} + \sum \text{control}_{irt} + \text{year}_t + \text{industry}_i + \varepsilon_{irt} \qquad (5-15)$$

$$\text{DVAR}_{it}(\text{GVC\_Pat}_{jt}) = \beta_0 + \beta_1 \text{didlic}_{rt} + \beta_2 \text{TFP}_{it} + \sum \text{control}_{irt} + \text{year}_t + \text{industry}_i + \varepsilon_{irt}$$

$$(5-16)$$

生产率提升作用机制的检验结果具体汇报于表 5 - 10,从中可以看出,新型数字基础设施对企业生产效率的影响显著为正,也就是说,新型数字基础设施的建设和发展,对提高企业生产效率具有显著的促进作用;与此同时,企业生产效率对全球价值链参与度以及全球价值链分工地位产生了显著积极影响。由此说明,生产效率提升的作用机制,确实是新型数字基础设施影响中国制造业企业参与全球价值链的中间机制。据此,前文理论假说 3 得到了较好的逻辑一致性计量检验。

表 5 - 10　中介效应检验:基于提高生产效率渠道

VARIABLES	(1)	(2)	(3)	(4)	
	TFP	DVAR	GVC	GVC_Pat_f	GVC_Pat_b
didlic	0.586 1***	0.699 8***	0.285 7***	0.024 7***	0.008 4***
	(0.023 0)	(0.057 7)	(0.006 9)	(0.003 9)	(0.002 6)
fdi	0.001 6	0.016 1***	−0.007 1***	−0.000 2**	0.001 0***
	(0.001 1)	(0.001 0)	(0.005 2)	(0.000 1)	(0.000 0)
hci	1.345 0***	−0.526 0***	−0.753 9***	−0.056 0***	−0.045 0***
	(0.059 0)	(0.136 2)	(0.006 6)	(0.009 2)	(0.006 2)
gdpi	0.473 8***	0.770 6***	0.432 7***	−0.008 2	0.023 2***
	(0.088 3)	(0.089 0)	(0.005 9)	(0.006 1)	(0.004 0)
hhi	−0.033 7***	0.009 4	0.058 3***	0.003 7***	−0.009 1***
	(0.011 3)	(0.010 6)	(0.004 2)	(0.000 7)	(0.000 4)
size	0.023 8***	0.014 7***	−0.020 1***	−0.001 2***	−0.000 4***
	(0.000 9)	(0.002 5)	(0.007 7)	(0.000 2)	(0.000 1)
lnage	−0.446 9***	−0.146 6***	0.212 8***	0.052 2***	0.078 4***
	(0.008 6)	(0.043 0)	(0.005 3)	(0.002 9)	(0.001 9)
TFP	—	0.622 8***	3.102 7***	0.047 3***	0.025 0***
	—	(0.093 4)	(0.59)	(0.006 3)	(0.004 3)

VARIABLES	(1)	(2)	(3)	(4)	
	TFP	DVAR	GVC	GVC_Pat_f	GVC_Pat_b
LM statistic	—	82.943	82.943	82.943	82.943
Wald F statistic	—	117.905	117.905	117.905	117.905
年份固定效应	控制	控制	控制	控制	控制
行业固定效应	控制	控制	控制	控制	控制
个体固定效应	控制	控制	控制	控制	控制
Observations	385 741	384 299	384 299	384 299	384 299
R-squared	0.163 0	0.160 8	0.126 5	0.108	0.282 0

注：＊＊＊、＊＊、＊分别表示在 1％、5％、10％的水平上显著。

当前,世界经济面临百年未有之大变局,一方面,经济全球化遭遇逆风逆流;另一方面,新一轮信息技术革命正在加速发展,有望为推动新一轮经济全球化发展提供新的动力。在此背景下,全球价值链进入加速重构期。对于已经深度融入全球价值链分工体系的中国而言,一方面需要警惕全球产业链、供应链断裂等危险,进一步"扎根"全球价值链,实现产业链供应链的稳定发展;另一方面,中国亟待攀升全球价值链中高端,以适应高质量发展阶段的新需求。在此背景下,能否抓住以数字技术为代表的新一轮信息技术革命,从而依托加快与完善数字基础设施建设,提升中国参与全球价值链分工的能力,是摆在理论和实践部门面前的重要课题。在理论分析基础之上,本章进一步通过匹配 2005—2013年中国工业企业数据库以及中国海关贸易数据库的企业微观样本数据,实证探讨了数字基础设施对中国企业参与全球价值链分工的影响及其相关作用机制,研究表明:① 数字基础设施建设和完善,能够显著提升中国制造业企业以出口国内增加率为表征的价值链分工地位,这一研究结论在各种稳健性检验下依然成立。② 数字基础设施建设和完善,对于提升中国全球价值链参与度,有着显著的积极促进作用,这一点无论是从前向参与度看,还是从后向参与度看,都是如此。③ 数字基础设施对中国制造业企业参与全球价值链分工的影响,从具体的作用机制看,主要通过降低成本和提升效率两个方面,发挥重要作用。④ 数字基础设施对中国制造业企业参与全球价值链分工的影响,还具有异质性特征,具体而言,其影响在不同要素密集度特征的制造业行业之间、在不同发展水平的地区之间、在不同所有制企业之间等,均表现出差别化的作用力。

在数字经济兴起的新发展趋势和背景下,本章研究不仅拓展深化了对中国企业参与全球价值链分工影响因素的认识,而且对于如何依托数字基础设施的建设和完善,以提升中国企业参与全球价值链分工的能力,进一步实现"稳链"和"强链",也有重要的政策启示。

第一,加快建设和完善数字基础设施。如今中国面临的国内外环境正发生着深刻复杂的变化,实现创新驱动,推动产业转型升级,从而进一步推动实现中国制造业企业更高层次地参与全球价值链分工体系,更好地利用国内国际两个市场、两种资源,就必须高度重视数字基础设施的战略性、基础性及先导性作用。习近平总书记于 2020 年 4 月在浙江考察时再次强调了要抓住产业数字化所赋予的机遇,加快推进 5G 网络、工业互联网、数据中心等数字基础设施的建设,以数字基础设施为基石,大力推进科技创新,着力壮大新增长点、加快新旧动能的转换。数字基础设施的建设,涉及中国能够抓住新一轮信息技术革命的先机,能够据此构筑开放发展新优势,并助力中国在重构全球价值链中做出更大贡献,都有着极为重要的战略意义。应该说,面临全球价值链重构,中国既面临挑战,也面临机遇。而无论是化解挑战还是抓住机遇,加强数字基础设施的建设,以此夯实中国深度参与全球价值链和攀升全球价值链的基础能力,无疑具有至关重要的意义。

第二,注重数字基础设施建设过程中的区域协调。尽管过去几十年中国对传统基础设施的投资规模较大(Huang,2017),但随着传统基建领域的能效逐渐减弱,抓住新型数字基础设施建设的契机,不仅可以有效减少生产要素的投入、提升企业的生产效率,还可以更好地支持科技创新、绿色环保以及消费升级,在补短板的同时为新动能助力,从而更好地发挥数字基础设施的乘数效应来满足人民对美好生活的需求、适应中国社会主要矛盾的转化。本章研究发现,数字基础设施在影响企业参与全球价值链的作用力方面,仍然存在显著差异,这显然与前一轮经济发展过程中,东中西部包括传统基础设施建设等方面具有差异等因素有关。目前,中国亟待构建双循环新发展格局,以重塑国际合作与竞争新优势,而依托数字基础设施建设,显然应该注重区域协调发展,不能让"非均衡"影响到畅通国内大循环以重塑竞争新优势,影响到不同区域参与国际化的能力。

第三,强化数字基础设施建设中的开放融合创新。随着当今世界多边贸易体制的发展与国际分工的形成,各国企业参与全球价值链分工对各国重要性不言而喻,其中,数字基础设施所提供的低协调成本、高效的产品服务流动和更加快速安全的信息传输,是当今各国参与全球价值链分工的必要条件,数字技术作为技术的战略重点,也正成为各国竞争的焦点。而在开放条件下,一国技术进步和自主创新绝非封闭式的,而是需要在开放融合创新中寻求进步。更何况,数字技术本身就具有开源开放式的特点。这就要求我们在数字技术领域,加快融入全球创新链,在强化国际合作中整合和利用全球高端资源,提升数字基础设施建设的能力和质量,夯实中国企业参与全球价值链分工的基础。当然,数字技术的开放合作与其他领域的开放不同,可能会面临更大的风险,这就要求我们要处理好科技自强自立与开放融合创新的统一辩证关系。至于如何把握好这种辩证关系,已经超出了本章研究范围,需要专文探讨。

当然,一方面,由于数字经济理论尚缺乏系统探讨;另一方面,囿于微观企业数字基础设施发展水平的数据,因此,本章既未提出数字基础设施对企业参与价值链的具体理论框架,也无法采用更新的数据对数字基础设施影响中国全球价值链参与进行进一步分析。随着理论体系的逐步完善和数据可得性逐步增强,诸如上述问题将是未来研究的重要趋势和方向。

第 6 章

数字基础设施提升出口技术复杂度：
兼论与传统基础设施的作用比较

基础设施对国际贸易的影响尤其是在促进贸易增长中的作用，已经被传统国际经济理论和大量的经验研究证实，但以往研究主要聚焦于以"铁公机"为代表的传统基础设施，而对数字基础设施的作用鲜有关注。本章的理论分析表明，数字基础设施对出口技术复杂度提升的促进作用强于传统基础设施，并且在具体的作用机制上，数字基础设施主要通过传统基础设施所不具备的下述三个方面，即通过提升本土企业劳动生产率、降低企业对于外部不确定性的预期以及减少出口企业的搜寻成本从而降低进入国际市场门槛三个关键机制，对出口技术复杂度提升产生促进作用。本章进一步利用 66 个国家 2014—2019 年的经验数据，对理论假说进行了逻辑一致性计量检验，结果证实了理论假说的正确性。世界经济发展史表明，每一次技术革命和产业革命都会伴随基础设施的重大变革。当前，代表着未来发展趋势的数字技术和数字经济对数字基础设施提出了新要求。加快推动数字基础设施建设固然对于提升出口技术复杂度有积极作用，但是从全球竞争角度看，能否据此实现出口技术复杂度提升乃至分工地位改善，应该说，各国既面临挑战也蕴含着机遇。因此，对于开放型经济迈向高质量发展新阶段，尤其是亟待推动贸易高质量发展的现阶段中国而言，迎接挑战，抓住机遇，依托数字基础设施建设提升出口技术复杂度，需要探寻新思路、找准新对策、实现新突破、构筑先发优势。

第一节　基础设施、出口技术复杂度及相关研究的拓展方向

自加入 WTO 以来，中国经济发展取得了举世瞩目的成就，特别是在国际贸易方面，商务部公开数据显示，中国商品进出口总额从 2001 年的 5 096 亿美元上升至 2020 年的 46 470 亿美元，成为全球对外贸易第一大国。但进一步分析可以发现，中国出口产品顺差主要集中在基础加工产品和一般制成品方面，而部分高新技术产品仍存在贸易逆差。这种结构性差异表明，当前中国对外贸易的高速增长虽然带来了数量优势，但出口质量仍与发达国家存在一定的差距。2019 年，国务院印发的《关于推进贸易高质量发展的指导意见》明确指出，中国要建设更高水平开放型经济新体制，实现贸易高质量发展。贸易高质量发展固然有多种衡量维度，而出口技术复杂度无疑是其中最重要的维度之一。正如已

有研究指出,出口技术复杂度既反映了一国商品出口的结构,也反映了一国国际分工地位,是衡量出口贸易高质量发展的重要指标之一(戴翔和金碚,2014)。因此,如何进一步提升出口技术复杂度,是我国开放型经济进入高质量发展新阶段后面临的重要任务,也是理论和实践部门亟待解决的重要课题。

毋庸置疑,出口技术复杂度的提升,根本上依赖于技术进步。而当前,从全球新一轮技术革命和产业革命发展新态势看,以数字技术为代表的新一轮信息技术革命,已然成为引领未来的战略性技术。依托于数字技术进步及其在各产业领域的渗透和应用,数字经济正逐渐成为推动包括中国在内的世界各主要国家经济增长的新引擎,并引发一系列效率变革和动能转换。与此同时,不容忽视的一个客观事实是,在数字经济兴起背景下,数据成为重要的新型生产要素,并且相较于传统的劳动、资本等生产要素,这一新型生产要素所受到的物理因素制约更小,在生产中的作用更显著(李宏和乔越,2021),对推动传统产业转型升级以及新兴产业的发展有着极为关键的作用和意义。从对外贸易角度看,数字基础设施的建设和完善显然有利于促进出口技术复杂度的提升。这不仅表现为数字经济条件下,传统贸易企业可以通过接入电子商务平台,实现跨国零售,并有了全新的营销方式,极大地降低了企业国际化运营成本,从而有利于推动效率提升和技术进步;与此同时,数字化潮流同样催生出操作系统、应用程序等软件开发产业,手机芯片、存储等硬件生产产业,以及围绕万物互联理念为核心的智能家居、数字金融等其他产业,从而塑造了新的贸易产品和贸易形态,提升了贸易品的深度和广度。总之,从数字技术变革本身看,其对出口技术复杂度提升的重要作用不言而喻。但是,数字技术的应用尤其是建立在数字技术之上的"数据"这一新型生产要素作用的凸显,对基础设施的建设提出了新的要求。更确切地说,以"铁公机"为代表的传统基础设施已经难以完全满足以数字技术为代表的新一轮技术革命和产业革命的需要,并对新型基础设施即"数字基础设施"的建设、发展和完善提出了新要求。当然,数字基础设施不仅为加快数字化进程提供了必要的支撑,而且由于其更加有助于实现人与人、人与物以及物与物之间的全连接,促使各产业领域的经济活动变得更加高效、灵活,并激发出无限创新的可能。这就提出了一个很有理论和实践价值的课题:数字基础设施建设是否有助于提升出口技术复杂度,或者说是否为提升出口技术复杂度注入了新的动力? 如果是,那么又是通过何种途径影响了一国出口技术复杂度? 遗憾的是,针对这一重要命题,目前的学术研究还极为鲜见。

综观现有文献,大量学者在 Hausmann(2007)提出的出口技术复杂度测算框架下,对出口技术复杂度提升的影响因素进行了广泛探讨并取得了丰富成果。其中,代表性观点认为,资本劳动比、人力资本、研发(祝树金等,2010)、金融发展水平(齐俊妍等,2011)、制度质量(戴翔和金碚,2014)以及产品空间与潜在比较优势(Ding 和 Li,2018)等变量,对出口技术水平具有显著影响。至于基础设施尤其是传统有形基础设施(如铁路、公路、机场、港口、水利、厂房、工业园区等),传统的国际贸易理论主要从其影响贸易流量的角度,进行了较为丰富的探讨,并且较为一致的观点认为,高质量的基础设施有助于通过降低交通运输成本以及跨境交易成本等,对双边贸易量的增长具有显著促进作用(Limao 和 Venables,2001;Baldwin,2012),当然,也有少量文献关注到了传统基础设施对出口技术复杂度的影响(王永进等,2010)。近年来,伴随数字经济的兴起,学者们从多个角度探讨数字经济与经济发展的关系

（蔡跃洲和张钧南,2015;施炳展和李建桐,2020;Gazzola et al.;2017）。也有部分文献开始考虑数字基础设施对贸易的影响,这一方面的研究主要从效率提升和成本节约角度,探讨了数字基础设施对贸易增长的影响。效率论的代表性观点认为,数字化基础设施的接入使得贸易双边信息交换更加便利,极大地破解了贸易从沟通到实现的时间和空间约束,从而对贸易效率提升进而促进双边贸易增长具有显著正向作用(石良平和王素云,2018)。成本节约论的代表性观点认为,数字基础设施的接入降低了贸易成本,这一环节主要体现在合同实施成本及信息成本的降低,因为随着数字基础设施的更新迭代,更高的传输效率将合同实施的部分过程从线下转为线上,极大地降低了合同实施成本,进而降低了产品价格(施炳展,2016),因此在其他因素保持不变的条件下,价格下降导致的需求量上升会推动贸易量的相应增长。此外,除了效率论和成本节约论观点外,还有部分研究认为,数字基础设施的接入对运营更透明的市场环境、降低贸易双方信息不对称也有积极作用,突出表现为互联网发展使得卖家尽可能地避免由于低估欠款风险而遭受损失,同时降低市场价格,保护诚信买家,减少欠款行为,进而助推着贸易的增长(李笑影和李玲芳,2018)。

综上可见,一方面,虽然现有文献对出口技术复杂度的影响因素进行了广泛探讨,但是对数字基础设施可能产生的作用和影响研究甚少,少量文献也只是从传统基础设施角度进行了探讨和分析,对以数字技术为代表的新一轮信息技术革命所需要的数字基础设施关注显然不够;另一方面,从数字基础设施角度开展的研究,尤其是数字基础设施对贸易可能产生的影响,目前的文献主要聚焦于探讨和分析贸易量的增长效应,鲜有探讨对出口技术复杂度的影响。毋庸置疑,在以数据表达新型生产力结构和生产关系的数字经济条件下,数字基础设施与传统基础设施的作用截然不同,前者对出口技术复杂度的影响尚需要在理论和经验层面上做进一步的探讨和分析。与现有文献相比,本章的可能贡献在于:第一,在研究视角上,本章着重从数字基础设施角度探讨出口技术复杂度的影响因素;第二,在研究内容上,本章不仅关注数字基础设施对出口技术复杂度是否有影响,还将通过微观消费者及厂商层面进行理论推导,以探究数字基础设施对于出口技术复杂度影响的微观机制,并予以经验检验;第三,在研究方法上,本章采用对比分析法,即从与传统基础设施对比分析的角度,深化认识数字基础设施对出口技术复杂度的影响。

第二节　数字基础设施影响出口技术复杂度的理论模型

为了探究数字基础设施建设水平对出口技术复杂度的影响及其作用机制,并对比数字基础设施建设水平与传统基础设施建设水平对出口技术复杂度的影响差异,本章将数字基础设施水平加入微观企业生产及出口决策模型中,利用数理模型进行推导和分析。

一、需求层面

在需求方面,参考 Melitz(2003)采用异质性企业贸易模型的做法,本章采用 CES 效用函数,并假定市场上仅有价格为 1 的劳动要素,同时假定该部门产品规模收益不变,投入产出系数为 1:

$$U = q_0^{(1-\mu)} \left[\int_\Omega q(\omega)^{\frac{\sigma-1}{\sigma}} d\omega \right]^{\frac{\sigma}{\sigma-1}\mu} \tag{6-1}$$

式中,商品替代弹性 $\sigma = \dfrac{1}{1-\rho}$,且 $\sigma > 1$;L 为劳动供给量;q_0 为对同质产品的需求;$q(\omega)$ 为对差异化产品的需求。在"劳动支出 = 劳动收入"的条件下,有预算约束: $\int_\Omega p(\omega)q(\omega)d\omega = L$。假定总体价格指数表示为 $P = \left[\int_\Omega p(\omega)^{1-\sigma} d\omega \right]^{\frac{1}{1-\sigma}}$,根据一阶条件,需求函数为:

$$q(\omega) = \mu L \frac{p(\omega)^{-\sigma}}{P^{1-\sigma}} \tag{6-2}$$

企业收益函数为:

$$r(\varphi) = \mu L \left(\frac{p(\omega)}{P} \right)^{1-\sigma} \tag{6-3}$$

二、生产和出口方面

在生产和出口方面,Levin 和 Tadelis(2007)将产品技术复杂度定义为产品属性种类数,假定中间投入与每一种属性的最终产品都是一一对应的,且市场上共有 m 种类型的产品($m > 1$),事前交易双方只就某一类型的产品签订合同,那么,市场环境变化将使得出口企业必须调整所生产产品的属性以维持最优生产。因此,贸易双方所签订的契约是不完全的。这就导致出口企业在贸易契约实施期间,可能面临被进口企业"敲竹杠"的风险(王永进,2010)。造成这种契约不完全的原因之一,是信息流通时滞带来的信息不对称。数字基础设施的建设和完善,由于能够提升信息流动速度,降低市场中的信息不对称性(李笑影和李玲芳,2018),使得出口企业在订立合同时,能够使用时效性更强的信息对市场环境进行评估,从而设置合理的限制条款对进口企业的"敲竹杠"行为进行惩罚,进而降低出口企业的调整成本。其次,数字基础设施的建设和完善,能够促进全要素生产率的提升(杨慧梅等;2021),而劳动生产率的提升对出口企业会产生两个方面的影响:一是劳动生产率的提升使得贸易的契约实施周期变短,降低了企业在契约实施周期内的风险;二是生产效率的提升使得单位时间内已履行契约的比例上升,也就是说,在同样情况下,数字基础设施更加完善的地区中,出口企业可以收回更多利润,间接降低了企业的调整成本。此外,现有研究发现,数字基础设施的建设和完善,能够有效降低企业的搜寻成本,促进企业分工水平的提升(施炳展和李建桐,2020)。在对外贸易中,搜寻成本属于固定成本,不随产量的增长而增加,因此随着数字基础设施的完善,出口企业组织生产将拥有更低的固定成本,而对于企业来说,更低的搜寻成本意味着进入国际贸易的门槛更低。

现假定每一种状态发生的概率为 $1-\vartheta$,$0 < \vartheta < 1$,且 $m(1-\vartheta) = 1$,那么两期状态一致的概率为 ϑ^m。在王永进等(2010)提出的传统基础设施影响出口技术复杂度理论模型基础之上,本章依据上述论证对其进行适当调整和改进,并用"*"标记国外市场相关变量,得到如下预期利润函数:

$$E[\pi_e(x)] = \vartheta(I)^m \left[p_1(x)q_1(x) - \frac{\tau q_1(x)}{x} \right] + (1 - \vartheta(I)^m) \left[p_2(x)q_2(x) - S(\varphi, I, r(I)) \frac{\tau q_2(x)}{x} \right] - c(I)f_e \qquad (6-4)$$

式中，x 表示生产效率，即一单位中间投入可以生产出 x 单位产品；f_e 表示投入生产必要的固定成本；p_i、q_i 分别表示各期的价格和需求量；τ 表示运输成本乘数；I 表示数字基础设施建设水平和质量；φ 代表传统基础设施的建设水平和质量。

从具体作用上看，传统基础设施的建设和完善虽然有助于促进全球贸易网络联通，推动贸易总量增长，但与数字基础设施相比仍然有很大差别，具体表现在：首先，由于受到地理距离的限制，传统基础设施对于信息传递效率的提升作用有限；其次，由于受到科技发展水平的限制，短期内，基础设施完善对于劳动生产率提升的促进作用并不明显，且随着生产量和贸易量的增加，传统基础设施的完善使得企业组织生产所面临的固定成本可能更高。因此，与数字基础设施相比，传统基础设施通过降低企业面临的外部风险、提升劳动生产率以及降低贸易成本进而促进出口技术复杂度提升的效果可能并不显著，而数字基础设施在上述三个方面有着显著优势。基于这一差异化考虑，本章在模型中加入 $\theta(I)$ 以代表数字基础设施对出口企业被"敲竹杠"概率的影响，$r(I)$ 以代表数字基础设施对生产效率的影响，$S[\varphi, I, k(I)]$ 代表调整成本乘数，$c(I)$ 以代表固定成本减项，其中 $r(I) > 1, S[\varphi, I, r(I)] > 1, 0 < c(I) \leqslant 1$。

将式(6-2)代入式(6-4)，并由利润最大化的一阶条件可知：

$$E[q_e(x)] = [\theta(I)^m + [1 - \theta(I)^m]S^{-\sigma}(\varphi, I, r(I))]\mu L^* \left(\frac{\sigma}{\sigma-1} \frac{\tau}{xP^*} \right)^{-\sigma} \qquad (6-5)$$

式(6-5)对 I 求一阶导得：

$$\frac{dE[q_e(x)]}{dI} = \left[(1 - S^{-\sigma}(\varphi, I, k(I))m\theta^{m-1}\frac{d\theta}{dI} - \sigma[1 - \theta^m]S^{-\sigma-1}\left(\varphi, I, r(I)\frac{dS(\varphi, I, k(I))}{dI}\right) \right]\mu L^* \left(\frac{\sigma}{\sigma-1}\frac{\tau}{xP^*} \right)^{-\sigma} \qquad (6-6)$$

由 $\frac{d\theta}{dI} > 0$、$\frac{dr(I)}{dI} > 0$、$\frac{dS(\varphi, I, r(I))}{d\varphi} < 0$、$\frac{dS(\varphi, I, r(I))}{dI} = S_2' + S_3'\frac{dr(I)}{dI} < 0$ 可知 $\frac{dE[q_e(x)]}{dI} > 0$，即随着数字基础设施的普及，企业预期产品出口量增加，进一步将式(6-6)对 m 求导得：

$$d\left(\frac{dE[q_e(x)]}{dI} \right) / dm = [(1 - S^{-\sigma}(\varphi, I, k(I))\theta^{m-1}\frac{d\theta}{dI}(1 + m\ln\theta) + \sigma S^{-\sigma-1}(\varphi, I, r(I)\frac{dS(\varphi, I, k(I))}{dI}\theta^m\ln\theta)]\mu L^* \left(\frac{\sigma}{\sigma-1}\frac{\tau}{xP^*} \right)^{-\sigma} \qquad (6-7)$$

由于假定 $m > 2$，所以 $1 + m\ln\theta > 0$ 成立，进而有 $d\left(\dfrac{dE[q_e(x)]}{dI}\right)/dm > 0$，因此，对于技术复杂度较高的产品而言，数字基础设施对其出口量的影响更大。

此外，进一步分析数字基础设施和传统基础设施的完善对调整成本影响的大小。假定数字基础设施和传统基础设施的完善对调整成本的直接影响是相同的，即 $S'_1 = S'_2$。由此可得：

$$\frac{dS(\varphi, I, r(I))}{dI} = S'_2 + S'_3 \frac{dr(I)}{d(I)} < \frac{dS(\varphi, I, r(I))}{\varphi} = S'_1 \qquad (6-8)$$

显然，数字基础设施的完善对调整成本降低的影响大于传统基础设施。

根据 Melitz(2003) 可知，企业进入国际市场存在一个劳动生产率的临界点 $\bar{x}$，使得 $E[\pi_e(\bar{x})] = 0$，现将式(6-5)代入式(6-4)后整理得：

$$E[\pi_e(x)] = \left[\theta(I)^m + [1 - \theta(I)^m]S^{1-\sigma}(\varphi, I, r(I))\right] \frac{r_e(x)}{\sigma} - c(I)f_e \qquad (6-9)$$

其中，$r(x) = \mu L^*\left(\dfrac{\sigma}{\sigma - 1}\dfrac{\tau}{xP^*}\right)^{1-\sigma}$，因此，存在一个劳动生产率门槛：

$$\bar{x}^{\sigma-1} = \frac{\sigma c(I)f_e\left(\dfrac{\sigma}{\sigma - 1}\dfrac{\tau}{P^*}\right)^{\sigma-1}}{\mu L^*\left[\theta(I)^m + [1 - \theta(I)^m]S^{1-\sigma}(\varphi, I, r(I))\right]} \qquad (6-10)$$

由于 $\dfrac{dc(I)}{dI} < 0$，所以 $\dfrac{d\bar{x}^{\sigma-1}}{dI} < 0$，说明随着数字基础设施质量的提升，企业进入国际贸易的生产率门槛降低，进一步对 m 求导得出 $d\left(\dfrac{d\bar{x}^{\sigma-1}}{dI}\right)/dm > 0$，说明数字基础设施对生产率门槛的降低作用对具有高技术复杂度的产业影响更大。

据此，本章提出如下待检验理论假说：

H1：数字基础设施的建设和完善对出口技术复杂度具有显著的提升作用。

H2：相较于传统基础设施，数字基础设施的建设和完善通过影响企业的劳动生产率降低了企业的调整成本及被"敲竹杠"的概率，进而提升了企业的预期出口数量并降低了出口企业进入国际市场的门槛，且对出口技术复杂度高的产业影响更大。

H3：相较于传统基础设施，数字基础设施的建设和完善通过间接影响企业面临外部风险的概率，降低了企业的调整成本，进而提升了企业的预期出口数量并降低了出口企业进入国际市场的门槛，且对出口技术复杂度高的产业影响更大。

H4：相较于传统基础设施，数字基础设施的建设和完善通过降低企业搜寻成本，进而降低了企业组织生产所必需的固定成本，进而降低了出口企业进入国际市场的门槛，且对出口技术复杂度高的产业的影响更大。

第三节 计量模型设定及数据说明

一、指标选取、测度及数据说明

（一）被解释变量的选取与测度

本章的被解释变量为出口技术复杂度（TS）。目前已有研究中，通常采用 Hausmann et al（2007）提供的方法进行出口技术复杂度的测算，本章采用这一方法使用各国按 sitc rev.3 三位码分类的出口产品数据对世界上 66 个国家 2014—2019 年的出口技术复杂度进行了测算，其中基础数据主要来自 UN COMTRADE 以及世界银行数据库。

（二）解释变量的选取与测度

本章解释变量为数字基础设施（DI），纵观现有研究，对于数字基础设施的衡量没有形成统一的指标，本章采用上海社会科学院 2017 年发布的《2017 年全球数字经济发展报告》（简称《报告》）中提供的指标体系进行了数字基础设施指标的构建，该指标评价体系涵盖了服务器数量、连接速度、移动渗透率等指标，本章按照《报告》所述方法进行指标构建，其中指标包含的服务器数据主要来源于 ZoomEye 网站，其他指标来源于国际电信联盟（ITU）数据库。同时，为了检验回归的稳健性，本章引入了互联网订阅（IS）作为解释变量的替代变量，该指标同样来源于 ITU 数据库。此外，为了对比数字基础设施与传统基础设施对出口技术复杂度的影响差异性，本章构建了基础设施指数 CPT，该指标由港口运输量、航空运输量两个部分组成，使用这两项指标进行构建的原因在于，航空运输和港口运输作为远程贸易必要的手段，其贸易量的大小可以比较恰当地反映出口国在贸易方面的基础设施投入。为了保证结果的可比性，本章采用与数字基础设施指标构建相同的方法计算了基础设施得分，该指标所用数据来源于世界银行数据库。

（三）中介变量的选取与测度

为了验证理论推导部分提出的数字基础设施对出口技术复杂度的影响机理，本章选取如下中介变量：① 劳动生产率 LP_{it}。 在微观推导中，本章认为数字基础设施的接入通过影响本土公司劳动生产率从而提高了企业预期出口数量，且对技术复杂度高的产业影响作用更大。在宏观验证中，本章使用一国的劳动生产率作为反映一国整体经营效率的中介变量。本章参照已有文献，采用一国单位时间内的劳动产量衡量劳动生产率，该数据来自世界银行数据库。② 国家风险 CR_{it}。 国家风险指标衡量了国内营商的总体外部环境，可以准确衡量国内公司面临不确定性的总体概率，因此国家风险可以近似替代微观出口企业经营环节所面临的外部风险。本章采用一国经济风险和金融风险的得分之和衡量，其得分越高，国内经营环境越稳定。该数据来源于 The PRS Group 出版的《国家风险指南》。③ 出口成本 EC_{it}。 在宏观视角下，本章用一国出口总成本替代所有本土公司出口成本的总和参与回归。本章将各国双边贸易成本额进行加总得到各国出口的总体成本,双边贸易成本数据来自世界银行贸易成本数据库。

（四）其他控制变量的选取与测度

结合现有文献研究发现可能影响出口技术复杂度的关键因素,本章选取如下控制变量:① 经济自由度(EF_{it})。主流观点认为经济自由度越高的国家拥有更高的长期经济增速,但在短期来看,对于经济自由度较高的国家来说,政府对经济的干预程度更低,也就导致短期内生产经营需要面临更高的不确定性和更大的风险,进而影响一国出口技术复杂度。该数据来源于美国传统基金会发布的年度报告。② 外商直接投资(FDI_{it})。外商直接投资一方面有助于本土企业通过外商企业研发成果的知识外溢获得更先进的技术及经验,但同时也会抢占本土企业市场,削弱本土企业的出口能力,因此外商直接投资对于出口技术复杂度的影响可能会随着条件的改变而改变。该数据来源于世界银行数据库。③ 人力资源禀赋(HC_{it})。人力资源禀赋高的国家拥有更多的劳动力资源,这将导致本土企业有更小的劳动力使用成本,进而导致其商品或服务有更大的价格优势,促进出口贸易。本章使用一国 15～64 岁占总人口的比例衡量一国人力资源禀赋。其中劳动力人口数据及总人口数据均来自世界银行数据库。④ 自然资源禀赋(RE_{it})。一国或地区自然资源禀赋的多少影响了其可生产商品种类的上限,一国或地区自然资源禀赋越充裕,其可生产的产品种类相对其他地区更多,进而可以出口的产品种类也更丰富。本章采用自然资源租金总额占 GDP 的百分比衡量自然资源禀赋。该数据来自世界银行数据库。

（五）工具变量的选取与测度

在后文的实证分析过程中,为解决可能的内生性问题,本章使用移动网络覆盖率(MPS_{it})作为工具变量进行动态面板回归分析,选择移动网络覆盖率作为工具变量,主要基于如下几个方面的考虑:首先,数字基础设施的完善使得一国对于各类数字化产品的使用量上升,而数字化产品依托于网络传播,因此,数字基础设施的完善与移动网络的覆盖相关;其次,直观上看,移动网络覆盖仅反映一国国内网络普及程度,与出口技术复杂度没有直接关系,因此本章选取人均用电量作为外生工具变量。该数据主要来自 ITU 数据库。

二、计量模型构建

基于前述分析及变量选取,本章构建了如下基准回归模型,实证分析数字基础设施对出口技术复杂度的影响:

$$TS_{it} = a_0 + a_1 DI_{it} + a_2 CV_{it} + \lambda_t + \varepsilon_{it} \tag{6-11}$$

式中,TS_{it} 指代一国某一时期的出口技术复杂度;DI_{it} 指代数字基础设施;CV_{it} 指代控制变量;λ_t、ε_{it} 分别表示时间固定项和随机干扰项。

同时,为了进一步验证理论推导中数字基础设施对于出口技术复杂度影响所涉及的三种作用机理,本章构造了如下中介效应模型:

$$TS_{it} = a_0 + a_1 DI_{it} + a_2 CV_{it} + \lambda_t + \varepsilon_{it} \qquad (6-12)$$

$$MV_{it} = b_0 + b_1 DI_{it} + b_2 CV_{it} + \varepsilon_{it} \qquad (6-13)$$

$$TS_{it} = a_0 + a_1 DI_{it} + a_2 CV_{it} + \lambda_t + \varepsilon_{it} \qquad (6-14)$$

式中，MV_{it} 涵盖劳动生产率 LP_{it}、国家风险 CR_{it}、出口成本 EC_{it} 三个中介变量。

此外，考虑到经济行为和经济活动的惯性作用，即当期出口技术复杂度可能会受到前一年出口技术复杂度的影响，因此，本章构建了如下动态面板模型，拟采用系统 GMM 的方法对模型进行进一步验证。基于此，本章在构建该模型时加入了出口技术复杂度的滞后变量，得到如下动态回归模型：

$$TS_{it} = a_0 + a_1 TS_{it-1} + a_2 DI_{it} + a_3 CV_{it} + \varepsilon_{it} \qquad (6-15)$$

第四节　数字基础设施影响出口技术复杂度的实证结果

一、基准回归结果及分析

表 6-1 报告了数字基础设施对出口技术复杂度提升的基准回归结果，为了避免异方差问题对回归带来的不良影响，本章在估计过程中采用异方差稳健的标准误进行相关处理。在回归过程中，为了进一步验证回归结果的稳健性，本章分别使用 DI 和 IS 作为解释变量进行 OLS 估计，其中表 6-1 第(1)列和第(4)列分别报告了不加入其他控制变量时的回归结果，第(2)列和第(5)列加入控制变量、第(3)列和第(6)列加入年份固定效应以进一步验证回归结果的稳健性。从回归结果(1)~(6)可以看出，无论使用 DI 还是 IS 作为衡量数字基础设施的指标进行回归，结果均表明，数字基础设施对出口技术复杂度(TS)都具有显著的正向影响，即数字基础设施的完善对一国出口技术复杂度提升具有显著的促进作用。据此，前文理论假说 H1 得到初步验证。

此外，由于经济活动和经济行为往往存在惯性作用，从出口技术复杂度角度看亦当如此，即当期出口技术复杂度会受到前一期出口技术复杂度的影响。因此，为了保证回归结果的稳健性，本章将出口技术复杂度滞后一期作为解释变量进行了动态面板系统 GMM 回归，在回归过程中，为了最大限度地消除可能存在的内生性问题，本章使用移动网络覆盖率(MPS)作为外生工具变量参与回归。

表 6-1　基准回归结果

变　量	(1)	(2)	(3)	(4)	(5)	(6)
DI	37.410*** (5.13)	32.101*** (4.68)	26.413*** (3.92)	—	—	—
IS	—	—	—	148.173*** (11.34)	153.049*** (13.97)	136.456*** (13.48)

续　表

变　量	(1)	(2)	(3)	(4)	(5)	(6)
EF	—	81.069*** (5.48)	104.269*** (8.52)	—	24.802*** (9.12)	3.280*** (7.470)
FDI	—	94.244*** (6.57)	109.290*** (80.18)	—	86.520*** (70.43)	98.565*** (6.87)
HC	—	−36.968*** (−9.64)	−56.703*** (−7.31)	—	−60.459*** (−9.97)	−35.194*** (−8.12)
RE	—	228.778*** (6.84)	222.562*** (6.15)	—	224.673*** (6.58)	220.105*** (7.91)
常数项	431.715*** (4.41)	505.473*** (6.36)	278.381*** (4 114.56)	808.005*** (8.76)	334.528*** (8.86)	243.613*** (4.75)
年份固定	No	No	Yes	No	No	Yes
观测值	387	377	377	372	364	364

注：估计系数下括号内的数字为系数估计值的 t 统计量；＊、＊＊和＊＊＊分别表示 10％、5％和 1％的显著性水平。

表 6-2 报告了采用系统 GMM 方法回归的结果及工具变量检验结果，从回归结果中可以看出，出口技术复杂度的滞后项始终为正，且对当期出口技术复杂度有显著的影响，说明"惯性"作用的确存在。此外，数字基础设施变量的估计结果依旧显著为正，表明数字基础设施越完善，产品出口技术复杂度越高。

表 6-2　动态面板系统 GMM 回归

变　量	(1) DI	(2) DI	(3) IS	(4) IS
L.ts	1.079*** (5.79)	0.828*** (4.14)	0.649*** (3.11)	0.548** (2.21)
DI	131.6*** (3.78)	106.1** (2.17)	—	—
IS	—	—	307.619*** (6.22)	208.862*** (3.69)
EF	—	102.2** (2.35)	—	8.343*** (6.81)
FDI	—	−167.2** (−2.25)	—	109.111 6** (2.09)
HC	—	−3,233** (−2.41)	—	−729.426 3* (−6.98)
RE	—	−638.6** (−2.82)	—	114.846 0*** (4.58)

变　量	(1) DI	(2) DI	(3) IS	(4) IS
观测值	254	246	243	238
国家数量	66	64	65	63
Sargan 检验 P 值	0.146	0.987	0.888	0.952
Hansen 检验 P 值	0.047	0.889	0.582	0.823
r^2	0.183	0.322	0.278	0.475

注:估计系数下括号内的数字为系数估计值的 t 统计量;＊、＊＊和＊＊＊分别表示 10％、5％和 1％的显著性水平。

综上所述,本章理论部分提出的假设 **H1** 得到了进一步验证。

二、中介效应回归结果及分析

为了进一步分析和验证前文理论分析提出的数字基础设施对出口技术复杂度提升的影响机制,表 6－3 报告了前文所述的三个指标的中介效应回归结果。其中,第(2)列和第(3)列报告了劳动生产率(LP)中介效应回归结果,第(4)列和第(5)列报告了国家风险(CR)中介效应回归结果,第(6)列和第(7)列报告了出口成本(EC)中介效应回归结果。从第(2)列和第(3)列回归结果中可以看出,在加入劳动生产率指标后,数字基础设施与出口技术复杂度之间的显著关系没有发生变化,但是系数由 32.101 减小到 13.781,数字基础设施与劳动生产率之间显著相关,且出口技术复杂度与劳动生产率之间显著相关,说明劳动生产率在数字基础设施与出口技术复杂度之间起到了部分中介作用。进一步计算可见,数字基础设施通过劳动生产率对出口技术复杂度发挥的间接效应为 18.446,中介效应在总效应中占比 57.46％,据此可见,数字基础设施通过影响劳动生产率进而影响出口技术复杂度的机制非常明显。从第(4)列和第(5)列回归结果中可以看出,在加入国家风险指标后,数字基础设施与出口技术复杂度之间的显著关系没有发生变化,且数字基础设施与国家风险显著正相关,即数字基础设施的完善显著改善了国家经济金融风险环境,同时国家风险与出口技术复杂度显著正向相关,说明国家风险在数字基础设施与出口技术复杂度之间起到了部分中介作用。进一步计算可见,数字基础设施通过国家风险对出口技术复杂度发挥的间接效应为 17.47,中介效应在总效应中占比 54.41％。类似地,从第(6)列和第(7)列回归结果中可以看出,在加入出口成本指标后,数字基础设施与出口技术复杂度之间的显著关系没有发生变化,且数字基础设施与出口成本显著负相关,即数字基础设施的完善显著降低了出口成本,同时出口成本与出口技术复杂度显著负向相关,说明国家风险在数字基础设施与出口技术复杂度之间起到了部分中介作用。进一步计算表明,数字基础设施通过降低出口成本对出口技术复杂度发挥的间接效应为 6.23,中介效应在总效应中占比 19.41％。

综上可见,数字基础设施的确通过提升劳动生产率、降低国家风险及出口成本三个方面的重要作用机制,对出口技术复杂度的提升产生正向显著间接影响。前文的理论机制

假说 **H2 - H4** 得到了较好的逻辑一致性计量验证。

表 6 - 3　中介效应回归结果

变　量	(1) TS	(2) LP	(3) TS	(4) CR	(5) TS	(6) EC	(7) TS
DI	32.101*** (4.68)	259.797*** (6.95)	13.781*** (3.89)	0.042*** (5.61)	14.677*** (4.14)	−41.532*** (−9.23)	24.097*** (4.17)
LP	—	—	0.071*** (3.07)	—	—	—	—
CR	—	—	—	—	415.898*** (9.61)	—	—
EC	—	—	—	—	—	—	−0.150*** (3.09)
EF	81.069*** (5.48)	17.769** (2.25)	40.688*** (7.175)	0.393*** (10.40)	83.529** (2.73)	53.704 (7.48)	102.987*** (4.53)
FDI	94.244*** (6.57)	37.165* (2.98)	13.836*** (5.76)	0.089** (2.11)	58.289 (0.92)	277.665*** (5.60)	122.799*** (9.84)
HC	−36.968*** (−9.64)	−15.423*** (−46.52)	−14.509** (−.39)	0.118 (1.55)	−12.660 (−0.21)	−10.316*** (−3.72)	−48.400*** (−6.01)
RE	228.778*** (6.81)	−1.452 (4.448)	233.183*** (65.737)	0.008 (0.15)	228.353*** (3.24)	56.392 (65.229)	238.363*** (65.659)
常数项	155.473*** (6.37)	1 271.544*** (7.45)	502.957*** (3.48)	35.548*** (8.01)	−227.407 (−0.05)	921.266*** (6.85)	305.450*** (11.85)
观测值	377	384	377	384	377	363	364

注:估计系数下括号内的数字为系数估计值的 t 统计量;＊、＊＊和＊＊＊分别表示 10%、5%和 1%的显著性水平。

为了进一步验证中介效应结果的稳健性,本章通过替换数字基础设施衡量变量、更换中介效应检验方法的方式,进行了同样的中介效应分析,具体结果如表 6 - 4、表 6 - 5 所示。其中,从表 6 - 4 结果可以看出,数字基础设施通过提升劳动生产率、降低国家风险以及出口成本间接提升出口技术复杂度的机制仍然显著;在表 6 - 5 中,第一行结果反映了指标的间接效应,第二行结果反映了指标的直接效应,从中可以看出,数字基础设施的完善对于出口技术复杂度的三种间接影响机制同样显著。据此,本章理论部分提出的理论机制假设 **H2 - H4** 均得到进一步验证。

表 6 - 4　更换变量的中介效应回归结果

变　量	(1) TS	(2) LP	(5) TS	(6) TS	(3) CR	(4) EC	(7) TS
IS	153.049*** (3.97)	1 431.320*** (4.67)	71.151*** (6.26)	91.779*** (6.15)	0.205*** (12.53)	−182.276*** (−5.46)	132.673*** (6.31)

续　表

变　量	(1) TS	(2) LP	(5) TS	(6) TS	(3) CR	(4) EC	(7) TS
LP	—	—	0.057*** (4.09)	—	—	—	—
CR	—	—	—	297.325*** (6.27)	—	—	—
EC	—	—	—	—	—	—	−0.103*** (−4.031)
EF	24.802 (9.13)	618.180*** (3.88)	58.861** (8.92)	99.227*** (3.06)	0.251*** (7.23)	193.178*** (4.89)	92.761*** (3.56)
FDI	86.520 (7.43)	1 102.977** (5.39)	24.132 (9.65)	63.199 (1.04)	0.08 0 (1.36)	270.690*** (4.48)	111.810 (6.63)
HC	−60.459 (−59.97)	−81.402*** (8.03)	−90.737 (−65.75)	−51.659 (−0.86)	−0.035 (−0.58)	−142.357 (−8.67)	−29.685 (−5.79)
RE	224.673*** (6.58)	109.341 (5.61)	29.707*** (6.98)	225.418*** (3.51)	−0.006 (−0.11)	80.698 (6.05)	234.177*** (6.36)
常数项	334.528*** (8.86)	820.909*** (9.89)	402.804*** (3.52)	717.271 (1.62)	44.811*** (12.59)	153.785*** (77.67)	96.786** (2.41)
观测值	364	371	364	364	371	352	364

注:估计系数下括号内的数字为系数估计值的 t 统计量;*、＊＊和＊＊＊分别表示 10％、5％和 1％的显著性水平。

表 6−5　Bootstrap 中介效应检验模型结果

变　量	(1) y1	(2) y1	(3) y1
_bs_1	18.23*** (5.498)	17.39*** (4.687)	6.172*** (3.082)
_bs_2	13.26*** (3.41)	14.10*** (3.81)	23.86*** (5.39)
观测值	384	384	364

注:估计系数下括号内的数字为系数估计值的 t 统计量;*、＊＊和＊＊＊分别表示 10％、5％和 1％的显著性水平。

第五节　进一步分析

一方面,虽然数字基础设施的重要性愈发凸显,但传统基础设施的重要性及其作用仍然不可忽视;另一方面,为了进一步明晰数字基础设施与传统基础设施影响出口技术复杂度作用机制可能存在的差异性,本章将进一步在计量方程中加入传统基础设施变量(CPT),并对其进行了中介效应回归。

一、基于劳动生产率的对比分析

传统基础设施变量的构建及其数据说明具体见前文。在考虑了传统基础设施及其中介效应后的回归结果,分别报告于表6-6~表6-8。从表6-6可以看出,传统基础设施的完善对出口技术复杂度的提升,确实存在显著的促进作用,这一结果与王永进等(2010)的研究发现是一致的。但是,从具体的系数估计值来看,传统基础设施的系数估计值,在同一列中明显要小于数字基础设施的系数估计值,这可能在一定程度上说明,相较于传统基础设施而言,数字基础设施对出口技术复杂度提升的促进作用更强。当然,由于两种基础设施的指标体系构建不完全相同,因此所得回归估计系数值的大小并不一定完全具有可比性,或者说并不能完全说明和区分在影响出口技术复杂度方面的作用力高低。因此,我们更为感兴趣的是,在具体的作用机制上,数字基础设施是否与传统技术设施存在前文理论分析指出的差别。从表6-6第(2)列汇报的估计结果看,数字基础设施对劳动生产率具有显著的正向影响,传统基础设施则并未表现出显著影响。导致上述差异的关键原因,正如前文理论模型分析中指出,传统基础设施水平的提高确实有助于企业在调整生产时提高了调整效率,进而降低调整成本,但这种影响是间接的,并未直接影响企业的劳动生产率。与之相比,数字基础设施对劳动生产率的影响则能产生立竿见影的显著效果。

表6-6　劳动生产率对比回归分析

变　量	(1) TS	(2) LP	(3) TS
DI	23.596*** (3.89)	164.597*** (8.93)	10.099*** (4.351)
CPT	16.681*** (5.14)	12.287 (1.48)	18.936*** (4.27)
LP	—	—	0.082*** (0.007)
EF	79.334*** (5.48)	471.292** (2.25)	40.688 (7.15)
FDI	92.135 (7.35)	345.109** (2.96)	63.836 (5.76)
HC	−32.125 (−8.57)	−89.104*** (−6.52)	−15.509** (3.39)
RE	207.719*** (9.31)	1624.158*** (4.48)	133.183*** (5.77)

续　表

变　量	(1) TS	(2) LP	(3) TS
固定项	505.473*** (6.37)	271.544*** (7.45)	502.957*** (5.88)
观测值	377	384	377

注:估计系数下括号内的数字为系数估计值的 t 统计量;*、**和***分别表示 10%、5%和 1%的显著性水平。

二、基于出口成本的对比分析

从表 6-7 可以看出,类似地,数字基础设施对出口成本具有显著影响,但传统基础设施对出口成本的影响并不显著,其原因在于虽然传统基础设施的完善促进了跨境要素及中间产品流动,但是由于传统基础设施往往受到环境的制约以及科技发展水平的限制,导致产品和要素跨境流动的成本很难出现明显降低,因此传统基础设施的完善对于一国贸易成本降低的影响并不显著。相比之下,数字基础设施作为新一轮信息技术革命的底层架构和支撑体系,对于贸易成本的降低的作用更为显著。

表 6-7　出口成本对比回归分析

变　量	(1) TS	(2) EC	(3) TS
DI	32.101*** (4.68)	−53.361*** (−9.23)	24.097*** (4.117)
CPT	16.681*** (5.14)	−9.813*** (−3.15)	15.209*** (4.28)
EC	—	—	−0.150*** (−3.29)
EF	81.069*** (5.88)	−53.704*** (−7.48)	72.987*** (4.13)
FDI	94.244*** (6.570)	−196.337*** (9.66)	62.799*** (9.84)
HC	36.968*** (9.64)	−57.128*** (−3.73)	28.400*** (6.41)
RE	228.778*** (6.14)	−402.747*** (−5.29)	168.363*** (6.69)
固定项	505.473*** (4.37)	921.266*** (7.85)	305.450*** (4.75)
观测值	377	364	363

注:估计系数下括号内的数字为系数估计值的 t 统计量;*、**和***分别表示 10%、5%和 1%的显著性水平。

三、基于国家风险对比分析

从表6-8汇报的估计结果可以看出,数字基础设施对国家风险具有显著影响,而传统基础设施并未产生显著影响,这一点与前文理论模型推导形成的预期结果一致。导致上述差异的可能的原因在于,经济风险和金融风险主要来自市场中的不确定性,而信息流通时滞带来的信息不对称是造成这种不确定性的重要原因,但传统基础设施的完善对于信息流动效率的提升有限,因此,传统基础设施的普及并不能有效降低国家的经济和金融风险。

表6-8 国家风险对比回归分析

变 量	(1) TS	(2) CR	(3) TS
DI	32.101*** (4.68)	0.042*** (5.08)	14.677*** (3.56)
CPT	16.681*** (5.14)	0.016 (1.60)	9.535*** (4.60)
CR			415.898*** (3.26)
EF	81.069*** (5.48)	0.066*** (3.38)	53.529*** (3.62)
FDI	94.244** (6.57)	0.089 (0.08)	58.289** (2.51)
HC	36.968 (9.64)	0.058 (0.06)	12.660 (59.646)
RE	228.778*** (6.814)	0.169 (0.056)	158.353*** (7.563)
固定项	505.473*** (6.67)	35.548*** (4.46)	−227.407 (−4.30)
观测值	377	384	377

注:估计系数下括号内的数字为系数估计值的 t 统计量;＊、＊＊和＊＊＊分别表示10％、5％和1％的显著性水平。

第六节 主要结论与启示

当前,以数字技术为代表的新一轮信息技术革命和产业革命正在孕育并初露端倪,由于出口技术复杂度的提升根本上依赖于技术进步,因此,上述变化必然会对出口技术复杂度产生重要影响。然而,作为数字技术和数字经济底层架构和基本支撑的数字基础设施,是否以及如何影响出口技术复杂度,目前尚无专门的理论和实证研究。虽然基础设施质量对国际贸易的重要作用在传统国际贸易理论中已有论证,并得到了大量的经验研究证实,其中包括从出口技术复杂度角度的研究,但是已有研究关注的基础设施主要是以"铁公机"等为代表的传统基础设施,而非数字基础设施。不可否认的是,不同技术条件下生产要素运行机制和作用规律不同,对基础设施的依赖程度及其要求也不尽相同。与传统基础设施相比,本章的理论模型分析认为,数字基础设施更易通过降低企业面临的外部风险、提升劳动生产率以及降低贸易成本等作用机制,对提升出口技术复杂度产生显著作用。在理论分析及形成的相应命题假说基础之上,本章进一步利用 66 个国家和地区的相关数据,对理论假说进行了经验验证。实证检验结果表明:① 数字基础设施完善对于提升一国出口技术复杂度,具有显著的促进作用;② 从具体的影响机制看,数字基础设施主要通过提高一国劳动生产率、降低国家风险及经营成本,影响着出口技术复杂度;③ 与数字基础设施相比,传统基础设施对出口技术复杂度的影响并未通过上述三个方面的作用机制而发挥作用。

本章研究不仅从数字基础设施角度,进一步扩大了对出口技术复杂度影响因素的认识,而且对于开放型经济迈向高质量发展新阶段,尤其是亟待推动贸易高质量发展的中国而言,也有重要政策含义。数字技术进步和数字经济发展固然对于提升出口技术复杂度有积极作用,但是从全球竞争角度看,能否依托出口技术复杂度提高而提升出口效益乃至改善国际分工地位,应该说,各国既面临挑战也蕴含着机遇。对于中国而言,要把握数字化浪潮带来的机遇,化解可能带来的挑战,基于本章研究结论,我们认为,首先需要不断完善作为数字技术和数字经济底层架构和基本支撑的数字基础设施,助力企业实现技术进步和产品更新迭代,适应全球市场对于高端技术产品的需求,提升自身出口技术复杂度和全球价值链分工地位。具体而言,迎接挑战,抓住机遇,中国亟待从如下几个方面探寻新思路、找准新对策、实现新突破。

一、高度重视数字基础设施建设的重要性

在工业经济时代,以"铁公机"为表现的传统基础设施,对经济社会发展无疑具有重要支撑作用。而在数字经济条件下,传统基础设施仍然不可或缺,但其重要性明显下降,代之而起或者说更重要的是数字基础设施。所谓数字基础设施,主要是指以数字技术或知识产权为核心价值的新型基础设施,主要包括互联网、物联网、云计算、大数据、区块链、人工智能、量子通信等新型基础设施。世界经济发展史表明,每一次技术革命和产业革命都会伴随基础设施的重大变革。当前,数字技术和数字经济代表着未来发展趋势,也是未来世界各主要国家竞争的焦点。在未来数字技术引领的数字经济发展中,尤其是通过数字赋能实现出口技术复杂度的提升,必将依赖数字基础设施这一基础中的基础作为支撑。实际上,数字基础设施建设一方面属于基建,另一方面也是新兴产业,而且与传统基础设施相比,数字基础设施更多表现为技术含量高、轻资产以及高附加值等特征。更为重要的是,数字基础设施的建设和完善,不仅能够有效支撑数字技术和数字经济的发展,实际上也是针对当前中国经济发展在诸多领域面临的瓶颈和制约而有效补短板的重要举措。为此,中国应主动把握机遇,抢先构筑数字经济条件下竞争新优势,以数字基础设施建设的突破成果,为切实提高出口技术复杂度提供有力支撑。

二、加强针对数字基础设施建设的顶层设计和统筹协调

一方面，数字基础设施作为基建工程的重要组成部分，具有公共物品的特征，另一方面，数字基础设施建设，如同前文分析指出，既是基础设施也是新兴产业，并且涉及领域十分广泛。尤其是从提升出口技术复杂度角度看，数字基础设施建设涉及很多领域，作为新兴产业和高技术领域，其本身在开放条件下的国际合作就会表现为较高的出口技术复杂度，更不用说以此为基础支撑的其他产业领域的转型升级和出口技术复杂度提升。因此，更好地推动数字基础设施建设，需要加强顶层设计和统筹协调。具体而言，就是要加快研究出台推动数字基础建设和发展的指导性政策文件，对数字基础设施建设要形成广泛的社会共识，包括数字基础设施的内涵、外延及其建设的重要意义，从而有助于在从上到下的纵向维度，以及广泛串联各部门、各领域的横向维度，形成上下一条心、全国一盘棋的基础性建设良好局面。强化各部门、各行业、各地区、各城市在数字基础建设方面的衔接和协调，统筹解决高质量建设数字基础设施面临的共商、共建、共享问题，共同参与解决其中的标准和规范等问题。通过标准的共同商定和推广，数字基础设施建设的共同参与，进而在数字基础设施提供服务上更好地实现共享，对于高质量推动数字基础设施建设，具有极为重要的保障作用。

三、尽快探讨形成适宜的投融资模式

与传统基础设施相比，数字基础设施在诸多方面具有显著特征和差异性。比如，在投资主体方面两者应有明显差异。因为传统基础设施建设通常而言具有技术门槛相对较低的特征，而且面临的不确定性等风险也相对较低，因此，政府作为承建、管理和投资主体，进行基础设施建设是合适的。相比之下，数字基础设施建设则具有高度不确定性，面临的市场风险也相对较大。在这种情况下，政府与企业相比显然对前沿技术和市场的敏感度要更低，因此，正确做出数字基础设施投资决策所能成功实现的概率就会相对较低，面临决策失误和失败的风险都会相对较大。因此，以政府为主导的投融资模式可能不再合适，而以企业为主体并以市场化为导向的投融资模式可能更为合适。此外，从投资对象上看，传统基础设施建设的投资对象多为物理设施，比如铁路、公路、机场、港口、码头等；数字基础设施建设除了硬件设施外，更多表现为软件设施，比如网络平台的建设和软件系统的开发等。况且，即便是硬件物理设施，数字基础设施建设所涉及的诸如5G基站、数据中心等，也与传统基础设施建设有较大差别。这一系列差异决定了数字基础设施建设需要找到与之相匹配和相适宜的更加有效的投融资模式，如此，才能更顺利地推动基础设施高质量建设和发展，奠定出口技术复杂度提升的根基。

四、注重数字基础设施建设中的开放融合创新

如果说，出口技术复杂度提升是开放发展中问题的话，那么作为其具有重要助力的数字基础设施建设和完善，同样应该从开放的视角看待和理解。何况，数字技术和数字经济的最大特征就是开源式技术进步和发展模式（江小涓，2021），而作为其底层架构逻辑和支撑体系的数字基础设施，由于无论是物理硬件建设还是无形的软件建设，实际上同样具有

"开源式"特征和模式。因此,在推动数字基础设施建设中,要充分注重开放融合创新的发展模式。所谓数字技术设施的开放融合创新,一方面是指主要依托于自主创新能力的提高,增强自身在数字基础设施建设方面的能力,另一方面意味着自主创新能力的提高必须置于开放条件下实现。换言之,需要通过进一步扩大开放来整合和利用全球创新要素和创新资源,以服务于自主创新能力提升的现实需要。何况,在科学技术进步日新月异的当代,很多研发项目无论是从成本还是从风险等角度看,可能都会成为某个单一企业甚至某个单一国家所"不能承受之重",需要世界各国通力合作才能够更好地推进。当前,全球价值链演变发展中的全球创新链的构建和发展,一方面当然是资源优化配置的重要表现和结果,另一方面其实也反映了研发国际化是适应特定发展阶段技术进步和创新的内生需要。在开放融合创新中不断推动技术进步,不仅是提升数字基础设施建设能力的必由之路,也是跟踪和把握世界数字技术发展前沿的必然选择。

五、加快数字基础设施建设应做好重点领域的遴选

数字基础设施固然对数字经济发展乃至支撑起整个经济循环体系的运行都有极为关键的作用和意义,其中包括对提升出口技术复杂度的重要作用,因此,加快推动数字基础设施建设的必要性和紧迫性不言而喻。但是,正如前文分析指出,数字基础设施建设涉及方方面面,可谓范围广、类型多,因此,在建设过程中不可能一拥而上、一蹴而就,更需要在做好顶层设计和统筹协调中避免重复投资和无效投资等问题。在加快数字基础设施建设过程中,尤其需要做好重点领域的遴选,做到有序安排。比如,可以根据中国在数字经济领域尤其是数字基础设施方面已经具备的先行优势,先聚焦起步基础较好并且具有相对较广应用范围,以及能够尽快产生效应的数字基础设施领域,作为优先投资领域,尽快将数字基础设施转化为开放发展的重要支撑力,达到以关键领域带动全面发展的效果,促进产业转型升级,夯实出口技术复杂度提升的产业基础。比如,根据当前中国已经在某些领域具备的优势,可以考虑重点推进和加快 5G 和光纤宽带的网络建设,合理布局云计算、边缘计算等算力基础设施建设,为更多产业领域所需的基础建设先行提供公共基础。在诸如融合基础设施领域(如工业互联网、智能化交通运输环境等)以及创新基础设施领域(如人工智能、高性能计算等)率先进行投资建设和发展,布局公共服务平台和创新中心,夯实提升出口技术复杂度的数字基础设施。

第7章
数字化投入与价值链攀升:服务出口竞争力视角

本章在创新性地提出服务出口数字化交付额测度指标基础上,利用 UIBE GVC 的 ABD MRIO 等数据库提供的原始数据,测度了 2000—2017 年中国服务出口数字化交付额,并据此测算了细分行业层面以及基于要素密集度特征分类层面的中国服务业出口显示性比较优势指数(RCA),并与基于贸易增加值核算法测度的 RCA 指数进行了比较分析。结果显示:① 总体来看,中国服务出口数字化交付国际竞争力比较薄弱,只有少数部门近年来迈向了比较优势上游水平,表现出了较强国际竞争力;② 从动态变化角度看,"数字赋能"中国服务出口数字化国际竞争力提升主要集中在知识密集型领域,说明产业结构优化升级在数字技术推动下具有"跃迁"的现象和可能;③ 基于贸易增加值核算法测度的 RCA 指数会"低估"中国服务出口数字化交付能力;④ 与美国等服务业强国相比,虽然中国目前在总量等方面仍然存在较大差距,但由于增速较快从而数字化交付占服务出口国内增加值比重与美国差距正在缩小。上述有助于我们客观认识数字赋能下中国服务出口的真实国际竞争力水平,而且对依托数字赋能推动服务业转型升级和提升国际竞争力,也有着重要政策含义。

第一节 已有研究及代表性观点

当前,世界经济正经历深刻调整和变化,其中两个趋势尤为值得关注。一是伴随产业结构调整和高级化发展,服务业所占比重总体呈上升趋势。在此基础之上,伴随信息和通信等技术进步,以往服务业只能局限于本土化发展的传统模式和格局被不断打破,出现了全球化和碎片化发展趋势。大量实证研究所揭示的全球价值链向服务业领域拓展(Marina 和 Zaki,2021;Hur,2020),就是明证。建立在服务业全球化和碎片化分工基础之上的全球服务贸易呈现了迅猛发展的势头,并成为全球贸易增长新引擎。世界贸易组织(WTO)的统计数据显示,全球服务出口额从 2010 年的 3.98 万亿美元上升到 2019 年的 6.21 万亿美元,年均增长率高达 5.11%,远高于同期货物贸易出口年均 2.44% 的增长率。二是以数字技术为代表的新一轮技术革命和产业革命已初现曙光,由此推动了全球数字经济的快速发展。联合国贸发会议发布的《2021 年世界投资报告》预测指出,未来数字技术和数字经济将成为全球投资的主要方向,数字技术将成为驱动世界经济增长的主要引擎,数字经济将成为世界经济的主导形态。由此可以得到的一个基本判断是,未来服务业开放和服务贸易增长将成为经济全球化的重要内容和方向,而其中的主要动力机制之一则是"数字赋能"。正如世界银行(World Bank)发布的《2021 年世界发展报告:改善生活的数据》明确指出,未来在驱动服务出口增长的主要因素中,数字技术将超越诸如收入增长等传统因素作用,成为推动全球服务出口高速增长的核心动力。特别是针对发展中国家而言,考虑到其无论是在数字技术还是在服务业发展等方面,与发达国家相比均处于相对落后的特征事实,因此,如果未来发展中国家能够在数字技术进步及其与其他产业尤其是服务业融合发展方面取得实质性进步,其服务出口在全球服务贸易中的份额也会显著提高。可见,以"数字赋能"的服务出口竞争力将成为一国未来参与全球合作与竞争的重要衡量指标。

改革开放 40 多年来,中国开放发展主要发生在制造业领域,服务业开放起步相对较晚且发展相对滞后。尽管近年来在发展服务贸易方面取得了显著成就,但总体来看,中国服务贸易不仅在发展规模上,与货物贸易相比还处于显著失衡的状态,与中国作为世界第二大经济体的庞大经济体量不相匹配,而且从服务贸易自身角度看也存在着长期以来进出口失衡问题。中国商务部发布的统计数据显示,2010 年,中国服务贸易出口额和进口额分别为 12 008 亿元人民币和 13 014 亿元人民币,逆差额为 1 006 亿元人民币;2018 年,中国服务贸易出口额虽然增长到了 17 658 亿元人民币,但服务进口以更快的速度增长到了 34 744 亿元人民币,逆差额进一步扩大到了 17 086 亿元人民币。当然,中国服务贸易发展起步较晚且竞争力不高,与中国经济发展所处特定阶段密切相关。中国进入高质量发展的新阶段后,进一步扩大服务业开放和提升服务贸易竞争力,是迈向更高水平开放的重要表现之一。那么,现在的关键问题是:从未来经济全球化合作与竞争发展新态势看,中国能否顺应服务贸易发展的大趋势,并抓住数字革命和数字技术带来的重要战略机遇,通过数字赋能而提升中国服务出口竞争力? Hausmann 和 KlinAer(2006)在研究出口产品动态转换和比较优势动态变迁时曾发现,一国出口产品结构和比较优势变迁具有序惯性特征,也就是说下一时期出口商品结构转换的潜力和方向,与当前出口产品结构高度相关。当然,这一规律性在常规发展状态下可能成立,在技术突变推动的产业和产品出口结构调整下是否依然成立,还需要进一步探讨。据此,客观认知和科学测度数字经济条件下,中国服务出口数字化交付国际竞争力,不仅有助于我们对了解现状提供更为直观的科学经验证据,对于准确判断中国服务业转型升级的总体方向和发展趋势,也有重要启发意义和指导价值。遗憾的是,目前还鲜有文献针对这一重要问题开展直接研究。

关于服务贸易竞争力的研究,学术界已经进行了大量有益探讨并取得了丰富成果。总体来看,目前的研究主要聚焦于如下几个方面:一是利用建立在总值核算法基础上的服务贸易数据,采用国际经济理论中测度国际竞争力的传统指标,如贸易竞争力指数、显示性比较优势指数等,在整体层面上对中国服务贸易竞争力进行测度(鲁晓东,2007;陈虹和章国荣,2010)。二是采用与前述类似的方法,在服务行业部门的细分层面上,比如文化服务贸易、旅游服务贸易、金融服务贸易、保险服务贸易等,对中国服务贸易竞争力进行测度(曹瑛和王耀中,2009;何伟和何忠伟,2008)。三是充分考虑到当前全球价值链分工带来的影响,尤其是全球价值链向服务业领域的拓展,因此继续采用总值核算法取得的服务贸易数据,并不能真实反映服务贸易发展状况,据此测算服务贸易国际竞争力指数可能会带来误导性,因此,近年来的文献研究开始转向对服务贸易增加值进行测算(余道先和王露,2016;程大中等,2017;张娟,2014)。此外,还有一些关于服务贸易国际竞争力影响因素的研究(张慧,2014;宋加强、王强,2014),包括从服务出口增长分解角度探讨竞争力主要来源问题的研究(戴翔,2013),等等。从数字经济角度开展的针对服务贸易的研究,目前也取得了一些零星成果,主要侧重于数字经济下服务贸易发展面临的挑战和机遇(王拓,2019;曹晓路,王崇敏,2020)、数字服务贸易壁垒及其可能产生的影响(齐俊妍和强华俊,2021;周念利,姚亭亭,2021)以及数字服务贸易全球价值链的有关探讨(吕延方等,2020;Miao,2021),等等。

综上可见,现有成果从不同层面和角度,对中国服务贸易问题进行了探讨和分析,所得结论不乏启发和借鉴意义,尤其是全球价值链分工角度以及基于数字经济背景下开展的分析和研究,有助于我们从数字化交付角度理解中国服务贸易。但是,目前尚没有针对中国服务出口数字化交付国际竞争力的直接研究文献。鉴于此,本章力图对上述问题做出专文探讨。与现有研究相比,本章可能的边际贡献包括:第一,在研究视角上,本章以数字赋能为特定视角,对中国服务出口国际竞争力进行测度;第二,在研究内容上,本章研究的中国服务出口竞争力不是针对整体层面或者分部门层面的服务出口,而是数字化交付的服务出口,属于服务贸易的一部分。换言之,基于这一研究内容所得结论,有助于我们认识"数字赋能"服务出口的现状,以及利用数字化交付的服务出口在总体服务出口中所处地位。第三,在研究方法上,本章将在对现有贸易增加值测算方法进行改进的基础上,测度数字化交付的服务出口国内增加值,并将之带入显示性比较优势指数(RCA)测度公式,据此测算中国服务出口数字化交付国际竞争力。将所得结果与基于传统总值核算法测算的 RCA 结果进行比较分析,据此明晰数字化条件下中国服务出口竞争力的真实状况,"纠正"基于传统测度方法可能形成的"误判",从而为中国服务出口升级和提升国际竞争力的战略方向提供科学依据。

第二节　服务出口数字化的测度方法及数据说明

一、测度方法

测算服务出口数字化交付国际竞争力,首先需要测度服务出口数字化交付的真实出口额。在全球价值链分工条件下,尤其是全球价值链分工拓展至服务业领域后,利用总值核算法统计的服务出口额显然无法反映服务出口真实情况。服务出口数字化交付的真实出口额的计算实际上包括两个步骤,第一步是计算服务出口国内增加值,第二步是在服务出口国内增加值基础上分解出服务出口数字化交付出口额。任何一个国家的任何一个产业部门,其产出从用途上看都有两种,一种是作为中间投入品进入任何一个产业部门的生产或者服务提供过程,另一种就是作为最终消费品或最终服务需求。当这种投入产出关系拓展至全球后,即在全球价值链分工条件下,任何一个国家的任何一个部门的产出,无论是作为中间投入品使用,还是作为最终产品或服务进行消费,都可以在国内完成,也可以出口到国际市场在国外完成。借鉴 Koopman et al.（2012）的思路和方法，假设有 N 个国家 A 个部门，则全球多国多部门的投入产出表可以用表 7-1 进行直观表示。

表 7-1　全球多国多部门的投入产出表

投　入		产　　出								总产出
		中间使用				最终需求				
		国家(C1)	国家(C2)	…	国家(Cn)	国家(C1)	国家(C2)	…	国家(Cn)	
中间投入	国家(C1)	A_{11}	A_{12}	…	A_{1n}	Y_{11}	Y_{12}	…	Y_{1n}	A_1
	国家(C2)	A_{21}	A_{22}	…	A_{2n}	Y_{21}	Y_{22}	…	Y_{2n}	A_2
	…	…	…	…	…	…	…	…	…	…
	国家(Cn)	A_{n1}	A_{n2}	…	A_{nn}	Y_{n1}	Y_{n2}	…	Y_{nn}	A_n
增加值		V_1	V_2	…	V_n					
总投入		A_1	A_2		A_n					

注：表中的"行"就是将总产出按照其具体的流向或者说用途进行的划分，包括作为中间投入品还是作为最终需求品，用于国内还是出口到国外；"列"则表示该生产或者服务部门在生产或者服务提供过程中的具体投入情况。

由此，经济体 t 的出口国内增加值（EDV）的计算公式如下：

$$EDV_t = V_t (I - A_{it})^{-1} E_{t*}, \qquad t = (1,2,3,\cdots,N) \qquad (7-1)$$

式中，EDV_t 是一个 A 维列向量，表示第 t 个国家的 A 个部门的出口国内增加值；I 是一个 $A \times A$ 的单位矩阵。V_t 表示第 t 个国家的出口国内增加值率的对角矩阵，该对角矩阵中对角线上的元素分别代表第 t 个国家的 A 个行业直接出口国内增加值率，而除对角线以外的其他元素均为 0。A_{tt} 表示第 t 个国家的国内投入产出关系，其投入产出关系所构成的矩阵 A_{tt} 中第 i（$i=1,2,3,\cdots,A$）行中的各列元素，代表对应该列的生产部门产出一单位时所需要用到的由国内第 i 个生产部门提供的中间品投入量，而 A_{tt} 中第（$j=1,2,3,\cdots,A$）列中的各行元素，代表对应该行的国内生产部门在产出一单位 j 时，其中有多少作为中间品被投入。其中，V_t 具体的表达形式见式（7-2）：

$$V_t = \begin{bmatrix} v_t^1 & 0 & \cdots & 0 \\ 0 & v_t^1 & \ddots & 0 \\ \vdots & \vdots & \ddots & \vdots \\ 0 & 0 & \cdots & v_t^G \end{bmatrix} \qquad (7-2)$$

A_{tt} 具体的表达形式见式（7-3）：

$$A_{tt} = \begin{bmatrix} a_{11} & a_{12} & \cdots & a_{1A} \\ a_{21} & a_{22} & \cdots & a_{2A} \\ \vdots & \vdots & \ddots & \vdots \\ a_{A1} & a_{A2} & \cdots & a_{AA} \end{bmatrix} \qquad (7-3)$$

式中,E_{t*} 代表第 t 个国家中所有 A 个部门出口的 $A\times1$ 维列向量,E_{t*} 的具体计算公式见式(7-4):

$$E_{t*} = \sum_{h\neq t}^{N} E_{th} = \sum_{h\neq t}^{N} (A_{th}X_h + Y_{th}) \qquad (7-4)$$

式中,Y_{th} $(t,h=1,2,3,\cdots,N)$ 代表第 h 个经济体对第 t 个经济体最终产品吸收部分,因此,矩阵 Y 中每一行的各元素加总就表示对应国的 $A\times1$ 维列向量的最终需求,A_{th} 表示第 h 个经济体在生产过程中使用来自第 t 个经济体中间投入品的 $A\times A$ 投入产出系数矩阵。利用上述方法便可计算出各服务部门出口国内增加值 EDV;将 EDV_t 中代表服务业各部门出口国内增加值相加后得到的总体服务出口国内增加值;进一步地,也可以按照要素密集度特征对服务部门进行分类,然后计算具有不同要素密集度特征的分行业层面出口国内增加值。

由于本章研究的是服务出口数字化交付国际竞争力,而服务出口国内增加值显然并非都是数字化交付的出口增加值,也就是说,以数字化交付的服务出口国内增加值只是服务出口国内增加值的一部分。因此,还需要在上述指标基础上进一步测算服务数字化交付的出口国内增加值,即服务出口国内增加值中数字化增加值的份额。然而,就目前的统计数据而言,尚没有关于数字化增加值的详细统计数据。因此,数字化交付的出口国内增加值需要在前述指标基础之上进行估算。为此,本章引入数字化系数渗透的概念,并将之定义为国家 t 的某服务业部门 g 在服务提供过程中用到来自数字产业部门的中间投入,占服务业部门 g 总产出的比重,即服务业数字化程度(dg)。沿着前述分析思路,那么一国国内 A 个产业部门之间的投入产出关系可以表述为式(7-5):

$$\begin{bmatrix} x_1 \\ x_2 \\ \vdots \\ x_A \end{bmatrix} = \begin{bmatrix} g_{11} & g_{12} & \cdots & g_{1A} \\ g_{21} & g_{22} & \cdots & g_{2A} \\ \vdots & \vdots & \ddots & \vdots \\ g_{A1} & g_{A2} & \cdots & g_{AA} \end{bmatrix} \begin{bmatrix} x_1 \\ x_2 \\ \vdots \\ x_A \end{bmatrix} + \begin{bmatrix} y_1 \\ y_2 \\ \vdots \\ y_A \end{bmatrix} \qquad (7-5)$$

据此可以测算任一服务业部门的数字化渗透率即服务业数字化指数为:

$$dg_i = \sum_{j=1}^{A} g_{ij}x_j / x_i \qquad s.t \quad j \text{ 为数字产业部门} \qquad (7-6)$$

结合式(7-1)便可计算数字化交付出口国内增加值,具体见式(7-7):

$$DEDV_t = DG_t \times EDV_t, \qquad t=(1,2,3,\cdots,N)$$

其中:

$$DG = \begin{bmatrix} dg_1 & 0 & \cdots & 0 \\ 0 & dg_2 & \cdots & 0 \\ \vdots & \cdots & \ddots & 0 \\ 0 & 0 & \cdots & dg_A \end{bmatrix} \qquad (7-7)$$

因此,利用式(7-1)便可测度一国(产业)出口所内含的国内附加值和国外附加值。

在此基础上,进一步将服务数字化交付出口国内增加值带入显示性比较优势指数测度公式,所得测度结果即为表征服务出口数字化交付国际竞争力指数。具体见式(7-8):

$$RCA_{ic} = \frac{DEDV_{ic}}{\sum\limits_{i=1}^{m} DEDV_{ic}} \Bigg/ \frac{\sum\limits_{j=1}^{n} DEDV_{ij}}{\sum\limits_{i=1}^{m}\sum\limits_{j=1}^{n} DEDV_{ij}} \qquad (7-8)$$

式中,$DEDV_{ic}$ 表示中国服务业部门 i 的数字化交付出口国内增加值;$\sum\limits_{i=1}^{m} DEDV_{ic}$ 表示中国所有服务业部门的数字化交付出口国内增加值之和,即中国服务数字化交付出口的国内增加值总额;$\sum\limits_{j=1}^{n} DEDV_{ij}$ 表示世界上所有国家服务业部门 i 的数字化交付出口国内增加值之和;$\sum\limits_{i=1}^{m}\sum\limits_{j=1}^{n} DEDV_{ij}$ 表示世界上所有国家所有服务业部门数字化交付出口国内增加值之和,即全球服务出口国内增加值总值。如果计算出的 RCA 指数大于 1,表明中国服务业(或者某具体部门的服务业)出口的显示性比较优势处于上游水平,具有相对较高的国际竞争力;如果计算出的 RCA 指数小于 1,表明中国服务业(或者某具体部门的服务业)出口的显示性比较优势处于下游水平,国际竞争力相对较弱;如果计算出的 RCA 指数接近 1,表明中国服务业(或者某具体部门的服务业)出口的显示性比较优势处于中等水平,不存在显著的优势或者劣势。

二、数据来源及说明

测度服务出口国内增加要用到全球价值链数据库,目前一些国际组织和研究机构在此方面已经做了很多基础性工作,构建的全球价值链数据库为我们开展相关问题研究提供了基本的数据支持。在现有数据库中,国际上的 WIOD 数据库以及国内的 UIBE GVC(对外经济贸易大学全球价值链研究院)提供的 ABD MRIO 数据库,在学术研究中使用相对广泛。为了尽可能地涵盖更多且更细的服务业部门,以及采用年份更新的数据,我们同时使用上述两套数据库。其中,2016 年版的 WIOD 数据库提供了 2000—2014 年 44 个主要经济体的 56 个产业部门的投入产出表数据;UIBE GVC 中的 ABD MRIO2018 数据库提供了 2011—2017 年 61 国 35 个行业的出口附加值分解结果。在具体测算过程中,我们主要基于 WIOD 数据库对 2000—2014 年中国服务部门数字化交付出口国内增加值进行测算,将所得结果与基于 UIBE GVC 中的 ABD MRIO2018 数据库计算所得 2000—2014 的服务出口国内增加值进行拟合回归,在此基础上进一步利用 UIBE GVC 中的 ABD MRIO2018 数据库计算所得的 2015—2017 年的服务出口国内增加值,模拟预测基于 WIOD 数据库计算的 2015—2017 年中国服务部门数字化交付出口国内增加值。

WIOD 数据库的 56 个产业部门包括 4 个初级产业部门,产业代码为 C1-C4;18 个制造业部门,产业代码为 C5-C22;34 个服务业部门,产业代码为 C23-C56。因此,基于这些产业部门分类,我们可以在整体和细分层面上测度相关指标。为了能够从不同要素密集度特征角度进一步深化认识服务数字化交付问题,我们借鉴邱爱莲等(2016)的方法将服务业部门划分为劳动密集型、资本密集型和知识密集型三大类。除此之外,更为关键的问题是如何确定数字产业,这是计算服务部门数字化交付出口国内增加值的关键。为此,我们根据国家统计局发布的《数字经济及其核心产业统计分类(2021)》对数字产业的定义和分类,即数字产业主要由数字产业化和产业数字化两类,具体包括数字产品制造业、数字产品服务业、数字技术应用业、数字要素驱动业、数字化效率提升业等5大类,据此确定WIOD数据库中的数字产业。服务业和数字化产业分类具体情况详见表7-2。

表7-2 服务及数字化产业部门划分

部门分类		产业代码	产业名称
服务部门	劳动密集型	C26、C27、C28、C29、C30、C36、C44、C55	污水、垃圾收集、处理和处置、材料回收再利用活动和其他废物管理服务;建筑业;批发和零售贸易业和修理汽车和摩托车业;批发贸易行业(除了机动车和摩托车);零售贸易行业(除了机动车和摩托车);住宿和餐饮服务业;房地产业;自给自足的家庭生产服务活动
	资本密集型	C23、C24、C25、C31、C32、C33、C34、C35、C41、C42、C43、C54、C56	机械和设备的维修和安装;电、煤气、蒸汽和空调供应;水收集、处理和供应;土地通过管道运输和运输;水运行业;航空运输业;物流仓储行业;邮政快递业;金融服务业(除了保险和养老资金);保险、再保险和养老资金(除了强制性社会保障);金融保险辅助行业;其他服务业;不受管辖的组织和机构的服务活动
	知识密集型	C37、C38、C39、C40、C45、C46、C47、C48、C49、C50、C51、C52、C53	出版业;传媒业;通信业;计算机编程、咨询和相关活动和信息服务业;总部的法律和会计活动和管理咨询活动;建筑和工程活动、技术测试和分析;科学研究和发展;广告和市场研究;其他专业、科学技术与兽医;管理和支持服务活动;公共管理和国防、强制性社会保障;教育行业;医疗和社会工作行业
数字产业	数字产业化	C39、C40	通信业;计算机编程、咨询和相关活动和信息服务业
	产业数字化	C17、C18、C19	计算机、电子及光学设备制造业;电气设备制造业;机械设备制造业

数字来源:根据WIOD数据库产业分类进行整理所得。

第三节 服务数字化出口国际竞争力测算

一、服务部门细分层面的测算结果

根据前文介绍的测度方法和数据来源,本章具体估算了2000—2017年中国34个服务业部门的服务出口数字化交付国际竞争力指数(RCA),所得结果具体汇报于表7-3。

表7-3 2000—2017年中国服务出口数字化支付国际竞争力指数

产业代码	2000	2001	2002	2003	2004	2005	2006	2007	2008	2009	2010	2011	2012	2013	2014	2015	2016	2017
C23	0.895	0.848	0.858	0.871	0.873	0.876	0.878	0.896	0.898	0.913	0.917	0.921	0.922	0.924	0.928	0.937	0.951	0.992
C24	0.852	0.884	0.917	0.944	0.856	0.988	0.927	0.841	0.862	0.833	0.967	0.978	0.944	0.965	0.862	0.922	0.897	0.918
C25	0.842	0.858	0.967	0.873	0.937	0.886	0.889	0.984	0.923	0.883	0.951	0.906	0.902	0.875	0.897	0.922	0.877	0.896
C26	0.762	0.751	0.786	0.822	0.748	0.865	0.815	0.754	0.772	0.763	0.887	0.901	0.872	0.891	0.832	0.864	0.853	0.909
C27	0.834	0.848	0.903	0.886	0.796	0.945	0.916	0.825	0.794	0.774	0.964	0.958	0.915	0.902	0.85	0.904	0.816	0.891
C28	0.835	0.767	0.774	0.801	0.865	0.843	0.834	0.872	0.867	0.857	0.832	0.891	0.918	0.834	0.839	0.916	0.891	0.947
C29	0.768	0.703	0.74	0.771	0.839	0.822	0.761	0.798	0.811	0.824	0.783	0.852	0.908	0.782	0.829	0.844	0.868	0.875
C30	0.796	0.712	0.716	0.735	0.789	0.808	0.809	0.865	0.832	0.846	0.785	0.884	0.849	0.775	0.757	0.829	0.851	0.891
C31	0.692	0.564	0.685	0.394	0.761	0.598	0.319	0.563	0.387	0.258	0.242	0.244	0.436	0.524	0.435	0.636	0.616	0.761
C32	0.633	0.53	0.654	0.358	0.708	0.593	0.317	0.558	0.369	0.253	0.229	0.227	0.424	0.511	0.498	0.573	0.584	0.721
C33	0.575	0.515	0.624	0.345	0.683	0.554	0.296	0.529	0.363	0.248	0.212	0.218	0.387	0.509	0.474	0.561	0.538	0.699
C34	0.553	0.472	0.589	0.327	0.624	0.551	0.281	0.521	0.328	0.228	0.214	0.204	0.375	0.468	0.446	0.532	0.508	0.686
C35	0.538	0.433	0.533	0.325	0.611	0.514	0.278	0.507	0.321	0.222	0.189	0.191	0.355	0.442	0.413	0.531	0.481	0.624
C36	0.749	0.677	0.764	0.789	0.718	0.814	0.754	0.738	0.721	0.762	0.829	0.825	0.827	0.878	0.751	0.817	0.799	0.906
C37	0.227	0.222	0.293	0.242	0.381	0.338	0.358	0.475	0.502	0.486	0.535	0.527	0.615	0.547	0.703	0.623	0.587	0.708
C38	0.558	0.207	0.216	0.229	0.264	0.436	0.334	0.373	0.479	0.444	0.323	0.482	0.497	0.637	0.571	0.584	0.504	0.685
C39	0.275	0.214	0.216	0.239	0.412	0.342	0.344	0.468	0.454	0.386	0.506	0.613	0.526	0.521	0.574	0.533	0.657	0.686

续　表

产业代码	2000	2001	2002	2003	2004	2005	2006	2007	2008	2009	2010	2011	2012	2013	2014	2015	2016	2017
C40	0.938	0.965	0.812	0.862	0.935	0.911	2.035	1.968	2.233	2.435	2.281	2.247	2.398	2.527	3.156	3.021	3.658	3.824
C41	0.558	0.479	0.584	0.323	0.685	0.571	0.264	0.504	0.334	0.229	0.207	0.216	0.373	0.436	0.444	0.497	0.482	0.637
C42	0.507	0.457	0.548	0.308	0.663	0.556	0.239	0.482	0.311	0.216	0.193	0.205	0.365	0.399	0.405	0.451	0.434	0.581
C43	0.507	0.457	0.548	0.308	0.663	0.556	0.239	0.482	0.311	0.216	0.193	0.205	0.365	0.399	0.405	0.451	0.434	0.581
C44	0.788	0.682	0.716	0.682	0.786	0.759	0.749	0.792	0.761	0.773	0.763	0.813	0.805	0.734	0.744	0.823	0.771	0.827
C45	0.757	0.634	0.642	0.655	0.694	0.685	0.706	0.717	0.708	0.725	0.722	0.735	0.757	0.762	0.761	0.767	0.782	0.801
C46	0.756	0.638	0.691	0.715	0.733	0.728	0.749	0.754	0.747	0.766	0.773	0.769	0.799	0.805	0.812	0.808	0.861	0.874
C47	0.815	0.713	0.717	0.751	0.749	0.893	1.682	2.057	2.021	2.112	2.127	2.058	2.382	2.367	2.829	2.755	3.494	3.834
C48	0.689	0.624	0.661	0.659	0.672	0.697	0.693	0.713	0.719	0.705	0.724	0.717	0.732	0.761	0.764	0.759	0.792	0.792
C49	0.856	0.759	0.762	0.894	0.875	1.062	1.844	2.088	2.015	2.225	2.136	2.351	2.466	2.372	2.916	3.468	3.346	3.858
C50	0.651	0.599	0.622	0.629	0.625	0.646	0.653	0.646	0.667	0.658	0.682	0.713	0.704	0.721	0.723	0.735	0.728	0.744
C51	0.662	0.564	0.599	0.618	0.616	0.651	0.674	0.677	0.671	0.686	0.689	0.702	0.725	0.717	0.741	0.749	0.748	0.787
C52	0.751	0.681	0.688	0.689	0.682	0.712	0.716	0.724	0.716	0.765	0.777	0.797	0.793	0.809	0.842	0.849	0.842	0.881
C53	0.724	0.624	0.645	0.674	0.668	0.681	0.689	0.702	0.702	0.735	0.762	0.764	0.755	0.778	0.769	0.781	0.816	0.808
C54	0.835	1.519	2.412	3.425	0.754	0.656	3.712	2.161	2.872	1.973	1.973	0.18	3.224	2.125	1.829	2.592	0.833	0.628
C55	1.478	1.463	1.945	1.735	0.881	1.744	1.805	1.232	2.261	1.072	1.505	0.902	1.352	1.935	1.403	1.521	1.006	1.039
C56	0.612	0.553	0.581	0.697	0.738	0.672	0.649	0.645	0.672	0.611	0.648	0.672	0.655	0.568	0.654	0.614	0.741	0.743

基于表7-3汇报的测算结果,我们可以得出如下几个方面的基本判断:

第一,从具有的相对优势部门看。客观而言,在所测算的34个服务业部门中,大部分服务业部门的服务出口数字化交付国际竞争力指数都比较低。具体而言,在34个服务业部门中仅有5个服务业部门的服务出口数字化交付国际竞争力指数高于1,并且在样本期内的前几年仍然低于1,主要是近年来逐步提升而高于1。这五个服务业部门分别为计算机编程、咨询和相关活动和信息服务业(C40),建筑和工程活动、技术测试和分析(C47),广告和市场研究(C49),其他服务业(C54),建筑业(C55)。需要指出的是,这五个服务部门从要素密集度特征上看,其实分属于劳动密集型、资本密集型和知识密集型,也就是说五个服务部门并非集中在某一特定要素密集型的服务业,比如根据表7-2的划分方法,建筑业(C55)属于劳动密集型服务部门,其他服务业(C54)属于资本密集型服务部门,其他三个则属于知识密集型部门。可见,这种部门分布特征表面上看虽然分散于三大要素密集型服务部门,但分散之中也有相对集中,即5个部门中有3个部门属于知识密集型部门。这种分散中相对集中的分布特征,可能一定程度上说明了在当前中国数字经济的特定发展阶段,数字技术对不同服务部门的影响差异性。也就是说,数字技术发展和进步虽然与其他各产业领域具有深度渗透和融合发展关系,但是在起步阶段,其渗透和融合发展可能主要还是聚焦于知识密集型服务部门。这一点与现有研究文献,包括基于传统总值核算法和附加值测算所得研究结论显然不同,即现有文献研究发现中国服务出口的现行比较优势主要集中在劳动密集型部门(毛艳华和李敬子,2015;许和连和成丽红,2015)。这种差异性一定程度上说明了在数字经济背景下,对中国服务出口尤其是数字化交付的国际竞争力,确实需要从新的视角、采用新的方法予以分析和探讨。

第二,从相对优势部门看。在表7-3具体测算的34个服务业部门中,土地通过管道运输和运输(C31),水运行业(C32),航空运输业(C33),物流仓储行业(C34),邮政快递业(C35),出版业(C37),传媒业(C38),金融服务业(C41),保险、再保险和养老资金(C42),金融保险辅助行业(C43)等服务业部门,一直表现出显著的比较劣势,也就是说在服务出口的数字化交付国际竞争力方面非常薄弱。而且,从具体的部门分类上看,有两个部门即出版业和传媒业属于知识密集型服务部门,其余8个部门均是资本密集型服务部门。当前中国服务发展同样处于转型升级的关键阶段,在资本密集型服务部门实际上已经取得了一定的发展成就(李曦辉等,2021),但是从本章的测算结果看,目前服务发展的成就仍然基于传统的发展方式和模式,"数字赋能"的作用和程度可能还十分有限。这或许正是从数字化交付角度看,资本密集型服务领域很多部门的国际竞争力指数仍然较低的关键理论逻辑。况且,考虑到全球价值链分工向服务业领域的拓展和蔓延,服务业在全球化和碎片化发展趋势下,如果高附加值创造环节和阶段主要集中在发达国家公司,那么在出口国内附加值本身较低的情况下,如果"数字"赋能的力度不够,那么就更难以从根本上提升服务出口国际竞争力。

第三,从动态变化角度看。为了便于观察每个细分服务部门服务出口数字化交付国际竞争力指数的变动情况,我们对每个服务部门的变化情况均做了趋势图。结果发现,虽然大部分服务部门的出口数字化交付国际竞争力指数并无规律性的变化,但也有部门服务部门的出口数字化交付国际竞争力指数呈现显著的规律性。这几个服务部门主要包括通信业(C39),计算机编程、咨询和相关活动和信息服务业(C40),总部的法律和会计活动和管理咨询活动(C45),建筑和工程活动、技术测试和分析(C46),科学研究和发展(C47),广告和市场研究(C48),教育行业(C52)。总体来看,上述几个服务部门的出口数字化交付国际竞争力指数在样本期间虽然略有波动,但总体趋势表现为上升态势。换言之,不管是一直具有劣势的服务部门,还是具有相对优势的服务部门,其出口数字化交付国际竞争力指数整体上都处于上升态势。便于直观认识,我们绘制了上述几个部门的变化趋势图,具体见图 7-1(其中,右侧纵坐标是服务部门 C40 和 C47 的 RCA 指数值;左侧纵坐标是服务部门 C39、C45、C46、C48、C52 的 RCA 指数值)。

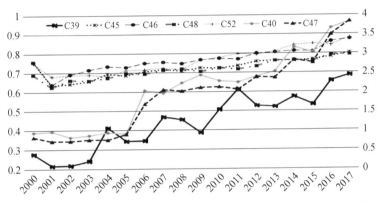

图 7-1　2000—2017 中国部分服务部门数字化交付 RCA 指数变化趋势

值得注意的是,上述几个服务出口数字化交付国际竞争力指数在波动中呈上升趋势的服务部门,均属于知识密集型服务部门。这种变化可能意味着,作为新一轮技术革命和产业革命代表的数字技术及数字经济的兴起,包括服务业在内的产业格局调整和变化,可能会出现跳跃式的发展,即学术研究中通常所说的"弯道超车"。自 2008 年全球金融危机以来,许多学者研究指出,在新一轮产业革命和技术革命带来的新机遇中,发展中国家产业发展确实面临"弯道超车"的可能,关键就在于能否在某个或某些方面率先实现技术突破及其在产业领域中形成大规模生产力。上述变化趋势在某种程度上似乎佐证了已有理论研究文献提出的基本理论逻辑和预期判断。

二、基于出口增加值法测度结果的对比分析

为了进一步明晰从出口数字化交付角度所测算的中国服务贸易出口国际竞争力指数,是否与基于简单的贸易增加值核算法计算的显示性比较优势指数结果有所不同,我们还需要进一步做一简要对比分析。利用出口增加值核算法,我们测算了 2000—2017 年中国服务出口显示性比较优势指数(RCA),具体汇报于表 7-4。

表7-4 基于增加值核算法的2000—2017年中国服务出口RCA指数

产业代码	2000	2001	2002	2003	2004	2005	2006	2007	2008	2009	2010	2011	2012	2013	2014	2015	2016	2017
C23	0.823	0.845	0.881	0.771	0.803	0.83	0.798	0.861	0.846	0.821	0.813	0.829	0.779	0.909	0.835	0.86	0.825	0.829
C24	0.815	0.834	0.808	0.768	0.879	0.909	0.851	0.787	0.878	0.828	0.833	0.922	0.876	0.827	0.841	0.784	0.907	0.818
C25	0.806	0.778	0.837	0.857	0.819	0.829	0.809	0.861	0.848	0.817	0.779	0.814	0.784	0.89	0.864	0.908	0.826	0.873
C26	0.725	0.794	0.848	0.66	0.818	0.831	0.676	0.672	0.854	0.779	0.805	0.833	0.719	0.786	0.756	0.664	0.864	0.751
C27	0.78	0.74	0.873	0.778	0.841	0.852	0.793	0.71	0.891	0.824	0.83	0.872	0.83	0.871	0.868	0.735	0.867	0.731
C28	0.794	0.848	0.868	0.775	0.766	0.801	0.752	0.797	0.802	0.814	0.716	0.873	0.808	0.866	0.713	0.778	0.785	0.811
C29	0.689	0.79	0.83	0.814	0.77	0.815	0.673	0.774	0.725	0.809	0.701	0.813	0.744	0.789	0.691	0.741	0.736	0.761
C30	0.772	0.819	0.82	0.735	0.728	0.797	0.664	0.746	0.717	0.732	0.72	0.77	0.779	0.775	0.654	0.773	0.759	0.811
C31	0.625	0.597	0.744	0.703	0.569	0.22	0.549	0.249	0.214	0.505	0.352	0.383	0.289	0.565	0.672	0.498	0.483	0.363
C32	0.578	0.55	0.665	0.686	0.549	0.222	0.501	0.234	0.204	0.453	0.32	0.38	0.304	0.527	0.598	0.504	0.452	0.332
C33	0.521	0.476	0.655	0.635	0.5	0.195	0.467	0.239	0.19	0.43	0.325	0.376	0.276	0.533	0.557	0.517	0.49	0.347
C34	0.53	0.456	0.648	0.608	0.506	0.196	0.428	0.206	0.201	0.402	0.315	0.362	0.25	0.491	0.54	0.485	0.437	0.308
C35	0.499	0.469	0.566	0.568	0.503	0.169	0.398	0.206	0.17	0.383	0.288	0.338	0.247	0.496	0.477	0.446	0.417	0.313
C36	0.668	0.768	0.831	0.646	0.771	0.767	0.619	0.739	0.748	0.702	0.754	0.747	0.711	0.75	0.694	0.652	0.854	0.688
C37	0.554	0.478	0.653	0.644	0.524	0.219	0.461	0.217	0.218	0.476	0.324	0.366	0.259	0.509	0.575	0.489	0.422	0.321
C38	0.506	0.456	0.589	0.603	0.537	0.19	0.442	0.201	0.187	0.425	0.3	0.362	0.253	0.437	0.547	0.456	0.398	0.31
C39	0.198	0.193	0.223	0.255	0.321	0.316	0.365	0.424	0.453	0.447	0.463	0.492	0.483	0.536	0.557	0.549	0.608	0.652

续表

产业代码	2000	2001	2002	2003	2004	2005	2006	2007	2008	2009	2010	2011	2012	2013	2014	2015	2016	2017
C40	0.691	0.724	0.804	0.795	0.807	0.916	1.038	1.649	1.581	2.044	2.019	2.129	2.243	2.192	2.717	3.356	3.262	3.884
C41	0.503	0.425	0.608	0.62	0.516	0.204	0.465	0.216	0.193	0.402	0.304	0.335	0.245	0.452	0.542	0.457	0.424	0.319
C42	0.461	0.387	0.526	0.646	0.499	0.191	0.422	0.192	0.185	0.387	0.296	0.344	0.222	0.424	0.511	0.451	0.36	0.295
C43	0.49	0.403	0.519	0.589	0.492	0.186	0.405	0.196	0.177	0.384	0.282	0.341	0.231	0.426	0.515	0.471	0.378	0.302
C44	0.714	0.686	0.729	0.753	0.713	0.743	0.625	0.713	0.729	0.721	0.641	0.738	0.692	0.801	0.693	0.699	0.68	0.687
C45	0.593	0.598	0.585	0.647	0.651	0.645	0.655	0.659	0.647	0.674	0.681	0.675	0.692	0.684	0.714	0.738	0.728	0.766
C46	0.595	0.647	0.631	0.682	0.676	0.687	0.689	0.673	0.697	0.726	0.727	0.719	0.738	0.752	0.748	0.781	0.793	0.806
C47	0.635	0.647	0.643	0.762	0.813	0.803	1.015	1.415	1.877	1.917	1.877	2.055	2.284	2.198	2.532	3.066	2.936	3.245
C48	0.549	0.595	0.611	0.603	0.645	0.658	0.642	0.668	0.653	0.674	0.689	0.672	0.695	0.701	0.718	0.713	0.747	0.735
C49	0.889	1.001	0.86	0.681	0.717	0.795	1.643	2.022	2.18	2.159	3.231	3.256	3.638	2.609	2.361	2.318	2.089	1.143
C50	0.606	0.699	0.651	0.662	0.667	0.623	0.54	0.606	0.598	0.61	0.666	0.659	0.59	0.658	0.6	0.621	0.561	0.652
C51	0.638	0.69	0.704	0.72	0.667	0.611	0.519	0.592	0.623	0.605	0.67	0.71	0.625	0.655	0.598	0.663	0.559	0.684
C52	0.626	0.634	0.622	0.659	0.674	0.668	0.683	0.697	0.709	0.708	0.723	0.714	0.755	0.759	0.743	0.773	0.798	0.792
C53	0.69	0.729	0.714	0.655	0.653	0.777	0.573	0.759	0.616	0.633	0.65	0.711	0.684	0.723	0.589	0.733	0.616	0.656
C54	0.78	0.745	0.562	0.719	0.623	0.173	1.43	1.911	1.75	1.778	3.028	2.878	3.516	2.539	2.309	2.018	1.974	0.83
C55	1.414	0.939	0.962	0.828	1.688	0.795	1.388	1.016	1.355	1.251	1.68	1.194	1.66	1.423	1.794	1.184	1.842	1.139
C56	0.584	0.683	0.721	0.698	0.631	0.651	0.542	0.548	0.576	0.587	0.664	0.584	0.616	0.561	0.524	0.589	0.539	0.621

　　对比表7-4和表7-3的测算结果,我们发现利用两种不同的方法测度中国服务出口国际竞争力,二者既有相似之处,也有一定的差别。其中,相似之处主要表现为:第一,基于简单的贸易增加值核算法计算的显示性比较优势指数表明,34个服务业出口部门中,仍然表现为大部分服务业出口部门的RCA指数长期以来一直低于1,即国际竞争力明显不足。相对而言,显示性比较优势处于上游水平或者说具有相对较高的国际竞争力的几个服务业部门,与前述表7-3测度结果的研究发现基本一致。即计算机编程、咨询和相关活动和信息服务业等是少数几个服务业部门,服务出口RCA指数相对较高。第二,从服务出口数字化角度测算出的具有持续性比较劣势的服务业部门,比如土地通过管道运输和运输、水运行业、航空运输业、物流仓储行业、邮政快递业、出版业、传媒业、金融服务业、金融保险辅助行业等服务业部门,利用简单贸易增加值核算方法测算出的RCA指数同样表明,这些服务业部门的比较劣势同样是持续存在。第三,从RCA指数的动态演变角度看,与从服务出口数字化角度测算所得RCA指数较为类似,利用简单贸易增加值核算方法测算出的RCA指数同样表明,大部分服务部门的RCA指数并无规律性变化。

　　但我们更感兴趣的是,基于两种不同测算方法所得测度结果,除了呈现出上述几个方面的相似之处外,二者是否在其他方面存在着显著区别。进一步观察表7-4和表7-3的测度结果,不难看出,二者之间其实存在着明显的差异。具体来看,差异之处主要体现在以下三个方面:

　　第一,就总体来看,对于为数不多的几个具有国际竞争优势的服务业部门来说,基于贸易增加值测算方法所得测算结果,基本上都要低于从服务出口数字化角度测算出的结果。也就是说,如果仅仅是从出口国内增加值角度进行衡量,而不是考虑其中具体的数字化交付部分,那么诸如计算机编程、咨询和相关活动和信息服务业等服务贸易部门,其国际竞争力都会出现进一步下降的现象。或者说,与服务出口数字化交付相比,仅从贸易增加值角度观察,有竞争优势的服务业部门其竞争优势表现得更弱。出现这种差异性的可能性在于,就服务业部门的国内增加值创造而言,"数字赋能"的部分或者说作用已经开始显现。至少可以说,与世界上其他国家相比,利用数字技术来提升改造传统服务业、运用数字技术发展高端服务业虽然与发达国家相比可能仍然处于滞后发展阶段,但是在世界各国中尤其是从发展中国家角度来看,仍然属于世界前列。这一点与联合国贸发会议发布的《2019年数字经济报告:价值创造和捕获,对发展中国家的影响》报告研究发现也是一致的。该报告研究指出,2019年,在全球服务贸易数字化交付出口额中,美国占据全球市场份额高达16%,位居此类服务出口的榜首,其次是英国和德国,分别位居第二名和第三名,而中国在全球中表现同样出色,甚至超过了部分发达国家。

　　第二,对大多数不具备国际竞争优势的服务业部门来说,与前述第一点的差异非常相似,即基于贸易增加值测算方法所得测算结果,同样基本上都要高于从服务出口数字化角度测算出的结果。例如,土地通过管道运输和运输、水运行业、航空运输业、物流仓储行业、邮政快递业、出版业、传媒业、金融服务业、金融保险辅助行业等服务业部门,均是如此。也就是说,从贸易增加值创造和数字化交付两个不同的角度进行观察,所能得出的服务出口部门国际竞争力确实是存在显著差别的。更确切地说，如果仅仅从贸易增加值创造角度进行观察，会显著低估服务出口数字化交付的国际竞争劣势。当然，这并不是说基于贸易增加值角度的测算是不客观或者说是错误的，而只能说明在当前的服务出口附加值创造"数字赋能"方面，我们可能仍然面临很大的发展不足。我们不能以简单的服务贸易增加值创造来理解当前数字经济背景下服务出口发展的真实状况。进一步地，从其他服务部门来看，情况也大抵如此。总之，无论是从具有优势的部门看，还是从具有显著劣势的部门看，抑或者从其他服务部门看，都不能简单地从贸易增加值角度去理解服务出口数字化交付的国际竞争力，否则会存在严重高估问题。

第三，从动态演变趋势角度看。上述相似性分析主要是从所有细分服务业角度看，动态演变并无显著规律。但是，如果将分析进一步聚焦于前述指出的少数几个具有规律性变化部门，我们发现，表 7-4 的结果与表 7-3 的结果同样表现出显著的差异性。具体而言，在表 7-3 测度结果中显示略微波动上述的 RCA 指数，在表 7-4 中却表现为在略微波动中呈下降趋势。这些规律性的变化趋势大体反映在通信业，计算机编程、咨询和相关活动和信息服务业，总部的法律和会计活动和管理咨询活动，建筑和工程活动，技术测试和分析，科学研究和发展，广告和市场研究，教育行业等部门。采用两种不同测度方法为什么会出现这种显著而相反的变化趋势？一个可能的解释就在于服务业全球化和碎片化，或者说服务全球价值链分工演进的影响。一方面，伴随服务全球价值链分工的深度演进，专业化分工越来越细，因此出口国内附加值率出现下降乃是分工细化的必然结果；另一方面，由于现行全球服务业产业格局，不同环节和阶段的服务提供流程显然存在较大差异，从而基于比较优势进行专业化分工后，诸如中国等这样的发展中国家可能处于低附加值创造环节，从而在出口国内附加值创造方面就会出现相对下降的趋势。也就是说，如果不考虑数字赋能的作用和影响，仅从附加值创造角度看，服务出口竞争力可能会在服务业全球价值链分工演进下进一步弱化，同样会出现"低端嵌入"和"低端锁定"问题。而改变这一现状和突破这一发展困境的关键，可能正是要利用数字技术带来的机遇，通过数字赋能来改变服务出口国际竞争力。

三、按要素密集度特征分类的测算结果分析

从服务业细分产业层面，基于服务出口数字化交付的 RCA 测算结果，及其与基于简单增加值核算法测度的 RCA 测算结果比较，前述研究初步表明，无论是从每种测度方法下各自 RCA 测算结果在不同细分服务业部门所表现出的一定差别，还是在两种不同测度方法下所得 RCA 指数的比较分析，所发现的不同服务业部门所呈现出的特征性差异，实际上均与服务部门的要素密集度特征有一定的关系。为了进一步明晰在服务出口数字化交付视角下，具有不同要素密集度特征的服务出口数字化交付的 RCA 指数及其变化趋势，从而也能更加有助于我们认识当前中国服务业融入全球价值链分工体系，尤其是数字赋能对融入全球价值链分工体系的影响和作用，我们再按照要素密集度特征将上述 34 个服务业部门进行分类考察（具体划分情况见表 7-2）。为了便于比较分析，表 7-5 中还一并汇报了基于贸易增加值核算法测度的 RCA 指数。

表 7-5　2000—2017 年基于要素密集度特征划分的 RCA 指数

年　份	部　　　门					
	数字化交付国际竞争力指数			服务出口国际竞争力指数		
	(1)	(2)	(3)	(4)	(5)	(6)
	劳动密集型服务业	资本密集型服务业	知识和技术密集型服务业	劳动密集型服务业	资本密集型服务业	知识和技术密集型服务业
2000	0.875 2	0.672 9	0.738 5	0.819 5	0.532 5	0.679 3
2001	0.861 3	0.673 4	0.759 3	0.801 2	0.523 8	0.709 1
2002	0.913 1	0.742 1	0.787 4	0.850 4	0.575 5	0.718 1
2003	0.807 0	0.745 3	0.741 7	0.752 7	0.580 9	0.684 5
2004	0.953 1	0.672 7	0.718 3	0.888 2	0.531 8	0.661 6
2005	0.884 2	0.458 6	0.612 2	0.806 0	0.391 8	0.565 3
2006	0.829 2	0.674 4	0.869 0	0.778 9	0.553 3	0.794 2
2007	0.832 9	0.588 7	0.941 2	0.770 3	0.517 2	0.874 1
2008	0.922 4	0.598 6	0.945 1	0.858 3	0.504 8	0.894 0
2009	0.876 2	0.703 5	1.022 1	0.835 2	0.577 5	0.838 5
2010	0.906 1	0.777 5	1.289 2	0.857 0	0.651 5	0.890 7
2011	0.935 7	0.786 1	1.346 5	0.862 6	0.655 5	0.851 3
2012	0.931 6	0.764 0	1.366 6	0.868 6	0.664 0	0.830 2
2013	0.942 3	0.808 0	1.217 6	0.884 6	0.674 2	0.864 3
2014	0.918 8	0.817 9	1.082 0	0.859 7	0.660 8	0.866 8
2015	0.855 5	0.765 4	1.102 3	0.778 8	0.630 7	0.877 9
2016	0.965 6	0.725 6	1.001 2	0.822 9	0.601 1	0.865 0
2017	0.854 4	0.568 9	0.733 9	0.799 6	0.481 2	0.846 6

　　表 7-5 中第(1)列至第(3)列汇报的测算结果,是区分劳动密集型服务业部门、资本密集型服务业部门以及知识密集型服务业部门的服务出口数字化交付 RCA 指数;第(4)列至第(6)列汇报的测算结果,则是基于贸易增加值法测算的劳动密集型服务业部门、资本密集型服务业部门以及知识密集型服务业部门 RCA 指数。表 7-5 第(1)列的测算结果表明,劳动密集型服务业部门在样本期间,其出口数字化交付的 RCA 指数并无显著的规律性变化趋势,甚至在近年来出现了微弱下降趋势。这种变化实际上某种程度上说明了国内劳动密集型服务业并未随着经济高速增长而逻辑地呈现"转型升级"的发展趋势,甚至在一定程度上表现出了"未老先衰"的征兆。之所以如此,可能主要受到两个方面的影响,一方面是近年来国内生产要素价格尤其是劳动力成本的逐步上升,低成本竞争优势已经不复存在,从而劳动密集型服务业部门发展未能"享受"到人口红利,而基于人力资本等新型比较优势又尚未形成,或者至少可以说尚未在劳动密集型服务业体现;另一方面,

正如前文所述,受到服务业全球价值链分工的影响,服务出口的国内附加值创造在相对下降,而数字技术进步或者说数字赋能,尚未精准渗透到劳动密集型服务业部门,因此在其他积极因素逐步衰弱,而新的科技进步因素(如数字技术的赋能作用)尚未充分体现的情况下,出现上述变动趋势便容易理解。表 7-5 第(2)列基于资本密集型服务业的测算结果,与第(1)列基于劳动密集型服务业的测算结果在理论逻辑上基本一致,此处不再赘述。

尤为值得注意的是,表 7-5 第(3)列基于知识密集型服务业的测算结果显示,与资本密集型服务业相比,尤其是与劳动密集型服务业相比,其 RCA 指数在样本期内的前几年还比较低,但是近年来有了明显的好转,并且逐步从竞争劣势转变为竞争优势部门。因此,一方面,从横向部门的比较角度看,具有不同要素密集度特征的服务业部门之间,在服务出口数字化交付的国际竞争力方面,确实呈现一定的差异性;另一方面,从动态变化的纵向比较角度看,不同服务业部门的转型升级的能力和程度也有所不同。更确切地说,知识密集型服务业部门在数字条件下得到了快速发展,至少从服务出口数字化交付国际竞争力角度看,确实如此。这在一定程度进一步印证了前文的判断,即在技术变革推动下,产业结构变迁并非不存在"跃迁"的可能性。从产业结构上看,尤其是在数字技术进步的推动作用下,服务业产业结构的调整和优化升级,未必会遵循从传统劳动密集型服务业到资本密集型服务业,再到知识密集型服务业"循序渐进"的老路。借助于新的技术手段和技术工具,产业发展完全有可能以"高起点"开局和起步的方式发展。长期以来,中国服务贸易国际竞争力不足,包括从劳动密集型服务业部门到知识密集型服务业部门国际竞争力不高的现状,在数字经济背景下,或者从服务出口数字化交付角度观察,出现的上述现象和变化趋势,一定程度上可以说就是明证。可见,在新一轮技术革命和产业革命中,中国不仅要扩大服务业开放以顺应经济全球化大势,更要在抓住机遇中实现服务业产业结构的"跃迁",提升服务业全球价值链分工地位和国际竞争力。当然,这并不是说传统诸如劳动密集型服务部门不再重要,恰恰相反,上述情形可能说明数字技术在传统服务业领域的渗透和融合程度还不够,还存在巨大的提升空间。当然,这也是建立在数字技术基础上数字经济所处具体发展阶段决定的。

基于综合比较的需要,表 7-5 中第(4)列报告的结果,是基于贸易增长核算法测度的劳动密集型服务出口国际竞争力的 RCA 指数。与出口数字化交付的测算结果相比,基于贸易增加值核算法测算的劳动密集型服务业部门的 RCA 指数,同样出现"低估"中国服务出口国际竞争力现象,这一结果与前文研究发现具有内在的逻辑一致性,即从细分服务业部门层面看,也存在同样的现象。并且,从部门的横向比较角度看,劳动密集型服务业部门仍然是我国参与国际合作与竞争中,劣势相对较小的部门。突出表现在相同年份中,劳动密集型服务业部门的 RCA 指数虽然小于 1,但是略高于资本密集型服务业部门和知识密集型服务业部门的 RCA 指数,具体从表 7-5 中第(5)列和第(6)列报告结果的对比分析可见。但是,这种关系在近年来有所变化,比如自 2014 年以来,知识密集型服务业 RCA 指数开始高于劳动和资本密集型服务业部门的 RCA 指数。这种变化与前文分析的理论逻辑也是一致的,即在数字技术进步和数字赋能条件下,可能知识密集型服务业属于"近水楼台",包括很多数字产业本身就属于知识密集型服务业领域。因此,近年来受到"数字赋能"的影响,从而在附加值创造能力等方面有所提升,也是理所当然。这一点可以从两种不同测度方法下所得结果对比分析中也可略见一斑。比较第(3)列和第(6)列的测度结果可以看出,近年来从出口数字化交付的角度看,第(3)列的 RCA 指数已经显示了具有一定的竞争优势,而这一结果映射在第(6)列的测度结果中,可能就是出口国内附加值创造能力的提升,进而以此计算的 RCA 指数的不断提高。

四、进一步拓展分析

除了通过 RCA 指数之外,我们还可以通过国别比较,对中国服务出口数字化交付的国际竞争力进行进一步分析。为此,我们选择在全球服务业发展格局处于领先地位的美国作为比较对象,着重对比分析中美两国在服务出口国内增加以及其中数字化交付占比情况,以此明晰中美之间的差距及变动趋势。

表 7-6　2000—2017 年中美服务出口数字化交付额　　单位:亿美元

年　份	指　　　标					
	中国			美国		
	服务出口国内增加值	服务出口数字化交付额	数字化交付占比	服务出口国内增加值	服务出口数字化交付额	数字化交付占比
2000	783.54	173.91	22.20%	3 746.11	2 018.92	53.89%
2001	924.73	213.78	23.12%	4 198.69	2 333.43	55.58%
2002	1 237.90	310.91	25.12%	4 875.14	2 839.83	58.25%
2003	1 423.60	318.06	22.34%	5 388.46	3 113.93	57.79%
2004	1 193.29	273.74	22.94%	5 210.46	3 076.82	59.05%
2005	1 776.46	577.05	32.48%	5 816.76	3 379.75	58.10%
2006	2 006.23	750.54	37.41%	6 444.96	3 777.73	58.62%
2007	1 999.46	736.92	36.86%	6 734.03	3 996.03	59.34%
2008	2 069.80	825.79	39.90%	7 093.30	4 157.74	58.62%
2009	2 192.10	990.72	45.19%	7 446.52	4 426.48	59.44%
2010	2 154.11	933.46	43.33%	7 594.41	4 451.38	58.61%
2011	2 060.86	937.33	45.48%	7 748.75	4 600.47	59.37%
2012	2 240.91	1 026.10	45.79%	8 209.00	5 015.75	61.10%
2013	2 671.61	1 322.09	49.49%	8 580.68	5 169.09	60.24%
2014	2 789.28	1 436.02	51.48%	8 685.80	5 342.30	61.51%
2015	3 115.64	1 635.09	52.48%	8 790.93	5 518.17	62.77%
2016	3 289.82	1 759.29	53.48%	8 896.05	5 696.69	64.04%
2017	3 464.01	1 886.97	54.47%	9 001.18	5 877.88	65.30%

从表 7-6 汇报的测算结果,可以得出如下几个方面的基本判断:第一,从服务出口国内增加角度看,中国与美国在服务出口方面一直存在较大的差距,国际竞争力悬殊。比如,2000 年,中国服务出口国内增加值仅为 783.54 亿美元,而同期美国服务出口国内增加

值已经达到了 3 746.11 亿美元,两者相差 2 962.57 亿美元;2017 年,中国服务出口国内增加值扩大到 3 464.01 亿美元,但同期美国服务出口国内增加值已经扩大到了 9 001.18 亿美元,两者的差距进一步扩大为 5 537.17 亿美元。第二,从服务出口国内增加角度看是如此,从服务出口数字化交付额角度看亦是如此。比如,2000 年,中国服务出口数字化交付额仅为 173.91 亿美元,而同期美国服务出口数字化交付额已经达到了 2 018.92 亿美元,两者相差 1 845.01 亿美元;2017 年,中国服务出口数字化交付额扩大到 1 886.97 亿美元,但同期美国服务出口数字化交付额已经扩大到了 5 877.88 亿美元,两者的差距进一步扩大为 3 990.91 亿美元。第三,虽然二者从某个特定时点的绝对值角度进行观察和比较,确实存在较大差距,但是令人欣慰的是,从动态变化角度看,中国服务贸易出口竞争力似有不断提高的可喜变化。比如从 2007 年到 2017 年,中国服务出口国内增加值增长了 4.42 倍,年均增长率接近 9.14%;相比较而言,同期美国服务出口国内增加值增长了 2.41 倍,年均增长率为 5.29%;再比如,从 2007 年到 2017 年,中国服务出口数字化交付额增长了 10.85 倍,年均增长率接近 15.06%;相比较而言,同期美国服务出口数字化交付额增长了 2.91 倍,年均增长率接近 6.49%。因此,两者之间从绝对值角度看,有巨大差距,主要是因为发展起步时间不同、所处阶段不同和具有的基数不同。就增长速度而言,中国则呈现出领先之势头,尤其是从数字化交付额的增速看,在样本期内中国要远远高于美国。这种差异性表明,在数字经济兴起背景下,中国可能面临巨大机遇,依托数字赋能提升服务出口国际竞争力,具有较大空间。

第四节　主要结论及启示

伴随现代信息通信技术的推广和广泛应用,以及建立在此基础上的数字经济快速发展,以数据作为基础且重要的生产要素、以数字化交付为特征的数字贸易正在蓬勃发展,数字贸易正在成为经济全球化的重要组成部分和全球贸易发展的重要趋势。在此背景下,服务出口数字化交付成为一国参与全球合作与竞争的重要表现,服务出口数字化交付能力成为衡量一国参与经济全球化竞争力的重要指标。为此,本章在科学构建服务出口数字化交付额测度指标基础上,利用 WIOD 提供的最新世界投入产出表以及 UIBE GVC 提供的 ABD MRIO 数据库提供的出口国内增加值分解基础数据,测算了 2000—2017 年中国服务出口数字化交付 RCA 指数,以此反映中国服务出口数字化交付的国际竞争力,并与基于贸易增加值测算 RCA 指数进行了比较分析。

一、主要结论

研究结果表明:第一,总体来看,对于大部分细分服务贸易部门而言,以 RCA 指数表征的中国服务出口数字化交付国际竞争力都比较低,更确切地说,其出口的显示性比较优势处于下游水平,国际竞争力相对较弱。第二,从服务业部门的具体差异来看,不同服务业部门的 RCA 指数高低不同且表现出显著差异,更为重要的是,出口显示性比较优势处于上游水平从而表现出相对较强国际竞争力的部分,反而主要集中在知识密集型服务业部门,而不是我们传统观念中理解的劳动密集型服务业部门或者资本密集型服务业部门。第三,从动态演变的趋势来看,大部分服务业部门的服务出口数字化交付 RCA 指数在样本期内并无显著的规律性变化,只有少数部门的服务出口数字化交付 RCA 指数在微弱的波动中呈现出上升趋势,并且这些少数部门主要集中在知识密集型服务业部门和领域。更为重要的是,部分知识密集型服务业部门的服务出口数字化交付 RCA 指数近年来已经高于1,处于上游水平,表现出了相对较强的国际竞争力。第四,基于服务出口国内增加值测算的服务出口 RCA 指数,要显著低于服务出口数字化交付的 RCA 指数测算值,说明仅仅从服务出口国内增加值角度认识中国服务出口国际竞争力,会存在一定的偏颇,至少可以说会低估中国服务出口数字化交付的国际竞争力。这一点无论是从细分服务部门层面看,还是从基于要素密集度特征分类的服务部门看,都是如此。第五,从与美国等发达国家比较角度看,无论是服务出口国内增加值还是数字化交付额,目前中国与美国均存在显著差距,包括服务出口数字化交付额占服务出口国内增加值的比重,中国仍然落后于美国。但动态演变趋势表明,中国服务出口数字化交付额正在以远远高于美国的速度在增长,从而在服务出口数字化交付额占服务出口国内增加值的比重方面,中美的差距也在逐步缩小。

二、启　示

本章研究不仅有助于我们从数字经济背景下认识中国服务出口竞争力,对于探寻扩大服务业开放和提升服务出口竞争力也有重要政策启示。以数字技术进步为代表的新一轮科技革命和技术创新进入空前密集活跃期,新一轮科技革命和产业变革正在重构全球创新版图、重塑全球经济结构。尤为重要的是,伴随数字技术的进步,数据成为生产要素后正在改变以往产业发展和贸易发展的根本逻辑。基于产业转型升级的贸易发展方式转变,可能不再遵循以往"循序渐进"的渐变式演进逻辑,依托数字赋能完全有可能实现产业结构优化升级的"跃迁",完全有可能在高端产业发展上实现"高起点"开局和"高起点"起步。因此,在服务业全球价值链成为经济全球化重要发展内容和趋势下,融入服务全球价值链成为衡量一国国际竞争力重要指标条件下,抓住数字革命和数字技术进步带来的重要机遇,依托数字赋能服务出口贸易转型升级,提升服务出口数字化交付能力,是当今及未来一段时期提升中国服务出口竞争力的根本逻辑和主要路径。目前,中国服务出口数字化交付的国际竞争力还有待进一步提升,尤其是与美国等发达国家相比仍有不小差距。令人欣慰的是,虽然中国在这一方面起步较晚但发展速度较快。因此,暂时的发展相对滞后不仅意味着有巨大提升空间,而且也意味着存在"弯道超车"的可能。

当然,能否实现上述战略目标,根本上取决于数字技术进步能否以更快的速度推进,进而在某些领域率先实现突破并具有全球领先水平。这不仅需要我们加大数字基础设施建设,还需要我们培育和积累数字技术领域的人力资本,以及能够对数字技术创新活动产生激励作用的体制机制和营商环境,更需要在开放融合创新中跟踪世界数字技术发展的前沿,通过融入全球创新链整合和利用全球创新资源,推动数字技术的开放式创新。当然,如何推动数字技术进步及其与服务业的渗透和融合发展,尤其是如何处理好数字技术的开放创新,从而依托数字赋能服务出口国际竞争力提升,进一步的深入讨论已经超出了本章研究范围,是未来研究的重要趋势和方向。

第 8 章
数字化投入与价值链攀升：出口贸易优化视角

推动出口贸易优化是应对国内外环境深刻变化和经济高质量发展的现实需要,而出口贸易的优化需要有高质量和高层次的生产要素作支撑。那么,数字作为一种新的关键的生产要素,其与制造业融合能否促进出口贸易优化? 本章结合 2000—2013 年世界投入产出数据库(WIOD)、中国工业企业数据以及海关出口贸易数据,利用 Heckman 两阶段模型研究投入数字化对出口贸易的影响,研究结果表明:投入数字化不仅有助于促进企业出口贸易的扩展边际和集约边际,还能提升企业出口产品质量。机制分析发现,出口固定成本降低、资源配置效率提高、创新能力提高和人力资本水平提升是主要的作用渠道,且投入数字化的出口效应在高信息依赖度、低资产专用性以及高竞争程度的行业更加凸显。此外,本章还探讨了投入数字化优化出口贸易的路径,具体体现在其有助于推进"一带一路"建设,优化国际市场布局和国内区域布局,促进出口结构转型升级以及实现深度参与国际分工。本章的研究结论为强化数字基础设施建设、推进投入数字化以实现"数字强国""贸易强国"和经济高质量发展提供了微观证据与决策依据。

第一节 数字化投入与出口贸易优化的代表性观点

习近平总书记在党的十九大报告中做出了"我国经济已由高速增长阶段转向高质量发展阶段"的科学论断(习近平,2017)。改革开放以来,中国出口贸易实现的高速增长,是驱动经济增长的重要因素之一。然而,近年来出口增长放缓:从需求层面看,2008 年以来国际经济低迷,贸易保护主义盛行,导致有效需求不足,而中美贸易战的冲击叠加全球新型冠状病毒感染疫情的暴发和蔓延更是加剧了外部需求的疲软;从供给层面看,中国外贸发展不仅遭遇着发达国家"高端回流"和发展中国家"低端分流"的"双重夹击",还面临国内人口红利殆尽、资源环境承载能力下降、产业低端化严重、产能过剩等问题(诸竹君等,2018;余长林,2016)。伴随国内外环境和条件的深刻变化,中国出口贸易发展的不平衡和不充分问题日益凸显,掣肘外贸高质量发展。因此,挖掘新的比较优势来源,打造新动能,以实现外贸高质量发展是适应乃至引领中国经济高质量发展的现实需要,也是新时代中国开放发展面临的重大理论命题(戴翔和宋婕,2018)。

与此同时,随着科技革命和产业变革的不断推进,大数据、人工智能、物联网等新一代信息和通信技术催生了数字经济(Digital Economy)并推动其快速发展。《全球数字经济白皮书》显示,测算的全球 47 个国家数字经济增加值规模在 2020 年达到 32.6 万亿美元,同比增长 3.0%。在全球经济增长动能减弱、不确定不稳定因素明显增多的背景下,发展数字经济和推动数字化转型成为增强企业韧性的重要战略,也是新型冠状病毒感染疫情后全球经济复苏的重要驱动力。就中国而言,2020 年,中国数字经济规模达 39.2 万亿元,占 GDP 的比重为 38.6%,数据已成为重要基础性资源之一。2020 年 4 月,党中央、国务院发布《关于构建更加完善的要素市场化配置体制机制的意见》,将数据列为与劳动力、资本、土地同等重要的生产要素。此前,2019 年 11 月,中共中央、国务院发布《关于推进贸易高质量发展的指导意见》中也强调了数字经济对促进贸易高质量发展的重要性。那么,作为生产的重要投入,数据要素与实体经济融合能否为转变原有依赖劳动力等要素禀赋拉动的出口模式提供契机,推动中国出口贸易优化?其内在的传导渠道又有哪些?其对出口贸易的优化有哪些具体的体现?对这些问题的回答将有助于从投入数字化视角为突破出口贸易困境提供新的思路和方案,为实现"数字强国""贸易强国"和经济高质量发展的目标提供微观证据和理论基础。

在数字经济与实体经济融合的背景下,行业和企业数字化带来的影响效应逐渐成为学界关注的热点问题。现有研究主要集中在以下几个方面:理论层面上,涉及对家庭收入、全球投资流动、经济增长等的影响(张勋等,2019;詹晓宁和欧阳永福,2018;陈彦斌等,2019)。由于数字经济的统计分类和测度方法上有滞后性,实证层面的研究仍较少,目前研究主要涉及数字化对全球价值链升级、城市高质量发展、企业能源消耗和贸易发展的影响(张艳萍等,2020;赵涛等,2020;张三峰和魏下海,2019;谭用等,2019;党琳等,2021)。其中,与本研究直接相关的是数字化对出口贸易的影响。宏观层面上,党琳等(2021)基于跨国行业层面数据研究了数字化转型对出口技术复杂度的影响,发现二者具有显著的非线性关系;范鑫(2021)利用省级出口面板数据检验发现省级数字经济的发展能够提高出口效率,但存在显著的区域差异。微观层面上,易靖韬和王悦昊(2021)使用世界银行2012 年中国企业调查数据构建了企业数字化指数,研究表明企业数字化有助于提高出口强度。此外,还有一些研究考察了企业互联网化或电子商务平台应用对其出口模式变革、出口决策和出口绩效的影响(刘海洋等,2019;Meijers,2014;岳云嵩和李兵,2018)。梳理这类文献发现尚存在可以改进之处:① 从投入数字化的测度来看,主要是基于调查问卷数据采用主成分分析法测度企业的数字化发展水平,或根据企业所在地的互联网发展水平、企业互联网网址数以及企业是否拥有微博、邮箱和主页等作为企业数字技术应用程度的度量,或根据特定数据库(如阿里巴巴中国站付费会员数据库)得到企业电子商务平台应用情况。然而,调查问卷往往样本有限且难以保证调查结果质量,使得对企业数字化的基本特征代表性不足,进而影响研究结论的科学性;同时,投入数字化包含数字硬件设施和软件服务的投入,聚焦于信息技术的综合运用,而互联网化主要强调信息的互联互通,电子商务平台主要为企业提供网上交易洽谈,二者的使用都只是数字化应用之一,难以全面概括数字要素的整体投入。② 从研究内容来看,宏微观层面关于数字化对出口的影响普遍停留在企业是否出口(扩展边际)或企业出口强度(集约边际)、出口技术复杂度等单一视角,将企业出口的扩展边际、集约边际和出口产品质量等反映出口贸易优化不同维度的指标纳入统一考察的文献匮乏，且对其中作用机理的探讨尚显不足。

　　基于此，本章在利用世界投入产出表测度投入数字化指标的基础上，结合中国工业企业数据库和海关贸易数据库，利用 Heckman 两阶段模型考察了投入数字化对企业出口的二元边际和出口产品质量的影响，并深入探究其中的作用机理。与既有文献相比，本章的边际贡献在以下四个方面：① 从研究方法和研究维度看，运用 Heckman 两阶段模型既能够控制出口企业样本的选择性偏差问题，还能将企业出口决策和出口绩效纳入统一研究框架，其中企业出口绩效涉及"量"和"质"两方面，能够更全面地刻画数字化对出口贸易的影响，并扩展数字经济和外贸领域的交叉研究。② 从测度指标上看，不同于已有文献在分析数字化对企业经营绩效的影响时，多以企业所在地的互联网发展水平或企业层面的互联网使用行为、电子商务平台应用等个别数字化应用视角展开，本章利用投入产出表基于完全消耗系数矩阵测度数字基础设施（包含数字硬件设施和软件服务）对中国各制造部门的完全投入。一方面，数字基础设施是数字经济的核心层（Bukht and Heeks，2018）且有关数字基础设施的产业划分已得到学者的普遍认可（许宪春和张美慧，2020；吕延方等，2020）；另一方面，完全消耗系数是对复杂的产业系统中"循环流"的刻画，规避了简单"线性流"方法的不完整性，能够更全面、准确地度量投入数字化水平。③ 理论分析方面，纳入了企业和行业层面的异质性因素进行进一步分析，既从企业的出口固定成本、资源配置效率、创新水平和人力资本角度探究投入数字化优化出口贸易的作用机理，还创新性地探讨了行业信息依赖度、资产专用性和市场竞争程度的异质性影响，这是现有研究尚未充分涉及的，有助于深入理解投入数字化和出口贸易优化之间的内在联系。④ 拓展性分析方面，本章从助推"一带一路"建设、优化国际市场布局、优化国内区域布局、促进出口结构（包括商品结构、贸易方式和贸易主体）转型升级以及实现深度参与国际分工五个角度，进一步探讨了投入数字化促进出口贸易优化的具体表现，本章的研究为发挥数字化的贸易促进作用提供事实依据和有益参考。

第二节　数字化投入优化出口贸易的理论逻辑

一、投入数字化推动出口贸易优化的作用机理

　　出口贸易的高质量发展依赖于生产要素的先进化和高端化（戴翔，2021）。制造业投入数字化指的是大数据、云计算、人工智能、工业互联网等数字技术与企业在研发设计、生产制造、销售物流等环节的融合，即将数字要素引入制造企业各个环节。不同于传统生产要素，数据具有跨时空快速流动、边际成本低、可共享、可复制、可无限供给等独特属性（付晓东，2020），既能够打破传统生产要素有限供给对企业出口贸易发展的制约，还可以通过新要素引进生产体系带来的生产流程和组织管理结构变革等促进出口优化。

　　首先，投入数字化能够降低出口的固定成本，增加企业出口选择的概率，增加出口的扩展边际。具体而言，地理文化距离以及信息壁垒的存在提高了国际贸易搜寻成本，阻碍了企业的出口贸易行为（Blum and Goldfarb，2006），而移动互联网、网络通信技术等数字

技术的应用,加快了高效率、高维度且低成本信息的获取和传递。比如,企业运用搜索引擎或跨境交易网站就可以发布自己的产品信息,找到潜在的供应商或目标客户,还能通过线上平台就产品信息进行有效交流,这可有效降低企业与上游供应商、下游生产商以及消费者之间的搜寻成本和谈判成本,提高交易双方的精准匹配效率,增加企业出口的可能性,同时扩大其出口的市场范围。此外,数字基础设施的完善会形成"网络效应"(李晓华,2019),参与进来的企业越多,信息溢出作用越大、辐射范围越广,对出口固定成本的削减效应越强,企业进入国际市场的可能性大大增加,进而有助于企业开展更大范围和更宽领域的出口贸易,实现出口扩展边际的增加。

其次,投入数字化有助于提高企业资源配置效率,进而能够优化出口贸易。① 制造企业将非核心数字环节分离外包,这不仅使得企业能够将有限的生产资源集中配置到自身具有生产优势的环节,细化生产活动分工,数字经济的高效率还有助于减少生产过程的冗余,从而有助于促进资源配置效率的提升(Longo and York,2015)。② 在实际生产中,信息不对称造成的要素扭曲与资源错配普遍存在,而数字技术的发展能够改进企业原有的信息机制,降低企业获取市场信息的时滞,使得企业能够更加快速地调整生产投入组合和生产计划,实现资源的有效配置。比如,运用互联网、大数据等手段,企业可以多维统计和分析海外市场的消费特征,精准识别潜在的市场以及把握市场动态,从而引导资源进行及时、合理的配置。③ 作为一种组织管理手段,数字技术还有助于企业利用数字化思维解构与重构产业链条,提升产业链供应链的管理能力,从而提升资源配置效率(Goldfarb and Tucker,2019)。比如,利用大数据、云计算和物联网等技术,企业能够及时监测和统一协调研发设计、原材料采购、产品制造等各个生产环节的衔接和耦合程度,整合和优化生产管理流程,实现对供应链资源的最优配置;通过智能算法建立的缺货预警和智能采购等有助于避免企业库存断货或积压,实现有限资源的合理分配。资源配置效率的提升往往有助于提高企业生产布局和开展对外贸易的能力,促进出口"增量提质",进而优化出口贸易(杨慧梅和李坤望,2021)。此外,投入数字化还能通过创新效应推动出口贸易优化。这主要体现在四个方面:① 根据熊彼特的创新理论(Schumpeter,1950),数字要素作为新要素投入在与原有生产条件相结合的过程中,不仅能够催生大量的新方法、新工艺和新产品,还能够促进企业生产要素的优化配置,推动生产工艺、流程的改善和生产范式的结构性调整,由此能够产生"破坏性创新"效应,带动企业创新水平的提升。② 数字技术的引入使得部分生产环节实现数控化、自动化、智能化,企业能够腾出更多的人力、物力和财力专攻研发和设计环节,培育核心创新能力。③ 企业的研发创新活动具有投入成本高、风险大的特点,凸显了合作创新的重要性。而数字化平台的多端口特性能够实现数据实时共享、促进知识扩散并强化知识的外溢性(Nambian et al.,2019),这使得远距离的多家企业协同创新成为可能,从而降低单个企业研发创新的资本与技术门槛,提升企业创新效率和创新产出。④ 数字经济的发展使得企业能够广泛搜集下游生产商和消费者的意见反馈和挖掘需求偏好(Shaheer and Li,2020),这种"自下而上"的模式能够降低研发的不确定性,从而激发企业加强研发投入和提升创新能力(赵涛等,2020)。与企业创新能力提升相伴随的往往是企业开发新产品的能力增强、生产的产品差异化特征凸显、产品种类增多以及产品质量提升等,这使得企业在国际市场上的竞争优势大大增强,出口贸易得到提升和优化。

最后，投入数字化还通过人力资本升级效应推动出口贸易优化。① 自动化和智能化数字技术的应用能够代替大量简单的、程序性的劳动需求，这意味着部分中低端技能就业岗位会被替代，同时数字技术的应用能够催生新产业、新业态和新模式的发展，创造出更多知识技术密集型、非程序性的智力岗位，由此会加大对高技能劳动力的用工需求，优化产业和企业人力资本结构（孙早和侯玉琳，2019）。比如，浙江省通过实行"机器换人"计划，2013—2015 年累计减少普通劳动工人约 200 万人，而大量职业院校、高等院校毕业生获得了"机器换人"后产生的新岗位。② 学习外界知识、技能和经验是提升人力资本水平的重要途径。数字技术本身具有极强的综合性和渗透性，其发展极大程度上降低了信息传递和共享的阻碍，拓展了劳动力汲取知识、技能和经验的渠道；与此同时，数字要素供应商也会培训制造企业员工，使其掌握相关数字要素的技术和管理知识以适应生产的需要，这些均有助于提升劳动力的熟练程度与技能水平，推动专业化人力资本内生积累（齐俊妍和任奕达，2021）。而高规模、高质量的知识资本和人力资本融入产品的生产和经营过程，能够与数字要素协同联动、融通创新和相互赋能，推动企业采购、生产、销售和物流等诸多环节的优化，进而能够促进出口贸易的优化。综合上述分析，本章提出：

H1：投入数字化能够促进出口贸易优化，出口固定成本降低、资源配置效率提升、创新水平提高和人力资本升级是主要的作用渠道。

二、异质性因素的影响

不同行业中生产者和消费者之间信息沟通的依赖程度存在显著差异（Oldenski，2012）。一方面，投入数字化便利了信息流动，因而在更依赖信息沟通的行业中，企业能够更明显地感受到投入数字化带来的跨行业、跨地区和跨境信息溢出，从而更好地将这些流动的信息资源"为我所用"，更大程度上发挥投入数字化带来的出口固定成本降低、创新水平提升等效应，促进出口贸易的优化。另一方面，随着制造业投入数字化的推进，在更依赖信息沟通的行业中，消费者更能体验到企业投入数字化提升带来的信息优势，这不仅能在更大程度上激发消费者的购买欲望和多样化需求，扩大企业产品种类和市场规模，还能带来市场反馈效应（Shaheer and Li，2020），使得企业可以及时根据市场需求和市场动态做出研发策略、生产组织和营销策略的调整和优化，助力企业出口。因此，相较低信息依赖度行业而言，高信息依赖度行业无论是供给端还是需求端都能更及时地响应投入数字化带来的变化，并通过供需两端的相互作用推动出口贸易的优化。据此，本章提出：

H2a：投入数字化对高信息依赖度行业出口贸易的优化效应更强。

投入数字化对不同资产专用性（Assset Specificity）行业的影响往往不同（Banalieva and Dhanaraj，2019），进而对其出口的影响效应也有所差异。从行业特征来看，由于专用性资产一旦投资于某一领域，若再改作其他用途，就会发生不可弥补的贬值，因而高资产专用性行业的资产往往具有流动性弱、转换力差和有限的可重新调配性（Redeployable）。从经营和投资风险来看，一方面，资产专用性过高意味着企业对某一特定产品市场存在过度依赖，一旦该市场受到宏观政策等影响而产生需求下降时，资产专用性和不完全契约带来的"锁定"效应会加剧企业的经营风险（李青原等，2007）；另一方面，投入数字化带来了合作创新的可能性,但对于资产专用性高的行业而言,其往往更偏好于独立研发。虽然企业投资专用性资产有助于提高产品的不可复制性,维持可持续的竞争优势,但依据产业组织理论,单个企业往往难以承受持续不断的研发投入和巨大的研发风险,因而纯粹依靠异化战略,甚至寄希望于专有技术的垄断,会加剧企业的投资风险。从出口产品、产业反映来看,当出口产品具有较高的资产专用性时,带来的可占用准租激发了交易者进行机会主义行为的动机,出口商被"敲竹杠"的风险增大,会阻碍出口贸易的进行(刘斌和赵晓斐,2019)。且过度依赖特定产业还面临有限的市场容量问题,限制了企业的发展空间,不利于出口发展。

相较而言,资产专用性低的行业资产流动性和可转换能力较强,具有更适合使用数字技术的基础条件,且数字化能够进一步增强企业资产通用性(Banalieva and Dhanaraj,2019),加速要素在各主体间的充分流动与连接,因此企业之间技术外溢、人才流动等机制更明显,对其出口贸易的优化作用更强。据此,本章提出:

H2b:投入数字化对低资产专用性行业出口贸易的优化效应更强。

市场竞争作为一种较强的外部治理机制,能够向企业管理层传递经营压力和破产威胁,倒逼其迅速对新要素投入做出反应。具体而言,市场竞争程度低通常表现为行业竞争者数量较少,企业拥有垄断优势,能够保持较高的利润水平,倒闭和被兼并的风险较低,因此缺乏革新的动力,经营和管理模式相对固化。而市场竞争激烈通常表现为行业竞争者数量较多且势均力敌,企业在交易谈判中的地位弱化,面临的经营风险较高,因而其通过生产差异化、高质量产品抢占市场的动力较强。同时,数字经济的发展会加剧传统制造业的竞争程度:其一,数字技术的普及使得消费者更易获取关于企业和产品的信息优势,进一步削弱企业在交易谈判中的地位;其二,数字技术具有边际成本近乎为零的优势,容易导致传统企业在位优势丧失,逃离竞争效应(Escape-competition Effect)增强(张宇和蒋殿春,2021);其三,随着数字经济对产业格局的深刻重塑,数字化转型成为企业竞争的关键领域,谁先掌握数字技术并获得良性竞争优势,谁就能在激烈的市场竞争中占有一席之地。因此,相较于市场竞争程度低的企业而言,在激烈的市场竞争行业中,企业对数字要素投入的敏锐度往往更高,将数字要素与自身生产条件有机结合以扩大市场规模和利润的动机也更强。于是,相较低竞争程度行业而言,高竞争程度行业的企业能够及时响应要素投入的变化和市场需求,并及时调整自己的组织形式和管理形式,优化资源配置,在产品研发、质量提升和国际市场开拓等方面展开竞争(余泳泽等,2021)。据此,本章提出:

H2c:投入数字化对高竞争程度行业出口贸易的优化效应更强。

第三节 数字化投入优化出口贸易的估计方法

一、计量模型的建立

由于企业出口存在自我选择机制,其出口行为是非随机的(蒋为等,2021;陈旭等,2016)。对此,本章运用 Heckman 两阶段选择模型以克服样本的选择性偏差,对投入数字化的出口效应进行估计。具体地,第一阶段为企业出口决策的 Probit 模型,考察企业当期是否会选择出口，即出口的扩展边际；第二阶段为企业出口绩效的线性回归模型，即将第一阶段得到的逆米尔斯比(IMR,Inverse Mill's Ratio)纳入第二阶段的回归模型中以克服样本的选择性偏差问题，估计企业的出口绩效。其中，出口绩效涉及两个指标，一是企业出口规模，即出口的集约边际；二是企业出口产品质量。

Heckman 第一阶段模型设置如下：

$$Pr(\mathrm{ifex}_{fit}=1)=\alpha_0+\alpha_1\mathrm{digit}_{it}+\beta\mathrm{Controls}+v_t+\gamma_i+\mu_p+\varepsilon_{fit} \quad (8-1)$$

式中，f、i、t 分别表示企业、行业和时间，ifex_{fit} 表示企业出口决策的二分变量，出口企业为 1，非出口企业为 0；digit_{it} 为企业所属行业的投入数字化水平；Controls 为企业和行业层面控制变量的集合；v_t、γ_i 和 μ_p 各自表示年份、行业和省份固定效应。

Heckman 第二阶段模型设置如下：

$$E(Y_{fit}\mid\mathrm{ifex}_{fit}=1)=\alpha_0+\alpha_1\mathrm{digit}_{it}+\beta\mathrm{Controls}+\mathrm{imr}_{fit}+v_t+\gamma_i+\mu_p+\varepsilon_{fit}$$
$$(8-2)$$

式中，Y_{fit} 表示企业的出口绩效，涉及企业出口规模和出口质量；imr_{fit} 为第一阶段回归所得到的逆米尔斯比。为克服潜在的异方差和序列相关问题，两个阶段的回归中均将标准误聚类到企业层面。

二、变量说明

(一)自变量

自变量是制造业投入数字化，与现有文献测度制造业"服务化"的思路一致(刘斌等，2016)，本章从完全消耗系数入手来考察制造业数字化。完全消耗系数可以反映数字化产业通过产业关联效应对各制造业的全面影响，测算方法如下：

$$\mathrm{complete}_{gi}=a_{gi}+\sum_{r=1}^{n}a_{gr}a_{ri}+\sum_{s=1}^{n}\sum_{r=1}^{n}a_{gs}a_{sr}a_{ri}+\cdots \quad (8-3)$$

式中，$\mathrm{complete}_{gi}$ 表示制造业 i 对数字产业 g 的完全消耗系数，a_{gi} 为制造业 i 对数字经济产业 g 的直接消耗系数，$\sum_{r=1}^{n}a_{gr}a_{ri}$ 表示 i 对 g 的第 1 轮间接消耗系数，$\sum_{s=1}^{n}\sum_{r=1}^{n}a_{gs}a_{sr}a_{ri}$ 表示 i 对 g 的第 2 轮间接消耗系数，以此类推。可见，完全消耗系数是直接和间接消耗的数字投入与制造业产出关系的体现，是对产业系统中"循环流"的完整刻画。然而，完全消耗系数是个绝对指标，难以反映数字化投入在所有投入中的相对重要程度。对此，本章采用相对指标予以克服，用公式表示为：

$$\mathrm{digit}_{it}=\sum_{g}(\mathrm{complete}_{gi}/\sum_{j=1}^{N}\mathrm{complete}_{ji}) \quad (8-4)$$

式中，$\mathrm{complete}_{ji}$ 为制造业部门 i 对任一部门 j 的完全消耗系数。换句话说，用制造业部门对数字经济基础部门的完全消耗系数与制造业部门对所有经济部门的全部消耗系数的比值来表示各制造业部门投入数字化水平。

结合研究目标,以欧盟 2016 版的世界投入产出数据库(WIOD)来研究中国各制造业部门的投入数字化水平,其时间窗口为 2000—2014 年,以国际标准产业 ISIC Rev.4 为行业分类标准,涉及 56 个部门。结合欧盟及中国信息通信研究院对数字经济的概念界定,并考虑到国际标准产业的分类标准和数据的可得性,选取数字硬件设施和软件服务的投入水平,作为制造业投入数字化水平的测度,具体到 ISIC Rev.4 的行业:数字硬件设施涉及 C26 计算机、电子和光学产品制造业,数字软件服务则包括 J62~J63 计算机软件研发、咨询和信息服务业以及 J61 电信服务业。根据现有研究(Bukht and Heeks,2018),数字基础设施是数字经济的核心层,而这三个部门恰好反映了数字基础设施水平,因此本章的指标构建具有合理性。

(二)因变量

因变量是反映出口贸易发展程度的指标,本章从出口的扩展边际、集约边际和出口产品质量三方面进行刻画。实现更高的分工和贸易利益,是外贸高质量发展的题中之义,在国际市场需求疲软的背景下,适应国际市场需求的变化趋势,努力拓展企业出口二元边际的同时,实现"质"的跃升,不仅能在国际贸易中获得更多的分工和贸易利益,还有助于"消解"国际贸易的固定成本,开拓国际市场,提升国际竞争力(戴翔,2021)。据此,参考蒋为等(2021)、孙浦阳等(2018)以及陈旭等(2016)对企业出口的二元边际的定义和刻画,本章选取以下三个因变量:

(1)出口的扩展边际。用出口的二分变量表示,企业在当年有出口则取 1,否则为 0。

(2)出口的集约边际。用企业当年出口销售各类产品的金额之和的对数表示。

(3)出口产品质量。借鉴 Khandelwal et al.(2013)的方法,利用需求函数反推出口产品质量。首先,根据企业 f 出口 c 国的 w 类产品在 t 年内的需求函数:$q_{fcwt} = p_{fcwt}^{-\sigma}\lambda_{fcwt}^{\sigma-1}P_{ct}^{-1}Y_{ct}$,得到质量测算方程:

$$\ln q_{fcwt} + \sigma\ln p_{fcwt} = a_w + a_{ct} + \epsilon_{fcwt} \qquad (8-5)$$

式中,a_w 表示产品的固定效应,控制了 HS6 位码层面不同出口产品的异质性信息;a_{ct} 表示目的国—年份的联合固定效应,用以控制各国不同时期内的消费水平、支出水平、偏好变动等异质性信息;ϵ_{fcwt} 表示回归残差项,包含出口产品质量的信息。对于 σ 的取值,参考刘啟仁和铁瑛(2020)的做法,使用了 Broda et al.(2017)给出的 HS3 位码 σ 值。通过 OLS 回归能够得到企业—目的国—年度—产品(HS6 位码产品)层面质量的表达式:

$$\text{quality}_{fcwt} = \hat{\epsilon}_{fcwt}/(\sigma-1) \qquad (8-6)$$

为使得不同企业、不同产品之间的出口产品质量具有可比性,借鉴许家云等(2017)做法,对 quality$_{fcwt}$ 进行标准化处理,也就是对某一 HS6 位码产品,在所有年度、所有企业、所有出口国层面上求出产品质量的最小值 $\min_w$ 和最大值 $\max_w$,并根据式子 squa$_{fcwt}$ =(quality$_{fcwt}$ − $\min_w$)/($\max_w$ − $\min_w$)得到标准化质量。

最后,利用 r_{fcwt} 来表示 w 类产品出口额占企业当年总出口额的比重,∅ 代表企业层面的样本集合,加权得到企业层面的出口产品质量:

$$\text{qua}_{ft} = \sum_{f_{cut} \in \varnothing} r_{f_{cut}} \times \text{squa}_{f_{cut}} \tag{8-7}$$

（三）控制变量

1. 企业层面控制变量

① 企业规模（Size），采用企业职工人数的对数表示；② 企业年龄（Age），用当年年份减去企业成立年份的差值加 1 取对数来衡量；③ 融资约束（Finan），参考许和连和王海成（2018）的做法，用企业应收账款与主营业务收入的比值表示，应收账款通常是在产品赊销过程中产生的，反映了企业被购买方占用的资金，值越大意味着企业当期现金流下降，会导致企业当期利润和储蓄率下降；同时，应收账款增加还意味着企业资金周转期变长，且坏账的可能性增加，企业的偿债能力下降。因此 Finan 越大，表示企业面临的融资约束越强；④ 劳动生产率（Lab），用工业总产值与职工人数的比值取对数表示；⑤ 资本密度（Cap），用企业资本与职工人数的比值取对数表示。

2. 行业层面控制变量

回归中还控制行业平均出口税率（Trf），这是因为关税率越高，意味着市场准入程度高，可能会影响企业出口。本章先将产品的关税口径统一至 HS1996 版本，再将 HS1996 产品集结归类到世界投入产出表的行业分类（ISIC Rev.4），就能测算得到各行业出口到国外面临的平均出口税率。

3. Heckman 第一阶段所需的外生变量

Heckman 两阶段模型要求样本决策模型中至少包含一个排他性变量，即需要找到至少一个会影响企业出口决策而不影响企业出口表现的变量。参考现有文献，本章选取企业出口的固定成本作为该外生变量，出口面临的高固定成本可能会妨碍企业的出口行为，但难以对企业的出口绩效产生影响（Helpman and Rubinstein，2008；刘斌和王乃嘉，2016；孙浦阳，等，2018），符合外生性要求。关于出口固定成本的测算，借鉴刘斌和王乃嘉（2016）的做法，通过计算基于"年份—行业—地区"固定效应的回归系数来衡量。具体形式如下：

$$\text{cost}_{ft} = \beta_1 \text{val}_{ft} + \beta_2 \ln(1 + \text{trf}_{it} \times \text{val}_{ft}) + \sum_t \delta_t \text{yea}_t + \sum_i \delta_i \text{ind}_i + \sum_p \delta_p \text{prv}_p + \varepsilon_{ft} \tag{8-8}$$

式中，f、i、t、p 分别表示企业、行业、年份、省份。cost_{ft} 表示企业出口总成本的对数值，用公式表示为：出口总成本＝出口比率×（管理费用＋财务费用＋产品销售成本＋产品销售费用＋主营业务应付工资总额＋主营业务应付福利费总额），出口比率为出口额占工业总产值的比重，同时运用指数平滑法补齐主营业务应付福利费在个别年份缺失的情形。val_{ft} 表示企业出口额的对数值。trf_{it} 代表行业出口税率。yea_t、ind_i、prv_i 分别表示年份、行业、地区的哑变量，这些变量是不随企业出口额变化的固定因素，据此得到出口固定成本：$fc_{ft} = \delta_t + \delta_i + \delta_p$。为便于分析比较，对其标准化处理。

三、数据说明

本章主要的数据来源为中国工业企业普查数据库(China Annual Surveys of Industrial Firms,CASIF)、中国海关贸易数据库(China Customs Trade Statistics,CCTS)和欧盟 2016 版世界投入产出数据库(Word Input-Output Database,WIOD)。考虑到 CASIF 中大部分企业的主业为制造业以及综合三个数据库共同的时间窗口,本章研究样本为 2000—2013 年的制造业企业。

(一)数据处理

首先,根据现有文献的一般做法,对 CASIF 进行处理:① 剔除营业收入低于 500 万元及职工人数小于 8 等规模不足的样本;② 剔除营业收入、资产总额、销售额等关键指标严重缺失的情况;③ 剔除企业代码不能一一对应及企业年龄小于 0 的样本;④ 剔除固定资产或总资产小于 0、总资产小于流动资产等指标异常的情况;⑤ 剔除电力、燃气及水等公用事业企业、采掘业以及所属行业不明的企业;⑥ 统一行业分类标准,将 2003 年之前和 2012 年之后的行业统一至 GB/T 4754—2002 行业分类标准。

其次,参考施炳展和邵文波(2014),对 CCTS 进行处理:① 剔除企业名称、目的国、产品代码缺失或出口目的国不明确、出口目的国为中国的样本;② 删除单笔贸易额在 50 美元以下或数量小于 1 的样本;③ 把企业名称中含有"进出口""贸易""外贸""经贸""工贸""科贸""外经"等字样的企业归为贸易中间商,并予以剔除;④ 剔除农产品和资源品样本;⑤ 产品类别以 HS 6 位产品分类码为准,将其统一到 HS1996 版本;⑥为保证产品质量测度的可靠性,去除总体样本量小于 100 的产品以确保回归的可信度。

(二)数据匹配

根据企业名称和年份将 CCTS 同 CASIF 进行匹配,为尽可能包括更多的企业,再通过企业的邮政编码和电话号码的后 7 位进行匹配。在此基础上,进一步匹配 WIOD 的行业数据,即将 WIOD 的行业分类标准 ISIC Rev.4 与工企行业分类标准 GB/T 4754—2002 进行匹配,以获取各制造企业所属行业的数字化投入水平。

为消除极端值对样本分析和实证研究的不利影响,对控制变量中连续变量的 1% 和 99% 的观测值缩尾(Winsorize)处理。表 8 - 1 是主要变量的数据来源说明和描述性统计,表 8 - 2 是主要变量的相关性统计,各个变量之间相关系数均小于 0.4,不存在明显的共线性问题。

表 8 - 1　主要变量的数据来源和描述性统计

变量名称	变量编码	均　值	标准差	最小值	最大值	数据来源
企业是否出口	ifex	0.193 6	0.395 1	0	1	根据 CCTS 测算
出口金额	val	14.196 7	2.191 6	2.397 9	24.579 1	
产品质量	qua	0.578 0	0.124 7	0	1	

续　表

变量名称	变量编码	均　值	标准差	最小值	最大值	数据来源
投入数字化	digit	0.052 7	0.069 8	0.014 7	0.358 5	根据 WIOD 测算
企业规模	size	4.991 5	1.064 3	2.484 9	8.258 9	根据 CASIF 计算
企业年龄	age	2.042 7	0.757 7	0	3.989 0	
企业融资约束	finan	0.154 4	0.185 6	0.000 5	1.006 0	
企业劳动生产率	lab	5.624 3	1.047 8	3.137 0	8.558 7	
企业资本密集度	cap	3.514 1	1.337 6	0.048 0	10.735 8	
行业关税率	trf	5.876 6	4.144 0	1.637 1	22.165 2	根据 World Bank-TRAINS 计算
出口固定成本	fc	0.824 5	0.216 8	0	1	结合 CASIF、CCTS 和 World Bank-TRAINS 数据测算

表 8-2　变量相关性分析

	ifex	val	qua	digit	size	age	finan	lab	cap	trf
digit	0.134 2	0.075 0	−0.022 5							
size	0.245 2	0.384 2	0.101 3	0.072 9						
age	0.075 3	0.085 4	−0.046 2	0.018 8	0.244 3					
finan	0.041 2	−0.092 4	−0.006 3	0.142 6	−0.015 4	0.124 4				
lab	−0.022 3	0.122 0	−0.060 7	−0.009 3	−0.242 3	−0.053 0	−0.219 1			
cap	0.115 1	0.024 2	0.011 2	0.068 0	−0.145 5	−0.011 4	0.144 9	0.406 2		
trf	−0.094 2	0.038 4	0.131 1	−0.339 3	0.013 5	−0.033 3	−0.172 1	0.072 0	−0.039 1	
fc	0.062 8	0.089 0	−0.086 0	−0.010 8	0.101 9	0.110 9	0.068 9	0.126 4	0.022 3	0.060 9

第四节　数字化投入优化出口贸易的实证结果

一、基准回归分析

表 8-3 报告了 Heckman 两阶段模型的估计结果。其中，第（1）列报告了 Heckman 第一阶段的估计结果，因变量为企业是否出口即出口的扩展边际，结果显示制造业投入数字化水平与出口的扩展边际显著正相关。第（2）、（3）列报告了 Heckman 第二阶段的估

计结果,估计结果显示:在 1% 的显著性水平下,制造业投入数字化水平与出口集约边际和产品质量也均呈正相关关系。将投入数字化水平滞后 1 期后重新进行回归,表 8-3 第 (4)~(6) 列的结果不改变本章的核心结论。在国际市场需求疲软的背景下,促进出口二元边际的发展以及大力发展高技术、高质量产品出口贸易,都是出口贸易优化的重要维度。本章的回归结果发现投入数字化的确有助于促进出口贸易的扩展边际和集约边际,还能够提升贸易产品质量,进而促进出口贸易的优化,验证了 H1 的前半部分。

表 8-3 基准回归结果

	Heckman 第一阶段	Heckman 第二阶段		Heckman 第一阶段	Heckman 第二阶段	
	(1) 扩展边际	(2) 集约边际	(3) 产品质量	(4) 扩展边际	(5) 集约边际	(6) 产品质量
digit	3.240 3*** (0.195 9)	8.776 3*** (0.537 8)	0.245 1*** (0.037 3)			
L.digit				3.329 4*** (0.194 2)	9.057 3*** (0.527 8)	0.256 6*** (0.037 0)
size	0.402 7*** (0.002 3)	2.029 6*** (0.034 8)	0.040 4*** (0.002 4)	0.404 0*** (0.002 4)	2.020 5*** (0.034 7)	0.040 0*** (0.002 4)
age	0.035 7*** (0.002 6)	0.008 1 (0.008 8)	−0.002 0*** (0.000 6)	0.046 5*** (0.002 6)	0.048 7*** (0.009 3)	−0.001 3** (0.000 6)
finan	−0.153 3*** (0.010 3)	−1.317 0*** (0.030 9)	−0.007 9*** (0.002 0)	−0.159 5*** (0.010 4)	−1.332 8*** (0.031 4)	−0.007 6*** (0.002 1)
lab	−0.017 6*** (0.002 5)	0.349 8*** (0.006 9)	0.007 2*** (0.000 4)	−0.021 7*** (0.002 5)	0.337 5*** (0.007 1)	0.007 0*** (0.000 4)
cap	0.219 7*** (0.001 7)	0.735 4*** (0.019 4)	0.021 0*** (0.001 4)	0.217 6*** (0.001 7)	0.723 0*** (0.019 1)	0.020 6*** (0.001 3)
trf	−0.012 1*** (0.001 9)	−0.024 6*** (0.007 7)	−0.004 3*** (0.000 5)	−0.010 5*** (0.002 0)	−0.021 2*** (0.007 6)	−0.004 1*** (0.000 5)
fc	−0.301 9*** (0.035 6)			−0.318 1*** (0.035 2)		
imr		4.049 0*** (0.120 3)	0.080 7*** (0.008 4)		3.994 1*** (0.119 7)	0.079 1*** (0.008 3)
常数项	−4.577 4*** (0.052 4)	−11.269 0*** (0.546 2)	0.035 1 (0.037 7)	−4.588 4*** (0.053 9)	−11.011 0*** (0.543 5)	0.048 2 (0.037 7)
年份固定	是	是	是	是	是	是
行业固定	是	是	是	是	是	是
省份固定	是	是	是	是	是	是
(Pseudo)R^2	0.188 8	0.254 4	0.182 4	0.188 4	0.254 8	0.182 6
样本量	2 394 469	462 749	462 749	2 313 427	449 320	449 320

注:括号中的值为企业层面的聚类稳健标准误,＊＊＊、＊＊和＊分别代表 1%、5% 和 10% 的显著性水平。

控制变量的回归结果显示：企业规模(Size)、资本密集度(Cap)与出口扩展边际、集约边际和产品质量均显著正相关，企业融资约束(Finan)和行业出口税率(Trf)与扩展边际、集约边际和产品质量均显著负相关，这与预期一致。而企业年龄(Age)与企业出口的扩展边际显著正相关，与产品质量显著负相关，可能的解释是年轻企业为了在竞争激烈的市场上存活下来，更倾向于选择保守的国内销售策略，同时年轻企业如果选择出口，可能会偏向于集中精力出口具有优势的核心产品，专注于产品质量的提升以在国际市场树立竞争优势。企业劳动生产率(Lab)与企业出口集约边际和产品质量均显著正相关，但与企业出口的扩展边际显著负相关，后者与现有文献广泛讨论的中国企业"出口—生产率悖论"现象相符(Yang and He，2014；Dai et al.，2016)，这可能与中国外资企业和外资子公司大量存在、加工贸易模式盛行、出口外溢和地区市场保护等因素有关(李春顶，2015)。此外，第一阶段选择方程还显示出口固定成本(Fc)的增加会降低企业出口选择概率，与预期一致。第二阶段结果方程中，逆米尔斯比均显著为负，表明如果忽略非出口企业样本将导致选择性偏差，因此，本章采用 Heckman 两阶段法回归具有合理性。

二、内生性检验

本章核心自变量为行业数据，因变量为企业数据，故由反向因果关系引起内生性问题的可能性较小，但仍存在因遗漏变量和测量误差导致的内生性问题。对此，在 Heckman 两阶段模型的基础上，进一步结合两阶段最小二乘法进行回归。

参考类似文献(刘维刚等，2017)，选取日本制造业部门的投入数字化水平作为工具变量。首先，日本数字信息产业的基础设施建设处于世界领先水平，是对日本 GDP 贡献最大的产业，2016 年日本数字经济规模占 GDP 的比重为 45.9%。而中国与日本地理位置毗邻、贸易紧密相关，日本制造业数字化水平的上升可能通过中间品投入渠道等正向影响中国制造业的数字化水平，存在相关性；其次，日本制造业数字化水平基于其投入产出表计算得到，与中国企业出口决策和出口表现没有直接关系，符合工具变量选取要求。根据表 8-4 两阶段最小二乘法的第一阶段回归结果，日本制造业投入数字化水平(Jpn_digit)的确与中国制造业数字化水平显著正相关。同时，运用工具变量后，不改变 Heckman 两阶段的回归结果，进一步支持了 H1。考虑到工具变量的合理性将直接影响估计结果的有效性和一致性，对表 8-4 第(3)、(4)列的工具变量进行统计检验：Kleibergen-Paaprk LM 统计量对应的 P 值均为 0.00，在 1% 的显著水平上强烈拒绝工具变量识别不足的原假设；Cragg-Donald Wald-F 统计量远大于 Stock-Yogo 检验在 10% 水平上的临界值 16.38，拒绝弱工具变量的原假设。因此，所选工具变量有效。

表 8-4　两阶段最小二乘法回归结果

	2SLS 第一阶段	2SLS 第二阶段		
		Heckman 第一阶段	Heckman 第二阶段	
	(1) digit	(2) 扩展边际	(3) 集约边际	(4) 产品质量
digit		7.093 0 *** (0.813 7)	27.405 4 *** (2.700 8)	0.346 2 ** (0.170 7)

	2SLS 第一阶段	2SLS 第二阶段		
		Heckman 第一阶段	Heckman 第二阶段	
	(1) digit	(2) 扩展边际	(3) 集约边际	(4) 产品质量
Jpn_digit	0.412 2*** (0.004 2)			
控制变量	是	是	是	是
年份固定	是	是	是	是
行业固定	是	是	是	是
省份固定	是	是	是	是
Kleibergen-Paaprk LM			3 599.372 [0.000 0]	3 599.372 [0.000 0]
Cragg-Donald Wald-F			1.5e+04 [16.38]	1.5e+04 [16.38]
(Pseudo)R^2	/	/	0.253 8	0.182 3
样本量	2 394 469	2 394 469	462 749	462 749

注:括号中的值为企业层面的聚类稳健标准误,＊＊＊、＊＊和＊分别代表1％、5％和10％的显著性水平。Kleibergen-PaaprkLM统计量和Cragg-Donald Wald F统计量下方方括号内分别为P值和10％显著性水平下的临界值。

三、作用机理检验

(一)基于出口固定成本的视角

理论分析部分指出投入数字化能够降低企业出口固定成本,进而提高企业出口选择的概率。为对此进行检验,表 8-5 第(1)列以出口固定成本 fc 作为因变量,digit 作为自变量,回归结果显示 digit 的估计系数显著为负,且第(2)～(5)列结果显示,出口固定成本只与企业的出口决策即扩展边际显著负相关,而与其集约边际和产品质量无显著关系,这不仅验证了投入数字化水平提升通过降低出口固定成本增加了企业出口的概率,也证实了本章以出口固定成本作为 Heckman 第一阶段的排他性变量具有合理性。

表 8-5　作用机理检验:出口固定成本

	(1) 出口固定成本	(2) 扩展边际	(3) 集约边际	(4) 产品质量
digit	−0.065 8*** (0.005 6)			
出口固定成本		−0.303 2*** (0.035 6)	−0.041 9 (0.126 0)	0.000 6 (0.008 0)
(Pseudo)R^2	0.253 4	0.188 6	0.248 2	0.181 6
样本量	2 394 469	2 394 469	462 749	462 749

注:回归中对各控制变量和年份、行业、省份固定效应进行控制,括号中的值为企业层面的聚类稳健标准误,＊＊＊、＊＊和＊分别代表1％、5％和10％的显著性水平。

（二）基于资源配置效率的视角

为了检验资源配置效率在投入数字化与出口发展中的作用，本章参考王文和牛泽东（2019）的办法测算企业的资源错配指数（mis）用以反映企业资源配置效率水平，并参考 Lu and Yu（2015）用企业 TFP 的泰尔指数（theil）做稳健性检验。根据表 8-6 第（1）列，无论以哪一种指标衡量资源错配程度，digit 的估计系数均在 1% 水平上显著为负，即投入数字化提升有助于提升资源配置效率；第（2）~（4）列是在 Heckman 两阶段回归模型中加入资源错配程度指标的回归结果，可以发现 mis 和 theil 的估计系数均在 1% 水平上显著为负，说明资源配置效率的改善有助于出口二元边际的发展并提升出口产品质量，因而资源配置效率是投入数字化作用于企业出口的渠道之一。

表 8-6　作用机理检验：资源配置效率

	企业的资源错配指数			
	（1）mis	（2）扩展边际	（3）集约边际	（4）产品质量
digit	−0.911 1*** (0.346 9)	3.493 5*** (0.213 2)	9.786 2*** (0.589 2)	0.276 4*** (0.040 6)
mis		−0.019 8*** (0.000 7)	−0.103 7*** (0.002 9)	−0.001 2*** (0.000 2)
(Pseudo)R²	0.115 9	0.190 2	0.259 4	0.182 4
样本量	1 788 539	1 788 539	356 710	356 710
	企业 TFP 的泰尔系数			
	（1）theil	（2）扩展边际	（3）集约边际	（4）产品质量
digit	−0.086 6*** (0.001 3)	2.611 3*** (0.214 4)	6.040 4*** (0.564 2)	0.203 1*** (0.038 5)
theil		−10.604 2*** (0.299 0)	−37.758 1*** (1.177 0)	−0.825 8*** (0.080 8)
(Pseudo)R²	0.659 7	0.191 4	0.257 6	0.182 6
样本量	1 784 300	1 784 300	356 203	356 203

注：回归中对各控制变量和年份、行业、省份固定效应进行控制，括号中的值为企业层面的聚类稳健标准误，***、**和*分别代表 1%、5% 和 10% 的显著性水平。

（三）基于创新水平的视角

为检验投入数字化的创新效应，本章用企业当年专利申请数加 1 取对数来衡量企业创新能力。表 8-7 第（1）列是创新水平对 digit 的回归，结果显示 digit 的估计系数在 1% 水平上显著为正，即提升投入数字化水平有助于企业创新；第（2）~（4）列是在 Heckman 两阶段回归模型中加入企业创新水平的回归结果，结果显示创新水平对企业出口扩展边际、集约边际和产品质量的影响均在 1% 水平上显著为正，说明投入数字化会通过创新效应促进出口二元边际的发展并提升出口产品质量。

表 8 - 7　作用机理检验：创新水平

	（1）创新水平	（2）扩展边际	（3）集约边际	（4）产品质量
digit	4.481 9*** (0.071 0)	2.632 9*** (0.196 2)	6.708 4*** (0.516 2)	0.155 4*** (0.035 6)
创新水平		0.131 9*** (0.003 9)	0.217 7*** (0.012 8)	0.009 1*** (0.000 8)
(Pseudo)R²	0.100 8	0.190 3	0.253 9	0.182 5
样本量	2 394 469	2 394 469	462 749	462 749

注：回归中对各控制变量和年份、行业、省份固定效应进行控制，括号中的值为企业层面的聚类稳健标准误，＊＊＊、＊＊和＊分别代表1％、5％和10％的显著性水平。

（四）基于人力资本的视角

为检验人力资本提升这一作用机理，首先对企业人力资本水平进行衡量，参考吕越和邓利静（2020）的做法，利用企业人均工资水平与行业平均工资的比值来衡量人力资本水平（rlzb），比值越大，人力资本水平越高。表 8 - 8 第（1）列是企业人力资本水平对 digit 的回归，第（2）～（4）列是在 Heckman 两阶段回归模型中加入企业人力资本水平的回归结果，结果显示投入数字化与企业人力资本水平显著正相关，且 Heckman 两阶段模型显示企业人力资本水平与出口扩展边际、集约边际和产品质量均显著正相关，说明投入数字化还会通过提高企业人力资本水平促进出口贸易的优化。至此，H1 得到完整的验证。

表 8 - 8　作用机理检验：人力资本

	（1）人力资本	（2）扩展边际	（3）集约边际	（4）产品质量
digit	0.136 5*** (0.026 5)	3.156 2*** (0.196 6)	7.494 8*** (0.528 1)	0.231 5*** (0.036 4)
人力资本		0.648 5*** (0.007 8)	2.307 3*** (0.057 3)	0.073 0*** (0.003 9)
(Pseudo)R²	0.202 4	0.196 5	0.256 5	0.185 3
样本量	2 390 850	2 390 850	462 559	462 559

注：回归中对各控制变量和年份、行业、省份固定效应进行控制，括号中的值为企业层面的聚类稳健标准误，＊＊＊、＊＊和＊分别代表1％、5％和10％的显著性水平。

四、异质性检验

（一）基于行业信息依赖度的视角

投入数字化的出口效应容易受行业信息依赖度的影响，为对此进行检验，本章参考

Oldenski(2012)、孙浦阳等(2020)对行业信息沟通依赖度的衡量方法，使用美国职业信息网络(O ∗ NET)提供的数据，对各行业信息沟通依赖度进行打分评估，得分越高说明该行业的生产经营对信息沟通依赖程度越高，据此，将样本划分为高信息依赖度和低信息依赖度两个子样本进行分组回归。根据表 8-9 的回归结果，在以扩展边际和集约边际为因变量的回归中，digit 的估计系数在两个样本组中均显著为正，本章通过费舍尔组合检验(Permutation Test)发现，在高信息依赖度样本组中 digit 的系数值显著高于低信息依赖度样本；同时，在以出口产品质量为因变量的回归中，digit 的估计系数仅在高信息依赖度样本组中显著为正。回归结果说明行业信息依赖度越高，投入数字化对出口贸易的优化效果越显著，印证了 H2a。这是因为行业信息依赖度越高，企业和消费者都能及时对数字技术的应用带来的高效率、高维度且低成本信息做出反应，通过供给端的投入变化和需求端的市场反馈叠加作用，更大程度刺激出口贸易的发展。

表 8-9　异质性因素的影响：行业信息依赖度

	高信息依赖度行业			低信息依赖度行业		
	Heckman 第一阶段	Heckman 第二阶段		Heckman 第一阶段	Heckman 第二阶段	
	(1) 扩展边际	(2) 集约边际	(3) 产品质量	(4) 扩展边际	(5) 集约边际	(6) 产品质量
digit	3.262 2*** (0.300 4)	9.219 0*** (0.898 6)	0.232 1*** (0.059 7)	1.392 9*** (0.273 2)	1.691 2*** (0.623 7)	0.056 6 (0.045 1)
(Pseudo)R^2	0.181 8	0.231 5	0.095 8	0.205 1	0.279 9	0.231 3
样本量	1 244 046	236 285	236 285	1 150 423	226 464	226 464

（二）基于行业资产专用性的视角

为检验行业资产专用性的调节作用，本章采用 Nunn(2007)的数据测度资产专用性：

$$\varphi_i = \sum_{j=1}^{n} \tau_{ij}(R_j^{\text{neither}} + R_j^{\text{refprice}})，$$

其中，$\tau_{ij} = \mu_{ij}/\mu_i$，$\mu_{ij}$ 表示行业 j 对行业 i 的投入，μ_i 行业对 i 的投入总和。R_j^{neither} 表示行业 j 中既非"机构交易产品"也没有参考价格的产品所占的比重，R_j^{refprice} 表示行业 j 中非机构交易产品但有参考价格的产品所占的比重。根据资产专用性中位值将样本划分为高资产专用性行业和低资产专用性行业。根据表 8-10，在以扩展边际和集约边际为因变量的回归中，digit 的估计系数在两个样本组中均显著为正，运用费舍尔组合检验发现，在高资产专用性样本组中 digit 的系数值显著低于低资产专用性样本；同时，在以出口产品质量为因变量的回归中，digit 的估计系数仅在低资产专用性样本组中显著为正。回归结果说明行业资产专用性越低，投入数字化对出口的优化作用越明显，印证了 H2b。投入数字化通过降低信息不对称程度可以降低高资产专用性行业被"敲竹杠"的风险，一定程度上促进增加其出口二元边际的发展，但低资产专用性的行业具有更适合使用数字技术的基础条件，投入数字化能更大程度促进其外贸发展。

表 8 - 10　异质性因素的影响:行业资产专用性

	高资产专用性行业			低资产专用性行业		
	Heckman 第一阶段	Heckman 第二阶段		Heckman 第一阶段	Heckman 第二阶段	
	(1) 扩展边际	(2) 集约边际	(3) 产品质量	(4) 扩展边际	(5) 集约边际	(6) 产品质量
digit	2.529 9*** (0.237 6)	5.609 2*** (0.605 6)	0.056 4 (0.041 8)	6.973 9*** (0.731 6)	18.219 8*** (2.098 6)	0.814 1*** (0.135 0)
(Pseudo)R^2	0.181 0	0.285 7	0.127 3	0.190 1	0.214 5	0.295 9
样本量	1 097 651	256 965	256 965	1 296 818	205 784	205 784

注:回归中对各控制变量和年份、行业、省份固定效应进行控制,括号中的值为企业层面的聚类稳健标准误, * * * 、 * * 和 * 分别代表 1%、5% 和 10% 的显著性水平。

(三) 基于行业竞争程度的视角

投入数字化的出口效应还受到行业竞争程度的影响。本章参考 Cheung and Pascual (2004)建立了测量 2000—2011 年 18 个制造业行业勒纳指数的方法,用公式表示为: $lerner_{it} = (Va_{it} - W_{it})/F_{it}$,其中,$i$ 代表行业,t 代表年份,Va、W 和 F 分别表示增加值、劳动力成本和总产值,数据来自 WIOD 的社会经济账户(Socio Economic Accounts)。 lerner 越大表示市场势力越强,市场竞争程度低。根据 lerner 的中位值将样本划分为低竞争度行业和高竞争度行业。根据表 8 - 11 的回归结果,在高竞争度样本组中,digit 均在 1% 的水平下显著为正;在低竞争度样本组中,digit 对出口扩展边际和产品质量无显著性影响,对企业出口集约边际有显著的正效应,且费舍尔组合检验显示其系数值显著低于高竞争度样本组。这说明行业竞争程度越高,投入数字化对出口的优化效果越显著,验证了 H2c。这主要是因为在激烈的市场竞争行业中,企业生存压力加剧,抢占市场的动力增强,因而其对数字要素投入的敏锐度更高,能够及时响应要素投入的变化和市场需求,调整自己的生产组织形式以及优化资源配置,以提升自身在新产品设计研发、品牌建设等方面的国际竞争力,促进出口贸易高质量发展。

表 8 - 11　异质性因素的影响:行业竞争程度

	低竞争度行业			高竞争度行业		
	Heckman 第一阶段	Heckman 第二阶段		Heckman 第一阶段	Heckman 第二阶段	
	(1) 扩展边际	(2) 集约边际	(3) 产品质量	(4) 扩展边际	(5) 集约边际	(6) 产品质量
digit	1.011 3 (0.623 2)	8.041 6*** (1.741 8)	−0.197 1 (0.123 9)	3.194 1*** (0.253 2)	8.869 0*** (0.684 9)	0.159 8*** (0.040 2)
(Pseudo)R^2	0.219 3	0.248 3	0.130 6	0.151 7	0.249 9	0.215 7
样本量	1 087 378	150 668	150 668	1 307 091	312 081	312 081

注:回归中对各控制变量和年份、行业、省份固定效应进行控制,括号中的值为企业层面的聚类稳健标准误, * * * 、 * * 和 * 分别代表 1%、5% 和 10% 的显著性水平。

第五节　数字化促进出口贸易优化的路径

伴随国内外环境的深刻变化，中国外贸发展亟待向更加平衡和更加充分的高质量方向转变。结合中共中央、国务院发布的《关于推进贸易高质量发展的指导意见》（简称《意见》）和现有关于外贸高质量发展内涵的研究（戴翔和宋婕，2018），本章进一步从助推"一带一路"建设、优化国际市场布局、优化国内区域布局、实现出口结构优化升级和实现深度参与国际分工五个维度，探究投入数字化优化出口贸易的具体路径。所选取的五个维度能够较充分地反映外贸更趋平衡和更加充分的发展方向，符合外贸高质量发展的基本内涵，是出口贸易优化的集中反映，因而该部分是对前文内容的有益补充和进一步拓展。

一、助推"一带一路"建设

《意见》明确指出要以"一带一路"建设为重点。"一带一路"建设的战略规划，与外贸高质量发展的内涵是高度契合的。究其原因，从外部市场集中度以及沿线国家的经济总量和发展潜力来看，中国与沿线国家有着巨大的合作空间和范围，"一带一路"建设有助于中国开拓国际市场和降低贸易风险；从国内贸易区域看，中西部地区能够利用其地理优势，借由"一带一路"建设实现其外贸发展；从实现创新驱动看，"一带一路"建设为中国转移过剩产能、重塑产业优势提供了广阔市场。为考察投入数字化能否助力"一带一路"建设，在 Heckman 第一阶段模型中将因变量设定为企业当年是否出口到"一带一路"沿线国家，第二阶段因变量对应为企业出口到沿线国家的产品金额和质量。根据表 8－12 第（1）～（3）列的回归结果，投入数字化的确有助于中国企业与"一带一路"沿线国家出口贸易往来，深化分工合作。同时，第（4）～（6）列结果仅以中西部企业为样本，结果依旧成立。

表 8－12　投入数字化助推"一带一路"建设的检验

	总体样本			中西部企业样本		
	Heckman 第一阶段	Heckman 第二阶段		Heckman 第一阶段	Heckman 第二阶段	
	(1) 扩展边际	(2) 集约边际	(3) 产品质量	(4) 扩展边际	(5) 集约边际	(6) 产品质量
digit	2.393 3*** (0.214 4)	7.128 8*** (0.583 0)	0.332 1*** (0.044 0)	4.338 4*** (0.555 7)	26.548 1*** (2.882 9)	0.895 9*** (0.195 4)
(Pseudo)R^2	0.179 4	0.320 2	0.180 6	0.164 0	0.247 5	0.183 4
样本量	2 394 469	303 210	303 210	694 732	38 628	38 628

注：回归中对各控制变量和年份、行业、省份固定效应进行控制，括号中的值为企业层面的聚类稳健标准误，＊＊＊、＊＊和＊分别代表1%、5%和10%的显著性水平。

二、实现国际市场更加多元化的平衡发展格局

目前全球消费市场主要集中在发达经济体，2019 年，中国对欧、美、日的出口额占中

国出口总额的 40%,但是外部市场过度集中容易导致国际市场利用不充分、贸易抗风险能力低、贸易摩擦以及买方垄断等问题(戴翔和宋婕,2018)。与此同时,国际经贸格局日趋复杂多变,外部市场过度集中具有较大的风险隐患,这使得构建更加多元化的外部市场成为我国出口优化的重要内容和方向之一。据此,本章以企业出口国家数量的对数衡量其外部市场多元化,根据表 8-13 第(2)列的回归结果,在控制选择性偏差问题后,投入数字化有助于出口企业到达更广阔的外部市场。此外,对比第(3)列和第(4)列,投入数字化使得企业在发展中国家市场范围的扩张幅度大于在发达国家市场范围的扩张。因此,投入数字化还有助于分散外部市场风险、突破需求不足等约束,驱动构建更加多元的外部市场,助力出口贸易的优化。

表 8-13 投入数字化优化国际市场布局的检验

	Heckman 第一阶段	Heckman 第二阶段		
	(1)扩展边际	(2)外部市场多元化	(3)发展中国家市场	(4)发达国家市场
digit	3.240 3*** (0.195 9)	1.656 3*** (0.296 4)	1.856 6*** (0.240 0)	1.370 5*** (0.233 4)
(Pseudo)R^2	0.188 8	0.119 3	0.248 3	0.130 6
样本量	2 394 469	462 749	462 749	462 749

注:回归中对各控制变量和年份、行业、省份固定效应进行控制,括号中的值为企业层面的聚类稳健标准误,* * *、* * 和 * 分别代表 1%、5% 和 10% 的显著性水平。

三、实现国内区域更加协调的平衡发展格局

党的十九大报告明确指出要形成"陆海内外联动、东西双向互济"的开放格局。而中国贸易发展存在东强西弱的特点,中西部地区出口总额占比远低于东部地区,这在整体上制约了出口竞争力的进一步提升。Freund and Weinhold(2004)、Clarke and Wallsten(2006)的研究都发现了数字化对于发展中国家和发达国家对外贸易的差异性影响:发展中国家存在对外贸易联系较少的比较劣势,而信息和通信技术的发展能够极大地改善这种情况,因而其对发展中国家对外贸易的促进效果要强于发达国家。类似的差异可能也存在于我国内部的不同地区。据此,将样本划分为东、中、西部进行分组回归,结果列于表8-14。表 8-14 的回归结果显示在中部和西部分组中 *digit* 的系数值高于东部,本章进行的费舍尔组合检验也支持这一结论,说明投入数字化对中、西部地区企业出口的二元边际和出口质量的促进效果均显著高于东部地区。这是因为东部地区靠海,对外交通便利,且贸易开放时间早、开放度高,极大降低了该地区企业出口的固定成本。而受制于地形地貌的影响,中西部地区相对闭塞,且贸易开放较晚、经济发展较落后,抬高了当地企业海外市场的搜寻成本,同时也难以接收来自东部沿海地区出口信息的溢出,阻碍了中西部出口贸易的发展。而投入数字化使得中西部地区企业可以更便利地与海外消费者建立信息双向了解渠道,还能更大程度地吸收其他企业的出口信息溢出,进而有助于释放中西部地区的出口增长潜力,打造东中西部更加协调的平衡发展格局。

表 8 - 14　投入数字化优化国内区域布局的检验

	东　部			中　部			西　部		
	Heckman 第一阶段	Heckman 第二阶段		Heckman 第一阶段	Heckman 第二阶段		Heckman 第一阶段	Heckman 第二阶段	
	(1) 扩展边际	(2) 集约边际	(3) 产品质量	(4) 扩展边际	(5) 集约边际	(6) 产品质量	(7) 扩展边际	(8) 集约边际	(9) 产品质量
digit	2.965 6*** (0.215 6)	6.217 3*** (0.549 8)	0.208 7*** (0.038 7)	4.626 8*** (0.597 6)	20.839 5*** (2.909 0)	0.863 8*** (0.177 7)	5.090 6*** (0.878 9)	38.766 1*** (3.838 1)	0.479 3* (0.251 1)
(Pseudo)R^2	0.164 0	0.265 5	0.186 1	0.168 6	0.181 7	0.179 8	0.201 6	0.212 2	0.165 0
样本量	1 699 737	399 302	399 302	487 902	45 372	45 372	206 830	18 075	18 075

四、实现出口结构的优化升级

出口结构优化升级主要包括商品结构、贸易方式和贸易主体等结构优化升级，即商品结构由低技术密集型（或劳动密集型）、高能耗型等转为高技术密集型、低能耗等商品出口为主，贸易方式由低附加值的加工贸易转向附加值更高的一般贸易方式为主，以及贸易主体结构中，内资企业的出口拉动作用增强。因此，要考察投入数字化是否能够带来出口结构转型升级，等同于要考察相比于低技术密集型产品、高能耗产品、加工贸易方式以及外资企业出口，数字化是否更有利于促进技术密集型产品、低能耗产品、一般贸易方式以及内资企业出口。

（一）优化商品结构

首先，本章根据 OECD 制造业技术划分标准，将低技术、中低技术行业样本划分为低技术密集型行业，将中高技术、高技术行业划分为技术密集型行业进行分组回归。表 8 - 15 的结果显示，在低技术密集型样本组中，以扩展边际和集约边际为因变量的回归中，digit 的估计系数均不显著，而在以出口质量为因变量的回归中，digit 的估计系数显著为负；在高技术密集型样本组中，digit 的估计系数均显著为正，即数字化有助于促进技术密集型商品出口。两方面原因造成该结果：一是高技术密集型企业能够更快地感知外界市场环境和技术环境的变化，从而能及时调整自己的组织管理形式和生产战略以更好地应对不断变化的国内外市场需求；二是高技术密集型企业更容易完成数字要素和自身生产要素相互渗透联结、组合重构这一主观性、动态性的知识耦合过程，从而实现数字要素的创造价值。相较之下，低技术密集型企业主要从事低技能生产步骤，其学习、应用能力有限，高端数字要素的投入对其出口发展难以产生显著性的正向影响，甚至会在一定程度上妨碍其出口发展。

其次，本章根据国家发展和改革委员会《绿色产业指导目录（2019 年版）》将产业划分为绿色产业和非绿色产业，继而研究数字化对二者外贸发展的影响。表 8 - 15 的回归结果显示，投入数字化对绿色产业和非绿色产业的出口发展均有显著的正效应，同时进行费舍尔组合检验发现，投入数字化对绿色产业的影响远高于对非绿色产业的影响。对该结果可能的解释是：数字要素能够部分替代能源等要素、改进生产工艺流程、提高设备运转效率等，进而其对非绿色产业出口发展有促进作用。然而，可能源于绿色产业享有更多的扶持政策、更受国际市场偏好以及数字经济产业对国家绿色低碳战略的及时响应，投入数字化对绿色产业出口促进效果更强。回归结果说明数字经济与绿色经济能够协同发力，引领出口结构转型和优化升级，推动中国经济高质量、可持续发展，助力"碳达峰""碳中和"目标的实现。

表 8 - 15　投入数字化优化商品结构的检验

	低技术密集型			高技术密集型		
	Heckman第一阶段	Heckman第二阶段		Heckman第一阶段	Heckman第二阶段	
	(1) 扩展边际	(2) 集约边际	(3) 产品质量	(4) 扩展边际	(5) 集约边际	(6) 产品质量
digit	−1.639 8 (1.487 7)	−0.301 8 (4.399 6)	−0.619 3** (0.273 2)	1.792 1*** (0.280 4)	1.317 0* (0.722 9)	0.086 2* (0.048 8)
(Pseudo)R^2	0.194 7	0.228 5	0.251 7	0.176 1	0.289 4	0.098 3
样本量	1 547 689	264 583	264 583	846 780	198 166	198 166
	绿色产业			非绿色产业		
	Heckman第一阶段	Heckman第二阶段		Heckman第一阶段	Heckman第二阶段	
	(1) 扩展边际	(2) 集约边际	(3) 产品质量	(4) 扩展边际	(5) 集约边际	(6) 产品质量
digit	4.846 4*** (0.777 8)	16.204 1*** (2.901 5)	0.488 9*** (0.172 3)	2.971 2*** (0.203 0)	7.904 2*** (0.539 5)	0.199 7*** (0.037 8)
(Pseudo)R^2	0.191 0	0.229 5	0.150 9	0.188 0	0.258 4	0.180 3
样本量	251 904	32 971	32 971	2 142 565	429 778	429 778

（二）优化贸易方式结构

将样本划分为一般贸易企业和加工贸易企业进行分组回归，结果见表 8 - 16。本章运用费舍尔组合检验对比两组的回归结果发现，投入数字化对一般贸易企业出口集约边际和产品质量的提升效果强于加工贸易企业。从两种贸易模式的区别来看，加工贸易主要是给国外厂家、品牌进行来料加工和进料加工，一般贸易则将研发、设计、生产制造以及品牌整条产业链都集中于国内企业，相较而言，前者利润较低且长期被锁定在价值链低端环节，投入数字化对其出口金额和产品质量的提升相对有限，而后者自主研发能力较强、利润较高，投入数字化产生的产品质量和销售金额提升效应都更大；从中国外贸发展的核心战略来看，近年来，中国注重转变外贸发展方式、调整外贸发展结构、提高一般贸易产品的国际市场竞争力，在政策的扶持下，一般贸易企业也更能发挥数字化带来的出口"增量提质"作用。

表 8 - 16　投入数字化优化贸易方式的检验

	Heckman 第一阶段	Heckman 第二阶段				
		一般贸易			加工贸易	
	(1) 扩展边际	(2) 集约边际	(3) 产品质量	(4) 集约边际	(5) 产品质量
digit	3.240 3*** (0.195 9)	10.005 4*** (1.248 9)	0.533 4*** (0.078 2)	4.174 9*** (0.509 5)	0.134 5*** (0.043 0)
(Pseudo)R²	0.188 8	0.157 8	0.168 4	0.303 0	0.199 5
样本量	2 394 469	120 902	120 902	331 127	331 127

（三）优化贸易主体结构

为考察投入数字化带来的贸易主体结构优化效应,本章根据中国工业企业数据库中登记的企业注册类型,将港澳台和外商投资企业合称为外资企业,其余类型企业为内资企业,进行分组回归。根据表 8 - 17 的回归结果,投入数字化对内资和外资企业出口扩展边际和集约边际的影响均显著为正,费舍尔组合检验显示其对内资企业的影响更大;同时,投入数字化仅对内资企业产品质量有显著正向影响。这主要是因为一方面以民营企业为主体的内资企业往往更具创新动力,能够及时捕捉新要素投入带来的知识技术溢出;另一方面外资企业具备先天的数字化优势,由于边际递减效应,数字化对其出口发展的促进作用要弱于内资企业。可见,投入数字化有助于优化贸易主体结构,增强中国外贸的内生性动力,进而推动出口贸易的优化。

表 8 - 17　投入数字化优化贸易主体结构的检验

	内资企业			外资企业		
	Heckman 第一阶段	Heckman 第二阶段		Heckman 第一阶段	Heckman 第二阶段	
	(1) 扩展边际	(2) 集约边际	(3) 产品质量	(4) 扩展边际	(5) 集约边际	(6) 产品质量
digit	4.037 8*** (0.280 2)	12.762 7*** (1.133 9)	0.578 8*** (0.073 1)	1.253 8*** (0.311 8)	2.961 5*** (0.565 5)	0.026 1 (0.040 9)
(Pseudo)R²	0.162 5	0.202 5	0.183 5	0.104 5	0.311 3	0.171 5
样本量	1 890 959	192 479	192 479	503 510	270 270	270 270

早期为推动工业和经济发展,中国实施出口导向战略,通过营造鼓励出口的政策环境以及吸引外资政策,带动出口高速增长。然而,遵循比较优势原理,中国主要依托丰富而廉价的劳动力、资源等要素禀赋优势,通过发展低附加值的加工贸易、出口劳动密集型产品和高能耗产品嵌入全球价值链分工体系,市场势力和盈利能力极弱。从外贸层面突破"低端锁定"困局,可以具体体现为商品结构、贸易模式和贸易主体的升级:其一,高技术、低能耗产品出口能够改善中国出口商品的结构,提高中国在世界市场上和全球价值链中

的地位,是实现外贸增长方式转变的重要载体;其二,与加工贸易的"两头在外"不同,一般贸易模式将生产环节集中于国内,这能够创造更高的附加值,因而一般贸易出口增长能够体现中国贸易方式的升级;其三,早期中国主要通过外资企业出口带动国内出口贸易的发展,外资企业成为中国出口的主力军,但只有内资企业出口的发展才能增强外贸的内生性动力。而综合上述回归结果,相较于低技术密集型、非绿色产业、加工贸易模式和外资企业出口,投入数字化对高技术密集型、绿色产业、一般贸易模式和内资企业出口"增量提质"的作用更强,因此数字化有助于推动贸易结构优化升级,进而能促进外贸高质量发展。

五、实现深度参与国际分工的发展格局

国际贸易不是纯粹的市场竞争,而是国际合作下的竞争,贸易的基础是分工,因此,参与国际产业分工合作与实现外贸发展相辅相成,看待贸易发展需要深入国际分工层面。本章根据 Fally(2012)的办法对国内产业的分工程度进行测算,用公式表示为 $N_i = 1 + \sum_j a_{ji} N_j$,其中,$a_{ji}$ 表示生产1单位价值的 i 产品需要直接消耗 a_{ji} 单位 j 产品,N_i 越大表明产品所需的生产阶段数越多,产业分工程度高。根据分工程度的中位值将样本划分为2个子样本进行分组回归。表8-18 的结果显示在高产业分工样本组中,digit 的估计系数均在1%水平下显著为正;而在低产业分工样本组中,digit 对出口扩展边际和集约边际没有显著影响,在10%的显著性水平下对产品质量有负向影响。究其原因,分工程度高的产业在产品生产过程中有更多的产业部门分工合作,企业可以专业化于核心和优势环节的生产,而投入数字化能进一步加强企业的核心能力;同时,分工程度高意味着企业间的生产联系紧密,企业易获取多种类、高质量的中间投入品,这与数字要素结合能带来更大的规模效应和更高的产品质量。相较而言,产业分工程度低,意味着企业之间分工合作的密切程度较低,而新的要素投入会打破企业原有产品开发架构、运营管理体系等固有模式,凭借一己之力,企业可能难以及时将新的要素投入和现有生产条件有机结合,导致投入数字化对其出口的影响有限,甚至可能在一定程度上抑制产品质量的提升。回归结果证实了投入数字化能够进一步促进企业深度参与国际分工,更加有效地融入全球价值链,从而更大程度地促进出口贸易发展。

表8-18 投入数字化促进深度参与国际分工的检验

	高产业分工程度			低产业分工程度		
	Heckman 第一阶段	Heckman 第二阶段		Heckman 第一阶段	Heckman 第二阶段	
	(1) 扩展边际	(2) 集约边际	(3) 产品质量	(4) 扩展边际	(5) 集约边际	(6) 产品质量
digit	3.250 9*** (0.258 1)	9.043 2*** (0.702 7)	0.284 3*** (0.041 6)	0.666 9 (0.421 8)	1.213 1 (1.112 5)	−0.140 0* (0.075 8)
(Pseudo)R^2	0.160 1	0.253 6	0.143 6	0.214 3	0.249 1	0.205 2
样本量	1 208 119	277 163	277 163	1 186 350	185 586	185 586

中国经济已由高速增长阶段转向高质量发展阶段,推动贸易高质量发展成为实现中

国经济高质量发展的内在要求。与此同时，伴随着数字经济的快速发展，数字要素已成为关键性生产要素之一。在此背景下，本章旨在研究投入数字化能否成为驱动中国出口贸易优化的新引擎。利用 Heckman 两阶段回归模型，研究表明投入数字化不仅能够促进企业出口的二元边际的发展，还提升了出口产品质量。机理检验发现，数字化通过降低出口固定成本、提高资源配置效率、提升企业创新能力和人力资本水平刺激出口贸易的发展；且数字化对出口贸易的促进作用在高信息依赖度、低资产专用性和高竞争程度行业更加凸显。此外，投入数字化对出口贸易的优化路径还具体体现在，其有助于推进"一带一路"建设、优化国际市场布局和国内区域布局、促进出口结构（包括商品结构、贸易方式和贸易主体）转型升级以及实现深度参与国际分工。

上述结论为发挥数字经济对中国出口贸易的优化作用，推动外贸高质量发展提供了深刻的启示：

（1）投入数字化是缓解出口疲软和实现出口优化的重要途径，因此要积极推进数字经济和实体经济的深度融合。具体而言：① 要加快培育国内数字产业，夯实数字技术发展基础，以实现关键数字的自主可控。强化政府对相关科研项目经费投入，整合业务专家、技术领先企业专注前沿数字技术的深度开发，集中突破芯片、操作系统等"卡脖子"关键技术瓶颈，以掌握数字产业链的关键环节。② 完善数字化转型所需的软硬件基础设施的建设。引导各行各业加强对 5G 基站、大数据中心、工业互联网、物联网等通信网络基础设施，以及人工智能、云计算、区块链等新技术基础设施的规划和建设，加强数字产业和制造业的直接融合；同时要鼓励传统制造企业与具有数字技术能力的企业（如腾讯、华为等）合作，加速传统制造企业的数字化转型，从而提升制造企业面对供需冲击的韧性，增强其出口能力并培育新的外贸增长点。③ 以对外开放的态度拥抱数字技术，既要鼓励国内数字相关领军企业融入全球价值链，也要继续引进国外先进的数字技术，拓展数字贸易合作渠道，以整合全球优质数字资源并用以提升国内数字技术，形成国内国际双循环互促的良好态势。④ 完善数字要素自由流动的市场环境。一方面要着力降低数字要素的准入壁垒，统一数据标准，破除数据流动障碍；另一方面要完善数据监管机制，健全数字经济法治体系，保障数字安全和市场主体合法权利，维护行业内部良性竞争机制。

（2）扫清资金、技术、人才、成果等转化障碍，以充分发挥投入数字化带来的信息扩散效应、创新效应和人力资本水平提升效应。具体而言，可采取的措施包括引导银行等金融机构创新服务，拓宽数字技术融资渠道，为重点项目提供更多的融资支持；正确把握与技术贡献程度相适应的知识产权保护程度，以激发企业创新活力并促进创新要素的有序流动；加大对数字技能人才的引进力度，同时加强对数字专业化人才的培养，以提高企业对先进数字技术的学习、吸收和转化能力；推进数字技术与自由贸易试验区、自由贸易港等外贸发展载体深度融合，借助自由贸易试验区、自由贸易港等集聚人才和创新等要素的优势，充分吸收数字技术带来的知识溢出，从而把各种外贸发展载体打造成对外开放的新高地等。由此一来，能使得投入数字化带来的作用机制得到更全面的发挥，进而能够切切实实地推动出口优化和外贸高质量发展。

（3）在制定数字经济发展规划时，要充分识别数字经济渗透的行业差异、地区差异和企业差异，使数字资源能最大限度地释放其价值。首先，可以适当增强对高信息依赖度、低资产专用性、高竞争程度行业和接近前沿技术距离行业的数字投入。其次,根据优化路径分析,要加强数字均衡发展,服务于外贸高质量发展的基本内涵,以共建"一带一路",优化国际市场布局和国内区域布局,推动商品结构、贸易方式和经营主体优化升级,促进深度参与国际分工等为目标,方能推动外贸朝着更加平衡和更加充分的方向发展。最后,要扩大金融、商贸物流、专业服务等生产性服务业的开放,倒逼国内服务业的转型升级,同时各地区应制定相应的政策鼓励和驱动生产性服务业集聚,充分发挥其在数字经济和制造业之间的"黏合剂"作用,进而更大限度地发挥投入数字化带来的出口贸易优化效应。

(4) 积极参与数字领域的全球治理规则制定,争取规则制定的主动权与参与权,提高中国在全球数字经济发展浪潮中的地位。伴随数字经济和数字贸易的发展,在新一轮的全球经济规则和体系的完善和构建中,作为最大的发展中国家,中国应从以往的被动接受者转变为积极的参与者,如通过加入《数字经济伙伴关系协定》(DEPA),参与构建符合各方利益的数字贸易规则体系,积极营造开放、公平、公正、非歧视的数字发展环境,以促进数据、数字商品和服务跨境流动,深化数字经济全球分工合作。同时,"一带一路"作为推动中国外贸增长的重要途径,要着力推进"一带一路"沿线国家数字经济治理建设,寻求沿线国家能够普遍接受的规则均衡点,以此建立合作与对话机制。这样一来,能够为企业赢得良好的国际运营环境,从而助推出口贸易的优化。

第 9 章
数字化投入与价值链攀升：
人工智能下人口老龄化影响再评估

"人口红利"形成的低成本优势，是中国以往嵌入全球价值链并收获开放发展利益的关键依托，然而，伴随人口老龄化进程加快，上述优势已逐步丧失，并引起了理论和实践部门对其影响中国参与全球价值链分工的担忧。而"担忧"主要源于适龄劳动力数量减少和劳动力体能衰弱。本章认为，在人工智能发展条件下，一方面，劳动力数量以及内含于劳动力体内的体能，在生产中的重要性相对下降；另一方面，内含于劳动力体内的诸如知识和经验，则随着年龄增长而不断积累，从而有了更广阔的"用武之地"，增创了新优势。上述两个方面的变化，都有助于推动企业转型升级和价值链攀升。基于 2002—2013 年中国制造业企业微观数据，本章的实证检验结果发现，人口老龄化的结构性变化不仅没有成为阻碍企业提高价值链分工地位的因素，相反还起到了一定的促进作用，这一结果在经过稳健性检验和内生性检验后依然成立；在进一步区分体能"要素"密集型行业和年龄增值型技能"要素"密集型行业基础上，对作用机制的检验发现，人口老龄化的结构变迁会通过倒逼密集使用体能"要素"的行业采用人工智能，以及会通过充分发挥密集使用年龄增值型技能"要素"行业的劳动者年龄优势，促进相关企业全球价值链分工地位提高。经验证据支撑了文中理论分析中得出的各关键假说。本章研究不仅从人工智能条件下对人口老龄化的结构变迁影响全球价值链攀升提供了新认识，而且对于如何应对当下老龄化并探寻全球价值链攀升的对策，也有重要政策含义。

第一节 相关研究观点评介

20 世纪 80 年代以来，国际分工的形式发生了重要变化，跨国公司通过开展对外直接投资或者外包的形式，在全球范围内整合和利用资源，国际分工合作以传统的最终产品为界限，演进到以产品价值链增值环节为界限，全球价值链应运而生。中国凭借"人口红利"等低成本，在前一轮的经济全球化发展中取得了开放型经济发展的巨大成功，成为全球最大的贸易国和世界第二大经济体。然而，在参与全球价值链的过程中，中国承接的大多是劳动密集型产业和产品的生产环节，嵌入的是附加值创造相对较低的全球价值链中低端部分，这使得中国往往是以"被整合者"的身份融入全球价值链分工。这种发展模式在特定的历史阶段有重要的促进作用和历史意义,但面临经济全球化形势的深刻演变,以及国内经济发展进入高质量新阶段等内外因素变化,以往"低端嵌入"的发展模式面临可持续困难,甚至面临"低端锁定"的困境和风险。百年未有之大变局下,国际国内形势日趋复杂和严峻,加上新型冠状病毒感染疫情在世界范围内的暴发和蔓延,全球产业链、供应链、价值链的安全稳定,更是受到了前所未有的挑战。在这种情况下,中国亟须进一步"扎根"全球价值链并实现分工地位提升,加快实现党的十九大报告提出的"迈向全球产业链中高端"的战略目标,从而更好地融入甚至引领世界经济的发展,因为作为日益走近世界舞台中央的中国,不仅是世界经济发展中的"因变量",更要扮演好"自变量"的重要角色。

一、关键问题

决定一国参与国际分工以及分工地位的因素固然有很多,但要素禀赋以及技术状况无疑是其中的重要影响因素。从要素禀赋优势角度看,改革开放很长一段时间以来,中国一直主要依托"人口红利"形成的比较优势,参与到全球价值链分工体系之中,实现开放发展。但是,伴随时间的演进,经济社会的不断发展和进步,目前中国的要素禀赋情况已经发生了显著变化,突出表现为中国人口老龄化问题逐渐显现。第七次人口普查的数据显示,与2010年相比,15~59岁、60岁及以上人口的比重分别下降6.79个百分点、上升5.44个百分点。人口老龄化程度进一步加深,未来一段时期将持续面临人口长期均衡发展的压力。有研究表明,预计在2030年之前的某一年份,总人口达到峰值后便转为负增长,将导致长期性、趋势性和结构性的总需求不足,使中国经济难以实现自身的潜在增长率(蔡昉,2020年10月,党的十九届五中全会通过的《中共中央关于制定国民经济和社会发展第十四个五年规划和二〇三五年远景目标的建议》提出"实施积极应对人口老龄化国家战略",人口老龄化问题受到高度重视。毋庸置疑,人口结构变化会对中国参与全球价值链带来深刻影响,尤其是"人口红利"的消失,必然使得"低端嵌入"全球价值链的传统模式不可持续,中国亟待攀升全球价值链。而如何认识人口结构对中国全球价值链分工地位的影响,显然是理论和实践部门面临的重要课题。

与此同时,当前以人工智能等为代表的新一轮信息技术革命,正在快速发展,并由此推动了全球数字经济的兴起。正是在此背景下,党的十九届四中全会明确提出,健全劳动、资本、土地、管理、数据等生产要素由市场评价贡献、按贡献决定报酬的机制,首次将数据作为与资本和劳动等并列的第五大生产要素,并明确提出将数据作为生产要素参与收益分配。2017年7月,国务院发布的《国务院关于印发新一代人工智能发展规划的通知》明确指出,人工智能是引领未来的战略性技术,成为国际竞争的新焦点,中国需要抢抓人工智能发展的重大战略机遇,构筑人工智能发展的先发优势。毫无疑问,以人工智能等为代表的技术变革,同样会对中国参与全球价值链包括分工地位变迁等,带来深刻影响。一方面,人口老龄化导致传统"人口红利"不断丧失;另一方面,以人工智能为代表的技术变革在快速发展,而后者的快速进步及其在各产业领域的渗透和应用,似乎又意味着在参与全球价值链分工过程中,劳动要素的重要性将有所下降,因为包括机器人在内的所谓人工智能,显然能够形成较强的替代效应,从而弥补基于"人口红利"所形成的比较优势的丧失。这就提出了一个很有理论意义和实践价值的课题:人口老龄化及其人工智能的兴起,究竟会对中国全球价值链攀升带来何种影响？其中可能的作用机制究竟是什么？本章力图对上述问题做初步探讨。

二、主要观点

虽然目前的研究文献鲜有将人口老龄化和人工智能结合起来，探讨中国全球价值链攀升，但是有关全球价值链攀升的影响因素研究，以及人工智能与劳动力市场之间关系的探讨，与本章研究主题密切相关，且能够为本章研究提供一定的启发和借鉴意义。因此，本章的文献综述主要围绕上述两个方面展开。

关于价值链攀升问题，多数学者使用企业出口国内附加值率来衡量企业在全球价值链中的地位（陈旭等，2019；喻胜华等，2020；张晴和于津平，2020）。在出口国内附加值率的测算方法不断完善的基础上（Hummels et al.，2001；张杰等，2013），一些学者展开了对其影响因素的研究，以此引申出影响全球价值链攀升的关键因素。在行业层面，有研究指出，扩大服务业开放对中国制造业企业出口国内增加值率提升的确具有显著的积极影响（占丽和戴翔，2021），进一步地，制造业投入服务化与企业出口国内附加值率之间会呈现出 U 型关系（许和连等，2017）。其次，开放的政策环境对企业出口国内附加值率也有重要的影响作用，陈虹和徐阳（2019）基于 1998—2006 年 WTO、WITS 关税数据和世界投入产出数据（WIOD），考察了贸易自由化与中国制造业出口国内增加值率之间的关系，发现整体上，贸易自由化促进了行业及企业出口国内增加值率的上升，其中，中间品关税下降会使行业及企业出口国内增加值率上升，而最终品关税下降会导致行业及企业出口国内增加值率下降；李宏亮等（2021）从金融业开放角度，利用中国工业企业与海关贸易匹配数据进行检验，研究发现金融业开放显著提高了中国企业出口国内增加值率；李启航等（2020）基于不同的测算方法，实证研究发现经济功能区设立有效提升了区内企业出口国内增加值率。从社会环境来看，戴翔和秦思佳（2020）利用 2006—2013 年中国工业企业数据库和中国海关数据库，实证研究发现营商环境的优化能够显著提升企业出口国内增加值率；张雨和戴翔（2021）认为知识产权保护程度的增强，对企业出口国内增加值率的影响会呈现出从促进到抑制的作用过程转变。还有部分学者证明了互联网的广泛使用有助于通过提高国内中间投入的使用这一渠道提高中国企业的出口国内附加值率，并且这一作用效果在一般贸易企业中更为显著（耿伟和杨晓亮，2019）。

与本章相关的另一支文献，主要包括人工智能与劳动力市场之间的相互作用。这一问题近年来也一直受到学者的关注，多数学者认为人工智能对劳动力是存在替代效应的，Frey 等（2017）使用对职业的特征和可替代性进行评分并结合机器学习的方法预测了美国 700 多个职业中有 47％可以在短期内被替代。王永钦和董雯（2020）认为，由于机器人相比于人力劳动力在从事一些常规性、复杂性的劳动方面具有更加明显的比较优势，因此机器人对劳动力需求产生的替代效应在不同技能的劳动力中具有显著的差异，主要表现在对于中等技能的劳动力的替代效应更加明显，而对于技能需求较低的工作来说，由于使用人力的生产成本比机器人成本更低，因此替代效应不太明显。事实上，人工智能的发展所代表的技术进步对劳动的替代的探讨由来已久，即所谓的"技术性失业"，但从过去两个多世纪的事实情况来看，虽然生产技术和自动化水平大幅提高，但并未有证据表明技术进步导致了失业的长期增加(Autor,2015)。有学者对此展开研究后发现,技术进步应当是既有就业替代效应,也有就业创造效应的(蔡宏波和韩金镕,2021)。例如,人工智能的发展会衍生出一些新型的就业岗位,如人工智能工程技术人员、机器人维修师等;再比如,在生产效率提高后,生产规模的扩大又可以创造更多的劳动力就业机会,这都是就业创造效应的体现。并且,虽然技术进步主要替代人的体力,人工智能将进一步地替代人的脑力,但不会完全替代人类就业(程承坪和彭欢,2018),这主要是由于人工智能与人类之间存在根本性差异,首先人工智能是一维的表征化系统,无法适应人类的四维世界;其次,人工智能只具有理性化系统,缺乏感性和灵性;最后,人工智能与人类的物质基础和工作机制不同。上述根本性差异决定了人工智能不可能完全替代就业(程承坪,2019)。还有一部分学者从产业结构升级角度对这一问题进行了探讨,王森等(2020)研究发现人工智能的发展,尤其是当其发展到一定程度时,可以通过填补人口老龄化带来的劳动力短缺及缓解劳动生产率下降的问题,从而促进产业结构升级。汪伟等(2015)研究发现人口老龄化还可以通过增加消费需求、加快人力资本积累来应对劳动力成本上升,促进了产业结构升级。

此外,尤为值得一提的是,目前也有零星文献关注到了人口老龄化对于价值链分工地位的影响研究,以及从人工智能角度探讨全球价值链的参与问题。就前一个方面而言,李明广和谢众(2021)关注到了人口老龄化与企业出口国内增加值率的影响,其研究发现人口老龄化会对企业的出口国内附加值率产生负向影响,主要原因在于进口中间品对国内中间品和劳动力的替代;周懿等(2020)使用出口技术复杂度来表征制造业价值链升级,采用中国 2004—2016 年省级面板数据从理论与实证层面研究得出人口老龄化对我国制造业价值链具有显著促进作用,且这种推动效应是通过促进生产性服务业发展的机制得以实现的。就后一个方面而言,刘斌和潘彤(2020)通过人工智能与全球价值链行业层面数据的对接,构建人工智能与全球价值链的计量模型,运用普通最小二乘法、两阶段最小二乘法、交互项方法等进行经验研究发现人工智能提升了一国行业全球价值链参与程度和分工地位;吕越等(2020)使用 International Robot Federation 提供的机器人数据、中国海关数据库和中国工业企业数据库提供的企业数据构成了研究使用的高度细化的微观企业数据,在实证层面检验了人工智能对中国企业全球价值链参与的影响。

综上可见,现有研究无论是关于全球价值链攀升的影响因素研究,还是关于人工智能与劳动力市场之间关系的研究,都做出了较为丰富的探讨,甚至包括从人口老龄化角度以及人工智能角度分别探讨了价值链分工的影响效应问题,但尚没有将人口老龄化和人工智能结合起来,探讨价值链攀升的直接文献。也就是说,在人工智能兴起的大背景下,对人口老龄化影响全球价值链分工地位问题,需要重新审视。这是因为,人工智能作为一种新的生产技术条件,不仅与人口,或者更确切地说与劳动要素有密切关系,而且人口结构变化在人工智能条件下,对价值链攀升的意义和作用,可能与以往的惯常理解有较大差异,毕竟,人工智能在"改变"着生产过程中劳动的作用。鉴于此,本章着重从理论和实证层面探讨人口老龄化、人工智能和全球价值链攀升之间的关系问题。相比于现有研究,本章可能的创新点在于:第一,在研究视角上,本章可能是首次将人口老龄化和人工智能纳入统一框架,着重探讨人口老龄化对全球价值链攀升影响的研究,这将有利于厘清三者之间的关系，从而有利于更好地应对当下人口老龄化对中国比较优势的影响，并进一步探寻促进中国攀升全球价值链的对策；第二，在研究方法上，除了探讨人口老龄化对价值链攀升影响的现实效应外，本章还根据内含在劳动力体内与年龄相关的不同技能，测算并区分不同行业的不同年龄相关技能密集度特征差异，并以此为基础进一步探究了人口老龄化对不同行业价值链攀升的影响；第三，在政策启示上，基于本章的研究发现，对中国人口结构变化的新发展阶段赋予了全球价值链攀升的新政策含义。

第二节　人工智能条件下人口老龄化影响 GVC 攀升的理论逻辑

目前，中国人口已经进入老年型，迅速发展的人口老龄化趋势，促使年龄层面的人口结构发生了巨大变化，对劳动力市场带来了深远影响。随着"人口红利"的逐渐消失以及廉价劳动力比较优势的丧失，中国如何继续向全球价值链高端环节攀升，成为理论部门和实践部门广泛关注的热点问题。

一、人口老龄化对 GVC 攀升的促进作用

伴随着人口老龄化的日益加深，人工智能的发展也在不断加强，麦肯锡全球研究院的一项最新研究指出，到 2030 年，全球将会有 4 亿～8 亿人口的工作被机器人替代，而中国将会有 31% 的工作时间被自动化。人工智能对劳动力的替代作用已在许多研究中被证实，由此可以在一定程度上缓解人口老龄化带来的体能型劳动力短缺的情况。但我们认为，人工智能的作用还远不止于此，我们更应当看到智能化应用的经济发展阶段下，不仅人口老龄化带来的劳动力短缺不会成为阻碍中国价值链攀升的因素，还应当认识到人口老龄化极有可能成为一大优势，这主要体现在劳动力随着年龄的增加，其经验、知识等方面的技能在不断增加，而这正是智能化发展所需要。也就是说，在没有人工智能的发展时代，老龄人口伴随体力优势的衰减，年龄优势又无法得到发挥，因此对依托劳动力优势参与国际分工会带来不利影响。而在人工智能得到广泛应用条件下，不仅使得其对普通劳动力的"替代效应"显现，从而劳动力的"体力"重要性逐步下降，而且会使得随着年龄增长而积累的知识和经验等优势有了"用武之地"。在技术、信息、知识、经验越来越重要的条件下，年龄增值型的劳动力发挥的积极作用，能够为企业攀升价值链高端环节提供基础条件，从而有利于促进企业价值链地位得到提升。总之，技术和经济发展阶段不同，人口老龄化的结构变迁产生的影响可能也不尽相同。据此，提出本章的理论假说 1。

理论假说 1：在当前人工智能等技术进步的经济发展阶段，人口老龄化引发的人口结构变迁，会对企业攀升全球价值链起到促进作用。

二、人口老龄化促进 GVC 攀升的异质性

制造业企业根据企业所有制和贸易类型等标准可以划分为不同的企业类型，不同类型的企业由于其自身发展条件，所处发展阶段，生产产品类型等方面的不同，对人口老龄化的感知程度应当是有所差异的，从而受到人口老龄化影响的程度也是不同的。例如，国

有企业在经济运行中承担着重要的"稳就业"的功能,因此受到人口老龄化的影响程度相比于非国有企业应当更强烈一些,这也难免会对两者参与国际分工产生不同的影响。其次,上述差异也将会对企业发展人工智能及利用人工智能产生不同程度的影响。例如,加工贸易企业由于生产环节具有明显的组装和加工等特点,因此在发展人工智能的积极性和利用人工智能的有效性上都较一般贸易更为明显。这也会对人口老龄化对两类企业全球价值链攀升的促进作用产生一定的差异。再比如,企业所处的行业类型的不同也会造成企业之间的差异,资本和技术密集度较高的行业,能够高效利用人工智能及其相关信息与知识,从而能够实现人工智能持续化发展,提升产品的质量,巩固甚至提高其在全球价值链中的地位;劳动力密集度较高的行业,由于缺少充分利用人工智能的现实条件,因此当其面临人口老龄化程度加深的影响时,对企业攀升全球价值链的影响,相比于其他擅长使用人工智能的企业也应当有所差异。最后,从地区分布上来看,不同经济带的自然条件、社会条件、发展水平和阶段不同,也会导致人口老龄化对企业攀升全球价值链产生不同的作用程度。由此提出本章的第二个理论假说:

理论假说2:人口老龄化对企业在全球价值链中分工地位的影响,在不同企业类型、不同行业类型和不同地区间具有异质性。

三、人口老龄化的倒逼机制

如前所述,我们认为人工智能的发展,在人口老龄化引发的人口年龄结构变迁对企业攀升全球价值链的影响中发挥着重要的机制作用,但这一机制可能会从两种不同的路径发挥其作用,为将这一问题阐述清楚,我们将内含在劳动力体内的生产能力划分为体能型和年龄增值技能型两类,前者主要包括柔性、韧性、耐力和肢体力量等,随着劳动力年龄的增加会逐渐衰退,后者则包括表达能力、理解能力、知识、经验和技术等的积累,这些会随着劳动力年龄的增加而逐渐加强。

首先从体能型看,由于其随着年龄的增加会逐渐衰退,因此随着人口老龄化的到来,显然会使密集使用"体能"的企业的优势逐渐丧失,但这一优势的丧失对企业来说并非总是负面的,而会在一定程度上促使这类企业率先进行智能化改革。因为当劳动力体能随着年龄的增加而逐渐衰退时,将难以满足密集使用体能的企业的生产需要,或是会使这类企业面临更换年轻员工带来的成本压力,这确实对这类企业现存的优势造成损失,但是从另一角度看,正是原本具有的优势丧失,才给予这类企业发展新优势的动力,而对体能型劳动力进行替代,最为重要的途径就是要推动人工智能发展,从而可以有效弥补传统优势丧失的影响。此外,人工智能的发展不仅可以简单替代一般劳动力,由于其标准化的生产程序,在生产效率、生产质量等方面也表现出超出一般劳动力的优势(程承坪,2021)。同时,有研究表明,采用新技术的企业不仅能够扩大产能,还能获得丰厚的技术垄断利润,从而诱发企业采用更多新技术(王君等,2017),这无疑会对企业的持续发展及价值链攀升带来积极的促进作用。综上,人口老龄化的结构变迁可以倒逼这类企业加快人工智能发展,而人工智能水平的提高意味着企业可以从事价值链更高端环节的生产工作,生产增加值更高的产品,促进价值链攀升。由此,提出本章理论假说3。

理论假说3:人口老龄化的结构变迁,会通过倒逼密集使用体能"要素"的行业采用人工智能，从而提高相关企业的全球价值链分工地位。

四、人口老龄化的年龄增值型技能新作用

对于密集使用年龄增值技能型的行业而言，如果按照一般类型的劳动力去理解，那么在人口老龄化的结构变迁影响下，其工作能力和效率会大大降低，从而给企业带来很大的负面影响。事实上可能并非如此，当我们把劳动力体内的能力划分为不同类型后，在人工智能条件下，一方面，劳动力随年龄增加而逐渐衰退的体能变得不再重要，这将不会对企业的生产造成想象中那么大的负面影响；另一方面，劳动力体内的年龄增值技能在智能化条件下可以得到更好的应用。例如，随着年龄的增加，诸如知识、信息、技术和经验等，都将有一定程度的积累和提升，这方面的技能提升在智能化条件下能够得到更好的利用和优势发挥，甚至可以说，伴随智能化发展，对普通体力型的劳动需求在下降，而对基于知识和经验积累的劳动需求会上升。也就是说，在更加需要知识、信息和经验等行业内，伴随人口老龄化的结构性变迁，对内含于劳动力体内的这些随年龄增加的技能，有着更为强烈的需求并能得到有效发挥。因此，与密集使用体能"要素"的行业不同，对于密集使用年龄增值型技能"要素"的行业来说，年龄增加本身就是一种优势，加之老龄劳动力在工作中所积累的经验及智能化生产对体能的较低需求，人口老龄化的结构变迁并不必然会对这类行业造成较大的负面作用，相反，由于劳动力的年龄普遍增加，前文提到的那些随年龄而增加的技能在智能化条件下也逐渐开始发挥了作用，反而能够创造价值，推动价值链攀升。综上，提出本章的理论假说4。

理论假说4：智能化生产条件下，人口老龄化的结构变迁，会通过充分发挥密集使用年龄增值型技能"要素"的行业的劳动者的年龄优势，促进相关企业全球价值链分工地位的提高。

第三节　人工智能下人口老龄化影响 GVC 攀升的评估方法

一、模型设定

在前文理论分析的基础上，接下来使用实证研究方法进行检验。首先探讨人口老龄化对企业价值链攀升的作用效果，设立如下：

$$DVAR_{irt} = old_{irt} + X_{it} + \mu_i + \lambda_t + \delta_r + \varepsilon_{it} \qquad (9-1)$$

式中，$DVAR_{irt}$ 为企业在全球价值链中的嵌入地位。采用现有文献的普通做法，本章以企业 i 的出口国内增加值率来表征企业的全球价值链分工地位。old_{irt} 是 r 行业 i 企业层面的人口老龄化程度；X_{it} 为控制变量；μ_i、λ_t 和 δ_r 分别代表个体固定效应、时间固定效应和行业固定效应。

根据前文的理论分析，我们认为，要想探讨人口老龄化对企业价值链攀升的影响机制，则需要对内含于劳动力的能力进行细分，将其具体划分为体能型"要素"和年龄增值技

能型"要素"后,再进一步探讨人口老龄化的结构变迁对企业以出口国内附加值率为表征的全球价值链地位攀升的作用机制问题。因此,本章根据作用机制的特点和途径设置两个不同计量模型。

一是人口老龄化的结构变迁后,体力劳动者减少,劳动力年龄增长,老龄化会倒逼体能型技能密集度高的企业进行智能化替代,主要体现在机器人渗透度上。工业机器人的使用又可以促进出口国内附加值的提高或者说价值链分工地位改善。因此,本章采用中介效应模型,从实证层面验证上述机制作用,具体设置为如下:

$$\mathrm{DVAR}_{irt} = \mathrm{old}_{irt} \times \mathrm{phy}_r + X_{it} + \mu_i + \lambda_t + \delta_r + \varepsilon_{it} \qquad (9-2)$$

$$\mathrm{companyint}_{irt} = \mathrm{old}_{irt} \times \mathrm{phy}_r + X_{it} + \mu_i + \lambda_t + \delta_r + \varepsilon_{it} \qquad (9-3)$$

$$\mathrm{DVAR}_{irt} = \mathrm{companyint}_{irt} + \mathrm{old}_{irt} \times \mathrm{phy}_r + X_{it} + \mu_i + \lambda_t + \delta_r + \varepsilon_{it} \qquad (9-4)$$

式中,phy_r 表示 r 行业的体能要素密集度,将其与企业的人口老龄化 old_{irt} 的交互项 $\mathrm{old}_{irt} \times \mathrm{phy}_r$ 作为核心解释变量,可以衡量密集使用体能型劳动力的行业,受人口老龄化的结构变迁的影响,将这一交互项看作一个新变量,纳入中介效应模型中,可以有效探讨人工智能在密集使用体能的企业中的机制作用效果;$\mathrm{companyint}_{irt}$ 是中介变量,表示企业层面的智能化程度,具体表现为工业机器人渗透度。

二是在企业使用人工智能替代体能型劳动力后,由于有了智能化的生产环境,一些高龄劳动力的知识经验等优势可以得以体现,主要表现为人口老龄化的结构变迁在人工智能的调节作用下,促进了密集使用年龄增值技能型"要素"的企业出口国内附加值率的提高,改善全球价值链分工地位。因此,我们使用企业层面的人口老龄化 old_{irt}、企业所在行业年龄增值技能型"要素"密集度 appage_r 和企业智能化程度 $\mathrm{companyint}_{irt}$ 三者的交互项来反映这一情形。人口老龄化的结构变迁对企业出口国内附加值率的影响机制,在年龄增值技能型"要素"层面的作用模型设置如模型(9-5)所示:

$$\mathrm{DVAR}_{irt} = \mathrm{old}_{irt} \times \mathrm{appage}_r \times \mathrm{companyint}_{irt} + X_{it} + \mu_i + \lambda_t + \delta_r + \varepsilon_{it} \qquad (9-5)$$

式中,appage_r 为各行业年龄增值技能型密集度,其余指标含义与前文一致。

二、变量选取

(一)企业全球价值链分工地位(DVAR)

如前所述,本章采用现有文献中的惯常做法,以企业出口国内附加值率作为企业全球价值链分工地位的表征变量。由于中间产品广泛参与到跨国市场活动中,单纯使用出口价值已经无法准确衡量各国在国际市场中所获贸易利得,而出口国内附加值率(DVAR)表示出口扣除进口中间品价值后的总出口的比重,能够更加准确地反映一国在全球价值链中的地位,被广泛应用于衡量各国的全球价值链分工地位(Hummels et al.,2001;张杰等,2013)。现有测算出口国内附加值率的方法主要分为两类,第一类是使用非竞争型投入产出表的宏观估算方法,即使用一国出口产品中进口产品的比例来反映一国的 VS(垂直专业化指标);第二类方法是基于微观层面的中国工业企业数据库和中国海关贸易数据库测算出企业层面的出口国内附加值率。根据研究需要，本章选择第二类方法，并参照现有的计算方法，给出企业出口国内附加值率的基本测算公式如下：

$$\text{DVAR} = 1 - \frac{V_F}{X} = 1 - \frac{M^P + X^o \times \dfrac{M^o}{D + X^o}}{X} \quad (9-6)$$

式中，DVAR 表示企业的出口国内附加值率，V_F 表示企业出口中的国外增加值，M、X 和 D 分别表示企业的进口、出口和国内销售，上标 p 和 o 表示加工贸易和一般贸易。在测算过程中，我们需要注意的是，并不是所有企业的产品都被用于中间投入使用，还有可能被用于国内销售，因此我们需要首先识别出进口产品中哪些产品属于中间品，进而得到一般贸易企业的中间品进口额。由于 BEC 分类中具有明确的中间品、消费品和资本品的分类，因此我们将进口数据使用的 HS 编码与 BEC 编码匹配后进行中间品的识别。其次，注意剔除贸易代理商的影响，即将企业名称中含有"进出口""贸易""经贸""科贸""外经"等名称的企业归为中间贸易商，然后计算出通过这类中间贸易商进口的某一产品 i 占这一产品总进口的份额 m_i，使用 $M_A = \sum_i \dfrac{M}{1 - m_i}$ 分别计算出考虑贸易代理商后调整过的一般贸易进口 M_{Am}^O 和考虑贸易代理商后调整过的加工贸易进口 M_A^P。然后，考虑到企业使用的原材料中也含有部分国外产品份额，因此在计算国外增加值时需要将这一部分包含进去，按照 Koopman 等（2012）的方法，将这一份额设为 5%。最后，考虑到进口资本品的折旧问题，参照江小敏等（2020）的研究方法，将我国制造业固定资产折旧率设为 10.9%，进口资本占资本形成比例设为 38.08%，并使用折旧率与进口资本品占资本品形成比重的乘积 0.0417 作为进口资本的出口的附加值比重。综合考虑上述因素后，本章将企业的出口国内附加值率设置为：

$$\text{DVAR} = 1 - \frac{M_A^P + X^O\left(\dfrac{M_{AM}^O}{D + X^O}\right) + 0.05(M^T - M_A^P - M_{AM}^O) + 0.0417\text{RCAP}}{X} \quad (9-7)$$

式中，M^T 表示企业中间投入额，M_A^P 和 M_{AM}^O 分别表示企业实际加工贸易进口额和实际一般贸易中间投入进口额，RCAP 为企业固定资产净值平均余额。

（二）老龄化程度（Old）

由于《中国劳动统计年鉴》上没有细分行业的就业人员年龄结构统计，只有各行业的就业总人数，因此本章参照王有鑫和赵雅婧（2013）的做法，使用第六次人口普查年鉴上提供的细分行业的就业人员年龄结构，并假设各个年龄段的劳动者在每个行业的就业比重不随时间变化，利用其他年份各行业的总体人数乘以这一比重就可以得到各年份各行业的年龄结构。根据老龄化计算的普遍做法，用老年抚养比来表示人口老龄化的结构变迁程度，即 65 岁及以上的人口与 16～64 岁人口之比来表示。各年份各行业的人口老龄化的结构变迁程度计算公式如式(9-8)：

$$\text{industryold}_{rt} = \cfrac{\cfrac{\text{labour}_{65岁以上,r,t=2010}}{\sum_r \text{labour}_{65岁以上,r,t=2010}} \times \text{labour}_{65岁以上,t}}{\cfrac{\text{labour}_{16\sim64岁,r,t=2010}}{\sum_r \text{labour}_{16\sim64岁,r,t=2010}} \times \text{labour}_{16\sim64岁,t}} \tag{9-8}$$

式中，r 表示制造业细分行业，$\text{labour}_{65岁以上,r,t=2010}$ 和 $\text{labour}_{16\sim64岁,r,t=2010}$ 分别表示行业 r 在 2010 年 65 岁以上的劳动力人数和行业 r 在 2010 年 16～64 岁的劳动力人数，$\text{labour}_{65岁以上,t}$ 和 $\text{labour}_{16\sim64岁,t}$ 分别为 t 年制造业 65 岁以上的全部劳动人数和 16～64 岁的全部劳动人数。

将上述行业层面的各年度人口老龄化的结构变迁扩展到企业层面，从而得到各个企业层面的人口老龄化的结构变迁程度指标，如式(9-9)：

$$\text{old}_{irt} = \frac{\text{labour}_{irt}}{\text{medianlabour}_{rt}} \times \text{industryold}_{rt} \tag{9-9}$$

式中，industryold_{rt} 为前式计算出的行业人口老龄化的结构变迁程度，labour_{it} 表示 t 年企业 i 的劳动力总额，medianlabour_{rt} 为该年 r 行业所有企业劳动力的中位数，用二者的比作为 i 企业受其所在行业人口老龄化的结构变迁的影响程度，即企业层面的人口老龄化的结构变迁 companyold_{it}。

（三）企业智能化水平（Companyint）

本章利用 IFR 数据库中的我国行业工业机器人数据作为人工智能的代理变量，并参照 Acemoglu 和 Restrepo(2020)的研究，构造中国制造业企业层面的机器人渗透程度，以更加精准地衡量企业人工智能发展水平。具体测算方法如下：

首先测算出行业层面的工业机器人渗透度：

$$\text{indrobot}_{rt} = \frac{\text{MR}_{rt}}{L_{r,t=2002}} \tag{9-10}$$

式中，MR_{rt} 为 IFR 数据库中中国 r 行业 t 年的工业机器人存量，$L_{r,t=2002}$ 为 r 行业 2002 年的就业人数，indrobot_{rt} 则为 r 行业 t 年的工业机器人渗透度。

接下来，根据行业层面的工业机器人渗透度计算企业层面的机器人渗透度，并以此作为企业智能化程度的代理变量。具体计算方法如下：

$$\text{companyint}_{it} = \frac{\text{labour}_{irt}}{\text{medianLabour}_{rt}} \times \frac{\text{MR}_{rt}}{L_{r,t=2002}} \tag{9-11}$$

式中，labour_{irt} 为 r 行业中 i 企业 t 年的从业人数，medianlabour_{rt} 为 r 行业 t 年全部企业的从业人数的中位数，以此作为企业受该行业智能化影响程度的衡量指标，与其所在行业的智能化程度 $\frac{\text{MR}_{rt}}{L_{r,t=2002}}$ 相乘便得到企业层面的智能化程度指标。

（四）年龄相关技能密集度（Agephy 和 Ageapp）

与年龄密切相关的技能可以分为认知技能和体能。在认知技能中，有一些技能随着年龄的增加逐渐增强，一些技能随着年龄的增加而不断衰减（Mazzonna 和 Peracchi，2012）。关于年龄相关的技能的研究在国内相对缺乏，在国外的各项研究中，虽然所得的结果不完全一致，但相关研究均表明语言表达和理解能力是随着年龄的增加而增强的，记忆力、多任务处理能力等会在 30～50 岁逐渐下降，而体力的各个维度上的技能都会随着年龄的增加而不断降低。基于这一分析，本章参照 张明志和吴俊涛（2019）的研究方法，用如下步骤计算各行业的年龄和技能密集度：① 将 O* NET 中每个职业的口语表达能力、口语理解能力、写作表达能力和阅读理解能力归为年龄增值技能型"要素"，将柔性、韧性、爆发力、伸展性、整体协调性、整体平衡性、耐力、静态力量和肢体力量归为体能型技能。② 对所有技能赋以相同的权重，求出每种职业的年龄增值技能型"要素"重要性指数和体能型技能"要素"重要性指数。③ 利用美国劳工局统计的 2013 年 4 位制造业 NAICS 码与 6 位标准职业代码匹配表，以行业内每种职业雇用人数占该行业总雇用人数为权重，计算出 4 位 NAICS 码层面的行业体能型"要素"密集度和行业年龄增值技能型"要素"密集度。④ 将 4 位数 NAICS 代码与中国国民经济行业分类表进行匹配，计算出中国制造业行业 2 位码层面的各行业的体能型"要素"密集度（agephy）和年龄增值技能型"要素"密集度（ageapp）。计算方法分别归纳为式（9 - 12）和式（9 - 13）。

$$\text{phy}_{rt} = \sum_j \left[\frac{\text{labour}_{jrt}}{\text{labour}_{rt}} \times \left(\sum_{s=1}^{n} \frac{1}{n} \times \text{physkill}_{js} \right)_j \right] \tag{9 - 12}$$

$$\text{ageapp}_{rt} = \sum_j \left[\frac{\text{labour}_{jrt}}{\text{labour}_{rt}} \times \left(\sum_{s=1}^{n} \frac{1}{n} \times \text{ageappskill}_{js} \right)_j \right] \tag{9 - 13}$$

式中，r 表示行业，j 表示职业，s 表示内含在劳动力体内的技能，labour_{jrt} 为 t 年 r 行业 j 职业的劳动力人数，labour_{rt} 为 t 年 r 行业所有职业的劳动力总人数，physkill_{js} 和 ageappskill_{js} 分别为 j 职业 s 技能的重要性程度。

（五）控制变量

参照现有文献研究（江小敏等，2020），选取如下变量作为本章的控制变量：企业年龄（Age），采用当期年份减去企业开业年份，再对其加 1；固定资产规模（FixAssets），用企业固定资产总额的对数来表示；政府补贴（Subsidies），用政府补贴与企业销售额的比值测度。行业集聚化水平（HHI），使用 4 位编码的赫芬达尔指数衡量，本章利用企业总资产计算其所占行业市场份额进行测算用以反映行业集中度。

人工智能下人口老龄化影响 GVC 攀升的现实效应

一、基准回归结果

人口老龄化的结构变迁对中国制造业企业以出口国内附加值率为表征的价值链分工地位的影响,基准结果汇报于表9-1,我们使用逐步控制各个层面的固定效应的方法进行回归分析,表9-1第(1)列汇报了只控制企业固定效应的回归结果,然后加入年份固定效应,如第(2)列所示,最后加入行业固定效应,结果汇报于第(3)列。从表9-1各列的回归结果看,所有回归中人口老龄化的结构变迁的系数均显著为正,由此可得人口老龄化的结构变迁并没有阻碍企业价值链攀升,相反还在一定程度上促进了企业出口国内增加值率的提高,改善了全球价值链分工地位。说明当前的技术变迁和经济发展阶段确实与以往不同,更确切地说,在人工智能运用越来越普遍的条件下,人口年龄结构变迁的内涵和意义与以往发展阶段相比,有了较大差别,诸如"体能"和"经验"等内含在劳动力体内的"要素",在经济社会发展的不同阶段等,其相对重要性也会有所差别。总之,表9-1汇报的回归估计结果,说明在人工智能发展的时代条件下,人口老龄化的结构变迁非但没有成为阻碍中国参与全球价值链的抑制因素,反而对推动攀升全球价值链有着积极影响。理论假说1得到了初步验证。上述影响一方面可能通过前文所说的"倒逼"作用,另一方面可能意味着人工智能发展条件下,内含劳动力体内的因素相对重要性发生了变化。当然,情况是否如此,还需要进一步的验证。

表9-1 基准回归结果

变量	(1)	(2)	(3)
Old	0.277 7*** (11.97)	0.081 3*** (3.44)	0.078 3*** (3.29)
Age	0.008 8*** (74.79)	0.009 9*** (56.59)	0.009 9*** (56.70)
FixAssets	−0.025 5*** (−46.62)	−0.024 2*** (−44.17)	−0.024 2*** (−44.09)
Subsidies	0.021 6 (1.20)	0.020 3 (1.13)	0.020 3 (1.13)
HHI	0.004 5 (0.14)	0.018 0 (0.54)	0.031 1 (0.90)
con_s	0.929 7*** (192.53)	0.882 2*** (168.02)	0.860 6*** (61.28)
企业固定效应	YES	YES	YES
年份固定效应	NO	YES	YES

续　表

变　量	(1)	(2)	(3)
行业固定效应	NO	NO	YES
R	0.021	0.031	0.031
Obs	372 158	372 158	372 158

注：括号内为 t 值；＊＊＊、＊＊、＊分别表示在 1％、5％、10％的水平上显著。

二、稳健性检验

为检验基准回归结果的稳健性，本章采用替换变量法，参照张杰等（2013）、戴翔和秦思佳（2020）的计算方法，重新计算各企业出口国内增加值率，具体公式如下：

$$DVAR = \begin{cases} 1 - \dfrac{M_A^P + 0.05 \times (M^T - M_A^P)}{Y_{it}^O}, \text{shipment} = O \\[2mm] 1 - \dfrac{M_{AM}^O + 0.05 \times (M^T - M_{AM}^O)}{Y_{it}^P}, \text{shipment} = P \\[2mm] w_o \left(1 - \dfrac{M_A^P + 0.05 \times (M^T - M_A^P)}{Y_{it}^O}\right) + w_p \left(1 - \dfrac{M_{AM}^O + 0.05 \times (M^T - M_{AM}^O)}{Y_{it}^P}\right), \\[2mm] \text{shipment} = M \end{cases}$$

$$(9-14)$$

式中，O、P、M 分别代表一般贸易、加工贸易和混合贸易，M^T 表示企业中间投入额，M_A^P 表示企业实际加工贸易进口额，M_{AM}^O 表示一般贸易中间品进口额，Y_{it}^O 和 Y_{it}^P 分别表示一般贸易企业和加工贸易企业的总产出。

替换变量之后进行重新回归，在依次控制企业、年份和行业效应之后，结果汇报于表 9-2，从各列的回归结果来看，人口老龄化的结构变迁依然对企业出口国内附加值起到了显著的促进作用，全球价值链分工地位得以改善，前文的理论假说 1 得到再次验证。

表 9-2　稳健性检验

变　量	(1)	(2)	(3)
Old	0.203 0＊＊＊ (6.79)	0.131 5＊＊＊ (4.33)	0.123 5＊＊＊ (4.04)
Age	−0.007 2＊＊＊ (−47.11)	−0.006 8＊＊＊ (−30.34)	−0.006 8＊＊＊ (−30.28)
FixAssets	0.001 7＊＊ (2.48)	0.001 6＊＊ (2.22)	0.001 6＊＊ (2.25)
Subsidies	−0.001 0 (−0.04)	0.008 6 (0.37)	0.008 6 (0.37)

变　量	(1)	(2)	(3)
HHI	−0.010 1 (−0.23)	0.021 0 (0.49)	0.008 3 (0.19)
_cons	0.778 9 *** (125.14)	0.736 8 *** (109.33)	0.751 0 *** (41.66)
企业固定效应	YES	YES	YES
年份固定效应	NO	YES	YES
行业固定效应	NO	NO	YES
R²	0.008	0.026	0.027
Obs	372 158	372 158	372 158

注:括号内为 t 值;＊＊＊、＊＊、＊分别表示在 1%、5%、10%的水平上显著。

三、内生性检验

为解决模型可能会存在的内生性问题,本章使用如下方法进行内生性检验:① 使用核心解释变量的滞后一期项替换未滞后的核心解释变量来缓解内生性问题,结果汇报于表 9-3 第(1)列,结果依然显著为正;② 将所有解释变量均滞后一期再回归,结果汇报于表 9-3 第(2)列,人口老龄化的结构变迁仍然显著促进了企业出口国内附加值率的提高,改善了企业全球价值链分工地位;③ 使用核心解释变量的滞后一期作为工具变量,回归结果汇报于表 9-3 第(3)列,从 Anderson-LM 统计量和 Cragg-Donald Wald-F 统计量的结果来看,工具变量的选取是合理的,且核心解释变量依然显著为正;④ 借鉴铁瑛等(2019)的研究方法,采用企业所在省份是否会受到抗日战争的影响构造工具变量,设置这一工具变量的合理性在于:首先,抗日战争是一个突袭过程,具有很好的外生性;其次,本章的研究时间范围为 2002—2013 年,在老龄化设定为 65 岁以上人口的条件下,恰好对应 1937—1948 年,覆盖了八年全面抗日战争时期,战争导致了较低的出生率,对 65 年后的 2002—2013 年的人口老龄化的结构变迁会产生一定的影响,因此与本章的核心解释变量具有很好的相关性。在这一工具变量的具体构造上,本章以 5 年为跨度,65 年为周期递推企业所在省份 65 年前是否经历了抗日战争中持续超过 30 天的大型会战,以此作为人口老龄化的结构变迁程度的工具变量,即企业所在省份受到抗日战争影响且处于时间范围内则将这一工具变量设为 1,其余设为 0。从表 9-3 第(4)列的回归结果来看,这一工具变量通过了不可识别检验和弱工具变量检验,且核心解释变量的系数依然显著为正。综上,在考虑模型内生性问题后,人口老龄化的结构变迁仍然对企业的出口国内附加值率起到了一定的正向促进作用,再次验证了本章提出的理论假说 1。

表 9 - 3　内生性检验

变　量	(1) 核心解释变量滞后一期	(2) 所有解释变量滞后一期	(3) 核心解释变量之后一期作为工具变量	(4) 基于抗日战争构造的工具变量
Old	0.086 7*** (3.23)	0.058 5** (2.09)	0.221 3*** (3.19)	63.297 7*** (4.05)
Age	0.007 2*** (36.09)	0.007 0*** (33.74)	0.002 4* (1.73)	0.044 5*** (5.18)
FixAssets	−0.020 8*** (−32.77)	−0.014 2*** (−22.05)	−0.021 1*** (−32.64)	−0.131 2*** (−4.93)
Subsidies	0.015 1 (0.53)	0.017 5 (0.81)	0.015 2 (0.53)	0.424 5*** (3.18)
HHI	0.036 6 (0.92)	−0.017 5 (−0.39)	0.038 7 (0.96)	−0.087 7 (−0.51)
_cons	0.911 0*** (54.62)	0.859 7*** (50.16)		
Anderson-LM 统计量			4.3e+04 [0.000 0]	17.049 [0.000 0]
Cragg-Donald Wald-F 统计量			5.4e+04 {16.38}	17.047 {16.38}
企业固定效应	YES	YES	YES	YES
年份固定效应	YES	YES	YES	YES
行业固定效应	YES	YES	YES	YES
Obs	274 732	285 829	267 829	371 338

注：括号内为 t 值；＊＊＊、＊＊、＊分别表示在 1%、5%、10%的水平上显著；方括号内为 p 值；大括号内为 F 统计量 10%统计水平上的临界值。

四、异质性分析

(一) 基于企业所有制不同

人口老龄化的结构变迁对价值链攀升的正向促进效应是否会受到企业所有制的影响呢？为检验这一点，本章参照聂辉华等(2012)的研究方法，将国有资本和集体资本之和占总资本投入等于或超过 50%的企业定义为国有企业，其余企业定义为非国有企业。将全样本按此方法划分为国有企业和非国有企业，然后分别进行回归，结果汇报于表 9 - 4。由于国有企业的就业相对于非国有企业较为稳定，因此老龄劳动力一般都是一直在该企业进行工作的员工,从而其特定工作经验的累积相较于就业没有这么稳定的非国有企业来说更加丰富和有针对性,从而在智能化的背景条件下,这部分劳动力可以更好地发挥其年龄增值技能型"要素",这将有利于促进价值链的攀升。而对于非国有企业来说,其致力于获得较高的生产效率和技术创新能力,这对劳动者的多任务处理能力、体能等都有较强的要求,这些技能随着老龄化的加深将会逐渐衰退,加之非国有企业在承担"稳就业"的任务中并不扮演主要角色,难以充分利用劳动者的年龄增值技能型"要素",从而在非国有企业中,人口老龄化的结构变迁对企业出口国内附加值率的促进效果不够显著,未能明显改善企业的全球价值链分工地位。

表 9-4 基于企业所有制的异质性分析

变　量	国有企业	非国有企业
Old	0.405 8***	0.010 6
	(5.24)	(0.35)
Age	0.000 6	0.011 0***
	(0.55)	(58.51)
FixAssets	−0.013 5***	−0.024 6***
	(−3.40)	(−42.63)
Subsidies	0.262 8***	0.008 9
	(3.16)	(0.42)
HHI	−0.274 2*	0.019 0
	(−1.77)	(0.51)
_cons	0.888 1***	0.860 6***
	(10.40)	(56.82)
企业固定效应	YES	YES
年份固定效应	YES	YES
行业固定效应	YES	YES
R^2	0.033	0.034
Obs	15 509	343 943

注:括号内为 t 值;＊＊＊、＊＊、＊分别表示在 1％、5％、10％的水平上显著。

（二）基于贸易类型不同

将样本中的企业区分为一般贸易企业和加工贸易企业进行分样本回归,以考察人口老龄化的结构变迁对企业全球价值链攀升的作用效果,在不同贸易类型的企业中的异质性,结果汇报于表 9-5。从回归结果中可以看出,人口老龄化的结构变迁对企业出口国内增加值率的促进作用,在加工贸易企业更加显著。加工贸易"两头在外"的典型特征使其在国内的生产环节多以加工组装为主,有研究表明,机器人相对于人力劳动力在从事一些常规性、复杂性的劳动方面具有更加明显的比较优势(王永钦和董雯,2020),而加工贸易的生产环节大多具有常规性、复杂性的特征，加上长期以来加工贸易企业存在出口国内附加值率较低的特点，当人口老龄化的结构变迁程度逐渐加深之后，对人工智能这一机制的激励作用更加明显，因此使加工贸易企业的出口国内附加值率的提升效果，或者说全球价值链分工地位的改善效果也更加明显。

表 9 - 5　基于不同贸易类型企业的异质性分析

变　　量	一般贸易	加工贸易
Old	−0.232 8 (−0.63)	0.292 2*** (5.40)
Age	0.005 3 (1.56)	−0.024 4*** (−54.44)
FixAssets	−0.021 2*** (−3.99)	−0.008 7*** (−12.26)
Subsidies	−0.091 4 (−0.59)	0.034 5 (1.13)
HHI	0.442 1 (0.86)	−0.078 6 (−1.61)
_cons	0.603 2*** (9.47)	1.146 5*** (67.15)
企业固定效应	YES	YES
年份固定效应	YES	YES
行业固定效应	YES	YES
R^2	0.169	0.088
Obs	12 027	158 576

注：括号内为 t 值；＊＊＊、＊＊、＊分别表示在1%、5%、10%的水平上显著。

（三）基于不同行业类型

将企业所在行业分为劳动密集型、资本密集型和技术密集型，进行分样本回归，结果汇报于表 9 - 6。除劳动密集型行业结果不显著外，人口老龄化的结构变迁对企业出口国内附加值率的促进效应在资本密集型行业和技术密集型行业都显著存在。形成这一差异的原因可能在于，对于劳动密集型行业的企业来说，其员工多为体力劳动者，容易受到老龄化的影响，加上有研究证明，智能化对于低端产业的替代性不是太强，所以人口老龄化的结构变迁，对劳动密集型行业企业的出口国内附加值率的提高，难以起到显著的促进作用，甚至可能会产生负向影响。但是，对于资本密集型行业和技术密集型行业来说，具有快速发展和利用人工智能的基础条件，此时年龄增加可以被快速转变为有利因素，因此更有可能促进企业的全球价值链攀升。

表 9-6 基于不同行业类型的异质性分析

变　量	劳动密集型行业	资本密集型行业	技术密集型行业
Old	−0.033 8 (−1.30)	0.329 2*** (5.63)	0.320 7*** (3.55)
Age	0.009 8*** (40.45)	0.007 8*** (21.86)	0.012 0*** (31.59)
FixAssets	−0.021 2*** (−28.88)	−0.026 4*** (−23.63)	−0.028 3*** (−23.31)
Subsidies	0.009 0 (0.43)	0.026 4 (0.57)	0.039 4 (0.90)
HHI	0.113 8 (−1.49)	−0.093 5 (−0.95)	0.084 2 (1.47)
_cons	0.848 9*** (36.41)	0.920 4*** (68.17)	0.823 9*** (60.03)
企业固定效应	YES	YES	YES
年份固定效应	YES	YES	YES
行业固定效应	YES	YES	YES
R^2	0.036	0.027	0.033
Obs	170 950	101 384	99 870

注:括号内为 t 值;＊＊＊、＊＊、＊分别表示在 1％、5％、10％的水平上显著。

（四）基于不同地区

考虑到各地区之间的经济发展水平的差异,包括基础设施建设、经济建设水平、经济发展条件和阶段等方面的不同,人口老龄化的结构变迁对价值链攀升的影响作用也应当有所差异。本章根据我国各地区的自然条件、经济发展水平、交通运输条件、经济效益等方面的差异将 31 个省份划分为东、中、西三大经济带,并进行分样本回归,回归结果汇报于表 9-7,从结果中可以发现,东部地区的人口老龄化的结构变迁显著促进其制造业企业的出口国内附加值率的发展,中部地区这一促进作用不太显著,而西部地区的人口老龄化的结构变迁对企业价值链攀升带来了负面影响。出现上述异质性的原因可能在于东部地区的经济发展程度较高,相比于中部和西部地区人才储备较为充裕,无论是从发展人工智能的速度上看,还是从利用人工智能的效率上看,都远超过中部地区和西部地区,因此,人口老龄化的结构变迁的优势能够得到更为充分的体现,进而对企业出口国内附加值率的促进作用也较为显著。同时,这一结果还反映了对于中部和西部来说,加快发展人工智能从而实现全球价值链分工地位还有很大的发展空间。

至此,前文的理论假说 2 得到了验证。

表 9 - 7　基于不同地区的异质性分析

变　量	东部地区	中部地区	西部地区
Old	0.154 3*** (4.61)	0.104 1 (1.36)	−0.334 7* (−1.88)
Age	−0.007 0*** (−29.94)	−0.004 0*** (−4.05)	0.005 0*** (3.39)
FixAssets	0.001 8** (2.45)	−0.008 0*** (−2.94)	−0.004 7 (−1.11)
Subsidies	−0.018 4 (−0.72)	0.144 9* (1.71)	0.139 5** (2.08)
HHI	0.016 7 (0.35)	−0.301 7** (−2.03)	0.196 7 (1.08)
_cons	0.748 5*** (37.53)	0.913 4*** (18.89)	0.763 1*** (8.60)
企业固定效应	YES	YES	YES
年份固定效应	YES	YES	YES
行业固定效应	YES	YES	YES
R^2	0.029	0.010	0.015
Obs	344 452	19 352	8 354

注：括号内为 t 值；＊＊＊、＊＊、＊分别表示在 1%、5%、10%的水平上显著。

第五节　人工智能下人口老龄化影响 GVC 攀升的机制检验

如前文理论分析指出，人口老龄化的结构变迁影响企业全球价值链分工地位的作用机制，应当从两个方面进行理解和分析，将蕴含在劳动力体内的技能分为体能型"要素"和年龄增值技能型"要素"后，分别进行实证分析。

一、体能型"要素"机制作用

首先，我们认为劳动力的体能型技能随年龄的增加而逐渐衰退，会倒逼密集使用这一技能的企业发展人工智能，然后进一步促进其出口国内增加值率的提高，改善企业的全球价值链分工地位。中介效应模型的回归结果汇报于表 9 - 8，从表中我们可以发现，企业层面的人口老龄化程度与企业所在行业的体能型技能密集度的交互项，对企业以出口国内附加值率为表征的价值链分工地位，影响结果显著为正；从表 9 - 8 第(2)列的结果来看，企业层面的人口老龄化程度与企业所在行业的体能型技能密集度的交互项，对企业的智能化程度产生了显著的促进作用；从第(3)列的结果来看，二者对企业以出口国内附加值率为表征的价值链分工地位，均产生了显著的正向促进作用。由此可见，上述作用机制是显著存在的。体能型要素密集度较高的行业中,人口老龄化的结构变迁通过提高人工智能的发展程度,进而提高企业的出口国内附加值率,在实证层面得到了逻辑一致性检验,前述理论假说3得到验证,与此同时,这一结果也进一步证实了前文理论假说1的判断。

表9-8 体能型技能的机制检验

变　量	（1）	（2）	（3）
	DVAR	companyint	DVAR
Old×agephy	0.002 4 ***	0.005 3 ***	0.001 9 **
	(2.78)	(25.78)	(2.19)
Age	0.009 9 ***	0.003 1 ***	0.009 6 ***
	(56.67)	(73.08)	(54.54)
DVAR			0.094 2 ***
			(12.49)
Fixassets	−0.024 2 ***	0.001 3 ***	−0.024 3 ***
	(−44.05)	(9.84)	(−44.28)
Subsidies	0.020 3	−0.002 9	0.020 5
	(1.13)	(−0.67)	(1.14)
HHI	0.031 1	0.001 6	0.031 0
	(0.90)	(0.19)	(0.90)
_cons	0.860 7 ***	−0.041 1 ***	0.864 5 ***
	(61.29)	(−12.15)	(61.56)
企业固定效应	YES	YES	YES
年份固定效应	YES	YES	YES
行业固定效应	YES	YES	YES
R²	0.031	0.060	0.031
Obs	372 158	372 158	372 158

注:括号内为t值;＊＊＊、＊＊、＊分别表示在1%、5%、10%的水平上显著。

二、年龄增值技能型"要素"机制作用

在人工智能发展日益迅猛的情况下,内含在劳动力体内的年龄增值技能型"要素"得到了一定程度的激发,这对于密集使用年龄增值型技能"要素"的行业和企业来说是一大发展机遇。根据前文理论部分的分析,我们认为人口老龄化的结构变迁带来的劳动力年龄增加在人工智能的发展下能够更好地激发年龄增值技能型"要素"的作用,从而有助于提高企业的出口国内增加值率。从表9-9的回归结果来看,人口老龄化的结构变迁、年龄增值技能"要素"密集度和企业的智能化水平三者的交互项,对企业的出口国内附加值率起到了显著的正向促进作用,因此,我们可以认为人口老龄化的结构变迁确实在人工智

能的调节作用下，显著提高了密集使用年龄增值技能型"要素"企业的出口国内附加值率，人口老龄化的结构变迁和人工智能体现出相辅相成的作用关系，由此验证了本章提出的理论假说4，与此同时，这一结果也进一步证实了前文理论假说1的判断。

表9-9　年龄增值型的机制检验

变　量	DVAR
Old×ageapp×companyint	0.237 1*** (6.68)
Age	0.009 7*** (54.93)
FixAssets	−0.024 1*** (−44.09)
Subsidies	0.019 9 (1.11)
HHI	0.032 1 (0.93)
_cons	0.863 5*** (61.50)
企业固定效应	YES
年份固定效应	YES
行业固定效应	YES
R^2	0.031
Obs	372 158

注：括号内为t值；＊＊＊、＊＊、＊分别表示在1％、5％、10％的水平上显著。

当前，中国融入全球价值链分工体系发展开放型经济，正面临一系列因素的"深刻"调整和变化，其中，人口老龄化的结构性变迁，以及当前以人工智能为表现的新一轮信息技术革命，无疑是其中最重要的变化之一。有研究指出，预计到2026年，中国老年人口规模将达到3.1亿人，约占世界老年人口比重的四分之一（翟振武等，2016）。人口老龄化的结构变迁时代已经来临，中国正处于转型发展的关键时期，在人工智能引领经济发展的新发展阶段，能否克服人口老龄化的结构变迁带来的劣势，或进一步挖掘并利用人口老龄化的结构变迁潜在的优势，是当前面临的重要问题，具有研究的价值和意义。针对这一问题，本章首先在理论上进行阐释，并使用2002—2013年制造业企业层面的微观数据，从实证层面对理论假说进行检验。研究结果发现：第一，人口老龄化的结构变迁带来的人口红利的丧失，并不会影响中国企业在全球价值链地位的攀升。虽然随着人口老龄化的结构变迁程度不断加深，中国劳动力这一比较优势在逐渐丧失，但从本章的研究结果来看，企业出口国内附加值率提升并没有受到人口老龄化的结构变迁的阻碍作用，相反人口老龄化的结构变迁还在一定程度上促进了企业出口国内增加率的提升，改善了企业全球价值链分工地位。这一结论通过了稳健性检验和内生性检验。第二,本章通过分样本检验还发现,上述促进作用在国有企业、加工贸易企业、资本和技术密集度较高的行业以及东部地区较为显著。第三,进一步的机制检验发现,当我们将蕴含在劳动力体内的能力分为体能"要素"和年龄增值技能型"要素"后,从体能型"要素"密集度较高的行业看,随着老龄化程度的加深,劳动力优势在丧失,这"倒逼"企业进行人工智能发展,从而有利于企业价值链分工地位的提升;从年龄增值技能型"要素"密集度较高的行业来看,老龄化与人工智能也是相辅相成的,老龄化带来的劳动力自身知识和经验的积累,正好是发展人工智能所需要的,而人工智能发展提供的生产条件和社会条件,又进一步激发了劳动者体内的年龄增值技能型"要素"作用发挥,因此人口老龄化的结构变迁,反而对企业价值链地位攀升产生了积极促进作用。

本章的研究发现不仅有助于厘清人口老龄化的结构变迁、人工智能和全球价值链攀升之间的关系,尤其是在人工智能发展条件下对人口老龄化的结构变迁可能产生的影响,提供了新认识,而且对于如何应对中国当下老龄化日益严重的问题,保持向全球价值链高端环节攀升的持续动力,也有重要的政策含义。

首先,正确认识人口老龄化的结构变迁对价值链攀升的影响。长期以来,中国依靠低成本劳动力优势取得了经济的飞速发展,成为全球第二大经济体、世界第一大贸易国,在全球价值链中占据着重要的一环。那么人们理所当然地会以为,人口老龄化的结构变迁带来的劳动力短缺和用工成本提高的问题会成为中国攀升全球价值链的巨大阻碍。事实上并非如此。实际上,传统的认识和理解,主要是在尚未发展人工智能的时代条件下形成的。基于本章的研究结论,我们发现,人口老龄化的结构变迁至少可以在两个层面上对企业价值链攀升带来积极的促进作用。一是人口老龄化的结构变迁倒逼密集使用体能型"要素"的行业进行人工智能的发展,从而对价值链攀升起到积极影响;二是智能化条件下人口老龄化的结构变迁激发了密集使用年龄增值技能型"要素"的行业的劳动力年龄优势,这一优势也将有助于促进价值链地位的提高,俗话说,"家有一老,如有一宝",实际上道出的正是知识和经验的宝贵之处。因此,对于人口老龄化的结构变迁问题,我们首先应当正确看待它,然后对其进行不断挖掘,进而找到适合这一年龄发展阶段的最优生产方式和政策对策,如适当延迟退休年龄等,进而有条件地充分发挥其年龄优势。

其次,加快制造业智能化发展。进入第四次工业革命时代以来,以人工智能、智能制造等为主导的产业转型和产业升级成为主流,因此推动制造业智能化发展应当是抢抓第四次工业革命机遇的重要抓手。由本章的分析可以发现,无论是对于何种技能的劳动力来说,都将受到智能化的正向影响从而有利于企业出口国内附加值率的提高。这不仅说明了人工智能在攀升全球价值链中的重要作用,也进一步说明了大力发展人工智能的必要性。习近平总书记在2021年中央经济工作会议中明确指出"科技政策要扎实落地",并从实施科技体制改革三年攻坚方案、强化国家战略科技力量、强化企业创新主体地位等方面做出了具体部署。不难看出,国家对科技战略的重视以及政策落地的紧迫性和必要性。从国家内部来看,人工智能对社会发展带来的积极影响是不言而喻的,尤其是新型冠状病毒疫情暴发之后人工智能在疫情防控、复产复工方面带来的巨大优越性,为人工智能的持续发展带来的巨大动力。从外部情况来看,各国都在发展智能化,如果在这一关键时期落后了，那可能丧失在新一轮全球化中重塑竞争新优势的机会。因此，重视提高劳动力素质和年龄增值技能型"要素"，推动企业生产技术科技革新，加快制造业智能化发展，是实现向价值链高端环节攀升的重要途径和必然要求。

最后，打通人才流通壁垒。随着各行业各企业的特色化发展，对人才的需求也变得各式各样，从本章的研究结果中也可以发现，针对劳动力体内的不同技能，各行业的需求是不同的。换言之，人工智能条件下人口老龄化的结构变迁之所以未能成为"劣势"，反而成为推动价值链攀升的优势，重要的原因之一就在于年龄增值型的"知识""技能""经验"等发挥了重要作用。这也在另一方面说明了新发展阶段的"人才"重要性。这就需要充分打通人才流通壁垒，从而更好地匹配用人单位和劳动力，避免企业需求和人才供给之间的错配问题。一方面，要打通地区内各企业之间的人才流通壁垒，这主要需要企业之间尤其是同类型企业和同地区企业之间要加强联动发展，实现资源共享、人才共享，从而提高双方甚至多方的共同利益，助力我国制造业在全球价值链中地位的攀升。另一方面，打通各地区之间的壁垒，由本章的研究可以发现，人口老龄化的结构变迁对价值链攀升体现出来的优势促进作用在东部地区较为显著，在中部地区和西部地区尚存在很大的发展空间，虽然国家出台了多项政策支持中西部的发展，如西部大开发、结对帮扶等，但能够带动落后地区发展的最为根本的因素还应当体现在人力资本上，如果可以打通东部地区与中西部地区之间人才流通的壁垒，那么就可以在很大程度上解决这一问题。要想打通人才壁垒，不仅需要基础设施层面的均衡发展，使人才能够具备流通的客观条件；还需要社会服务与保障层面的、国家政策层面的努力，如户籍制度、养老医保互通等，使人才能够具备流通的意愿。同时，把握好"以国内大循环为主体、国内国际双循环相互促进的新发展格局"这一机遇，充分依托国内大循环的优势，加快人才流通与共享。

第 ⑩ 章
数字赋能与价值链攀升路径:制造业绿色化视角

推动制造业绿色化转型,对实现经济高质量和可持续发展具有极为重要的战略意义,也是新型工业化的必由之路。当前,在新一轮信息技术革命中兴起的数字技术,能否以及如何赋能制造业绿色化转型,是理论和实践部门关注的重大课题。本章以理论分析为先导,进一步利用 2000—2012 年 WIOD 数据库、中国工业企业数据库以及中国企业绿色发展数据库合并后得到的制造业企业层面微观数据,实证分析了数字赋能促进制造业企业绿色化转型的现实效应。研究发现,第一,数字赋能的确能够促进企业绿色化转型,这一研究结论在各种稳健性检验下依然成立,并且数字赋能有利于制造业企业绿色化转型长期可持续发展。第二,虽然数字赋能对制造业企业绿色化转型具有显著的积极影响,但依托国外数字来源实现的数字赋能,比依托国内数字来源实现的数字赋能,对制造业绿色化转型影响力更强。上述差别可能源于国内外数字技术发展差距,这一判断在基于不同经济发展水平地区之间以及不同要素密集型制造业行业之间的异质性分析中,得到进一步证实。说明在新一轮的技术竞争中,中国必须警惕跌入差距陷阱。第三,从具体作用机制看,数字赋能促进制造业企业绿色化转型,主要通过规模效应(包括企业自身规模效应与企业所在地区规模效应)以及技术效应(包括企业技术进步与资本更新)两个机制发挥作用。第四,数字赋能不仅有助于推动制造业企业自身绿色化转型,而且能够通过产业链对上下游企业绿色化转型产生积极的外溢效应。本章研究不仅有助于我们拓展和深化认识制造业企业绿色化转型的影响因素,而且对于如何抓住数字技术带来的战略机遇,在开放融合创新中构筑先发优势,夯实制造业绿色化转型的数字赋能基础,避免跌入可能的"差距陷阱",也有重要政策含义。

第一节 引言及文献综述

经过 40 多年的开放发展,中国产业尤其是制造业实现了长足发展,突出表现为自 2010 年以来,中国制造业已连续 11 年位居世界第一。当然,正如现有研究指出,体量之大并非代表着筋骨之强,在当今全球制造业四级梯队格局中,中国处于第三梯队,与美、欧、日等制造强国相比,还有较大差距(苗圩,2021)。在过去嵌入全球价值链过程中,中国主要是通过承接发达国家所转移的位于产业链低端的劳动密集型产业,加速本国工业化进程以壮大经济实力。然而,由于转移的大多为高消耗、高污染的价值链环节,且中国在经济建设初期更多偏重于发展速度,加之污染治理能力相对较弱,因此,在制造业快速扩张过程中,也带来了产业结构失调、环境污染严重等不可持续问题,增长方式亟待转变。特别地,当前中国经济已迈入高质量发展的新阶段,而作为制造业大国,能否实现由大到强的跨越,关系到经济高质量发展的目标能否顺利实现。换言之,制造业高质量发展可谓是中国经济高质量发展的重中之重。正是基于这一背景,《中华人民共和国国民经济和社会发展第十四个五年规划和 2035 年远景目标纲要》提出"深入实施制造强国战略"。显然,走制造业强国之路,绝不能再像过去一样主要追求简单的增长速度,需要更多考虑工业化的高质量转型以及建设的可持续性。毋庸置疑,推动制造业高质量发展可以表现在多个维度和多条路径上。比如,当前理论和实践部门高度关注的制造业智能化、制造业数字化、制造业服务化、制造业信息化、制造业绿色化等中高端发展方向和路径等。其中,制造业绿色化不仅是高质量发展的重要表征,更是基于符合生态文明建设要求的可持续发展模式。当然,不论是何种方向和路径的制造业转型升级,技术在其中都扮演着不可或缺的角色,甚至可以说起着决定性作用。

当前,随着以数字技术为代表的新一轮科技革命的出现,产业变革蓄势待发。得益于信息与通信技术的发展,数字经济作为一种新型经济形态日益成为全球经济社会发展的重要推动力(逢健和朱欣民,2013),其不仅能对传统产业进行全方位、全角度、全链条赋能,而且不断催生出新的产业与模式,进而释放数字技术对经济发展所带来的放大、叠加、倍增作用(贾利军和陈恒烜,2021)。数字技术的出现与迅速发展,不仅会促进各产业之间的深度融合,而且可能推动全球价值链重构(Fernandez-Stark 和 Gereffi,2019),因而发展中国家在该过程中可能通过推动产业中高端化发展,进而提升自身的全球价值链参与度,在开放中获得更大的收益(江小涓和孟丽君,2021)。目前,发达国家已经将发展重点转向数字经济,并寄托于通过数字技术进步实现"重振制造业"的战略目标,抢占新一轮世界经济变革的主导优势。例如,美国从实施"信息高速公路"战略到"先进制造业"战略以及发布《国家网络战略》、英国出台《数字发展战略》和《政府数字服务:2021—2024 年战略》、德国实施"工业 4.0"发展战略,以及日本先后实施"e-Japan""u-Japan""i-Japan""智能日本ICT"等国家战略(刘淑春,2019),无不寄希望于通过数字赋能而推动制造业新发展。实际上,数字技术作为一种新的生产力出现,能够极大地提高生产效率并转变传统生产方式,成为工业发展新的支撑动力,由此推动着与传统发展模式有着重要区别的新工业化可持续发展,包括通过数字技术与传统工业结合以实现绿色化转型。在此背景下,中国也十分重视数字化与绿色化的战略地位。2015 年,中央政治局会议上首次提出了"绿色化"这一概念,绿色化的提出意味着过去的经济发展模式并不可持续,在未来经济建设中不仅仅要发掘经济增长新动能以维持中国经济持续进步,还要打造包含环境因素考虑在内的可持续发展模式,实现经济效益与生态效益相统一;同年国务院颁布的《中国制造 2025》规划中提出全面推行绿色制造,包括加快制造业绿色改造升级、推进资源高效循环利用、积极构建绿色制造体系、开展绿色制造工程;习近平总书记在讲话时也提出了"融合机器人、数字化、新材料的先进制造技术正在加速推进制造业向智能化、服务化、绿色化转型";最新颁布的《"十四五"工业绿色发展规划》中更是明确指出:"统筹发展与绿色低碳转型,深入实施绿色制造",并提出了"到 2025 年,工业产业结构、生产方式绿色低碳转型取得显著成效,绿色低碳技术装备广泛应用,能源资源利用效率大幅提高,绿色制造水平全面提升"的发展目标。这就提出了一个很有理论意义和实践价值的课题:数字赋能是否以及如何有助于制造业企业绿色化转型? 遗憾的是,对于这一重要命题现有研究还极为鲜见。

虽然针对数字赋能对制造业企业绿色化发展的影响,目前还缺乏直接的理论和经验研究,但有关数字技术及其影响的探讨,以及有关制造业绿色化的研究,与本章相关并能够提供有益的借鉴和启发意义。概括地看,当前有关数字技术的研究主要集中于两个方面,一是数字经济内涵分析及衡量方式,其中数字经济的衡量方式主要是利用互联网等数字经济建设中的某一具体方面作为替代指标,或是通过构建指标体系全面而系统地衡量数字经济发展水平(许宪春和张美慧,2020;邱子迅和周亚虹,2021)。二是研究数字技术对经济发展的影响。在宏观与中观层面,现有文献主要探讨了数字经济与技术对国内经济高质量发展(赵涛等,2020;刘洋和陈晓东,2021)以及对外开放(范鑫,2020;齐俊妍和任奕达,2021)所带来的影响。在微观层面,现有文献主要侧重于探讨数字技术对企业生产效益(赵宸宇等,2021;刘平峰和张旺,2021;柏培文和喻理,2021)、组织结构及变革(Bloom 等,2009;刘政等,2020)、企业专业化分工(袁淳等,2021)、企业全球价值链地位升级(张晴和于津平,2021)等方面所带来的影响。可见,这一方面的研究尚未关注到数字技术对制造业企业绿色化转型问题。

关于绿色化转型研究,现有文献多从企业减排这一方面入手,分别研究了环境规制(陈艳莹等,2020;万攀兵等,2021)、市场分割(吕越和张昊天,2021)、产业集聚(苏丹妮和盛斌,2021)、对外贸易(苏丹妮,2020;陈登科,2020;邵朝对,2021;苏丹妮和盛斌,2021)以及外资进入(邵朝对等,2021;苏丹妮和盛斌,2021)等方面对企业污染排放可能带来的影响。目前有少量零星文献在中宏观(樊轶侠和徐昊,2021;孙耀武和胡智慧,2021)以及微观层面(李金克等,2021),关注到了数字经济对绿色化转型所可能产生的影响,但并未考虑到数字技术对绿色化转型的全面影响以及其内在机制,且进一步地考虑到在全球化背景下,不同来源的数字技术对中国企业绿色化的影响是否存在异质性等,现有文献均没有进行直接探讨。

鉴于此,本章利用 2000—2012 年 WIOD 数据库、工业企业数据库以及中国企业绿色发展数据库合并后的企业层面微观数据,以制造业投入数字化水平作为企业数字赋能的替代指标,以企业能源消耗强度与污染排放强度作为企业绿色化转型的表征指标,系统分析数字技术是否促进了制造业企业绿色化转型以及其中的作用机制。与现有文献相比,本章可能的边际贡献在于:第一,在研究视角上,本章从数字技术角度入手,探讨制造业企业绿色化转型的影响因素问题。具体而言,本章将在理论和实证两个层面,分析数字技术作为一种新技术能否以及如何促进制造业企业绿色化转型,并且考虑其影响的长期性即可持续发展性;第二,在指标衡量上,本章突破现有文献的做法,通过将制造业投入数字化细化到企业微观层面,以此作为制造业企业数字赋能的表征变量,与此同时,采用企业能源消耗强度与污染排放强度两个指标,对企业绿色化转型进行全面衡量与测度,试图从微观层面研究数字赋能对企业绿色化转型可能带来的影响;第三,在研究内容上,不仅研究了数字赋能对企业绿色化转型所产生的作用,还探讨了其中可能的作用机制,并进一步地对规模效应与技术效应两个主要中介机制进行细分,将规模效应分为企业自身规模效应与企业所在地区规模效应,技术效应则分为企业技术进步与资本更新两个途径,以全面衡量数字赋能与绿色化转型的关联中的可能传导途径;第四,考虑到全球化条件下开放发展的特征事实,本章将数字赋能进一步区分为利用国内数字技术与利用国外数字技术两种,研究基于不同数字技术来源的数字赋能,对企业绿色化转型的异质性作用,并进一步从地区差异、行业差异等角度对产生的异质性进行原因分析。

本章余下结构安排如下:第二部分通过对数字赋能促进制造业企业绿色化转型进行理论分析,并在此基础上提出本章的研究假说;第三部分,根据所提出的假说,构建本章实证研究所需的计量模型,并说明所使用的具体指标衡量方法与数据来源;第四部分是基准回归分析结果以及进行稳健性检验,并进一步研究数字技术对企业绿色化转型所带来的长期持续作用;第五部分对数字技术促进企业绿色化转型这一影响作用进行机制检验;第六部分探讨了不同来源数字技术对企业绿色化转型的异质性作用以及该影响在产业链传导中的溢出效应;第七部分为结论与政策建议。

第二节　数字赋能促进制造业绿色转型的理论机制

绿色化反映在经济领域主要是一种生产方式,其不仅仅体现了生产效率的持续提升,更重要的是强调了一种有益于自然环境的生产方式,即反映了发展与协调两个层面的内涵。尽管过去工业革命所进行的工业化给世界发展带来了巨大的积极变化,但机器的使用以及标准化生产也带来了包括对资源的消耗以及环境的污染,这是传统工业化的必然结果。

一、数字赋能能够促进制造业绿色转型

数字技术不同于传统生产技术,其本身就具有高技术含量、低环境成本等特点,在提高生产效率的同时,注重生产与环境的协调,其能耗和物耗均相对有限,对环境影响也是微乎其微(鲍健强等,2008),因而数字技术并不同于以往其他生产投入与技术,其在极大提高资源配置效率的同时,还能有利于环境的改善。基于绿色化的内涵要求与数字技术的特点,说明数字技术的应用符合绿色化发展所要求的两大内涵,具有推动企业从高投入、高产出、高耗能、高污染的传统生产模式,向低碳、节能、高效的生产模式转变的能力(逄健和朱欣民,2013),有助于企业在利用新技术提高自身生产效益的同时,兼顾生产模式给环境所带来的负面影响,从而实现自身绿色化转型。当然,企业绿色化发展不仅表现在降低企业能源消耗强度与减少污染排放两个方面的绿色化,还包括长期可持续发展这一内涵。可持续发展的本质主要体现为三个特征,即发展度、协调度以及持久度。其中,发展度强调了生产效率与技术进步;协调度反映了内在的效率和质量,即维持环境与发展之间的平衡;持久度则主要判断在发展进程中的长期合理性(牛文元,2012)。从数字技术的特性或者说作为生产要素的数据特性来看,其本身具有几乎为零的边际成本、不受损耗等特点,并不需要考虑作为长期生产动力时,是否存在资源稀缺性等传统生产投入的特性,因而在催生新的产业、生产模式的同时,其与传统行业的融合能以相对较低的环境成

本,对传统行业进行彻底改造。这也就意味着,数字技术通过自身发展壮大和与其他产业深度融合两个方面,能够持续推动产业更新与新旧动能转换,产生颠覆性长期性变革(李晓华,2018)。据此,本章提出待检验理论假说1。

H1:数字赋能不仅能促进制造业企业绿色化转型,而且其影响具有长期性从而有助于可持续发展。

二、数字赋能促进制造业绿色转型的规模效应作用机制

数字赋能之所以能够促进制造业企业绿色化转型,主要通过规模效应与技术效应两个作用机制发挥作用,其中,规模效应可表现为制造业企业自身规模效应与企业所在地区规模效应;技术效应可以表现为技术进步与资本更新两个方面。

(一)就制造业企业自身规模效应而言

传统工业时代下的制造业企业由于受到自身管理能力、资产存量等因素的限制,并不能如经济理论所描述的那样,简单地将生产规模保持在最佳水平即长期平均成本最低点,以保证自身生产利润的最大化,这也就是说,制造业企业的生产规模扩张受到一定的限制(裴长洪等,2018)。在数字经济时代,数字技术的一大特点是固定成本较高,但能够持续降低制造业企业边际生产成本甚至几乎为零,因此制造业企业生产规模的持续扩张所受到的限制,将会无限缩小甚至可以忽略,在此基础上,平均成本的持续减小带来生产的规模经济,进而扩展制造业企业生产的可能性边界。另一方面,制造业企业生产规模的扩大,不仅仅体现在原有产品生产效率上,也能够反映在产品多样性这一范围经济方面。得益于数字技术的应用,制造业企业能够较快获取并更新市场信息,进而迅速反馈到制造业企业生产行为之中,缓解信息不对称带来的生产滞后问题,提高生产效率、降低能耗水平。因此,数字技术不但从制造业企业供给侧的生产规模扩大促进效率提升,而且能通过需求端信息的及时传递,扩大制造业企业经济范围。规模扩大所带来的生产率提高可能会减少制造业企业对原材料以及其他能源的利用率,而且制造业企业利润增长使制造业企业拥有更多的资金投入减排之中(苏丹妮和盛斌,2021),以此提高制造业企业污染治理的水平。因此,数字技术能够通过扩大自身规模促进制造业企业绿色化转型。

(二)就制造业企业所在地区规模效应而言

多样化产业聚集能够促使信息汇集的产品空间不断强化其自身的发展优势,进而对邻近企业溢出更为先进的生产技术知识(彭向和蒋传海,2011;董洁妙和余壮雄,2021)。数字技术这一新技术的应用,有利于经济与技术有较强联系或者是类型差别较小的产业在空间格局中形成集聚(徐圆和邓胡艳,2020)。根据产业集聚的相关理论可知,关联性较强的企业形成的集聚,将会加速企业之间信息传递与技术交流,进而促进对地区集聚的产业间产生积极的知识、技术溢出等外部效应,降低企业人才和投入成本,提高各企业的生产效率,包括能源利用效率。产业集聚所带来的企业利润增长与技术共享,将使得企业拥有更多的资金减排,促进同行企业之间排污技术的共享,进而使得企业污染处理技术升级并提高其污染处理能力。当然,正如已有研究指出,关联性较强的制造业集聚也可能会造

成环境污染、企业资源配置效率下降等现象(宣旸和张万里,2021),即存在着上述可能的负面影响,但从前文分析指出的数字经济条件下数据生产要素的根本特性看,由数字赋能的制造业企业形成的集聚水平达到一定程度后,集聚将会表现出显著的减排效应(邵帅等,2019),因而总体上有利于企业绿色化转型。此外,由数字技术和数据生产要素的特点可知,其不仅有助于促进相关企业在地理空间上的集聚,同时也能提高无关产业之间的联系,原本可能缺乏技术与经济上交流与合作的产业和企业,伴随着数字技术的应用,其联系可能会得到加强,促进原本关联性较弱的产业和企业之间技术交流与经济合作,甚至能够实现技术突破。需要指出的是,上述效应在数字技术应用初期可能难以显现,原因主要在于产业间数字应用水平存在差异,尤其是在技术水平差异较大的产业之间更是如此,其数字技术利用度与绿色化转型速度可能并不完全同步,因此众多且关联性较弱的企业集聚所产生的规模效应,在促进制造业企业绿色化转型这一作用中的中介效应并不明晰,企业所在地区规模的主要机制,仍然在于相关产业和企业之间的集聚所产生的积极溢出效应。

三、数字赋能促进制造业绿色转型的技术进步作用机制

(一)就技术进步效应而言

数字技术的应用对企业来说,本身就是生产所投入的一种新技术,包括数据生产要素的使用,因而能够提高企业能源利用效率水平。进一步地,对制造业企业来说,数字技术应用所带来的包括能源利用效率等方面的效率提升,在拓展生产可能性边界的同时,更重要的是对创新技术边界的延伸(郭美晨和杜传忠,2019)。包括能源利用效率等在内的效率提升能够增强制造业企业盈利能力,进而促进企业进行产品以及技术上的创新,反过来进一步推动效率提升。另一方面,数字技术所带来的创新,还体现在有利于企业减少污染排放的清洁技术方面。由于污染排放本身也是一种成本,因此,制造业企业在提高能源利用效率、推动技术进步的同时,也会考虑到其带来的负面影响,进而在技术研发与创新过程中纳入对环境这一因素的考虑,提高生产技术的清洁度,因此创新水平的提升也体现在污染处理技术以及生产设备进步等方面。总之,数字技术可以通过增强制造业企业技术进步能力而促进自身绿色化转型。

(二)就数字技术加速企业资本更新而言

由于数字技术本身是一种带来革新方式的科学技术进步,而以革新的方式更新企业生产,即用效率更高的机器设备代替过时的旧生产设备,或是以更为先进的生产技术代替传统生产技艺,既可以使设备与生产方式更符合现代化生产需求即绿色可持续生产,又可以提高企业自身经济效益。也就是说,随着数字技术的应用与不断进步,若继续使用原先投入生产的大部分生产机器设备与技术,可能会因生产技术落后而影响到自身的产品更新速度和市场竞争能力,因此,制造业企业需要顺应技术进步不断更新自身的生产设备,以符合采用数字技术的需要。换言之,数字技术的应用会促使制造业企业加快生产性资本更新步伐,在提高生产效率的同时,也促使制造业企业倾向于投入更加先进环保的新机器设备以促进减排(万攀兵等,2021),因而实现制造业企业整体绿色化转型。由此,本章

提出待检验机制假说2。

H2：数字赋能主要是通过规模效应和技术进步效应促进制造业企业绿色化转型，其中，规模效应主要包括企业自身规模效应与企业所在地区规模效应；技术效应包括企业技术进步与资本更新两个途径。

四、数字赋能促进制造业绿色转型的作用：基于数字技术来源差异的分析

在全球化发展大背景下，世界上各个国家经济发展紧密相连。各国在对外交流过程中通常具有"出口中学习"效应等明显的外溢效应，这一点尤为表现在发展中国家企业在向发达国家出口过程中，能够主动或者被动地从发达国家获得产品设计、生产工艺、生产管理等方面的技术指导，从而促进企业效益提升（魏伟等，2021）。在数字经济时代，数字技术的快速发展将世界经济体更加紧密地联系起来，通信技术的发展不仅显著提高了国际贸易规模（Meijers，2014；施炳展，2016），而且能够大幅降低贸易成本、提高贸易效率（Chaney，2011；孙浦阳等，2017；范鑫，2020），进而促进对外交流的深度与广度，国与国之间的信息资源、数字技术在各经济体之间都是可共享的（马述忠等，2018）。在中国对外开放与吸引大量的外资的过程中，也引进了大量的国外先进技术和管理知识以促进经济发展（黄群慧，2018）。而在数字经济条件下，正如已有研究指出，数字技术具有典型的开放和开源式特征（江小涓，2021），从这一意义上说，利用数字赋能从技术来源角度看，不仅有来自国内数字技术支持，同样也会受到国外数字化发展水平的影响。这就提出了一个非常有意义的问题：不同来源的数字技术对中国制造业企业绿色化转型是否会产生不同影响？如果说上述异质性影响确实存在，那么其在不同地区、行业之间具有怎样差异性表现？本章认为，考虑到数字技术本身所具有前文分析指出的各种效应，因此，不论是国内数字技术还是来源于国外的数字技术，对企业绿色化转型均存在积极的促进作用，即数字技术有利于中国制造业企业实现绿色化转型，这种影响并不因数字投入来源而产生显著的差异。但是需要指出的是，不同国家数字技术发展的程度和水平不同，中国不同地区之间同样存在着数字技术发展水平的差异，包括对数字技术利用水平的差异等，因此，各地区受到国内与国外来源数字技术的影响大小可能会有所不同。比如，当国外数字技术发展水平较高而国内发展水平相对较低时，依赖数字赋能促进绿色化转型，来自国外数字技术产生的效应可能更为明显。此外，除了数字技术来源的国别差异外，不同产业的制造业企业依托数字赋能实现绿色化转型的效应可能也不尽相同。通常而言，由于数字技术的自身特点以及其与各行业的适配程度，其投入使用带来的影响在不同要素密集型的行业之间可能会存在异质性影响，与数字技术密切相关联的知识密集型与高技术行业，可能对数字技术的依赖程度更高，在相同条件下可能更容易受数字技术的影响。而技术含量较低的行业，数字技术与其融合确实能推动传统低技术产业变革升级，但其转型过程可能对数字技术的发展水平与质量要求较高。也就是说，在中国数字经济兴起的初始阶段，由于国内数字技术包括数字基建仍处于起步阶段，尚未达到全面渗透和各产业领域的广泛应用，因而依托数字化转型可能主要还表现在对数字技术更敏感、依赖程度更高、率先得到应用的制造业行业领域。由此，本章提出待检验机制假说3：

H3：基于国外和国内不同来源的数字技术，实现的数字赋能对制造业企业绿色化转

型可能存在异质性影响,这种异质性影响将体现在不同地区、不同行业之间。

随着生产分工的细化,各部门之间的生产联系日益紧密,对一个产业来说,其生产方式、技术等方面的变化,将会通过产业关联效应对其他产业部门产生影响。数字技术的运用不仅能够改变企业自身的生产方式,同时作为一种新技术所带来的积极作用,还会通过密切的生产联系在产业链上下游行业间产生溢出效应。也就是说,数字技术的使用不仅通过规模效应与技术效应影响到企业自身绿色化转型,而且可能会影响到同处于产业链上下游的企业生产行为。如同前文分析指出,数字技术可能会通过增强企业间在经济、技术等方面的联系而影响到相关企业绿色化转型,即数字技术所带来的生产红利,可能会首先影响到联系最为紧密的制造业企业,通过高协同性与正反馈效应形成具有强烈互动的产业集群(丁志帆,2020),再通过产业链的关联效应影响到其他上下游行业的企业生产行为,进而促进上下游行业企业绿色化转型。

具体来看,就前向产业关联效应而言,上游行业在生产中使用数字技术,通过规模效应与技术效应促进绿色化转型,即降低能源消耗强度并减少污染排放,反映到供应链下游行业的产品与服务中,即为技术含量以及清洁度的提升,而这将通过向下游行业提供生产所需的投入中间品,直接影响到下游行业的能源消耗强度与污染排放强度。不仅如此,上游行业使用数字技术大幅提高了自身生产效率以及产品质量,在"匹配效应"的影响下,一定程度上也能推动下游行业进行技术创新与生产方式变革,进而提高自身绿色化转型水平。因此上游行业在生产中加大数字技术的应用,对下游行业的主要外溢效应体现在直接的技术层面。另一方面,下游行业使用数字技术也将对上游产业产生积极的溢出效应。具体而言,如果下游行业因数字赋能而促进了自身绿色化水平,那么其对中间投入品和服务的质量与环保度也将产生更高要求,进而通过产业链的关联效应推动上游行业生产行为的改进,促进上游行业注重自身生产效益的提升并提供更为清洁的中间品。此外,正是由于下游行业对中间投入品和服务的要求提高,导致在上游行业的企业之间产生竞争效应,进一步促进上游行业企业的绿色化转型。总之,下游行业的制造业企业在数字赋能下实现绿色化转型,会通过需求效应以及随之产生的竞争效应,推动上游行业制造业企业的绿色化转型。据此,本章提出待检验理论假说4。

H4:数字赋能不仅能推动制造业企业自身绿色化转型,而且还会透过产业链而产生积极的外溢效应,进一步推动产业链上游以及下游制造业企业的绿色化转型。

第三节　数字赋能促进制造业绿色转型的实证方法

前文主要是在理论层面分析了数字技术对企业绿色化转型所带来的影响,本节及以下部分将进一步从实证层面对前文理论分析中形成的理论假说,进行相应的计量检验,以分析数字赋能对制造业企业绿色化转型产生的具体作用。

一、模型构建

本章试图从制造业企业层面验证数字赋能对绿色化转型可能产生的影响。考虑到企业层面数据可得性,本章从投入与产出两个角度,即将制造业企业能源消费强度与污染排放强度两个指标作为制造业企业绿色化转型的表征变量。据此,回归模型具体设定如下:

$$Energy_{it} = \alpha_0 + \alpha_1 Digital_{ijt} + \alpha_2 controls_{ijt} + \varepsilon_{ijt} \tag{10-1}$$

$$Pollution_{it} = \alpha_0 + \alpha_1 Digital_{ijt} + \alpha_2 controls_{ijt} + \varepsilon_{ijt} \tag{10-2}$$

式中,下标 i、j、t 分别表示企业、行业以及年份;$Energy_{it}$ 表示企业 i 在 t 年的能源消费强度;$Pollution_{it}$ 表示企业 i 在 t 年的污染排放水平;$Digital_{ijt}$ 为制造业企业的数字赋能,也是本章最关心的核心解释变量,在具体测度上以 j 行业 i 企业在 t 年的生产投入数字化水平表示;$controls_{ijt}$ 是一系列企业层面及行业层面的相关控制变量。

二、变量与数据说明

(一)被解释变量:制造业企业绿色化转型

本章以制造业企业能源消费强度和污染排放强度两个指标,作为绿色化转型的替代变量。制造业企业能源消费强度和污染排放强度指标的具体测算方法说明如下。

污染排放强度(Pollution)

本章主要选取了工业废水排放量、化学需氧量排放量、烟粉尘排放量、二氧化硫排放量、氮氧化物排放量这五种污染排放指标,并参考王杰和刘斌(2014)的研究,采用对各类污染排放数据进行显性标准化和等权加和平均的方法计算各制造业企业的污染排放强度。

首先,计算出各企业污染物单位产值的排放量。

$$pollution_{iqt} = \frac{E_{iqt}}{Output_{it}} \tag{10-3}$$

式中,q 表示各个污染物的排放量(q=1,2,3,4,5,分别表示五种污染物);E_{iqt} 表示 t 年企业 i 对污染物 q 的污染排放量;$Output_{it}$ 表示企业 i 的工业总产值;$pollution_{iqt}$ 则表示 t 年企业 i 污染物 q 的单位产值排放量。

其次,对各个污染物的单位产值排放量进行线性标准化处理,具体处理如下:

$$pollution_{iqt}^{stan} = \frac{ollution_{iqt} - \min(pollution_q)}{\max(pollution_q) - \min(pollution_q)} \tag{10-4}$$

式中,$\max(pollution_j)$、$\min(pollution_j)$ 分别表示污染物 q 指标在所有制造业企业中的最大值和最小值;$pollution_{iq}^{stan}$ 则表示 i 企业 q 污染物标准化之后的值。

最后,将各个污染物的单位产值排放量标准化后的值进行等权加和平均计算,得到各制造业企业的整体污染排放强度,具体计算如下:

$$Pollution_{it} = \frac{1}{5} \sum_q pollution_{iqt}^{stan} \tag{10-5}$$

另外,为便于后续分析,在上述计算的基础上将 $Pollution_{it}$ 取倒数,即该值越大,企业污染排放强度越低;反之,则企业污染排放强度越高。也就是说,在后文的实证分析中,如果核心解释变量的系数估计值为正,则代表数字赋能可以促进企业减少污染排放,有利于企业绿色化转型发展。

关于能源消费强度。本章选取了企业工业煤炭消费量、原料煤消费量以及燃料油消费量这三种能源消费指标,同样参照对污染排放强度的测算方法,对企业的能源消费强度进行测算。

首先,计算出各企业单位产值的能源消费量。

$$\text{energy}_{ilt} = \frac{C_{ilt}}{\text{Output}_{it}} \tag{10-6}$$

式中,l 表示能源种类(l=1,2,3,分别表示三种所消费的能源);C_{ilt} 表示 t 年企业 i 对能源 l 的消费量;Output_{it} 表示企业 i 的工业总产值;energy_{ilt} 则表示 t 年企业能源 l 的单位产值消费量。

其次,对各个能源的单位产值消费量进行线性标准化处理。具体处理如下:

$$\text{energy}_{ilt}^{\text{stan}} = \frac{\text{energy}_{ilt} - \min(\text{energy}_l)}{\max(\text{energy}_l) - \min(\text{energy}_l)} \tag{10-7}$$

式中,$\max(\text{energy}_l)$、$\min(\text{energy}_l)$ 分别表示能源 l 指标在所有制造业企业中的最大值和最小值;$\text{energy}_{ilt}^{\text{stan}}$ 则表示 i 企业 l 能源标准化之后的值。

最后,将各种能源的单位产值消费量标准化后的值进行等权加和平均计算,得到各制造业企业的整体能源消费强度。具体计算如下:

$$\text{Energy}_{it} = \frac{1}{3} \sum_l \text{energy}_{ilt}^{\text{stan}} \tag{10-8}$$

同样地,对测算出的企业能源消费强度指标取倒数,即该值越大,企业能源消费强度越低;也就是说,在后文的实证分析中,如果核心解释变量的系数估计值为正,则代表数字赋能可以促进企业能源消费强度减弱,有利于企业绿色化转型发展。

(二) 核心解释变量:制造业企业数字赋能(Digital)

由于目前对数字经济的概念及其具体界定还未完全明晰,因此对数字技术发展程度的测算仍处于探索阶段,而且在具体研究中还需要考虑到企业层面数据的可得性。为此,本章参照许和连等(2017)对制造业投入服务化的指标构建,通过运用投入产出方法测度制造业投入数字化水平,作为制造业企业数字赋能的衡量指标。现有的研究主要采用直接消耗系数法或完全消耗系数法。其中,直接消耗系数是指某一产品部门在生产经营过程中,单位总产出直接消耗的各产品部门的产品或服务数量;相较于直接消耗系数,完全消耗系数能够较为全面地衡量数字行业通过直接以及间接技术关联效应对制造业部门所产生的影响,因此本章采用完全消耗系数来测度制造业投入数字化水平。具体计算公式为:

$$InputDigital_{dj} = \alpha_{dj} + \sum_{m=1}^{n} \alpha_{ml}\alpha_{lj} + \sum_{s=1}^{n}\sum_{l=1}^{n} \alpha_{ms}\alpha_{sl}\alpha_{lj} + \cdots \qquad (10-9)$$

式中，α_{dj} 表示 j 行业对 d 行业的直接消耗；$\sum_{m=1}^{n} \alpha_{ml}\alpha_{lj}$ 表示 j 行业通过 m 行业对 d 行业的第一轮间接消耗；$\sum_{s=1}^{n}\sum_{l=1}^{n} \alpha_{ms}\alpha_{sl}\alpha_{lj}$ 表示 j 行业通过 m 和 l 行业对 d 行业的第二轮间接消耗；以此类推，第 $n+1$ 项表示第 n 轮消耗。

虽然完全消耗系数能较为全面地衡量行业间投入产出关系，但绝对指标计算可能会忽略制造业各中间投入结构特征，无法刻画数字投入在所有中间部门中的相对作用。因此本章在上述基础上参考张晴和于津平（2021）的研究，采用完全依赖度这一相对指标对企业投入的数字化水平进行测度，该指标能够更进一步地体现制造业行业与数字行业之间的直接和间接联系。具体计算公式如下：

$$digital_{jt} = \sum_{d} \frac{complete_{dj}}{\sum_{k=1}^{N} complete_{kj}} \qquad (10-10)$$

式中，$complete_{kj}$ 表示 j 行业对各投入行业 k 的完全消耗系数；$digital_{dj}$ 则表示制造业完全消耗的数字投入与总投入的比值，反映了各制造业行业所内含的数字化投入水平。

根据所得到的各行业数字化水平数据，进一步将该指标分解到企业层面以衡量各企业的数字化水平。基于上述方法只能测算到行业层面的数字化投入水平，为了进一步将其拓展至企业层面，本章参照张晴和于津平（2021）的研究，通过企业的人均资本水平来近似地刻画企业间数字技术的异质性。具体计算如下：

$$Digital_{ijt} = \frac{Capitalper_{it}}{AverCapitalper_{jt}} \times digital_{jt} \qquad (10-11)$$

式中，$Capitalper_{it}$ 表示企业自身的人均资本水平；$AverCapitalper_{jt}$ 为各行业人均资本量的平均值；$Digital_{ijt}$ 则表示 j 行业的企业 i 在 t 年的数字赋能水平。

（三）其他控制变量

参照陈艳莹等（2020）、万攀兵等（2021）等相关研究，本章纳入控制变量如下：① 资本密集度（CapIntensity），用企业固定资产净值除以企业年平均员工数衡量；② 企业年龄（Age），采用当期年份减去企业开业年份，再对其加 1；③ 企业财务状况（Finance），用企业总负债与总资产的比值衡量；④ 出口占比（Export），用企业出口交货值与总产值之比进行衡量；⑤ 赫芬达尔指数（HHI），本章使用企业总资产计算其所占行业市场份额，用以反映行业集中度。

三、数据来源及说明

本章所使用的数据来源于 WIOD 数据库、工业企业数据库与中国企业绿色发展数据库，其中核心解释变量所需的投入产出数据来源于 WIOD 数据库中 2016 版投入产出表，而绿色发展数据库主要反映了中国工业企业排放排污和环境治理等微观层面的信息，工业企业数据库则包含企业基本情况与财务数据。参照韩超等（2020）的研究，将两个数据库进行匹配并仅保留制造业企业数据，为进一步保证本章所使用数据的有效性，对合并后的数据做以下处理：将工业总产值、工业销售产值、固定资产合计、固定资产净值平均余额污染排放总量缺失或为负值，以及从业人员缺失与小于 8 的观测值删除；删除不符合基本会计原则的样本，即企业总资产小于流动资产与固定资产净值、累计折旧小于当期折旧的观测值；另外，由于国民经济行业标准在 2002 年进行过变动，因此将两种行业分类标准进行匹配并对接到本章数据上；考虑到 2010 年工业企业数据库的数据质量不高（苏丹妮和盛斌，2021），因此本章在后续回归中将该年数据剔除；对于其他年份中所缺失的工业中间投入这一指标，参考韩峰等（2020）的做法，先计算出缺失的工业增加值，再近似地估计工业中间投入为工业总产值和增值税之和减去工业增加值，计算得到所缺失年份的工业中间投入数据。在上述匹配及处理后，得到本章所使用的 2000—2012 年的回归面板数据。

第四节　数字赋能促进制造业绿色转型的实际效应

一、基准回归结果

首先对式（10-1）、式（10-2）进行回归，得到结果如表 10-1 第（1）列和第（3）列所示。从中可见，本章最关心的核心解释变量即数字赋能变量（Digital）的系数估计值均显著为正，说明无论是以企业能源消耗强度还是污染减排强度作为制造业企业绿色化转型的表征变量，数字赋能均有利于其绿色化转型。为保证对式（10-1）、式（10-2）回归的准确性，本章将在式（10-1）、式（10-2）的基础上进一步控制企业、行业以及年份的固定效应对其进行回归估计，得到结果如表 10-1 第（2）列和第（4）列所示，从中可见，数字赋能变量（Digital）依然在 1％水平上显著为正，说明企业数字赋能的确能够促进以降低能源消耗强度和减少其污染物排放为表现的绿色化转型。据此，前文的理论假说 1 得到初步验证。

表 10-1　基准结果分析

	Energy		Pollution	
	(1)	(2)	(3)	(4)
Digital	0.004 5[*] (1.78)	0.008 5[***] (3.24)	0.216 0[***] (73.81)	0.150 8[***] (45.14)
Age	−0.006 3[***] (−18.42)	−0.000 5 (−1.02)	0.003 2[***] (9.56)	0.000 7 (1.07)
Finance	−0.000 1 (−1.51)	0.000 0 (0.05)	0.000 1[***] (3.28)	−0.000 1[***] (−3.04)
Export	0.337 6[***] (15.43)	0.227 8[***] (7.84)	0.250 6[***] (11.23)	0.174 0[***] (4.71)

	Energy		Pollution	
	(1)	(2)	(3)	(4)
CapIntensity	−0.018 4*** (−9.75)	−0.027 2*** (−10.21)	−0.195 4*** (−98.52)	0.010 8*** (3.19)
HHI	0.792 6*** (13.01)	0.406 4*** (2.27)	−1.448 8*** (−23.36)	−0.981 6*** (−5.26)
企业固定效应	no	yes	no	yes
行业固定效应	no	yes	no	yes
年份固定效应	no	yes	no	yes
Obs	294 922	294 922	291 076	291 076
R^2	0.015 3	0.114 3	0.171 5	0.314 2

注:括号内为 t 值;＊＊＊、＊＊、＊分别表示在 1%、5%、10%的水平上显著。

二、稳健性检验

（一）指标变换

本章关键变量的更换包括被解释变量和核心解释变量。其中,更换核心解释变量需从两个角度进行考虑。一方面是数字产业的划分标准,在指标测度时本章主要参照 Calvino 等(2018)、齐俊妍和任奕达(2021)对中高数字强度行业分类标准,再根据前文介绍的方法计算各行业的数字投入程度并衡量企业数字赋能水平。国家统计局在 2021 年出台了《数字经济及其核心产业统计分类(2021)》,该文件将数字经济产业范围划分为数字产品制造业、数字产品服务业、数字技术应用业、数字要素驱动业、数字化效率提升业等 5 个大类。其中,第 1~4 大类为数字经济核心产业,也就是为产业数字化发展提供数字技术、产品、服务、基础设施和解决方案,以及完全依赖于数字技术、数据要素的各类经济活动。因此,本章按照该分类标准与 WIOD 数据库行业进行匹配,重新计算各行业的数字化投入程度,即分别从数字产品制造业、数字产品服务业、数字技术应用业、数字要素驱动业 4 个方面全面衡量企业数字技术水平。需要注意的是,由于具体有关数字经济及其核心产业统计分类对应的为 4 位行业代码,但 WIOD 数据库只有 2 位行业代码,因此本章需要将两者手动匹配。在处理过程中,主要根据具体行业名称以及其相对 2 位行业的占比对数据进行匹配,若该行业实际占比较小,则考虑不将其纳入数字化投入的行业之中。重新对数字行业进行分类后,具体计算方法类同于上文核心解释变量,计算出结果后将其分别代入回归,得到回归结果如表 10-2 所示。从回归结果中可以看出,不论是数字产品制造业、数字产品服务业、数字技术应用业还是数字要素驱动业的投入,均对以企业能源消耗强度以及污染减排减少为表征的制造业企业绿色化转型具有显著的影响,这一结果进一步验证了前文所得结论的可靠性。

表 10 - 2　稳健性检验——更换核心解释变量

	Energy				Pollution			
	Product Manu	Product Service	Technology Applications	Elements Drive	Product Manu	Product Service	Technology Applications	Elements Drive
Digital	0.011 0*** (3.35)	0.437 2*** (3.13)	0.064 1** (2.27)	0.121 9*** (3.25)	0.064 5*** (15.55)	4.638 2*** (25.86)	0.560 1*** (15.52)	0.978 6*** (20.39)
Age	−0.000 5 (−1.00)	−0.000 5 (−1.00)	−0.000 5 (−1.00)	−0.000 5 (−0.99)	0.000 9 (1.34)	0.000 9 (1.36)	0.000 9 (1.38)	0.000 9 (1.39)
Finance	−0.000 0 (−0.14)	0.000 0 (0.04)	0.000 0 (0.07)	0.000 0 (0.03)	−0.000 1*** (−2.95)	−0.000 1** (−2.51)	−0.000 1*** (−2.18)	−0.000 1*** (−2.40)
Export	0.228 6*** (7.87)	0.228 7*** (7.88)	0.228 9*** (7.88)	0.228 7*** (7.87)	0.195 3*** (5.27)	0.194 8*** (5.26)	0.196 6*** (5.30)	0.194 8*** (5.26)
Cap Intensity	−0.024 0*** (−10.04)	−0.024 3*** (−10.12)	−0.023 7*** (−9.92)	−0.024 2*** (−10.07)	0.075 2*** (24.59)	0.068 6*** (22.37)	0.075 9*** (24.88)	0.072 8*** (23.79)
HHI	0.409 6*** (2.79)	0.407 1*** (2.77)	0.408 0*** (2.78)	0.406 8*** (2.77)	−0.924 5*** (−4.93)	−0.924 9*** (−5.10)	−0.939 7*** (−5.02)	−0.948 9*** (−5.07)
企业固定效应	yes	yes	yes	yes	yes	yes	yes	yes
行业固定效应	yes	yes	yes	yes	yes	yes	yes	yes
年份固定效应	yes	yes	yes	yes	yes	yes	yes	yes
Obs	294 922	294 922	294 922	294 922	291 076	291 076	291 076	291 076
R²	0.114 3	0.114 3	0.114 3	0.114 3	0.311 0	0.312 9	0.311 2	0.311 6

注:括号内为 t 值;＊＊＊、＊＊、＊分别表示在 1%、5%、10%的水平上显著。

更换核心解释变量的另一方面是考虑具体计算方法,在指标测算时采用了完全消耗法计算行业数字化投入水平,进而得到制造业企业数字赋能指标。为了验证使用该指标的稳健性与可信度,采用直接消耗法重新计算该指标作为替代指标进行稳健性回归,结果如表 10 - 3 所示。从中可见,核心解释变量仍然显著为正,本章所得结论依然成立。

表 10 - 3　稳健性检验——指标变换及行业层面的检验

	更换解释变量		更换被解释变量		行业检验
	Energy	Pollution	Energy_PCA	Pollution_PCA	GTFP
Digital	0.045 7*** (3.60)	0.150 8*** (45.14)	−0.002 6*** (−5.04)	−0.007 9*** (−4.36)	0.861 4* (1.72)
Age	−0.000 5 (−1.02)	0.000 7 (1.07)	−0.000 1 (−0.62)	0.000 3 (0.94)	0.677 7 (1.26)

	更换解释变量		更换被解释变量		行业检验
	Energy	Pollution	Energy_PCA	Pollution_PCA	GTFP
Finance	−0.000 0 (−0.07)	−0.000 1** (−3.04)	0.000 6*** (88.83)	0.000 4*** (16.24)	5.456 5* (1.77)
Export	0.227 8*** (7.84)	0.174 0*** (4.71)	0.000 0 (0.01)	−0.015 9 (−0.79)	−0.053 8 (−1.06)
CapIntensity	−0.026 7*** (−10.43)	0.010 7*** (3.19)	0.016 6*** (31.57)	0.026 8*** (14.45)	−0.002 5 (−0.76)
HHI	0.407 1*** (2.77)	−0.981 6*** (−5.26)	0.017 6 (0.61)	0.329 3** (3.33)	0.215 7 (1.16)
企业固定效应	yes	yes	yes	yes	—
行业固定效应	yes	yes	yes	yes	yes
年份固定效应	yes	yes	yes	yes	yes
Obs	294 922	291 076	294 922	278 759	339
R²	0.114 3	0.314 2	0.038 3	0.026 4	0.190 1

注:括号内为t值;＊＊＊、＊＊、＊分别表示在1%、5%、10%的水平上显著。

更换被解释变量。为了增强本章研究的稳健性,进一步对被解释变量重新计算,参考包群等(2013)、彭倩和干铠骏(2020)、吕越和张昊天(2021)的测度方法,根据前文所使用的数据,利用主成分分析法重新构建企业能源消费强度和污染减排强度这两个指标作为替代变量代入回归,所得结果如表10-3所示。回归结果显示,不论是以能源消费强度还是污染减排强度作为制造业企业绿色化转型的表征变量,核心解释变量即数字赋能的系数估计值均显著,说明在替换了被解释变量的情况下,数字赋能仍有助于制造业企业的绿色化转型。

（二）基于行业数据的检验

由于制造业企业层面数据的缺乏,本章分别从制造业企业能源消耗强度与污染减排强度两个维度衡量了制造业企业的绿色化转型。现有研究指出,绿色全要素生产率这一指标同样能够科学、全面地反映绿色转型发展水平(李玲和陶锋,2012)。因为在这种衡量方法下,在考虑自然资本投入和环境污染物排放的同时,考虑从既定投入中获得收益的能力,从而能够体现出经济体的整体绿色化水平(李维明等,2020)。因此,本章考虑从行业层面对制造业各行业进行绿色全要素生产率的测算,以检验本章在企业层面分别采用能源消耗强度以及污染减排这一衡量方法作为绿色化转型替代变量所得回归结果的可靠性。考虑到行业的标准变换以及各类数据的可得,本章利用2000—2012年28个制造业行业的投入产出数据测算行业绿色全要素生产率。有关绿色全要素生产率测算所需要的投入、期望产出与非期望产出的指标及数据说明如下:① 投入。本章选用劳动投入、资本投入以及能源消费量作为投入指标,分别用分行业从业人员平均人数、固定资产净值年平均余额、能源消费总量来衡量。其中 2009 年后不提供分行业固定资产净值年平均余额数据,因此借鉴涂正革(2008)的研究,以该年固定资产净值和上年末固定资产净值的平均值进行替代,并将其折算成 2000 年不变价。② 产出。期望产出利用工业总产值表示,并利用工业品出厂价格对其进行平减,调整为 2000 年不变价;非期望产出变量则用环境污染减排量表示,包括工业废气排放量和工业废水排放量。

基于所选取的指标数据,参考李斌等(2013)对绿色全要素生产率的测算方法,本章基于 VRS 的假设前提,运用考虑了非期望产出的非径向非角度 SBM 方法测算了绿色技术效率,进一步得到了分行业的 ML 指数。由于 ML 指数反映的是绿色全要素生产率的增长率而非绿色全要素生产率本身,因此本章根据涂正革(2008)、李斌等(2013)的处理方法,假设 2000 年的行业绿色全要素生产率为 1,并计算出各行业2000—2012 年的绿色全要素生产率。另外,将行业层面所缺失的控制变量通过加权平均法由制造业企业层面转化为行业层面,得到行业层面的面板回归数据,回归结果如表 10 - 3 最后一列所示。核心解释变量即数字赋能对绿色全要素生产率呈现积极的影响作用,因而本章从行业层面又进一步地证实了本章基准结论的稳健性,即数字赋能确实有利于从降低能源消耗强度与减少污染强度两个方面对制造业企业产生影响,进而促进制造业企业绿色化转型。

(三)内生性检验

在基准回归中,通过控制制造业企业、行业以及年份固定效应进行回归,确实能够在一定程度上减轻内生性问题带来的影响,但仍可能存在以下内生性问题:首先,数字赋能和其他解释变量与被解释变量之间可能存在反向因果关系,即二者之间可能存在双向因果关系;其次,由于目前对制造业企业层面的数字赋能测算仍存在数据的可得性问题,因此本章只是尽可能地衡量了制造业企业层面的数字赋能水平,这可能会导致对指标测量的误差;另外,在参考其他研究的基础上纳入了控制变量,但难免存在遗漏变量问题。为了进一步证实本章基准回归结果的稳健性,本章采用工具变量回归以减少因内生性问题而引起的估计偏差。

本章参考刘斌和王乃嘉(2016)、张晴和于津平(2021)的研究,选择印度制造业投入数字化程度作为制造业企业数字赋能的工具变量。首先,中国与印度是世界上最大的两个发展中国家,且在地理位置上同处亚洲地区,因此两国之间的数字化发展趋势、针对数字化转型所采用的相关政策可能会彼此影响。其次,印度的数字赋能水平并不会影响到中国制造业企业绿色化转型,因此将印度制造业投入数字化水平作为工具变量,符合相关性与外生性要求。按照对核心解释变量的具体计算方法,测算出印度数字赋能应用水平,以此作为工具变量进行回归,得到结果如表 10 - 4 所示。根据表 10 - 4 汇报的回归结果,核心解释变量数字赋能(Digital)的系数估计值仍显著为正,且工具变量也通过了识别不足以及弱工具变量检验,表明在克服了潜在的内生性问题后,本章的核心结论依然稳健。

表 10 - 4 稳健性检验——内生性检验及外生冲击

	内生性检验		外生事件冲击	
	Energy	Pollution	Energy	Pollution
Digital	0.013 5*** (3.60)	0.200 8*** (42.18)	0.008 5*** (3.24)	0.150 8*** (45.14)
Age	−0.000 5 (−1.03)	0.000 6 (00.97)	−0.000 5 (−1.02)	0.000 7 (1.07)
Finance	−0.000 0 (−0.01)	−0.000 1*** (−3.52)	0.000 0 (0.05)	−0.000 1*** (−3.04)
Export	0.226 9*** (7.81)	0.165 8*** (4.49)	0.227 8*** (7.84)	0.174 0*** (4.71)
CapIntensity	−0.029 5*** (−10.07)	−0.011 8*** (−3.18)	−0.027 2*** (−10.21)	0.010 8*** (3.19)
HHI	0.404 3*** (2.76)	−1.001 1*** (−5.35)	0.406 4** (2.77)	−0.981 6*** (−5.26)
LM statistic	1.2e+05	1.2e+05	—	—
Wald F	2.4e+05	2.4e+05	—	—
WTO	—	—	1.293 8*** (73.69)	−0.467 9*** (−20.93)
FinanceCrisis	—	—	−1.143 0*** (−65.87)	0.632 9*** (28.65)
企业固定效应	yes	yes	yes	yes
行业固定效应	yes	yes	yes	yes
年份固定效应	yes	yes	yes	yes
Obs	294 649	290 755	294 922	291 076
R^2	0.114 3	0.051 9	0.114 3	0.314 2

注:括号内为 t 值;* * *、* *、* 分别表示在 1%、5%、10%的水平上显著。

(四)外生冲击

本章使用的样本时间为 2000—2012 年,在该样本期内有两件可能会对制造业企业绿色化转型产生影响的重大事件:一是中国加入世界贸易组织。一方面,加入世界贸易组织极大地促进了中国对外经贸交流与合作,而对外贸易的迅速增长有利于制造业企业通过学习国外引入的生产方式以及先进技术等途径,影响中国制造业企业的能耗情况和污染排放情况,有助于绿色化转型;另一方面,由于各国之间存在环境规制的力度差异,发达国家可能会将高污染产业更多地转移到发展中国家,导致其成为"污染天堂",且中国污染处理技术尚不成熟,因而可能会使得出口对污染减排的不利影响超过进口增长对污染减排所带来的有利影响(彭水军和刘安平,2010)。二是 2008 年全球金融危机所带来的冲击。2008 年爆发的全球金融危机对世界各国经济发展均产生了深刻影响。一方面,金融危机在世界范围内所造成的破坏性损害可能会直接导致中国制造业企业生产效率的降低,提高能耗水平;另一方面会产生积极的作用,即在金融危机中,中国可能意识到过去传统生产模式的弊端,并进一步考虑经济发展可持续的重要性,在危机后的建设中更多地将环境因素考虑到经济增长之中,因此,金融危机可能会产生倒逼和警醒作用,进而有利于中国制造业企业的减排行为。根据上述分析,本章生成中国加入世界贸易组织以及金融危机的虚拟变量,将中国加入世界贸易组织前设定为 0,加入世界贸易组织后设定为 1;在 2008 年金融危机发生前的时间点,将该变量值设定为 0,之后则设置为 1。将两个虚拟变量代入回归中,具体回归结果如表10-4所示。

根据表10-4汇报的回归结果可以看到,在加入 WTO 后,中国制造业企业的能源消耗强度确实受到对外开放的积极影响,因而整体能源利用效率得到了极大提升,但高速的经济发展也造成了中国制造业企业排污的增加,不利于中国制造业企业的可持续发展。关于金融危机的外生冲击对中国制造业企业带来的影响,结果显示,制造业企业能源利用效率受到了金融危机所带来的负面影响,而在金融危机后,中国制造业企业确实减少了污染减排强度,转而采用更为清洁的绿色生产方式。

三、数字赋能的长期影响

为评估数字赋能对制造业企业绿色化转型的持久影响,本章利用当期核心解释变量数字赋能(Digital)对未来一段时间内的制造业企业能源消耗强度以及排污强度进行回归这一方法,将被解释变量能源消费强度以及排污强度变量分别前置1~5期代入回归,由此得到的回归估计结果如表 10-5、表 10-6 所示。首先,就数字赋能对制造业企业长期能源消费强度的影响来看,整体来说制造业企业数字赋能对未来1~5期的能源消费强度呈积极的促进作用;其次,数字化对制造业企业污染减排的影响较为复杂,由上述结论可知制造业企业数字赋能的提升对当期排污水平有一定程度的控制。根据表 10-6 的回归结果显示,当期制造业企业数字赋能可能会对未来 1 期的制造业企业排污产生负向作用,可能原因在于数字赋能短暂地产生积极影响后,由于数字赋能的固定使用成本过高,部分制造业企业可能过于注重眼前经济利益而放弃对数字技术的应用,进而污染减排水平又恢复回原本的水平;另一方面,也可能是数字赋能加速了对传统生产方式残留的负面影响,在短期内可能会短暂地增加污染减排强度。将时间延长至制造业企业排污水平未来4~5期时,核心解释变量数字赋能对制造业企业排污强度又重新回到了积极的正向影响,即数字赋能能够在长期内有效且持续地减少排污。因此,根据整体回归结果,尽管在短期可能会产生一些负向或不显著的作用,但长期来看能够促进制造业企业污染减排强度的减小,进而整体上推动制造业企业绿色化持续转型。

表 10 - 5　数字赋能长期影响——Energy

	Energy				
	f1	f2	f3	f4	f5
Digital	0.003 4 (1.05)	0.002 8 (0.79)	0.010 7 *** (2.80)	0.002 5 (0.56)	0.010 6 ** (2.02)
Age	0.000 5 (0.78)	−0.000 7 (−1.08)	−0.001 4 ** (−1.97)	−0.001 3 (−1.55)	−0.002 1 ** (−2.16)
Finance	−0.000 0 (−0.21)	−0.000 0 (−0.57)	−0.000 0 (−0.12)	0.000 0 (0.62)	−0.000 0 (−0.36)
Export	−0.100 8 *** (−2.96)	−0.068 7 * (−1.93)	−0.055 8 (−1.41)	−0.119 *** (−2.69)	−0.058 4 (−1.17)
CapIntensity	0.004 4 (1.40)	0.003 6 (1.06)	−0.011 0 *** (−2.91)	−0.008 0 * (−1.85)	−0.024 9 *** (−4.93)
HHI	−0.506 2 *** (−2.60)	0.212 1 (0.86)	0.508 0 * (1.80)	−0.060 2 (−0.16)	1.605 7 *** (3.80)
企业固定效应	yes	yes	yes	yes	yes
行业固定效应	yes	yes	yes	yes	yes
年份固定效应	yes	yes	yes	yes	yes
Obs	218 239	180 611	162 883	127 510	95 701
R^2	0.106 3	0.127 9	0.112 8	0.114 6	0.114 8

注:括号内为 t 值;＊＊＊、＊＊、＊分别表示在 1％、5％、10％的水平上显著。

尽管利用当期数字赋能对未来一段时间内的制造业企业能源消费强度以及排污强度进行回归,能够从一定程度上体现数字赋能对制造业企业绿色化转型的长期作用,但由于使用被解释变量的前置变量实际上会造成制造业企业样本的大量损失,尤其是随着期数的增加。因此,为进一步证实数字赋能对制造业企业绿色化转型可能产生的持久影响,本章使用行业层面绿色全要素生产率数据进行回归分析,具体做法是以 ML 指数即绿色全要素生产率的增长率为基础,计算各年累计平均增长率以衡量长期绿色全要素生产率增长的情况。具体计算如下:

$$\text{CumuAverGrowth}_{jt} = \frac{\sum_{t=1}^{n} \text{ML}_{jt}}{n} \tag{10-12}$$

式中,n 表示当前为第 n 年;ML_{jt} 为 t 年 j 行业的绿色全要素生产率增长率;$\text{CumuAverGrowth}_{jt}$ 则表示当前 t 年 j 行业的累计绿色全要素生产率平均增长率水平。若 CumuAverGrowth 的值越大,则表示累计绿色全要素生产率平均增长率越高,说明其增长率水平随着时间在逐渐增加,因此,这一指标在一定程度上能够反映绿色全要素生产率的持续增长。在计算出该累计平均增长率的基础上,将其作为被解释变量代入行业数据进行回归,所得结果如表 10-6 所示。结果进一步证实了数字赋能确实有利于绿色全要素生产率在长期的持续增长,进而在行业层面又一次证实了数字赋能对绿色化转型持久度所带来的积极促进作用。据此,前文的理论假说 1 得以进一步验证。

表 10-6　数字赋能长期影响——Pollution

	Pollution					CumuAverGrowth
	f1	f2	f3	f4	f5	
Digital	−0.007 8* (−1.90)	−0.003 7 (−0.79)	−0.007 5* (−1.53)	0.009 5* (1.68)	0.026 7*** (4.12)	0.348 0*** (2.66)
Age	−0.001 8** (−2.25)	−0.000 7 (−0.78)	−0.001 0 (−1.17)	0.001 2 (1.16)	0.001 2 (0.99)	0.395 0*** (2.81)
Finance	−0.000 0 (−0.51)	0.000 1 (1.45)	0.000 1* (1.79)	−0.000 1 (−0.74)	0.000 1 (1.04)	2.264 3*** (2.81)
Export	−0.136 2*** (−3.10)	−0.126 3*** (−2.60)	−0.038 3 (−0.76)	−0.145 7*** (−2.63)	−0.057 62 (−0.94)	−0.034 3** (−2.60)
CapIntensity	0.026 4*** (6.43)	0.017 4*** (3.82)	0.007 6 (1.59)	−0.044 4*** (−8.17)	−0.033 9*** (−5.46)	0.001 7** (1.99)
HHI	−0.966 9*** (−3.85)	0.188 4 (0.56)	−1.062 7*** (−2.97)	−0.764 7* (−1.66)	−0.414 1 (−0.80)	−0.008 1 (−0.17)
企业固定效应	yes	yes	yes	yes	yes	—
行业固定效应	yes	yes	yes	yes	yes	yes
年份固定效应	yes	yes	yes	yes	yes	yes
Obs	215 356	178 357	160 841	125 888	94 425	339
R^2	0.023 6	0.016 1	0.014 8	0.016 7	0.019 7	0.953 5

注:括号内为 t 值;＊＊＊、＊＊、＊分别表示在 1％、5％、10％的水平上显著。

第五节　数字赋能促进制造业绿色转型的机制检验

前述分析证实了数字赋能确实对制造业企业绿色化转型具有显著的积极作用。接下来,本节将实证检验数字赋能对制造业企业绿色化转型所产生的积极效应,是否通过前文所述的规模效应和技术效应机制而发挥作用。

一、规模效应中介作用机制检验

为验证制造业企业规模效应的中介作用机制,本章在原有计量模型的基础之上,加入制造业企业规模效应进行中介机制检验。具体的中介效应检验模型设定如下:

$$scale_{it} = \beta_0 + \beta_1 Digital_{ijt} + \beta_2 controls_{ijt} + \varepsilon_{ijt} \qquad (10-13)$$

$$Y_{it} = \beta_0 + \beta_1 Digital_{ijt} + \beta_s calescale_{it} + \beta_2 controls_{ijt} + \varepsilon_{ijt} \qquad (10-14)$$

式中，Y_{it}表示两个被解释变量，即分别以制造业企业能源消费强度和污染减排强度表示的绿色化转型；$\beta_s cale$表示规模效应的中介作用，即数字赋能对制造业企业绿色化转型所产生的积极影响是否通过规模效应发挥作用；$scale_{it}$表示规模效应的中介变量，包括制造业企业自身规模效应以及制造业企业所在地区规模效应两个维度。

前文理论分析指出，制造业企业数字赋能水平的提升会通过扩大制造业企业自身规模，进而推动制造业企业绿色化转型。本章采用制造业企业从业人员数量衡量制造业企业规模，对该机制进行回归分析。回归结果具体见表 10-7。从中可见，所得估计结果与理论预期一致，即数字赋能促进了制造业企业规模的扩大，从而对降低自身能源消耗强度以及污染物排放的减少产生了积极的影响。也就是说，制造业企业自身规模在数字赋能促进制造业企业绿色化转型这一影响中起到了中介机制作用。

表 10-7　机制检验——规模效应

	制造业企业自身规模效应			制造业企业所在地区规模效应			
	Size	Energy	Pollution	RV	Energy	Pollution	UV
Digital	0.048 4*** (54.19)	0.006 6** (2.50)	0.146 5*** (43.60)	0.000 1*** (3.00)	0.007 1*** (2.60)	0.152 4*** (44.85)	−0.000 0 (−1.19)
Size	—	0.039 1*** (6.60)	0.088 8*** (11.78)				
RV	—	—	—	—	0.529 9*** (2.71)	−0.035 0 (−0.15)	—
Age	0.002 2*** (12.80)	−0.000 6 (−1.19)	0.000 5 (0.77)	−0.000 0 (−5.39)	−0.000 3 (−0.60)	0.000 6 (0.88)	−0.000 0 (−1.50)
Finance	−0.000 1*** (−4.90)	0.000 0 (0.12)	−0.000 1 (−2.93)	−0.000 0* (−1.71)	0.000 0 (0.11)	−0.000 1*** (−3.49)	−0.000 0 (−0.13)
Export	0.117 2*** (9.72)	0.214 4*** (7.37)	0.143 8*** (3.89)	−0.000 2 (−0.68)	0.188 2*** (6.22)	0.139 6*** (3.71)	−0.001 0** (−2.59)
CapIntensity	−0.006 1*** (−5.94)	−0.023 0*** (−8.41)	0.020 3*** (5.83)	−0.000 1*** (−2.77)	−0.024 2*** (−8.63)	0.006 8** (1.96)	0.000 0 (1.43)
HHI	0.379 2*** (11.30)	0.434 3*** (2.96)	−0.918 4** (−4.92)	0.000 5 (0.32)	0.738 8*** (7.01)	−0.909 6*** (−4.81)	−0.003 5* (−1.85)
企业固定效应	yes	yes	yes	yes	yes	yes	yes
行业固定效应	yes	yes	yes	yes	yes	yes	yes
年份固定效应	yes	yes	yes	yes	yes	yes	yes

续　表

	制造业企业自身规模效应			制造业企业所在地区规模效应			
	Size	Energy	Pollution	RV	Energy	Pollution	UV
地区—年份固定效应	—	—	—	yes	yes	yes	yes
Obs	294 922	294 922	291 076	285 476	271 364	281 737	285 476
R²	0.016 3	0.114 5	0.317 0	0.966 2	0.473 7	0.332 6	0.934 1

注:括号内为 t 值;＊＊＊、＊＊、＊ 分别表示在 1%、5%、10% 的水平上显著。

除了制造业企业自身规模效应外,前文理论分析指出制造业企业所在地区规模可能同样发挥着中介效应,且地区产业规模不一定仅仅体现在产业专业化高度集中上,同时也需考虑到地区产业多样化程度。因此,本章利用产业多样性指标进行衡量,该指标能够进一步分解为相关多样性和无关多样性。正如现有研究指出,不仅相关产业的集聚能够产生知识、技术等积极溢出效应,无关产业之间虽然不直接涉及直接而实质性的技术经济联系,但可能增强各行业生产时所需要的物质与人力资本在不同行业之间的匹配可能性,以及有利于地区整体抗风险能力提升,进而促进制造业企业绿色化转型。为满足本章研究需要,我们首先需要测算地区产业多样性,并进一步分解为相关多样性与无关多样性。指标计算方法具体说明如下:

首先是产业整体相关性的计算,借鉴熵指标的计算方法:

$$TV_i = \sum_{i=1}^{n} P_i \times \ln\left(\frac{1}{P_i}\right) \tag{10-15}$$

式中,P_i 为某个地区某产业的就业比重;TV_i 表示产业整体多样化程度。TV 越大,则表示产业多样化程度越高;反之,若该地区只有一个行业,则该指标达到最小值,即为 0。

另外,假设一个经济系统中有 s 大类部门,每个大类部门又可以细分为 n 个小类部门 $(n \geqslant s)$。进而,在大类层面上,s 各部门之间的多样性熵指标为:

$$E_A = \sum_{s=1}^{s} P_s \times \ln\left(\frac{1}{P_s}\right) \tag{10-16}$$

式中,P_s 表示 s 产业的就业人数占比。

类似地,计算出一个大类部门内部各细分产业的多样性程度如下:

$$E_w = \sum_{i \in s} \left(\frac{P_i}{P_s}\right) \ln\left(\frac{P_s}{P_i}\right) \tag{10-17}$$

进而将产业多样化这一指标加以分解,具体分解如下:

$$TV = \sum_{i=1}^{n} P_i \times \ln\left(\frac{1}{P_i}\right) = \sum_{s=1}^{s} \sum_{i \in s} P_i \times \left[\ln\left(\frac{P_s}{P_i}\right) + \ln\left(\frac{1}{P_s}\right)\right] \tag{10-18}$$

$$= \sum_{s=1}^{s} P_s \left[\sum_{i \in s} \left(\frac{P_i}{P_s}\right) \ln\left(\frac{P_s}{P_i}\right)\right] + \sum_{s=1}^{s} P_s \times \ln\left(\frac{1}{P_s}\right) \tag{10-19}$$

$$= \sum_{s=1}^{s} P_s E_w + E_A = RV + UV \qquad (10-20)$$

式中，$\sum_{s=1}^{s} P_s E_w$ 表示经济系统中大类部门内部的多样化熵指标 E_w 与该部门的就业份额 P_s 的乘积，该指标项衡量了相关多样化水平（RV），即大类部门内部存在更强投入产出联系的细分行业多样化程度；E_A 则表示各大类部门之间的多样化熵指标，该指标项衡量了无关多样化水平（UV），即产业关联性相对较低的大类产业之间多样化水平。

基于上述测度方法，本章计算出各制造业企业所在地级市的产业相关多样化及无关多样性水平，将其作为中介变量代入回归方程，以评估地区产业规模在数字赋能影响绿色化转型中的可能中介作用。回归结果如表 10-7 所示。

基于表 10-7 的回归结果可见，首先，制造业企业数字赋能水平的提升，确实有利于所在地区产业相关多样性的提高，即提高数字化应用程度能够有效促进相关产业的聚集；进一步地，相关多样性确实在制造业企业数字赋能影响企业能源消耗强度中起到部分中介作用。但是，相关多样性对于制造业企业数字赋能影响排污强度中尚未表现出显著的中介作用。也就是说，在本章样本期间内，相关多样性在数字赋能促进以降低能源消耗强度为表征的绿色化转型中，已经显现了显著的中介作用，但在数字赋能促进以污染减排为表征的绿色化转型中，中介作用尚未显现，因此总体来看，上述作用机制仍然是存在的。另一方面，制造业企业数字赋能对地区产业无关多样性的影响并不显著，因此还无法体现其在数字赋能影响制造业企业绿色化转型中的中介作用。

二、技术效应中介作用机制检验

为验证制造业企业技术效应的中介作用机制，具体的中介效应检验模型设定如下：

$$technology_{it} = \beta_0 + \beta_1 Digital_{ijt} + \beta_2 controls_{ijt} + \varepsilon_{ijt} \qquad (10-21)$$

$$Y_{it} = \beta_0 + \beta_1 Digital_{ijt} + \beta_{tec} technology_{it} + \beta_2 controls_{ijt} + \varepsilon_{ijt} \qquad (10-22)$$

式中，Y_{it} 表示两个被解释变量，即制造业企业能源消耗强度和污染减排强度；β_{tec} 表示技术效应的中介作用，即制造业企业数字赋能对其能源消耗强度以及排污能力所产生的积极影响，是否通过技术进步效应而发挥显著作用；$technology_{it}$ 表示技术效应这一中介变量，包括技术进步与资本更新两个维度。

关于技术进步，本章借鉴现有文献做法（胡浩然，2021；张晴和于津平，2021），选用制造业企业新产品产值来衡量制造业企业技术进步，将其作为中介变量代入回归，所得结果如表 10-8 所示。据此可见，制造业企业数字赋能确实能够促进其自身生产技术进步；进一步地，不论被解释变量是企业能源消耗强度还是排污强度，技术进步这一中介变量的系数回归估计值都显著为正，与此同时，核心解释变量数字赋能的系数回归估计值仍然显著为正，由此我们可以得出的基本判断是，制造业企业技术进步在数字赋能促进制造业企业绿色化转型中起到了部分中介作用。

关于资本更新，本章使用能够反映制造业企业资本更新的当年折旧这一指标。首先，折旧可以对固定资产进行及时的更新；其次，折旧一方面计入产品成本，另一方面整体来说应该被视作投资的来源(李帮喜和赵峰,2017)。因而,制造业企业投资,将会转化成企业收入,进而能够为资本更新提供经济条件。将制造业企业当年折旧作为资本更新的中介代理变量代入回归,所得结果如表 10-8 所示。从表 10-8 中可见,制造业企业数字赋能确实能够有效促进资本更新速度,并且,无论是以能源消耗强度还是污染排放表征的制造业企业绿色化转型,对资本更新变量都产生了显著影响,由此说明资本更新在制造业企业数字赋能促进绿色化转型中确实起到了中介机制作用。

表 10-8　机制检验——技术效应

	技术进步			资本更新		
	Innovation	Energy	Pollution	Depreciation	Energy	Pollution
Digital	0.028 8*** (6.22)	0.010 3*** (3.59)	0..1 410*** (37.02)	0.362 0*** (118.53)	0.005 1* (1.88)	0.148 0*** (42.78)
Innovation	—	0.024 3*** (17.06)	0.004 6** (2.46)	—	—	—
Depreciation	—	—	—	—	0.008 1*** (4.63)	0.005 4** (2.43)
Age	0.002 5*** (2.84)	−0.001 4*** (−2.60)	0.000 9 (1.21)	0.000 0 (0.02)	−0.000 6 (−1.12)	0.000 7 (1.12)
Finance	−0.000 1 (−1.45)	0.000 0 (0.88)	−0.000 2 (−3.87)	0.001 6*** (40.64)	−0.000 0 (−0.21)	−0.000 1** (−3.11)
Export	0.543 9*** (10.79)	0.294 8*** (9.46)	0.217 6*** (5.26)	0.194 5*** (5.75)	0.232 1*** (7.93)	0.171 8*** (4.62)
CapIntensity	−0.063 7*** (−13.78)	−0.028*** (−11.47)	0.021 4*** (5.65)	0.581 7*** (188.39)	−0.315*** (−11.02)	0.008 1** (2.23)
HHI	−1.696 0*** (−5.58)	0.849 8*** (4.52)	−0.965 1*** (−3.88)	0.987 3 (5.78)	0.427 6*** (2.89)	−0.900 2*** (−5.27)
企业固定效应	yes	yes	yes	yes	yes	yes
行业固定效应	yes	yes	yes	yes	yes	yes
年份固定效应	yes	yes	yes	yes	yes	yes
Obs	236 564	236 564	233 453	292 512	292 512	288 713
R²	0.119 6	0.117 4	0.286 9	0.302 5	0.114 2	0.311 7

注:括号内为 t 值;***、**、*分别表示在1%、5%、10%的水平上显著。

三、进一步拓展分析

(一)基于不同数字投入来源的差异分析

本章计算核心解释变量数字赋能水平所使用的是 WIOD 数据库中的 2016 年版本投

入产出表,该版本包含 43 个国家、56 部门的数据,其统计的投入产出表中不仅包括各国所使用的本国投入产出来源,也包含其他国家各行业对本国生产各行业的投入产出数据。在上文中所计算出的核心解释变量数字赋能为总投入数字化水平,既包含国内来源投入也包含国外来源投入。在开放条件下,我们其实更为关心技术竞争,或者说依托不同的数字技术来源,究竟会对制造业企业绿色化转型产生怎样的差异性影响。为此,我们在分别测算各行业企业依赖国内和国外数字来源投入实现的数字赋能水平,并将其分别作为核心解释变量代入回归,进而区分不同数字投入来源对中国制造业企业绿色化转型促进作用可能具有的差异性影响。所得回归结果如表 10-9 所示,从中可见,不论是依赖国内数字来源投入还是国外数字来源投入,数字赋能均显著促进了制造业企业绿色化转型,即对以制造业企业能源消耗强度和污染减排两个维度表征的绿色化转型,均产生了积极影响。不同之处在于,从核心解释变量的系数回归估计值大小来看,依托国外数字来源投入实现的数字赋能水平提升,对制造业企业绿色化转型的促进作用,似乎要比依托国内数字来源投入实现的数字赋能水平产生的作用更大。出现上述差异可能与本章研究选择的样本期有关。虽然近年来中国在数字技术和数字经济等方面表现不俗,但是相对于美国等发达国家,毕竟起步相对较晚,因而在本章研究的样本期内,中国数字技术和数字经济的发展显然远远滞后于美国等发达国家。因此,制造业企业实现数字赋能,在开放发展条件下可能更多地依赖于国外而非发展相对滞后的国内。处于起步阶段的国内数字技术发展,对制造业企业绿色化转型所产生的促进作用相对较小,相对也就容易理解了。

值得注意的是,数字技术作为新一轮信息技术革命的代表,是各国未来技术战略的重点,同时也是各国竞争的焦点。因此,发展差距进而产生的依赖性,如果处理不当,极有可能会形成所谓差距陷阱。也就是说,从技术竞争本身,以及由技术赋能其他产业转型升级角度看,如果在新一轮数字技术发展中落伍,必然会在新一轮经济全球化中失去发展的主动权,落入"受制于人"的被动局面,在未来的全球产业链分工格局中,会更加面临产业链、供应链的安全稳定问题。

表 10-9　区别数字投入来源

	Energy		Pollution	
	Domestic	Foreign	Domestic	Foreign
Digital	0.023 7*** (4.87)	0.169 0*** (3.52)	0.219 4*** (35.31)	1.932 9*** (31.57)
Age	−0.000 5 (−1.03)	−0.000 5 (−1.01)	0.000 7 (1.12)	0.000 8 (1.24)
Finance	−0.000 0 (−0.07)	−0.000 0 (−0.09)	−0.000 1*** (−3.26)	−0.000 2*** (−3.78)
Export	0.227 3*** (7.83)	0.228 1*** (7.85)	0.181 6*** (4.91)	0.186 6*** (5.04)
CapIntensity	−0.029 3*** (−10.94)	−0.025 5*** (−10.36)	0.024 6*** (7.21)	0.054 5*** (17.37)

续　表

	Energy		Pollution	
	Domestic	Foreign	Domestic	Foreign
HHI	0.398 6*** (2.72)	0.407 1*** (2.77)	−1.026 0*** (−5.49)	−0.953 8*** (−5.10)
企业固定效应	yes	yes	yes	yes
行业固定效应	yes	yes	yes	yes
年份固定效应	yes	yes	yes	yes
Obs	294 922	294 922	291 076	291 076
R^2	0.114 3	0.114 3	0.311 4	0.312 8

注:括号内为 t 值;* * *、* *、* 分别表示在 1%、5%、10% 的水平上显著。

(二) 基于地区划分的差异分析

在区分数字投入来源差异的基础上,本章进一步针对不同地区可能产生的差异性效果进行分析。尽管中国各地区之间的发展差距较为明显,但整体来说,不论是发展水平相对较高的地区还是发展水平相对较低的地区,依托国内数字技术进步等实现的数字赋能,理论上均能够推动制造业企业绿色化转型。虽然地区发展水平可能在一定程度上会影响到数字技术的发展与应用,但归根结底数字赋能是一种新增长动力,其本身的应用通过规模效应与技术效应影响到制造业企业绿色化转型,并不会因为地区发展水平而产生差异,更不容易受到地理空间的限制。另一方面,中国所实施的对外开放政策在前一轮开放发展中,具有明显的区域非均衡性,这就决定了各地区在与国外进行经济与贸易上虽然具有交流的机会与政策,但不同地区的开放发展确实是在区域非均衡条件下进行的。总之,在区位因素、开放政策因素等多种因素共同作用下,国内不同地区的开放发展水平确实存在较大差异,那么从利用国外数字技术来源从而实现数字赋能,推动绿色化转型方面,可能同样会产生差异。为此,本章根据地区发展水平、开放程度将样本内的制造业企业分为高发展水平地区制造业企业与低发展水平地区制造业企业,据此分别进行回归,所得结果见表 10 - 10。从中可见,一方面,在区分高发展水平地区与低发展水平地区后,各个分样本的数字赋能依然能显著影响到能源消耗强度以及排污强度,从而对上述两个维度表现的绿色化转型均有积极作用。但进一步观察可以发现,在高发展水平地区,依托国外数字来源投入实现的数字赋能,对制造业企业绿色化转型的促进作用要强于低发展水平地区;而依托国内数字来源投入实现的数字赋能,对制造业企业绿色化转型的促进作用,则表现出在低发展水平地区比在高发展水平地区更强的作用。这一差异可能一方面说明了不同地区开放程度差别所造成的影响,另一方面进一步印证了前文基于不同数字投入来源差异结果的分析和判断。在数字技术发展水平存在国内外显著差异的样本期,在更加依赖国外数字投入实现数字赋能条件下,率先开放的东南沿海地区显然有"近水楼台先得月"的优势,进而表现为依托国外数字来源投入实现数字赋能,对制造业企业绿色化转型的更强促进作用;而开放型经济发展相对滞后的地区,只能更多地依靠国内数字化投入,由此产生了上述差异。更为重要的是,上述异质性影响其实进一步证明了前文提及的"差距陷阱"存在的可能性。此处的研究表明,越是开放度较高的地区,对国外数字来源投入实现的数字赋能依赖度越高,由此不难推断,伴随中国进一步扩大开放,如果不加快缩小数字技术的国内外差距,尤其是与美国等发达国家之间的差距,确实有跌入"差距陷阱"的可能。

表 10 - 10　区别数字投入来源——地区差异

	Energy_HighDev		Energy_LowDev		Pollution_HighDev		Pollution_LowDev	
	Domestic	Foreign	Domestic	Foreign	Domestic	Foreign	Domestic	Foreign
Digital	0.021 7*** (3.43)	0.189 4*** (3.07)	0.027 7*** (3.45)	0.134 3* (1.69)	0.319 1*** (25.11)	1.996 3*** (25.11)	0.209 0*** (20.69)	1.929 3*** (19.29)
Age	−0.000 4 (−0.62)	−0.000 4 (−0.61)	−0.000 1 (−0.14)	−0.000 1 (−0.13)	0.001 9** (2.35)	0.002 0** (2.49)	−0.001 8 (−1.52)	−0.001 8 (−1.50)
Finance	−0.000 0 (−0.37)	−0.000 0 (−0.43)	0.000 0 (0.14)	0.000 0 (0.22)	−0.000 2*** (−3.26)	−0.000 2*** (−3.67)	−0.000 0 (−0.28)	−0.000 0 (−0.52)
Export	0.309 4*** (8.44)	0.309 8*** (8.46)	0.077 5 (1.56)	0.079 2 (1.59)	0.165 5** (3.53)	0.171 9*** (3.66)	0.188 8*** (3.02)	0.194 4*** (3.11)
CapIntensity	−0.253*** (−7.31)	−0.022 2*** (−7.03)	−0.034 8*** (−7.62)	−0.029 6*** (−7.00)	0.007 9* (1.78)	0.045 2*** (11.17)	0.016 4*** (2.86)	0.043 6*** (8.19)
HHI	0.731 0*** (3.91)	0.735 5*** (3.93)	−0.463 9* (−1.89)	−0.450 2* (−1.83)	−1.250 3*** (−5.22)	−1.199 9*** (−5.00)	−0.347 0 (−1.12)	−0.269 9 (−0.87)
企业固定效应	yes	yes	yes	yes	yes	yes	yes	yes
行业固定效应	yes	yes	yes	yes	yes	yes	yes	yes
年份固定效应	yes	yes	yes	yes	yes	yes	yes	yes
Obs	182 852	182 852	112 070	112 070	180 487	180 487	110 589	110 589
R²	0.112 9	0.112 9	0.125 4	0.125 3	0.258 2	0.260 8	0.262 3	0.264 3

注:括号内为 t 值;＊＊＊、＊＊、＊分别表示在 1%、5%、10%的水平上显著。

(三) 基于行业划分的差异分析

针对数字赋能促进制造业企业绿色化转型可能具有的行业差异性,本章参考江静等(2007)对行业的分类方法,并根据制造业各行业的特性,将其具体分为劳动密集型行业、资本密集型行业以及技术密集型行业三类。对所属上述三类不同类型制造业行业的企业进行分样本回归,具体结果如表 10 - 11 所示。首先,就技术密集型行业来看,根据回归结果可以看出,不论是基于国外数字来源投入还是国内数字来源投入实现的数字赋能,均对技术密集型行业的制造业企业绿色化转型产生显著的积极影响,这一点,无论是从能源消耗强度维度还是污染减排维度表征的绿色化转型角度看,都是如此。其次,就劳动密集型行业来看,投入来源不同,实现的数字赋能产生的影响表现出较大差异。具体而言,依托国外数字来源投入实现的数字赋能,有效地推动了劳动密集型行业制造业企业绿色化转型;与之相比,虽然依托国内数字来源投入实现的数字赋能也有促进作用,但主要表现在减排维度的绿色化转型方面,在能源消耗强度维度的绿色化转型方面还未呈现显著的影响。最后,不论是依托国外数字来源投入实现的数字赋能,还是依托国内数字来源投入实现的数字赋能,对资本密集型行业以能源消耗强度为表征的绿色化转型,尚未表现出显著的积极促进作用,目前仅在以污染减排为表征的绿色化转型上表现出了积极促进作用。总之,基于行业划分的对比分析可见,数字赋能对制造业企业绿色化转型,在技术密集型制造业企业上作用力最大,而在资本和劳动密集型制造业企业上,只是在部分维度上呈现积极作用。这种差异可能同样源自在本章研究的样本期内,数字技术发展水平差异及其应用水平差异。当然,这一发现其实从行业层面进一步印证了"差距陷阱"存在的可能性,即无论是在制造业行业层次上的依赖性差别,还是从具体要素密集型行业的作用力大小差别,均反映了依托国外数字投入的更强依赖性特征。犹如前文分析指出,数字技术本身就代表着高技术演进方向,因此在其发展初期可能还无法大规模、全面地渗透到所有行业,更多是高技术产业领域的应用。

表 10 - 11　区别数字投入来源——行业差异

	Energy		Pollution	
	Domestic	Foreign	Domestic	Foreign
Panel A:技术密集型行业				
Digital	0.025 6*** (2.65)	0.200 9** (2.19)	0.378 5*** (21.51)	2.716 9*** (21.51)
Age	−0.001 5* (−1.66)	−0.001 5 (−1.63)	0.001 0 (0.82)	0.001 4 (1.15)
Finance	−0.000 1 (−0.73)	−0.000 1 (−0.80)	−0.001 6*** (−9.96)	−0.001 7*** (−10.64)
Export	−0.030 1 (−0.45)	−0.031 1 (−0.47)	−0.038 2 (−0.42)	−0.054 1 (−0.59)
CapIntensity	−0.001 0 (−0.19)	0.003 6 (0.76)	0.053 5*** (7.26)	0.125 2*** (19.08)
HHI	−0.457 7 (−1.28)	−0.458 8 (−1.28)	2.327 4*** (4.74)	2.309 7*** (4.69)
企业固定效应	yes	yes	yes	yes
行业固定效应	yes	yes	yes	yes
年份固定效应	yes	yes	yes	yes

	Energy		Pollution	
	Domestic	Foreign	Domestic	Foreign
Obs	82 825	82 825	81 757	81 757
R^2	0.121 4	0.121 3	0.185 4	0.185 3
Panel B:资本密集型行业				
Digital	−0.005 3 (−0.73)	0.012 0 (0.17)	0.132 1*** (14.34)	0.906 2*** (9.98)
Age	−0.001 8** (−2.15)	−0.001 8** (−2.15)	0.000 2 (0.17)	0.000 1 (0.13)
Finance	0.000 0 (0.34)	0.000 0 (0.26)	0.000 1 (1.64)	0.000 1* (1.75)
Export	0.021 3 (0.34)	0.020 9 (0.33)	0.184 0** (2.32)	0.181 9** (2.30)
CapIntensity	−0.070 9*** (−11.45)	−0.071 8*** (−11.66)	0.290 0*** (36.91)	0.298 2*** (38.11)
HHI	0.778 7** (2.12)	0.780 1** (2.13)	2.377 0*** (5.50)	2.396 0*** (5.15)
企业固定效应	yes	yes	yes	yes
行业固定效应	yes	yes	yes	yes
年份固定效应	yes	yes	yes	yes
Obs	101 463	101 463	99 842	99 842
R^2	0.125 4	0.125 4	0.194 5	0.194 9
Panel C:劳动密集型行业				
Digital	0.004 9 (0.52)	0.167 7* (1.77)	0.319 1*** (25.11)	3.079 9*** (25.01)
Age	0.000 4 (0.37)	0.000 4 (0.37)	−0.000 2 (−0.16)	−0.000 0 (−0.00)
Finance	−0.000 1 (−1.26)	−0.000 1 (−1.32)	−0.000 5*** (−3.97)	−0.000 6*** (−4.91)
Export	0.101 5** (2.01)	0.101 3** (2.00)	0.163 6** (2.52)	0.179 9** (2.77)
CapIntensity	0.000 7 (0.17)	−0.000 1 (−0.03)	−0.121 1*** (21.19)	−0.069 5*** (−14.59)

续　表

	Energy		Pollution	
	Domestic	Foreign	Domestic	Foreign
HHI	0.726 5***	0.725 4***	−1.719 3***	−1.703 6***
	(3.88)	(3.88)	(−7.16)	(−7.09)
企业固定效应	yes	yes	yes	yes
行业固定效应	yes	yes	yes	yes
年份固定效应	yes	yes	yes	yes
Obs	110 634	110 634	109 477	109 477
R^2	0.136 3	0.136 3	0.149 8	0.144 0

注：括号内为 t 值；＊＊＊、＊＊、＊分别表示在 1%、5%、10%的水平上显著。

（四）基于行业间上下游区分的差异分析

由于同处产业链上下游的制造业企业之间普遍存在经济联系，因此制造业企业数字赋能在促进自身绿色化转型的同时，也可能通过产业间前向关联效应与后向关联效应对上下游行业的制造业企业绿色化转型产生间接影响。此外，由于上下游关系不同，产业链传导效应也可能存在差异影响。为了识别上述传导机制是否存在以及可能具有差异性影响，本章具体设定回归模型如下：

$$Y_{it} = \beta_0 + \beta_1 \text{Digital}_{ijt} + \beta^{up}\, \text{Up\_Digital}_{ijt} + \beta_2 \text{controls}_{ijt} + \varepsilon_{ijt} \qquad (10-23)$$

$$Y_{it} = \beta_0 + \beta_1 \text{Digital}_{ijt} + \beta^{back}\, \text{Back\_Digital}_{ijt} + \beta_2 \text{controls}_{ijt} + \varepsilon_{ijt} \qquad (10-24)$$

式中，β^{up} 的系数衡量了 j 行业的上游行业数字化水平对 j 行业制造业企业绿色化水平所带来的影响；β^{back} 的系数衡量了 j 行业的下游行业的数字化水平对 j 行业制造业企业绿色化水平的影响。

参考李瑞琴和孙浦阳（2018）、王永钦（2020）的做法，对上下游行业关联指标构建如下：

$$\text{Up\_Digital}_{ijt} = \sum_{k \neq j} \text{for}_{jkt} \times \text{Digital}_{ijt} = \sum_{k \neq j} \frac{\text{input}_{jkt}}{\sum\limits_q \text{input}_{jqt}} \times \text{Digital}_{ijt} \qquad (10-25)$$

$$\text{Back\_Digital}_{ijt} = \sum_{k \neq j} \text{back}_{jkt} \times \text{Digital}_{ijt} = \sum_{k \neq j} \frac{\text{output}_{jkt}}{\sum\limits_q \text{output}_{jqt}} \times \text{Digital}_{ijt} \qquad (10-26)$$

式中，input_{jkt}、input_{jqt} 表示 j 行业在 t 年向 k 行业或 q 行业购买的中间投入品，for_{jkt} 表示 j 行业向 k 行业所购买的中间投入品占 j 行业向所有上游行业购买的全部中间品投入的比重，$\sum\limits_{k \neq j} \text{for}_{jkt}$ 表示 i 行业与上游行业的关联系数；Up_Digital_{ijt} 表示 j 行业 i 制造业企业 t 年的上游行业数字赋能的应用通过向 j 行业提供中间投入品对 j 行业所带来的前向溢出效应;类似地,output_{jkt}、output_{jqt} 表示 j 行业在 t 年向 k 行业或 q 行业提供的中间投入品,back_{jkt} 表示 j 行业向 k 行业所提供的中间投入品占 j 行业向所有下游行业提供的全部中间品投入的比重,$\sum\limits_{k\neq j}\text{back}_{jkt}$ 表示 i 行业与下游行业的关联系数;$\text{Back\_Digital}_{ijt}$ 表示 j 行业 i 制造业企业 t 年的下游行业数字赋能应用通过向 j 行业购买中间投入品对 j 行业所带来的后向溢出效应。input_{jkt}、input_{jqt}、output_{jkt}、output_{jqt} 数据来源于中国发布的投入产出表。

根据所计算出的制造业企业上下游行业的数字赋能水平,对计量方程(10-23)、(10-24)进行回归,在控制了本制造业企业数字赋能的情况下,所得回归系数主要反映上游、下游行业的制造业企业数字赋能,对上下游制造业企业的绿色化转型是否存在行业间溢出作用。回归结果如表 10-12 所示。

表 10-12　产业关联效应

	上游—前向				下游—后向	
	Energy	Energy	Energy	Pollution	Energy	Pollution
Up_Digital	−0.004 1 (−0.14)	—	—	0.013 3*** (3.84)	—	—
Up_DomDigital	—	0.034 9 (1.26)	—	—	—	—
Up_ForDigital	—	—	0.094 3*** (8.61)	—	—	—
Back_Digital	—	—	—	—	0.010 7* (1.71)	0.054 7*** (6.97)
Digital	0.008 8*** (2.75)	0.006 1* (1.87)	−0.084 9*** (−7.61)	0.158 9*** (46.50)	0.007 2*** (2.66)	0.154 5*** (44.11)
Age	−0.000 5 (−1.20)	−0.000 5 (−1.02)	−0.000 5 (−1.03)	0.000 2 (0.35)	−0.000 5 (−1.02)	0.000 2 (0.35)
Finance	0.000 0 (0.06)	−0.000 0 (−0.02)	0.000 0 (0.13)	−0.000 2*** (−3.76)	−0.000 0 (−0.06)	−0.000 2*** (−4.06)
Export	0.227 8*** (7.84)	0.227 7*** (7.84)	0.229 3*** (7.90)	0.120 7*** (3.32)	0.227 7*** (7.84)	0.120 4*** (3.31)
CapIntensity	−0.027 2*** (−10.20)	−0.027 0*** (−10.13)	−0.027 6*** (−10.37)	−0.016 2*** (−4.72)	−0.027 1*** (−10.16)	−0.016 2*** (−4.70)
HHI	0.406 5*** (2.77)	0.404 8*** (2.76)	0.384 3*** (2.62)	6.334 1*** (8.06)	0.405 9*** (2.77)	6.353 4*** (8.09)
制造业企业 固定效应	yes	yes	yes	yes	yes	yes
行业固定效应	yes	yes	yes	yes	yes	yes

续　表

	上游—前向				下游—后向	
	Energy	Energy	Energy	Pollution	Energy	Pollution
年份固定效应	yes	yes	yes	yes	yes	yes
行业—年份固定效应	yes	yes	yes	yes	yes	yes
Obs	294 922	294 922	294 922	290 755	294 922	290 755
R^2	0.114 3	0.114 3	0.114 3	0.367 7	0.114 3	0.367 8

注:括号内为 t 值;＊＊＊、＊＊、＊分别表示在 1％、5％、10％的水平上显著。

首先,从能源消耗强度表征的绿色化转型层面看,回归估计结果表明,上游行业数字化水平提高,对下游制造业企业以能源消耗强度为表征的绿色化转型影响并不显著,为此,本章将其进一步分解为国内来源与国外来源投入的数字赋能,并分别代入回归,结果显示,上游行业基于国内数字来源投入实现的数字赋能,对下游制造业企业以能源消耗强度为表征的绿色化转型影响仍不显著,但基于国外数字来源投入的数字赋能,能够有效促进以能源消耗强度为表征的绿色化转型。出现这一结果的原因可能正如前文分析判断指出,一方面,在本章所使用的样本期内,国内数字技术发展水平相比美国等发达国家还较为滞后,因此还无法在制造业企业尤其是劳动密集型行业的企业生产中实现有效投入和使用,进而对制造业企业能源消耗强度促进作用也就难以显著;另一方面,样本期内美国等发达国家在数字技术上具有明显领先优势,正如前文分析发现,依托国外数字来源投入实现的数字赋能,能够有效促进制造业企业绿色化转型,在此基础上进一步通过产业关联效应积极溢出到下游行业的制造业企业,推动绿色化转型。从这一意义上说,此处的研究发现其实与前文分析所得结论具有内在的一致性,同时也再次说明了"差距陷阱"存在的可能性。与之相比,下游行业数字化水平提高,对上游行业的制造业企业能源消耗强度存在明显的积极溢出效应。这可能因为下游行业制造业企业数字化水平提升,对上游行业制造业企业的溢出效应不仅仅体现在技术溢出上,更多是从需求层面产生的激励作用,而且通过需求增长进一步促进上游行业制造业企业之间的竞争效应,进而使得上游行业制造业企业降低自身能源消耗强度,以满足下游行业制造业企业生产所需。

其次,从污染减排表征的绿色化转型层面看,数字赋能的产业关联效应在上下游制造业企业间的污染减排强度方面体现均较为明显。具体而言,不论是上游行业制造业企业还是下游行业制造业企业,数字赋能水平提升均能够通过产业关联效应影响到其他制造业企业的污染减排强度,从而在促进自身绿色化转型的同时,通过产业链关联效应促进其他制造业企业的绿色化转型。其实,正如前文的理论分析指出,不论是上游对下游的直接技术溢出,还是下游对上游的需求引致效应,制造业企业的数字赋能,均有利于促进制造业企业之间的技术共享与信息传递,进而可能通过清洁技术或是设备更新等,在产业和投入产出关联中产生积极的溢出效应。

随着社会主要矛盾的转变,目前中国已经迈入高质量发展新阶段,发展与环境如何兼顾逐渐成为经济社会建设中最重要的目标之一,也是满足人民日益增长的美好生活需要的重要体现。而作为中国经济高质量发展重要组成部分的制造业,如何推动其向绿色化方向转型,在实现高质量发展中不断提升其可持续发展能力,成为当前理论和实践部门亟待解决的重要课题。制造业绿色化转型的高端化发展,最终主要还是依赖于技术进步。当前,数字技术作为新一轮产业变革的核心动力,是目前世界各国重点把握的战略方向以及竞争的焦点。考虑到数字技术自身特点,依托数字赋能,制造业企业能够通过降低能源消耗强度和减少污染排放两个层面实现绿色化转型。

本章在理论分析基础之上,利用 2000—2012 年 WIOD 数据库、工业企业数据库以及中国企业绿色发展数据库合并后制造业企业层面的微观数据,研究了数字赋能是否促进了制造业企业绿色化转型。研究发现,第一,数字赋能的确能够促进制造业企业绿色化转型,这一研究结论在更换核心解释变量和被解释变量,考虑内生性检验以及剔除样本期内重大事件外生冲击后依然成立,并且,数字赋能对制造业企业绿色化转型具有长期持续的积极影响。第二,数字赋能主要是通过规模效应与技术效应两种作用机制,促进制造业企业绿色化转型,其中,规模效应又包括企业自身规模效应以及企业所在地区规模效应;技术效应又包括技术进步效应和资本更新效应。具体而言,制造业企业自身规模效应在数字赋能促进以降低能源消耗强度和污染减排两个维度的企业绿色化转型中,均起到了中介作用;而地区规模效应中的地区相关多样性,仅在数字赋能促进以能源消耗强度为表征的绿色化转型方面发挥了中介效应,未在污染减排维度上显示显著中介效应,至于其他维度的地区规模效应均未完全显现。技术进步与资本更新这两个方面的技术效应,无论是从能源消耗强度还是从污染减排维度看,在数字赋能促进绿色化转型中均发挥了显著的中介作用。第三,从影响的差异性角度看,基于国内数字来源和国外数字来源实现的数字赋能,均能够对制造业企业绿色化转型产生积极促进作用,但前者作用略弱于后者;在国内不同发展水平地区之间,依托国外数字来源投入实现的数字赋能,对制造业企业绿色化转型的促进作用,在高发展水平地区要强于低发展水平地区,而依托国内数字来源投入实现的数字赋能,对制造业企业绿色化转型的促进作用,在高发展水平地区要弱于低发展水平地区;在不同行业之间,不同数字来源实现的数字赋能,对高技术行业的制造业企业绿色化转型均有积极作用,但在劳动密集型和资本密集型行业,不同数字来源实现的数字赋能,要么仅在能源消耗强度维度,要么仅在污染减排维度,促进制造业企业数字化转型。上述各种差异化影响,意味着国内外数字技术发展存在差距,从而面临跌入"差距陷阱"的风险。第四,数字赋能不仅对制造业企业自身绿色化转型产生积极作用,还能够通过产业链间的关联效应对上下游制造业企业绿色化转型产生积极的外溢效应,并且从实际影响效果看,下游对上游制造业企业绿色化转型的外溢效应,要强于上游对下游制造业企业绿色化转型的外溢效应。

本章研究发现,不仅为数字赋能能否以及如何促进制造业企业绿色化转型,提供了理论阐释与经验证据,而且对于如何利用数字技术进一步促进制造业企业绿色化转型,以推动中国制造业由大变强,在高质量道路上实现可持续发展,也有重要政策含义。

第一,加快推动数字技术进步和数字经济发展。当前,作为新一轮信息技术革命代表的数字技术,正成为引领未来的重要战略技术,也是世界各国竞争的焦点。对推动制造业转型升级和高端化发展,具有极为关键的作用和意义。何况,中国经济正处于转型升级的关键阶段,亟须解决传统工业化模式所遗留的问题并寻找新增长动力,推动制造业高质量发展。数字技术由于其本质特性,能够为兼顾经济发展与环境保护两大主题提供支撑。依赖数字技术促进制造业发展,不同于以往依赖资源投入、以环境为代价的增长模式,其更加有利于在降低能源消耗强度中实现资源节约和优化配置,减少污染排放,从而推动制造业企业向绿色化方向转型,实现高质量和可持续发展。因此,无论是从新一轮科技革命的竞争角度看,还是从依托数字技术推动制造业高质量发展、改善制造业在全球价值链分工地位角度看,抑或是避免跌入"差距陷阱"角度看,中国都应该加快推动数字技术进步和数字经济发展,抢抓机遇,构筑先发优势。目前,数字赋能促进企业绿色化转型的行业差异性表明,我们在这一方面还有很大的进步和提升空间。

第二,加速国内大循环,畅通国内产业链。本章基于规模效应的中介效应发现,数字技术通过制造业企业所在地区规模效应影响到其他企业绿色化转型,也就是说地区产业集聚有利于制造业企业之间的知识、信息和技术等交流,形成并发挥绿色化转型的外溢效应。应该说,中国在数字经济方面拥有庞大的市场规模优势,由于产业间所存在的产业关联效应,加强位于产业链上的制造业企业之间的技术经济联系,有利于数字技术的溢出效应通过链条作用持续传播。尽管上游行业由于自身技术特点,需要水平较高的数字技术以推动其转型升级,但通过产业链效应能够放大数字技术产生的积极作用,有利于中国产业链在协同推进绿色化转型中提升整体竞争力,进而向制造业全球价值链高端攀升。此外,尽管在本章研究时间范围内,数字赋能对地区内无关产业的集聚所带来的影响还未显现,但理论上数字技术的应用有利于增强地区的无关多样性,进而促进配套产业的发展,如此,同样可以在绿色化转型中产生积极的外溢效应。而这些效应的产生乃至放大,其前提条件就是要畅通国内产业链、加速国内大循环。

第三,实施高水平开放,打造开源式数字技术进步格局。本章研究发现,中国制造业企业依托国外数字来源实现的数字赋能,对制造业企业自身绿色化转型具有相当重要的积极作用,甚至对某些行业的制造业企业而言,受到发展较为成熟的国外数字技术影响更大。因此,在进一步深度融入国际分工体系中,借鉴与学习国外较高水平的数字技术,能够促使中国制造业企业更快实现绿色化转型,促进工业价值链向高端、绿色、智能的方向延伸(史丹和李鹏,2019)。另一方面,国外部分较为成熟的数字技术与相关数字产业的发展经验对中国数字技术建设以及与制造业的融合也会带来积极的影响。客观地看,目前虽然中国在数字技术的某些领域具有一定优势,但是在核心技术、关键设备,尤其芯片设计和软件开发等方面,与发达国家尚存差距,因此,通过实施更高水平的开放,通过与各国加强在数字领域的沟通与合作,可以有效防止"数字鸿沟"的出现和加剧。正如现有研究指出,数字技术本身就具有开放开源的特征(江小涓,2021),而从国际分工演进的新趋势看,诸如全球创新链等正成为全球价值链分工拓展深化的重要方向(项松林,2015)。尽管当前国际形势不稳定、不确定、逆全球化思潮横行、全球新型冠状病毒感染疫情的持续蔓延,从而影响了经济全球化健康发展,但越是在经济全球化遭遇逆流之际,中国越需要有战略定力,在坚持扩大开放和实施更高水平开放中,构建国际国内相互促进的新发展格局,在整合和利用全球优质资源中,加快推动数字技术进步,夯实制造业绿色化转型的数字赋能基础。

第四,正确处理好数字技术开放与安全关系,确保制造业绿色化转型过程中的产业链、供应链安全稳定。本章研究发现,依托国外数字来源实现的数字赋能,对制造业绿色化转型的作用力,要强于依托国内数字来源实现的数字赋能作用。这一方面说明了对数字技术和数据资源以开放的姿态和心态加以发展和利用的重要性,另一方面也提醒我们,作为新一轮信息技术革命的代表性技术,中国与美国等发达国家之间可能存在的差距,以及可能面临的竞争压力。特别地,伴随数字技术的融合和渗透,其虽然能够对产业转型升级产生重要推动作用,但也更容易对产业发展产生主导力和控制力。从全球价值链分工格局看,更是如此。因此,在打造开源式数字技术进步格局过程中,中国还要处理好开放和安全问题,何况,数字技术条件下的数据本身更容易引发不稳定、不安全,更容易形成数字垄断等问题。因此,依托数字赋能推动制造业绿色化转型,需要建立在自主创新能力提升基础之上,需要建立在正确处理科技自立自强与开放合作辩证统一关系基础之上。唯有如此,才能在开放融合创新中既确保产业链供应链安全,又能顺利推动制造业绿色化转型,实现高质量和可持续发展。

当然,需要看到的是,近年来中国在数字经济领域取得了长足发展,正如联合国发布的《2019年数字经济报告》指出,"数字经济的经济地理没有显示出传统的南北鸿沟。它一直由一个发达国家和一个发展中国家共同领导:美国和中国。"因此,当前的数字技术和数字经济发展状况,尤其从中国与其他国家对比角度看,与本章研究所选取的样本期间相比,已经发生了很大变化。上海社会科学院发布数字经济蓝皮书《全球数字经济竞争力发展报告(2020)》同样显示,2020年中国数字经济竞争力居全球第三,但与居于首位的美国相比仍有较大差距,不过值得庆幸的是,中国与美国在数字经济竞争力上的差距呈逐年缩小态势。但遗憾的是,囿于数据限制,本章研究还无法对最新情况进行进一步研究,尤其是对"差距陷阱"的进一步识别,还需要依托进一步的新情况、新数据做更深度的研究。在数据可获性前提下,对相关问题尤其是进一步评估不同数字技术来源实现的数字赋能可能产生的差异性影响等现实效应,应是未来研究的重要趋势和方向。

第$\boxed{11}$章

数字赋能与价值链攀升路径:制造业服务化视角

前一章重点分析了数字赋能对绿色化转型的重要影响,实际上,从产业高端化发展的路径角度看,数字赋能产业高端化发展的另一重要路径和方向,就是制造业服务化。本章再利用中国行业面板数据,对数字赋能制造业服务化进而促进全球价值链攀升的逻辑,进行相应的计量检验,以期获得更加有说服力和更为可靠的结果。由于数字赋能促进制造业服务化发展已经基本形成共识,为此,本章将研究的重点放在制造业服务化是否能够促进价值链攀升问题分析上。

第一节 特征事实

本章测算了 2000—2014 年中国制造业行业层面的制造业服务化水平,包括总服务投入占比表示的各制造业行业的服务化水平、国外服务投入占比表示的各制造业行业的服务化水平以及国内服务投入占比表示的各制造业行业的服务化水平。

一、基于服务投入来源国的比较

近年来,伴随产业结构的转型升级尤其是向服务业不断倾斜的产业结构软化发展趋势,以及服务业全球化和碎片化发展,制造业服务化发展趋势日趋明显的同时,制造业服务化从服务投入的来源国上看也呈"全球化"。借鉴最新的测度方法,此处测算了 18 个制造业行业的制造业服务化三种指标:基于服务总投入的制造业服务化指数(记为 TSR)、基于国外服务投入的制造业服务化指数(记为 FSR)以及基于国内服务投入的制造业服务化指数(记为 DSR)。图 11-1 给出了 2014 年 18 个制造业行业的三种测度指标的制造业服务化情况。

由图 11-1 显示的结果来看,总服务投入占比表示的各制造业行业的服务化水平,虽然不尽相同但总体发展水平不低。其中计算机、电子及光学设备制造业的总体制造业服务化水平已经达到了 34.22%。最低的行业是食品、饮料及烟草行业,其制造业服务化水平为 21.43%。由此可见,服务化投入在制造业生产过程中的确占据了一定位置。进一步地,从服务投入的国内外构成来看,虽然各行业的测算结果均表明国内服务投入仍然占据主导地位,但源自国外的服务投入,同样占有不可忽视的比重。比如在计算机、电子及光学设备制造业中,来自国外的服务投入占据总服务投入的比重高达 27.12%,国外服务投入与国内服务投入之比为 37.20%。由此可见,在服务业全球化和碎片化的价值链分工体系下,来自国外的服务投入,在制造业服务化发展中已经扮演着极为重要的角色。这一客观事实,初步说明了忽视国外服务投入的来源结构,笼统地谈制造业服务化及其对价值链分工地位的影响,是失之偏颇的,所得结论也是不准确、不可靠的。

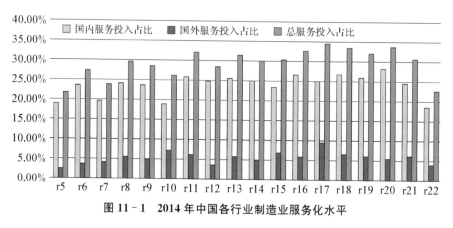

图 11-1　2014 年中国各行业制造业服务化水平

二、相关关系的初步考察

传统文献分析虽然认为制造业服务化有助于价值链分工地位提升,但此处的理论修正分析表明,考虑到全球价值链包括服务业,从而制造业服务化过程中包含不同来源国的服务投入,因而对价值链攀升的作用结果可能更加具有不确定性。为从直观上认识制造业服务化是否对价值链攀升具有促进作用,我们先通过散点图对制造业服务化与价值链分工地位之间的关系进行初步考察。需要进一步说明的是,在制造业价值链分工地位的测度指标上,目前学术界尚未形成普遍认可的统一测度方法。相对而言,目前采用相对普遍的三种测度方法,分别为国内附加值出口占比指数(Ratio of Value-added Exports to Gross Exports,VAXR)、出口国内附加值率指数(domestic value-added ratio,DVR),以及全球价值链分工地位指数(GVC_Position)。为了更加客观和全面地进行考察,此处同时采用上述三种测度指标,作为制造业全球价值链分工地位的替代变量。将三种表征全球价值链分工地位指数的替代变量,分别与表征制造业服务化的三种测度指标〔即制造业内含服务总增加值率(TSR)、内含国内服务增加值率(DSR)以及内含国外增加值率(FSR)〕进行匹配,得到了图 11-2 所示的共九张散点线性拟合图。

图 11-2 第一列的三张图,反映的是基于国内服务投入所表征的制造业服务化,与全球价值链分工地位指数的三种测度指标之间的散点线性拟合图。依此类推,第二列和第三列分别是基于国外服务投入以及服务总投入表征的制造业服务化,与全球价值链分工地位指数的三种测度指标之间的散点线性拟合图。就第一列的显示结果看,行业内含国内服务增加值率(DSR)与不同的价值链分工地位指标间表现出的相关性并未表现出显著的趋势性特征,国内服务投入增加所推动的制造业服务化,是否促进了价值链攀升,仍有

待进一步的计量检验。与第一列的"不显著"的相关性特征相比，第二列的散点线性拟合图表明，行业内含国外服务增加值率（FSR）与不同的价值链分工地位指标间均表现出显著的负相关性，这一点初步显示了依托国外服务投入所实现的制造业服务化，对价值链攀升可能产生不利影响。

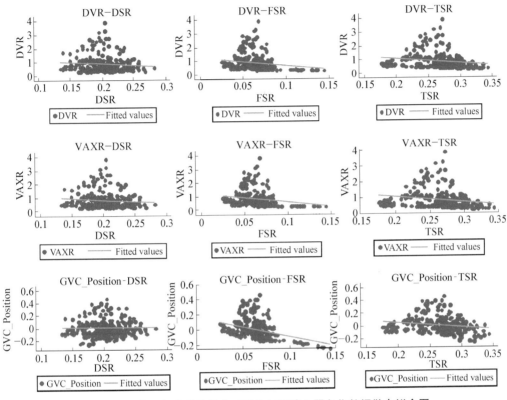

图 11－2　中国行业价值链分工地位与制造业服务化数据散点拟合图

图 11－2 第三列的散点线性拟合图表明，行业内含服务总增加值率（DSR）与不同指标表征的价值链分工地位之间，均表现出微弱的负相关性。由于服务总增加值率实际上是国内服务投入和国外服务投入的综合结果，因此，第一列出现的相关性的不显著，以及第二列出现的显著负相关性，自然就出现第三列负相关性的较大可能。但是，通过对比第三列和第二列的结果，图形展示的直观结果就是，行业内含服务总增加值率与制造业价值链分工地位之间的负相关性，要弱于行业内含国外增加值率与制造业价值链分工地位之间的负相关性，因此，这一微弱的差异如果是国内服务和国外服务投入的综合结果所致的话，那么这又似乎说明了在第一列的不显著结果中，仍然暗含国内服务投入所推动的制造业服务化，对价值链攀升的肯定积极作用。当然，图 11－2 所展示的结果，只是针对不同类型的制造业服务化与价值链分工地位之间关系，或者说对上文提出的命题假说提供了直观认识。但二者的关系究竟如何以及是否如前文分析判断那样，还需要进一步通过实证检验予以确认。

第二节　变量选取、模型设定及数据说明

上述特征化事实分析,虽然能够为此处的理论假说提供一些直观上的经验认识,但仍然缺乏有说服力的实证检验支撑,尤其是缺乏基于中国经验数据的计量检验支撑。本节及之后部分,将基于世界投入产出数据库提供的基础数据,借鉴测度制造业全球价值链分工地位指数等最新方法,利用中国行业面板数据,对前文理论假说进行进一步的计量检验。

一、变量选取与模型设定

除了最为关注的制造业服务化这一核心解释变量外,综合现有文献对全球价值链分工地位影响因素的分析以及数据可得性,考虑计量模型数据的可得性等问题,此处还将在计量模型中纳入如下解释变量:① 行业层面的固定资本存量(记为 CAP)。通常而言,资本是创造附加值进而影响价值链分工地位的重要条件。② 行业层面的外国直接投资(记为 FDI)。虽然利用外资是否具有技术外溢效应等存在较大争论和分歧,但这种争论本身就说明了其对价值链分工地位的可能影响。③ 行业层面的研发水平(记为 RD)。应该说,研发投入决定了技术进步和产出技术含量,因而对于制造业全球价值链攀升具有重要影响,这一思想和判断也得到了大多数研究的证实。④ 行业层面的利润水平(记为 Prf)。由于其直接反映了该产业的生产性差异,是其在国际市场中竞争力水平的重要体现,从而可能影响着制造业行业全球价值链攀升。此外,如同前一章分析指出,在实证过程中,如果能够对国外专利、研发以及产品、工艺流程等方面的影响进行"控制",可能更妥。但是,基于中国自身行业层面的经验数据,显然难以控制所谓国外专利等影响因素。况且,本书在实证分析过程中,采用固定效应模型并考虑了各种固定效应,从而在一定程度上解决了影响因素不可观测或者难以纳入的问题。这正是在变量选取时不考虑国外专利等因素的主要原因。

与此同时,考虑到经济惯性的作用,即现有国际分工地位对下一期国际分工地位的影响,因为即便是制造业价值链分工地位,尤其是价值链分工地位攀升,也不可能是一蹴而就的,通常是以现实为基础的一个渐进变化过程。据此,此处将被解释变量的滞后一期作为解释变量纳入计量模型中,最终构建了一个动态面板数据模型:

$$
\begin{aligned}
GVC_{i,t} = \beta_0 &+ \beta_1 GVC_{i,t-1} + \beta_2 SR_{i,t} + \beta_3 CA_{i,t} + \beta_4 FDI_{i,t} \\
&+ \beta_5 RD_{i,t} + \beta_6 Pr_{i,t} + \mu_i + \gamma_t + \varepsilon_{i,t}
\end{aligned} \tag{11-1}
$$

式中,GVC 表示三种测度指标表征的制造业价值链分工地位;SR 表示三种指标测算的制造业服务化水平;μ 表示行业固定效应变量;γ 表示时期固定效应变量;$\varepsilon_{i,t}$ 表示误差项。

二、数据来源及说明

上述变量测度所使用的数据来源,具体见表 11-1。需要说明的是,世界投入产出数据库提供的世界投入产出表数据共有两套,一套涵盖的时间范围为 1995—2011 年,另一套是 2016 年发布的最新数据,涵盖的时间范围为 2000—2014 年。而从产业分类角度看,后者的产业分类更为细致。因此,考虑到后者数据年限更具时效性且行业分类更为细致,此处测算所采用的世界投入产出数据库数据是 2016 年发布的最新数据,据此测算了中国 18 个制造业行业的价值链分工地位指数以及制造业服务化水平。

表 11 - 1　变量选择及数据来源

变　量	变量名称	变量的解释意义	数据来源
TSR	总服务占比	制造业行业出口产品中内含服务增加值总投入占制造业总值出口比率	作者根据世界投入产出数据库世界投入产出表计算获得
DSR	国内服务占比	制造业行业出口产品中国内服务增加值投入占制造业总值出口比率	同上
FSR	国外服务占比	制造业行业出口产品中国外服务增加值投入占制造业总值出口比率	同上
DVR	出口国内附加值率	中国行业出口产品中国内增加值比率	同上
VAXR	国内附加值出口占比	中国行业国内附加值占行业总值出口比例	同上
GVC_Position	全球价值链分工地位指数	中国行业在全球价值链中的分工地位指数	同上
CAP	固定资本存量	对应行业的固定资本存量,单位亿元	中国工业统计年鉴
RD	研发支出	对应制造业行业研发内部支出,单位亿元	中国科技统计年鉴
FDI	外商直接投资	单位生产规模下各产业外商直接投资额	中国统计年鉴、中国工业统计年鉴、中国工业经济统计年鉴
Pfr	行业利润水平	各产业成本费用利润率	中国统计年鉴、中国工业统计年鉴、中国工业经济统计年鉴

◎ 第三节　实证结果及分析

如同第五章分析指出,全球价值链分工地位的测度指标,目前采用的较为普遍的有三种方法,即以出口国内附加值率(DVR)、国内附加值出口占比(VAXR)和全球价值链分工地位指数(GVC_Position)作为全球价值链分工地位替代变量。为保持研究逻辑上的一致性,此处同样同时采用上述三种测度指标以进行综合对比分析。针对计量模型 11-1,我们采用广义矩估计(GMM)方法对上述动态面板数据进行回归估计。对于适用动态面板的 GMM 估计方法,系统 GMM(SGMM)可以提高估计效率。因此,此处采用系统 GMM 的动态面板估计方法对上述计量模型进行回归估计。

一、基于总样本的回归结果

基于总样本数据进行回归估计所得结果,分别报告于表 11-2~表 11-4。考虑到模型检验是否有效,在表 11-2~表 11-4 的后几行一并报告了模型有效性检验结果。Sargan 检验的 P 值较大,可认为不存在过度识别问题;AR(1)、AR(2)检验结果表明扰动项在 10% 显著性水平上接受一阶自相关假设,但显著拒绝二阶自相关,序列间不存在相关性。由此可见,针对系统 GMM 的过度识别检验及自相关检验,均显著拒绝回归的过度识别和自相关性,总体表明模型有效。

表 11-2 呈列的回归结果中,第一列是仅将出口国内附加值率滞后一期以及总服务占比表示制造业服务化作为解释变量时,进行回归估计所得,第二列是在此基础上同时纳入其他解释变量时进行回归估计所得。第三列和第四列,以及第五列和第六列呈列回归结果的逻辑与第一列和第二列一致,即在分别考虑国内服务投入占比和国外服务投入占比表示的制造业服务化变量,依次进行回归所得。第七列是同时纳入国内服务占比和国外服务占比两种指标表示的制造业服务化,进行回归估计所得,第八列则是在此基础上同时纳入其他所有解释变量进行回归估计所得。表 11-3 和表 11-4 呈列回归结果的逻辑与表 11-2 一致,后文不再赘述。

从表 11-2 第一列的回归结果可以看出,以服务总投入占比为表征的制造业服务化变量,其回归系数值虽然为正,但并不具备显著性影响,说明以此表示的制造业服务化对制造业全球价值链分工地位并没有显著的促进作用。这一发现与前文理论分析中所提出的命题假说 1 也是一致的。滞后一期的出口国内附加值率变量的回归系数值为正,其在 1% 显著性水平下通过了统计检验,说明全球价值链分工地位变化确实具有"惯性"影响,这一结果基本符合通常的理论预期。

仅以国内服务投入占比表示的制造业服务化为解释变量,表 11-2 第三列的回归估计结果显示,其系数估计值为 0.234 6,且在 5% 的显著性水平下通过了统计检验。这一结果说明,依托于国内服务投入占比提高的制造业服务化发展,对全球价值链分工地位提升具有显著的促进作用。前文的理论假说 3 得到了较好的逻辑一致性计量验证。在纳入其他解释变量后,第四列的回归估计结果表明,以国内服务投入占比表示的制造业服务化解释变量,其系数估计值为 0.240 7,且在 5% 的显著性水平下通过了统计检验,说明这一核心解释变量的估计结果并非发生实质性变化,具有较好的稳定性和可靠性。至于滞后一期的出口国内附加值率变量,第三列和第四列的回归估计结果,与对应前述的第一列和第二列的估计结果基本无异,此处不再赘述。

仅以国外服务投入占比表示的制造业服务化为解释变量,表 11-2 第五列的回归估计结果显示,其系数估计值为 -0.402 7,且在 1% 的显著性水平下通过了统计检验。这一结果说明,依托于国外服务投入占比提高的制造业服务化发展,不仅对全球价值链分工地位的提升不具有显著的促进作用,反而产生了抑制作用。由此,前文的理论假说 2 得到了较好的逻辑一致性计量验证。在纳入其他解释变量后,第六列的回归估计结果表明,以国外服务投入占比表示的制造业服务化解释变量,其系数估计值为 -0.415 9,并且依然在 1% 的显著性水平下通过了统计检验,说明这一核心解释变量的估计结果同样未发生实质性变化,具有较好的稳定性和可靠性。滞后一期的出口国内附加值率变量回归估计结果,同样显示出了较好的稳定性。

由于表 11-2 第三至第六列的回归结果表明,基于国内、国外不同服务投入来源的制造业服务化发展,的确对全球价值链具有本质差异性的不同影响,且表现出较高的显著性,为此,我们再将这两个变量同时纳入计量模型中进行再估计,回归结果如表 11-2 第七列和第八列所示。与第三列和第五列的回归结果相比,第七列的回归结果表明,区别国内服务投入和国外服务投入占比的制造业服务化水平,仍然保持了与前述较为一致的影响效应,即基于国内服务投入的制造业服务化发展系数估计值为正且通过了显著性统计检验,而基于国外服务投入的制造业服务化发展系数估计值为负且同样通过了显著性统计检验。在分别纳入其他解释变量后的第八列回归估计结果显示,两个核心解释变量的系数估计值及其显著性,与前述各列显示的结果均具有较高的一致性。综合表 11-2 中各列回归结果,前文理论假说 1、理论假说 2 和理论假说 3 均得到了较好的逻辑一致性计量检验。

至于其他解释变量,综合各列的回归结果看,固定资本存量(CAP)的影响并不具有显著性,可能的原因在于我国产业发展在前期主要表现为以资本扩张的要素驱动型,因而对价值链攀升并没有显现出显著的推动作用。研发投入(RD)和行业利润率(Prf)各列的系数回归估计值均为正且通过了显著性统计检验,表明这一因素对各行业的价值链攀升具有促进作用,这一点也是与通常的预期相吻合的。多少有些出乎意料的是,外商直接投资(FDI)在各列的系数估计值均为负且均通过了显著性统计检验,表明利用外资不仅对攀升全球价值链不具有助推作用,反而阻碍了各行业向全球价值链高端的攀升。出现这一结果可能与学术界所讨论的"市场换技术失败"有关,即一方面利用外资所形成的技术外溢等效应十分有限,另一方面,利用外资所带入中国市场的技术本身就处于边缘化。

以国内附加值出口占比(VAXR)为被解释变量的全样本回归估计结果汇报于表 11-3。与表 11-2 的回归估计结果较为类似,三种不同类型的制造业服务化,即不同测度指标表示的制造业服务化替代变量,其系数估计值及影响的显著性方面具有巨大差异。具体而言,表 11-3 第一列和第二列的回归结果显示,以总服务投入占比测度的制造业服务化,对以国内附加值出口占比表示的制造业全球价值链分工地位并无显著影响。但将服务投入占比区分国内和国外不同来源时,回归结果不仅具有了显著性,而且呈现出截然相反的影响。第三列和第四列的回归结果表明,以国内服务投入占比测度的制造业服务化变量的回归系数不仅为正,且均在 5% 的显著性水平下通过了统计检验;而第五列和第六列的回归结果表明,以国外服务投入占比测度的制造业服务化变量的回归系数不仅为负,且均在 5% 的显著性水平下通过了统计检验。说明依托国内服务投入占比提升的制造业服务化,对制造业全球价值链的攀升具有显著促进作用;而依托国外服务投入占比提升的制造业服务化,对制造业全球价值链的攀升不仅不具有显著促进作用,反而表现出巨大的抑制性,进而可能具有"低端锁定"的作用和功能。第七列和第八列的回归结果,进一步验证了依托国内和国外两种不同来源的制造业服务化,对制造业攀升全球价值链的差异性影响,说明了前述检验结果的稳定性和可靠性。总之,以国内附加值出口占比作为制造业全球价值链分工地位的替代变量,表 11-2 的回归结果进一步验证了前文理论分析中的假说 1、假说 2 和假说 3。至于其他解释变量,所得结果与前述表 11-2 基本未出现实质性差异,对此不再赘述。

为了进一步综合对比和更加全面地分析,以全球价值链分工地位指数(GVC_Position)作为被解释变量,对计量模型(11-1)再估计,所得回归结果报告于表 11-4。从中不难发现,就此处最为关心的核心解释变量,即分别以服务总投入、国内服务投入和国外服务投入占比表示的制造业服务化替代变量,无论是回归系数估计值的正负性还是影响的显著性,与前述基于 DVR 和 VAXR 作为被解释变量的回归估计所得表 11-2 和表 11-3 结果相比,均保持了较为稳定的一致性,从而前文理论假说 1 至 3 再次得到了较好的逻辑一致性计量验证。

表 11-2 DVR 作为被解释变量的全样本回归估计结果

	模型(1)	模型(2)	模型(3)	模型(4)	模型(5)	模型(6)	模型(7)	模型(8)
DVR_{t-1}	0.901 2*** (3.16)	0.903 5*** (3.55)	0.902 6*** (4.13)	0.906 3*** (5.25)	0.912 8*** (3.79)	0.894 7*** (3.68)	0.891 2*** (4.02)	0.853 7*** (3.19)
TSR	0.123 5 (1.15)	0.110 9 (1.21)	—	—	—	—	—	—
DSR	—	—	0.234 6** (2.17)	0.240 7** (2.29)	—	—	0.221 6** (2.35)	0.208 7** (2.58)
FSR	—	—	—	—	−0.402 7*** (−4.18)	−0.415 9*** (−3.16)	−0.389 2*** (−3.67)	−0.406 8*** (−4.28)
CAP	—	−0.012 8 (−1.05)	—	−0.021 3 (−1.32)	—	−0.028 5 (−0.98)	—	−0.036 7 (−1.16)
RD	—	0.014 6** (2.23)	—	0.015 8*** (3.17)	—	0.018 2*** (3.64)	—	0.016 4** (2.36)
FDI	—	−0.002 9*** (−4.21)	—	−0.003 1*** (−4.35)	—	−0.003 3*** (−3.87)	—	−0.003 1*** (−4.16)
Prf	—	0.012 4*** (3.77)	—	0.011 8*** (3.71)	—	0.013 0*** (4.25)	—	0.012 5*** (4.13)
常数项	0.217 2 (0.98)	0.235 9 (1.15)	0.251 6** (2.27)	1.172 5** (2.13)	1.152 3*** (3.62)	−1.013 1*** (4.16)	−0.902 8** (2.35)	−1.424 0** (2.73)
AR(1)	0.025 8	0.032 7	0.013 6	0.031 2	0.027 5	0.038 6	0.019 8	0.042 8
AR(2)	0.793 6	0.568 2	0.631 9	0.512 9	0.438 6	0.301 8	0.352 8	0.297 3
Sargan	0.993 5	0.991 8	0.993 2	0.993 6	0.991 8	1.000 0	0.993 7	1.000 0
Wald-χ2	1 635.37 (0.00)	6 610.33 (0.00)	4 412.27 (0.00)	3 624.18 (0.00)	2 305.26 (0.00)	836.28 (0.00)	935.28 (0.00)	916.26 (0.00)

注:括号内为 t 或 z 统计量;*、**和***分别表示 10%、5% 和 1% 的显著性水平;模型控制了行业和年度的固定效应。

表 11 - 3 VAXR 作为被解释变量的全样本回归估计结果

	模型(1)	模型(2)	模型(3)	模型(4)	模型(5)	模型(6)	模型(7)	模型(8)
VAXRt −1	0.835 1** (2.78)	0.826 6*** (3.12)	0.871 9*** (6.28)	0.816 5*** (4.36)	0.802 7** (2.92)	0.794 4*** (3.35)	0.823 7*** (3.87)	0.801 8*** (3.11)
TSR	0.108 5 (1.04)	0.103 7 (0.94)	—	—	—	—	—	—
DSR	—	—	0.221 3** (2.36)	0.223 8** (2.59)	—	—	0.206 7** (2.17)	0.214 5** (2.36)
FSR	—	—	—	—	−0.397 4*** (−3.59)	−0.382 7*** (−3.89)	−0.390 1*** (−4.52)	−0.386 1*** (−3.32)
CAP	—	−0.013 8 (−1.37)	—	−0.018 5 (−1.66)	—	−0.021 3 (−1.28)	—	−0.027 4 (−1.03)
RD	—	0.015 1** (2.35)	—	0.014 3*** (3.62)	—	0.016 9*** (3.18)	—	0.015 8** (2.43)
FDI	—	−0.003 1** (−2.19)	—	−0.002 7** (−2.28)	—	−0.002 9*** (−3.67)	—	−0.002 9*** (−3.32)
Prf	—	0.013 1*** (3.28)	—	0.012 7*** (3.65)	—	0.012 9*** (3.14)	—	0.013 2*** (3.27)
常数项	0.412 8* (1.98)	0.367 7 (1.33)	0.301 8** (2.52)	1.129 1** (2.71)	0.954 3** (2.22)	−0.513 6** (−2.16)	−0.752 1** (−2.19)	−0.521 4** (−2.36)
AR(1)	0.013 8	0.045 2	0.032 9	0.023 9	0.032 8	0.051 6	0.028 3	0.067 4
AR(2)	0.812 5	0.647 1	0.352 8	0.431 2	0.479 5	0.297 8	0.358 3	0.412 5
Sargan	0.983 6	0.975 9	0.982 4	0.976 8	0.985 2	0.973 3	0.987 9	1.000 0
Wald − χ2	2 137.54 (0.00)	5 382.36 (0.00)	4 918.27 (0.00)	3 956.28 (0.00)	2 987.55 (0.00)	1 136.77 (0.00)	1 207.58 (0.00)	1 031.29 (0.00)

注:(括号内为 t 或 z 统计量;*、**和 *** 分别表示 10%、5%和 1%的显著性水平;模型控制了行业和年度的固定效应。

表 11 - 4 GVC_Position 作为被解释变量的全样本回归估计结果

	模型(1)	模型(2)	模型(3)	模型(4)	模型(5)	模型(6)	模型(7)	模型(8)
GVC_ Position_{t−1}	0.812 4** (2.21)	0.831 9*** (3.67)	0.805 7*** (4.25)	0.832 1*** (3.77)	0.813 5** (2.58)	0.786 9*** (3.16)	0.802 8*** (3.29)	0.817 1*** (3.76)
TSR	0.122 5 (1.33)	0.116 7 (1.26)	—	—	—	—	—	—
DSR	—	—	0.213 8** (2.31)	0.210 5** (2.05)	—	—	0.221 6** (2.28)	0.227 3** (2.553)
FSR	—	—	—	—	−0.324 4*** (−2.74)	−0.319 8*** (−3.26)	−0.332 5*** (−3.58)	−0.321 8*** (−2.74)

	模型(1)	模型(2)	模型(3)	模型(4)	模型(5)	模型(6)	模型(7)	模型(8)
CAP	—	−0.012 4 (−1.25)	—	−0.013 3 (−1.31)	—	−0.017 9 (−1.19)	—	−0.019 8 (−1.36)
RD	—	0.014 6 *** (3.64)	—	0.014 9 ** (2.73)	—	0.015 1 *** (3.65)	—	0.015 3 ** (2.51)
FDI	—	−0.002 9 ** (−2.35)	—	−0.003 0 ** (−2.21)	—	−0.002 8 ** (−2.07)	—	−0.002 6 *** (−3.18)
Prf	—	0.014 3 *** (3.17)	—	0.013 6 ** (2.29)	—	0.014 1 *** (3.67)	—	0.014 5 *** (3.28)
常数项	0.512 3 * (1.98)	0.472 5 * (1.95)	0.489 2 ** (2.52)	0.851 6 ** (2.71)	0.933 53 ** (2.22)	−0.682 7 ** (2.16)	−1.170 1 ** (2.19)	0.642 8 ** (2.36)
AR(1)	0.023 5	0.031 2	0.021 7	0.032 5	0.067 8	0.038 4	0.031 6	0.052 8
AR(2)	0.615 7	0.521 6	0.433 2	0.478 9	0.526 3	0.398 8	0.367 9	0.432 8
Sargan	0.992 6	0.987 3	0.993 5	0.992 1	0.987 7	0.993 8	1.000 0	1.000 0
Wald－χ2	2 218.67 (0.00)	5 957.24 (0.00)	4 726.35 (0.00)	3 879.33 (0.00)	3 125.36 (0.00)	1 812.26 (0.00)	1 354.62 (0.00)	1 207.15 (0.00)

注：(括号内为 t 或 z 统计量；* 、* * 和 * * * 分别表示 10%、5% 和 1% 的显著性水平；模型控制了行业和年度的固定效应。

综合以上实证分析，可以初步证实，在包括服务业在内的全球价值链分工条件下，不区分服务投入的国内外来源差别时，笼统意义上的制造业服务化对制造业全球价值链分工地位的影响是不确定不明显的；一旦区分上述来源差别，依托国内服务投入实现的制造业服务化与依托国外服务投入实现的制造业服务化，对制造业攀升全球价值链具有显著的相向影响，即前者表现出积极的促进作用而后者表现出消极的阻碍作用。前文的理论假说由此得到了基本的计量验证。

二、基于行业分组层面的检验结果

上述计量检验结果只是从整体层面揭示了不同类型的制造业服务化发展，对价值链攀升的影响，还没有体现具有不同要素密集度特征的行业间可能存在的差异性。实际上，一方面，具有不同要素密集度特征的制造业行业，对服务业的依赖程度不同，从而制造业服务化发展水平和空间会有所差别。戴翔(2016)的研究曾发现，具有不同要素密集度特征的制造业行业在服务投入含量方面确实存在显著差异。前文图 11－2 的分析也证实了这一结果。另一方面，作为前述理论的逻辑延伸，具有不同要素密集度特征的制造业行业，对依托"服务化"攀升全球价值链的依赖程度以及作用空间可能也会有所不同。或者说，制造业服务化发展水平，对制造业攀升全球价值链的影响，可能会在具有不同要素密集度特征的制造业行业间存在差异。为此，此处借鉴邱爱莲等(2016)的划分方法，对前文样本数据中的 18 个制造业行业，按照要素密集度特征划分为劳动密集型制造业、资本密集型制造业和技术密集型制造业三个组别。据此进一步计量检验不同要素密度特征的制造业行业服务化对攀升全球价值链的影响,所得回归结果报告于表 11 - 5。前文的分析表明,就制造业全球价值链分工地位的三种测度指标而言,在计量检验结果中均没有显示出本质性差异,因此,此部分的计量检验仅给出 GVC_Position 作为被解释变量的分组回归估计结果。

表 11 - 5 中第一列和第二列是基于劳动密集型行业组的回归估计结果,其中第一列是以服务总投入占比表征的制造业服务化作为核心解释变量,并同时纳入其他解释变量进行回归所得,第二列则是同时将国内服务投入占比和国外服务投入占比两种指标表征的制造业服务化作为核心解释变量,并同时纳入其他解释变量进行回归所得。第三列和第四列是基于资本密集型行业组的回归估计结果,第五列和第六列是基于技术密集型行业组的回归估计结果。后两组呈列回归估计结果的逻辑与劳动密集型行业组的逻辑一致。基于表 11 - 5 的回归估计结果,可以得出如下两个方面的基本结论。第一,无论是在劳动密集型行业组,还是在资本密集型行业组或是技术密集型行业组,以服务总投入占比表征的制造业服务化变量的回归系数估计值,虽然为正但均未通过显著性统计检验,说明整体意义上的制造业服务化无论在何种要素密集型的行业组,对全球价值链的攀升均未表现出显著的促进作用。以国内服务投入占比表征的制造业服务化变量,其回归系数估计值在各组中均为正且通过了显著性统计检验,而以国外服务投入占比表征的制造业服务化变量,其回归系数估计值在各组中均为负且同样通过了显著性统计检验,表明二者在各组中对制造业攀升全球价值链的影响均表现出显著的相反作用。可见,分组行业的回归估计结果与表 11 - 4 报告的基于总样本回归估计所得结果基本是一致的。第二,从核心解释变量在不同要素密集型行业组的回归结果差异性角度看,通过比较容易发现,基于国内服务总投入的制造业服务化变量在技术密集型行业组的系数估计值最大,其次是资本密集型行业组,最后是劳动密集型行业组。这一结果基本符合前文预期,即制造业服务化对不同要素密集型制造业行业攀升全球价值链的作用力是不同的,也可以说,依托制造业服务化而实现价值链攀升,不同要素密集型制造业行业的发展空间和潜力是存在差异的。

表 11 - 5　基于要素密集度分行业回归估计结果

	劳动密集型		资本密集型		技术密集型	
	模型(1)	模型(2)	模型(3)	模型(4)	模型(5)	模型(6)
GVC_Position$_{t-1}$	0.781 6** (2.38)	0.735 2*** (4.16)	0.795 7** (2.19)	0.801 2*** (3.27)	0.823 7** (3.69)	0.796 6*** (3.28)
TSR	0.108 9 (1.25)	—	0.112 5 (1.25)	—	0.118 4 (1.25)	—
DSR	—	0.210 4** (2.28)	—	0.229 3** (2.69)	—	0.241 5** (2.17)
FSR	—	−0.310 7** (−2.35)	—	−0.318 2** (−2.66)	—	−0.334 9** (−2.26)

续　表

	劳动密集型		资本密集型		技术密集型	
	模型(1)	模型(2)	模型(3)	模型(4)	模型(5)	模型(6)
CAP	−0.013 9 (−1.03)	−0.014 2 (−0.79)	−0.015 7 (−1.32)	−0.017 3 (−1.28)	−0.013 6 (−1.04)	−0.018 2 (−1.57)
RD	0.012 8** (2.73)	0.011 9** (2.69)	0.013 7*** (3.16)	0.014 1** (2.37)	0.015 2*** (3.95)	0.015 7*** (3.66)
FDI	−0.001 7** (−2.15)	−0.002 1*** (−2.76)	−0.002 4** (−2.31)	−0.002 1** (−2.59)	−0.003 1** (−2.19)	−0.003 0** (−2.66)
Prf	0.013 2*** (3.17)	0.012 9*** (3.28)	0.013 6*** (3.12)	0.013 7*** (3.19)	0.012 9*** (3.17)	0.014 1** (2.28)
常数项	0.375 5** (2.33)	0.583 2** (2.17)	0.613 5** (2.35)	0.597 3** (2.69)	0.892 8** (2.43)	0.713 3** (2.81)
AR(1)	0.023 5	0.036 7	0.031 5	0.053 2	0.043 9	0.027 9
AR(2)	0.435 5	0.417 9	0.526 7	0.532 8	0.603 7	0.421 8
Sargan	0.990 3	1.000 0	0.998 2	0.986 7	0.991 5	0.988 3
Wald−χ2	3 218.16 (0.00)	4 329.35 (0.00)	2 973.82 (0.00)	3 975.68 (0.00)	3 028.17 (0.00)	4 128.79 (0.00)

注:(括号内为 t 或 z 统计量;*、**和 ***分别表示 10%、5%和 1%的显著性水平;模型控制了行业和年度的固定效应。

三、稳健性检验

考虑到回归估计结果的稳健性和可靠性,我们再采取两种方式进行稳健性检验。一是采用新的测度指标作为制造业全球价值链分工地位的替代变量,对计量模型(11-1)进行再估计;二是在控制内生性问题条件下对计量模型(11-1)进行再估计。

（一）基于替代指标的回归结果

决定和反映一国产业国际分工地位的,不仅在于附加值创造能力,也在于产业技术水平,当然,上述两因素有着较多的交叉性和较高的一致性,比如技术复杂度较高的行业往往具有较强的附加值创造能力,附加值创造能力较强通常对应的是技术复杂度较高的行业。二者也并非完全等同,技术含量较高的产品未必就比技术含量较低的产品拥有更高的附加值创造率。因此,除了上述主要基于附加值测算的全球价值链分工地位三个替代变量外,此处再以行业出口技术复杂度(记为 ES)作为全球价值链分工地位替代变量以进行进一步稳健性检验。据此对计量模型(11-1)进行再估计,所得回归结果报告于表11-6。

表 11－6 ES 作为被解释变量的全样本回归估计结果

	总样本		劳动密集型		资本密集型		技术密集型	
	模型(1)	模型(2)	模型(3)	模型(4)	模型(5)	模型(6)	模型(7)	模型(8)
ES_{t-1}	0.803 1** (2.19)	0.792 8*** (3.28)	0.793 2** (2.62)	0.781 5*** (3.59)	0.803 3*** (3.39)	0.815 3*** (3.68)	0.807 4** (3.17)	0.785 9*** (3.85)
TSR	0.101 3 (1.36)	—	0.113 2 (1.57)	—	0.109 7 (1.42)	—	0.123 1 (1.39)	—
DSR	—	0.193 8** (2.33)	—	0.172 5** (2.59)	—	0.189 3** (2.37)	—	0.216 6** (2.72)
FSR	—	−0.203 6** (−2.41)	—	−0.189 5** (−2.58)	—	−0.208 2** (−2.19)	—	−0.213 7** (−2.63)
CAP	−0.014 1 (−1.51)	−0.013 3 (−1.34)	−0.013 5 (−1.28)	−0.014 0 (−1.69)	−0.014 9 (−0.85)	−0.016 2 (−1.37)	−0.014 6 (−1.66)	−0.015 8 (−1.32)
RD	0.011 5** (2.68)	0.011 3** (2.35)	0.010 6** (2.59)	0.010 8** (2.37)	0.011 7*** (3.57)	0.012 0** (2.44)	0.013 5*** (3.18)	0.014 3** (3.24)
FDI	−0.001 9* (−1.95)	−0.002 3** (−2.76)	−0.001 9** (−2.15)	−0.002 0** (−2.76)	−0.002 2** (−2.25)	−0.002 3** (−2.17)	−0.002 5** (−2.37)	−0.002 1** (−2.42)
Prf	0.012 7** (2.35)	0.012 5** (2.28)	0.012 5*** (3.55)	0.012 3*** (3.19)	0.012 5*** (3.35)	0.012 7*** (3.68)	0.012 9*** (3.07)	0.013 2** (3.13)
常数项	0.259 8* (1.33)	0.307 4** (2.35)	0.358 7** (2.69)	0.493 7** (2.47)	0.532 8** (2.19)	0.510 9** (2.35)	0.623 1** (2.78)	0.583 9** (2.09)
AR(1)	0.017 3	0.025 8	0.036 9	0.029 7	0.027 3	0.035 6	0.053 7	0.081 6
AR(2)	0.573 2	0.498 4	0.501 6	0.531 9	0.503 3	0.517 9	0.632 8	0.532 2
Sargan	1.000 0	0.992 8	0.995 6	0.984 3	1.000 0	0.993 5	1.000 0	1.000 0
Wald—χ2	3 068.52 (0.00)	4 516.14 (0.00)	3 176.28 (0.00)	4 435.92 (0.00)	3 074.89 (0.00)	4 033.91 (0.00)	3 125.17 (0.00)	3 984.53 (0.00)

注:(括号内为 t 或 z 统计量;∗、∗∗和 ∗∗∗分别表示 10%、5%和 1%的显著性水平;模型控制了行业和年度的固定效应。

表 11－6 第一列和第二列的回归结果是基于总样本进行回归估计所得,第三列至第八列,则是按照前述要素密集度进行分行业的分组回归估计所得。从表 11－6 报告的回归结果看,采用行业出口技术复杂度作为全球价值链分工地位的替代变量时,此处关注的几个核心解释变量与前述各表的回归结果相比,并未出现本质性变化。并且从分组层面上看,几个核心解释变量尤其是依托国内服务和国外服务投入占比的制造业服务化,在各分组行业中的作用力及其方向性,与前述分析所得结果也基本一致。对此不再具体分析。

(二)基于内生性处理回归结果

由于制造业服务化对制造业攀升价值链的影响,可能存在双向关系,即制造业价值链分工地位提升也会带动服务化水平的提高。为此,我们基于全样本数据,在对计量模型

(11-1)进行系统 GMM 回归估计时,分别进行了控制三种类型的"制造业服务化"为内生变量,所得回归结果报告于表 11-7。

表 11-7 内生性处理的回归结果

	模型(1)	模型(2)	模型(3)	模型(4)	模型(5)	模型(6)
DVR_{t-1}	0.835 8*** (3.13)	0.812 7*** (3.56)	—	—	—	—
$VAXR_{t-1}$	—	—	0.814 2*** (3.44)	0.823 6*** (3.82)	—	—
$GVC\_Position_{t-1}$	—	—	—	—	0.812 5*** (3.13)	0.836 3*** (3.52)
TSR	0.108 9 (1.35)	—	0.109 2 (1.08)	—	0.113 6 (1.37)	—
DSR	—	0.213 3** (2.25)	—	0.212 8** (2.49)	—	0.220 9** (2.18)
FSR	—	−0.385 9*** (−3.52)	—	−0.397 2** (−2.66)	—	−0.378 4*** (−3.13)
CAP	−0.013 5 (−1.21)	−0.017 6 (−1.32)	−0.015 9 (−1.18)	−0.018 9 (−1.24)	−0.017 4 (−1.17)	−0.018 3 (−1.24)
RD	0.015 1** (2.43)	0.015 4** (2.58)	0.015 6** (2.77)	0.015 0** (2.38)	0.014 9*** (3.19)	0.015 1** (2.67)
FDI	−0.002 5** (−2.58)	−0.002 7** (−2.27)	−0.002 7** (−2.84)	−0.002 5*** (−2.73)	−0.003 0** (−2.58)	−0.002 8** (−2.28)
Prf	0.012 0*** (3.17)	0.012 3*** (3.67)	0.012 5*** (3.17)	0.012 7*** (3.41)	0.012 3*** (3.74)	0.012 5*** (3.59)
常数项	0.835 8* (1.96)	−1.021 9** (−2.16)	1.251 7** (2.13)	−0.681 1** (−2.27)	0.682 7** (2.15)	0.596 6** (2.36)
控制内生变量	YES	YES	YES	YES	YES	YES
AR(1)	0.052 8	0.037 7	0.052 1	0.037 4	0.021 8	0.062 3
AR(2)	0.415 7	0.325 9	0.543 3	0.379 2	0.435 8	0.572 1
Sargan	1.000 0	0.982 8	1.000 0	0.995 4	1.000 0	1.000 0
Wald−χ^2	5 831.69 (0.00)	4 936.33 (0.00)	4 837.69 (0.00)	5 032.17 (0.00)	5 125.66 (0.00)	4 978.82 (0.00)

注:括号内为 t 或 z 统计量;*、* * 和 * * * 分别表示 10%、5%和 1%的显著性水平;模型控制了行业和年度的固定效应。

由表 11-7 的回归结果可见,将不同指标测度下的"制造业服务化"变量控制为内生变量后,系统 GMM 的回归结果与前述表 11-2 的回归结果进行比较,此处所重点关注的制造业服务化水平等变量,其系数估计值无论是从影响的方向性还是显著性方面看,均未出现实质性差异,从而在一定程度表明前述回归结果的可靠性和稳健性。对于各解释变量的具体回归结果,此处不再赘述。

第四节　结论性评述及启示

　　制造业服务化通常被认为是制造业转型升级和攀升全球价值链的重要举措和发展方向,对于诸如中国等发展中国家来说,甚至被认为是突破所谓全球价值链"低端锁定"的关键路径。从中间投入角度看,服务业尤其是高级生产性服务业对制造业高端化发展具有支撑和引领作用,是不容置疑的。然而,如同第四章分析指出,全球价值链分工不仅发生在制造业领域,同样发生在服务业领域,因此,制造业服务化从服务投入的国别来源看,不仅包括国内服务同样也包括来自国外的服务。显然,依托进口高端中间产品而提升的中国制成品出口技术复杂度,更多是一种表面和虚假提升一样,依托国外服务投入实现的制造业服务,对制造业全球价值链分工地位可能同样存在表面和虚假促进作用,本质上更可能存在"抑制"乃至"锁定"作用。从实践情形角度看,发达国家产业结构不断趋于软化,在全球制造业价值链分工体系中,却仍然能够占据着高端,对全球价值链具有较强掌控能力,一方面是因为自身制造业服务化而提升了制造业国际竞争力水平,另一方面可能正是依托服务业方面的比较优势而渗透到其他国家和地区制造业之中,从而间接地掌控着全球价值链。正是基于上述意义,第四章对制造业服务化能够促进价值链攀升的传统理论认识进行了相应修正,并提出了理论假说。在第五章利用跨国面板数据对理论假说进行了逻辑一致性计量检验外,本章再利用中国行业面板数据进一步进行了逻辑一致性计量检验。

一、主要结论

　　与第五章的研究方法和逻辑一致,本章借鉴制造业全球价值链分工地位的最新测算方法,以及充分考虑服务投入国内外来源差异基础上,利用世界投入产出数据库发布的2000—2014 年全球投入产出表基础数据,此处测算制造业全球价值链分工地位的三种替代变量,以及三种类型的制造业服务化发展水平。据此对修正后的理论假说进行逻辑一致性计量检验。在有效控制其他解释变量后的相关回归结果表明:第一,不考虑服务投入来源国别差异,以服务总投入占比测度的整体层面的制造业服务化,对制造业攀升全球价值链并无显著作用;第二,依托国内服务投入占比提升而实现的制造业服务化,对制造业全球价值链分工地位提升具有显著的促进作用,依托国外服务投入占比提升而实现的制造业服务化,不仅对制造业全球价值链分工地位提升不具有显著的促进作用,反而具有抑制作用,表现出"低端锁定"的作用力。第三,从不同要素密集型制造业行业看,基于国内服务投入的制造业服务化发展,对技术密集型制造业攀升全球价值链的作用力,要强于对资本密集型制造业的作用,对劳动密集型制造业行业的作用力最小。上述作用力大小以及顺序差异性,从依托基于国外服务投入的制造业服务化发展所产生的逆向作用看,同样也是成立的。

二、政策启示

目前,伴随全球经济进入深度调整期,以及国内经济发展进入"新常态"等内外环境深刻变化,中国制造业亟待攀升全球价值链、改善分工地位。其中,制造业服务化发展就是重要的战略方向和关键举措。这也正是制造业服务化在《中国制造 2025》中具有重要战略地位的根本原因。虽然制造业服务化是制造业未来的重要发展逻辑,但是从全球分工和价值链攀升角度看,此处研究发现意味着,在服务"全球化"和"碎片化"的大背景下,不能笼统地谈制造业服务化,或者说不能为制造业"服务化"而"服务化"。追求制造业服务化发展的结果,还必须充分重视服务投入的国内外来源问题。依托国内服务投入实现的制造业服务化,更加有利于实现制造业全球价值链分工地位提升的目标,也是促进制造业服务化发展的初衷;但是,如果制造业服务化发展更多依托的是国外服务投入的增加,制造业虽然"服务化"了,但不能逻辑地带动制造业全球价值链分工地位提升这一战略目标,相反,还有可能被"低端锁定"。因此,实现制造业服务化发展绝不是制造业"单兵突进",一定要注重制造业和服务业的协同发展,尤其是国内高级生产性服务业的发展。唯有如此,才能真正形成"服务化"发展对制造业转型升级和价值链攀升的支撑和引领局面。

第 12 章
数字赋能与价值链攀升路径:制造业智能化视角

作为引领未来的战略性技术,人工智能的发展及由此推动的制造业智能化,会从两个维度促进制造业企业出口升级,即一方面提升以出口国内附加值率为表现的贸易利得水平,另一方面会缩小不同出口企业之间出口国内增加率的差异性,推动不同企业的贸易利得朝着更加均衡方向发展,而上述两个维度的变化显然与中国攀升全球价值链的发展方向具有内在一致性。或者说,中国攀升全球价值链的重要表现之一就是出口升级。在理论分析及形成的相应命题假说基础之上,本章构建了企业层面的工业机器人渗透率指标,作为企业人工智能水平的替代变量,以企业出口国内增加值率作为企业贸易利得的表征变量,利用 2000—2013 年企业层面的微观数据实证分析了人工智能对企业出口升级的影响。结果表明:第一,人工智能确实推动制造业企业在上述两个维度上进行升级。这一研究结论在更换指标测算方法、考虑极端值、内生性检验以及样本期内重大事件后,依然成立。第二,人工智能对贸易利得维度的出口升级影响,存在着显著的异质性。第三,从内部作用机制看,人工智能促进出口升级战略目标的关键机制,主要通过企业盈利能力的增强以及创新水平的提高两个作用机制进而发挥作用。第四,从外部作用机制看,人工智能主要通过产业间经济活动的关联性所产生的溢出效应机制发挥作用。计量检验结果验证了理论分析中形成的各命题假说。抢抓人工智能发展的重大战略机遇,不仅是应对我国传统比较优势丧失的重要途径,也是构筑和培育新型比较优势乃至先发优势的重要举措,对于依托数字赋能实现中国全球价值链攀升,也有极为重要的政策含义。

第一节 人工智能与出口升级的现行观点

在全面建成小康社会、实现第一个百年奋斗目标之后,我国开启全面建设社会主义现代化国家新征程并向第二个百年奋斗目标进军。基于对国际国内形势以及我国发展条件的科学认知和精准研判,党的十九届五中全会在对全面建设社会主义现代化国家新征程进行重大部署时,提出了到 2035 年"全体人民共同富裕取得更为明显的实质性进展"的重要目标。习近平总书记曾坦言:"实践证明,过去 40 年中国经济发展是在开放条件下取得的,未来中国经济实现高质量发展也必须在更加开放条件下进行。"融入全球价值链分工体系发展出口贸易,是我国建设开放型经济的重要内容,也是由此带动经济社会快速发展的重要抓手。尽管以往以出口贸易为主要表现的开放发展所取得的成就巨大惊人,在全面建成小康社会过程中也做出了巨大贡献,但不可否认的是,长期以来我们主要依托初级要素优势尤其是劳动力成本低廉的比较优势融入全球价值链生产之中,由此所推动的出口贸易规模在高速增长的同时,"大进大出"的特征也在一定程度上掩盖了我国企业出口贸易价值增值不高的事实(岑丽君,2015)。实际上,在全球价值链分工条件下,简单地以最终产品的价值以及传统的贸易流量为标准进行测算的传统总值核算法,并不能准确、真实反映我国对外贸易规模以及贸易利得(陈雯、李强,2014)。正如已有研究指出,伴随我国更加全面且深度地融入全球价值链分工体系,贸易规模迅速扩大的同时,并没有逻辑地推动我国全球价值链分工地位得到相应程度的提升(周升起等,2014),甚至面临全球价值链"低端锁定"的风险和困境(吕越等,2019)。更为重要的是,面临国际国内形势和环境的深刻变化,尤其是经济全球化遭遇逆流、世界进入动荡变革期、单边主义和保护主义等对世界和平与发展构成威胁、国际环境日趋复杂、不稳定性和不确定性明显增加、全球新型冠状病毒感染疫情影响等外部约束日益趋紧,以及国内各种生产要素价格进入集中上升期从而传统低成本优势逐步丧失等内部约束日益明显,继续走"低端嵌入"全球价值链而发展出口贸易的传统道路已然面临可持续难题。如果说,以高速增长为主要特征的出口贸易在"全面建成小康社会、实现第一个百年奋斗目标"中发挥了巨大作用并完成了历史性使命的话,那么使其能够继续发挥在"全面建设社会主义现代化国家新征程、实现第二个百年奋斗目标"以及实现"共同富裕"中的作用,显然前提是推动出口贸易自身升级。

当前世界正经历百年未有之大变局,新一轮科技革命和产业革命深入推进,数字经济成为引领未来新经济形态的态势日趋明显。尤其是在移动互联网、大数据、超级计算、传感网、脑科学等新理论新技术以及经济社会发展强烈需求的共同驱动下,人工智能(Artificial Intelligence,AI)加速发展并成为引领未来的战略性技术。目前,发达国家试图发展数字化、智能化产业以重振制造业优势,并先后提出"再工业化"等战略目标以及发布的一系列关于人工智能的政策等均表明,世界主要发达国家把发展人工智能作为提升国家竞争力、抢占新一轮经济全球化发展制高点、维护国家安全的重大战略举措。作为新一轮产业变革的核心驱动力,人工智能将进一步释放历次科技革命和产业变革积蓄的巨大能量,并创造新的强大引擎。为加快建设创新型国家和世界科技强国,中国也非常重视人工智能的发展并力图抢抓由此带来的重大战略机遇。2015 年 5 月,国务院印发的《中国制造 2025》明确强调"加快推动新一代信息技术与制造技术融合发展,把智能制造作为两化深度融合的主攻方向";2017 年,国务院印发的《新一代人工智能发展规划》,提出面向 2030 年人工智能发展的指导思想和战略目标;习近平总书记在党的十九大报告中明确指出"推动互联网、大数据、人工智能和实体经济深度融合";《中共中央关于制定国民经济和社会发展第十四个五年规划和二〇三五远景目标的建议》明确指出:"深入实施智能制造,推动机器人等产业创新发展""推动制造业高端化智能化发展"。毋庸置疑,作为引领未来战略性技术的人工智能,抢抓其发展的战略机遇,不仅是弥补传统低成本优势丧失的重要途径和战略举措,更是构筑先发优势和培育新型比较优势的必由之路。这就提出了一个很有理论意义和实践价值的问题:从开放引领发展角度看,人工智能水平的提高能否推动我国企业出口升级?

与现有文献相比，本章可能的边际贡献在于：第一，在研究视角上，本章从企业出口升级的两个维度，探讨人工智能的现实影响效应。第二，在指标衡量上，本章构建了研究所需的企业层面人工智能水平指标，将工业机器人渗透度作为人工智能的替代指标，以准确衡量企业的人工智能水平。第三，在研究内容上，不仅研究了人工智能对以企业出口国内增加值率提升为表现的获益能力的影响，还探讨了是通过何种机制影响到企业出口国内增加值率即获益能力；不仅提出了人工智能发展影响企业出口国内增加值率即获益能力的内部作用机制，而且还创新性地从行业间产业关联角度出发，考虑产业链上的企业使用人工智能是否会通过中间品市场贸易，影响到上下游企业出口国内增加值率即获益能力，进而提出了可能存在的外部作用机制。第四，在出口升级方面，进一步考察人工智能的使用是否会缩小企业之间出口国内增加值率的差异。

第二节　制造业智能化促进出口升级的理论机制

作为新一代信息技术，人工智能能够应用于经济社会的方方面面（Trajtenberg，2018），其不仅会渗透到生产、分配、交换、消费等经济活动各环节，形成从宏观到微观各领域的智能化新需求，而且能够通过和经济社会各行业、生产生活各环节相互融合，对经济运行方式产生深刻影响，创造引领经济社会发展的新的强大引擎。就工业领域而言，人工智能注重于在大规模生产中应用"自动化"技术，相较于其他信息技术，对生产制造起到了直接而显著的影响。人工智能的广泛使用将直接对企业效益、生产效率、产品升级等产生多方位的连锁反应（程虹等，2018）。从企业出口角度看，自身整体效益以及产品升级所带来的收益水平的提升，无疑将会体现在企业出口产品之中，进而使得企业出口国内增加值率得以提高。

一、智能化的出口国内增加率提升作用

据此，本章提出待检验理论假说 1。

H1：人工智能可以有效促进企业出口国内增加值率的提升，从而有助于在进一步提升贸易利得中实现富裕。

那么，人工智能的使用如何促进企业出口国内增加值率提升？我们认为，人工智能在企业中的应用，不仅能够作用于企业自身，或者说直接引起企业内部因素发生改变，从而影响企业出口国内增加值率；与此同时，从产业关联角度看，考虑产业链上的企业使用人工智能会通过中间品市场贸易而相互作用，从而也会影响到企业出口国内增加值率。前者可以称为企业内部作用机制，主要包括企业盈利能力与技术创新效应两个方面；后者可以称为企业外部作用机制或者企业间关联作用机制。

二、智能化的技术进步和创新促进作用

（一）从提升企业内部盈利能力作用机制看

企业出口国内增加值率会受到企业盈利能力的影响，而后者又主要取决于两个方面

的因素,一是成本节约效应,二是附加值创造的能力。尽管以工业机器人为代表的人工智能投入,在生产的起初阶段会带来较高的投资成本,比如工业机器人本身的采购和安装等都需要一定的成本投入,但是这种成本如同土地、厂房等,属于固定和沉没成本,在生产过程中,其边际成本几乎为 0。当然,人工智能的应用可能还会催生出与劳动互补的岗位,这类岗位往往对应高技能人才需求,而为了具备与机器协作的能力(胡晟明等,2021),从而带来较高的劳动力边际成本支出。但是,伴随劳动力成本的不断上升,使用机器人等人工智能替代执行重复、烦琐工作的中低技能的劳动力群体,成为越来越多企业的选择。实践表明,这一选择总体上有助于成本节约。即人工智能的替代效应确实能够减少企业雇用低技能劳动力,进而减少企业生产成本。与此同时,企业提升人工智能水平所能带来的更为明显的效应,就是有助于提升企业生产效率。因此,即便增加工业机器人的安装和应用等人工智能化水平的提高,会伴随着相应成本的提高,但由此而带来的效率提升无疑将会以更大的产值及利润回报对前者进行弥补。也就是说,相对于人工智能使用后所产生的成本费用,其应用所带给企业的利润总额将以更大规模得以增加,企业整体盈利能力增强。此外,正如已有研究指出,以工业机器人为主要表现的人工智能在生产过程中具有协同性特征,其带来的投入产出效率的提升,在微观层面则体现为企业利润盈余的增加,并且在提高运行效率过程中给企业带来递增收益(蔡跃洲和陈楠,2019)。显然,无论是成本的节约还是生产效率的提升,对于企业盈利能力的提升都有显著促进作用。对于出口企业而言,这种作用机制必然体现为出口国内增加值率的提升。

(二)从提升企业内部技术创新能力作用机制看

在生产智能化发展过程中,虽然以工业机器人为主要表现的人工智能使用,更多只是替代和承担可重复、烦琐的低技术含量工作,但这并非意味着这对企业创新活动没有影响。相反,人工智能的运用将从如下两个方面给企业创新活动带来积极的影响。一方面,如前所述,以工业机器人为主要表现的人工智能的使用,在替代由传统劳动力执行工作的同时,也会创造出新的更加复杂更具有知识和技能型的任务(Acemoglu 和 Restrepo,2018;王文等,2020),因此对高技能人才产生更大的需求,雇用更多高技能人才从事企业产品研发与设计,进而能够带动企业整体创新水平;另一方面,企业提升人工智能应用水平,将降低在生产过程中与其他生产要素之间产生的摩擦成本,并提高生产活动的智能化程度,从而将更多资金与精力投入产品升级、更新换代等创新业务中,增加与激发创新活动中所能够获得的利润空间与发展潜力。因而,提升利用人工智能水平会因为利润提升从而夯实企业加大研发投入的资金基础。另外,人工智能本身可能就意味着新技术的出现和使用,其自身就可以提升生产过程中的技术水平并吸收其他生产要素的投入(杨光和侯钰,2020),从而提高企业生产效率及总产出。无疑,建立在研发水平提升基础之上的创新能力提升和技术进步,会提升企业非价格竞争优势,提升出口企业的价格加成,最终必然表现为出口国内增加值率的提升。总之,企业人工智能水平的提高,有助于提高企业研发投入进而整体创新水平,对企业出口国内增加率的提升产生积极影响。由此,本章提出待检验机制假说 2。

H2:人工智能通过提高企业盈利能力以及企业创新水平的内部机制,对企业出口国内增加值率提升产生积极的促进作用。

三、智能化的溢出效应作用机制

产业关联理论认为,上下游产业间普遍存在投入产出关系、供给需求关系,因此在经济活动中,各产业之间实际上存在广泛的、复杂的和密切的技术经济联系(赵春明等,2019;江小敏等,2020)。对一个产业来说,其生产方式、技术等方面的变化将会通过前向关联关系和后向关联关系对其他产业部门产生影响。对使用人工智能的工业企业来说,以工业机器人为主要表现的人工智能虽然会替代本行业的企业劳动力,但同时也会推动生产要素向关联行业流动并促使行业增加自身产出(Autor 和 Salomons,2018),因而紧密的产业链关联将使得本行业人工智能的广泛使用不仅能够通过提高企业盈利能力、创新水平进而提升企业自身的出口国内增加值率水平,同样位于产业链的上下游企业也会受到其影响(朱平芳等,2016),可能通过产业间的投入产出关联效应为企业提供多品种、高质量、价格低廉的中间产品,有利于更多企业使用国内中间品进而提升企业出口国内增加值率(韩峰和阳立高,2014)。

(一)就产业向前关联效应而言

上游产业处于整个产业链前端,主要提供中间品供中下游企业进行生产、加工,因此上游行业对产业链下游行业的生产有着重要影响,能够影响下游行业的发展速度和投入品质量。上游产业在生产中提高人工智能水平,不仅提高企业盈利能力与生产效率以提高企业产品供应速度、提高产品质量,及时为下游产业提供生产所需产品和服务,而且伴随位于上游产业的企业创新能力提升,进而不断地提高产品供给质量,对下游产业也会产生显著的技术外溢作用(赵景瑞等,2021)。高效的生产使企业能够提供高质量的产品,进而促使下游企业增加使用国内企业供给的中间投入品,提高下游企业的出口国内增加值率。另外,上游企业生产过程中提升人工智能的利用水平,也将会降低供应给下游行业产品的相对价格。总结来说,上游产业对下游产业的外溢作用主要通过中间品供给、技术溢出(赵增耀等,2015)以及价格联系等途径实现,因而上游行业的企业应用人工智能对下游行业的出口国内增加值率将产生积极的促进作用。

(二)就产业向后关联效应而言

下游企业应用人工智能后,由于自身生产效率以及创新能力的提升,不仅对生产所使用投入品的需求会大幅增加,而且对投入品质量的要求也会相应提高,进而将引起提供这些投入品的供应部门提高自身产品质量、加快生产技术进步的步伐等变化。这种倒逼作用或者说匹配选择效应有利于上游企业出口国内增加值率的提升。另外,下游企业对生产要求的提高,也将会对上游行业提出生产更高质量产品的需求,而这会导致在上游行业的企业之间产生竞争效应,从而通过后向产业关联提升企业出口国内增加值率。总之,处于下游产业的企业对上游产业的企业外溢作用主要通过中间品供给、竞争效应等途径。因而下游行业的企业应用工业机器人对上游行业的出口国内增加值率同样将存在积极的促进作用。由此,本章提出待检验机制假说 3。

H3:人工智能对企业出口国内增加值率的促进作用在行业之间存在溢出效应,企业利用人工智能水平的提高不仅能促进自身出口国内增加值率水平提升，而且对产业链上游以及下游企业出口国内增加值率水平也将产生积极的外溢影响。

既然产业链的存在以及上下游行业之间的溢出效应使得企业出口国内增加值率受到自身以及上下游企业的双重影响，那么人工智能是否会对企业之间的出口国内增加值差距起到一定作用呢？若人工智能投入生产而造成本身盈利能力强的企业进一步获得更大的利润空间以及更高的创新水平，导致企业之间发展水平差距持续扩大，可能会进一步压缩其他企业的生存空间以及持续升级和长远发展，而这样的局面同样不利于我国企业的长期出口行为以及整体出口升级。更为重要的是，如果出口企业之间发展水平差距持续扩大或者说创造附加值能力的差异性逐步拉大，那么必然意味着在不同出口企业之间的要素，其初始收入分配也将受到影响，更确切地说，会拉大不同出口企业的要素初始收入分配水平，从而不利于实现共同富裕。如果情况恰恰相反，则说明有助于促进共同富裕。

四、智能化的协调作用

实际上，一方面，企业之间确实存在发展水平参差不一的现象，各企业的整体实力以及出口国内增加值率通常有着较大差距。这也正是近年来兴起的异质性企业贸易理论研究的实践和逻辑起点。对于原本出口国内增加值率较高的企业来说，其应用人工智能能够使企业持续扩展利润空间、提高自身创新能力，从而出口国内增加值率水平得以提高；对于出口国内增加值率较低的企业来说，行业内具有较高出口国内增加值率的企业可能会通过行业间的竞争压力迫使出口国内增加值率较低的企业加快应用工业机器人的步伐，将更多资金、资源投入产品研究与开发，进而提升企业盈利能力与创新水平。而且值得注意的是，低出口国内增加值率与高出口国内增加值率的企业在受人工智能影响程度上可能有所不同。在应用人工智能之前，原本出口国内增加值率较低的企业可能生产效率以及创新水平相对出口国内增加值率较高的企业更低，因此在应用人工智能之后，其技术进步提高程度可能更高，有利于出口国内增加值率较低的企业缩小与出口国内增加值率较高的企业之间的发展差距。也就是说，出口国内增加值率较低的企业在提升人工智能的应用水平时，其受益程度会更大。

另一方面，如同前文分析指出，由于技术进步包括人工智能的应用存在产业链的关联效应，从而能够产生广泛的溢出效应，也就是说，采用并不断提升人工智能利用水平的企业，对提升其他企业效益可能会产生积极影响（李磊和徐大策，2020）。产业链的构建本身就有利于企业减少生产成本、降低企业进入行业门槛、增强企业创新能力，而且行业之间由产业关联而产生的正向溢出能够对上下游的各企业出口国内增加值率起到促进作用。既然行业之间存在溢出效应，出口企业提升人工智能应用水平就可能会影响到其他企业的出口国内增加值率水平，那么，原本增加值较高的企业可能会对出口国内增加值率较低的企业起到拉动作用，进而缩小我国企业出口国内增加值率差距，进一步促进我国整体出口升级。据此，本章提出待检验理论假说4。

H4：人工智能不仅提高企业整体出口国内增加值率水平，而且能缩小企业间的出口国内增加值率差距，有助于缩小不同出口企业要素收入水平的差异性，实现整体层面的价值链攀升。

第三节　制造业智能化促进出口升级的实证方法

前文主要是从理论层面对制造业企业采用人工智能促进出口升级进而蕴含的共同富裕影响的分析,本节及以下部分将进一步从实证层面对前文理论分析中形成的理论假说,进行相应的计量检验。

一、模型构建

本章从出口升级的特定角度出发,分析人工智能是否有助于推动实现价值链攀升。为检验前文的理论假说,本章采用出口国内增加值率来表征出口升级指标。因为企业出口国内增加率通常代表着参与分工和贸易的利益获取能力,也就意味着依托开展出口贸易所能实现的财富创造和积累程度(邵朝对,2019)。采用其他各出口企业与当年出口国内增加值率最高企业之间的出口国内增加值率的差距,来表征有助于进一步实现整体层面价值链攀升的出口升级指标。利用企业层面的工业机器人渗透度,作为衡量企业人工智能利用水平的表征变量。据此,本章构建的实证模型具体如式(12-1)和式(12-2)所示:

$$DAVR_{it} = \alpha_0 + \alpha_1 Robot_{ijt} + \alpha_2 controls_{ijt} + \varepsilon_{ijt} \qquad (12-1)$$

$$DAVRGap_{it} = \beta_0 + \beta_1 Robot_{ijt} + \beta_2 controls_{ijt} + \varepsilon_{ijt} \qquad (12-2)$$

式中,i、j、t 分别表示企业、行业以及年份。$DAVR_{it}$ 表示企业 i 在 t 年的出口国内附加值率。$Robot_{ijt}$ 是本章的核心解释变量,表示企业层面的工业机器人渗透度。$DAVRGap_{it} = |DAVR_{it} - max(DAVR_{it})|$,表示各个企业与每年最高出口国内增加值率企业之间的差距,DVARGap 的值越高,则该企业出口国内增加值率与各年出口增加值最高的企业之间差距越大;反之,则代表企业出口国内增加值率与出口国内增加值率最高的企业之间的差距越小。controls 是一系列企业层面及行业层面的相关控制变量,主要包括企业年龄(Age)、企业财务状况(Finance)、融资能力(FinConstraints)、资本密集度(CapIntensity)、赫芬达尔指数(HHI)。α_1 和 β_1 是本章最为关心的核心系数,其中,前者表示人工智能应用对企业出口国内增加值率的影响程度;后者表示,人工智能应用对不同企业出口国内增加值率差异的影响程度。若 β_1 为正,则表示人工智能的使用与普及可能会加剧企业之间的生产效率差异进而影响出口国内增加值率较低的企业生存和进一步升级,不利于在出口层面实现"共同"富裕;若 β_1 为负,则表示人工智能渗透度的提高可能有助于出口国内增加值率较低的企业逐渐缩小与较高出口国内附加值企业之间的差距,进而在提高我国企业整体出口国内增加值率的基础上,能够缩小企业之间的发展差距,促进较低出口国内附加值企业的生存和持续发展,有利于在出口层面实现"共同"富裕。

二、变量与数据说明

(一)企业出口国内增加值率

有关出口国内附加值率的测度,目前主要集中于两种角度的测算方法:第一种是基于投入产出表的宏观估算（Hummels et al.,2001；Koopman et al.,2012），但该种测算方法仅停留在行业层面，无法满足本章所需更为细化的微观研究；第二类是利用工业企业数据库以及中国海关贸易数据库的相关数据，进行企业层面的出口国内附加值率计算。本章根据具体研究需要，主要借鉴 Upward 等（2013）、张杰等（2013）、吕越等（2017）的研究，对企业层面出口国内附加值率进行测算。参考并借鉴第二种计算方法，本章企业出口国内增加值率具体设定如下：

$$DVAR = 1 - \frac{V_F}{X} = 1 - \frac{M^p + X^o \times \dfrac{M^o}{D + X^o}}{X} \qquad (12-3)$$

式中，DVAR 表示企业出口国内增加值率；V_F 表示企业出口中的国外增加值；M、X 和 D 分别表示企业的进口、出口和国内销售；上标 p 和 o 表示加工贸易和一般贸易。

在具体测算过程中还需要考虑到四个方面的问题：第一，考虑 BEC 的产品分类，并不是所有企业的进口产品均被用于中间投入使用，一般贸易企业进口产品既可能被用于中间投入，也可能直接作为最终产品用于国内销售，需将 HS 产品编码转换为 BEC 并识别出一般贸易企业进口的产品类别为中间品、消费品或是资本品，进而得到一般贸易企业的中间品进口额；第二，贸易代理商问题，由于进出口限制问题，这些企业的进口并不是自身直接通过海关进口产品，而存在企业进出口贸易依赖中间贸易商的情况，若将这部分企业的进口数据直接使用计算，则会导致计算结果存在偏差，因此本章根据 Ahn 等（2011）、张杰等（2013）的处理方法，将企业名称中含有"进出口""贸易""经贸""科贸""外经"等名称的企业归为中间贸易商，计算制造业行业 j 通过中间贸易代理商的进口额占行业总进口额的比值为m_k并假定其他企业进口该产品总额通过中间贸易代理商的间接进口份额为m_k，根据 $M_A = \sum_k M/(1-m_k)$ 计算企业实际进口额，通过考虑贸易代理商问题后，得到企业实际加工贸易进口额和实际一般贸易中间品进口额；第三，国内中间投入的间接进口问题，由于现实中企业使用的国内原材料中也有部分来自国外产品，根据 Koopman 等（2012）的研究设定这一份额为 5%；第四，参照江小敏等（2020）研究，在测算企业出口附加值时考虑到进口资本品的折旧问题，将进口资本的出口附加值比重量化为折旧率与进口资本品占资本形成比重均值的乘积，根据单豪杰（2008）的研究，设定我国制造业固定资产折旧率为 10.96%，并根据联合国贸发会议的资本品进口数据，将进口资本占资本形成的比例定为 36%～39%（裴长洪，2013）。综合考虑以上四个方面的问题后，最终得到企业出口国内增加值率（DVAR）的测算公式为：

$$DVAR = 1 - \frac{M_A^P + X^o[M_{AM}^o/(D+X^o)] - 0.05\{M^T - M_A^P - X^o[M_{AM}^o/(D+X^o)]\} - 0.041\,7 \times NFA}{X}$$

$$(12-4)$$

式中，M_A^P 表示企业实际加工贸易进口额；M_{AM}^o 表示实际一般贸易中间品进口额；M^T 表示企业中间投入额；NFA 为企业固定资产净值平均余额。

（二）人工智能应用水平

目前,对我国人工智能发展程度的指标衡量主要从以下几个角度:一是使用来源于国际机器人联盟(IFR)数据库中的机器人安装与存量数据,包括各个国家细分制造业行业的工业机器人数据,根据该数据库中我国的工业机器人数据进行处理,并将其作为代理变量;二是将中国机器人的进口数据作为企业工业机器人的替代指标,通过对海关数据中的产品编码进行分析,进而识别出企业进口机器人的数量以及金额,以此衡量企业的工业机器人应用程度;三是中国机器人产业联盟(CRIA)的机器人数据,该数据主要是我国的工业机器人供应商的机器人安装量,但是该数据从 2013 年才开始提供,更新时间较短;四是采用企业是否使用机器人作为衡量标准,根据企业是否进口机器人或者是对企业进行匹配调查来确定企业是否使用机器人。

人工智能具有渗透性与协同性等特征,其能够和经济社会各行业、生产生活各环节相互融合并对经济运行方式产生影响,对企业来说,将以工业机器人为表现的人工智能引入生产之中,将在微观层面体现为投入产出效率提高所带来的企业效益提升。从该角度出发,本章认为要准确检验企业人工智能水平对出口升级所带来的影响,需要构建企业微观层面指标来具体衡量,而不能简单地用行业层面的数据来替代。因此,本章利用 IFR 数据库中的我国行业工业机器人数据作为人工智能的代理变量,并参照 Acemoglu 和 Restrepo(2020)、王永钦和董雯(2020)的研究,构造中国制造业企业层面的机器人渗透程度,以更加精准地衡量企业人工智能发展水平,具体测算方法如下:

首先,计算出行业层面的工业机器人渗透度指标:

$$\text{IndustryRobot}_{jt} = \frac{\text{MR}_{jt}^{\text{CH}}}{L_{i,t=2\,000}^{\text{CH}}} \tag{12-5}$$

式中,$\text{MR}_{jt}^{\text{CH}}$ 表示中国 j 行业 t 年的工业机器人存量;$L_{i,t=2\,000}^{\text{CH}}$ 表示中国 j 行业 2000 年(本章以该年作为衡量基期)的就业人数;$\text{IndustryRobot}_{jt}$ 表示中国 j 行业 t 年的工业机器人渗透度。

其次,根据所得到的行业层面数据的工业机器人渗透度(IndustryRobot),构造制造业企业层面的工业机器人渗透度:

$$\text{CHexposuretorobots}_{ijt} = \frac{\text{PWP}_{ijt=2\,000}}{\text{ManuPWP}_{t=2\,000}} \times \frac{\text{MR}_{jt}^{\text{CH}}}{L_{i,t=2\,000}^{\text{CH}}} \tag{12-6}$$

式中,$\dfrac{\text{PWP}_{ijt=2\,000}}{\text{ManuPWP}_{t=2\,000}}$ 表示 j 行业 i 企业 2000 年(基期)生产部门员工占比与制造业所有企业生产部门员工占比中位数的比值,以该比值为权重,将行业层面的工业机器人渗透度分解到企业层面,得到企业层面的工业机器人渗透度。

由于本章所使用的样本数据中企业个数以及具体企业情况各年均会产生变化,因此在指标权重的具体构建上与所参考的研究不同,本章未采用企业固定基期生产部门员工占比与制造业所有企业基期生产部门员工占比中位数的比值作为各年权重,而将每年各企业的行业员工占比与制造业所有企业生产部门员工占比中位数的比值作为计算权重。

将该指标的构建依照本章具体情况更改为：

$$\text{Robot}_{ijt} = \frac{\text{PWP}_{ijt}}{\text{ManuPWP}_t} \times \text{IndustryRobot}_{jt} = \frac{\text{PWP}_{ijt}}{\text{ManuPWP}_t} \times \frac{\text{MR}_{jt}^{CH}}{\text{L}_{i,t=2\,000}^{CH}} \quad (12-7)$$

该指标所采用的权重 $\dfrac{\text{PWP}_{ijt}}{\text{ManuPWP}_t}$ 表示为每年制造业中 i 行业 j 企业生产部门占比与制造业所有企业生产部门员工占比中位数的比值；Robot_{ijt} 则为 i 企业在 t 年的人工智能应用程度即工业机器人渗透度。

（三）其他控制变量

参考吕越等（2021）、韩峰等（2021）相关研究，本章纳入控制变量如下：① 企业年龄（Age），采用当期年份减去企业开业年份，再对其加 1；② 企业财务状况（Finance），用企业总负债与总资产的比值衡量；③ 融资能力（FinConstraints），以企业负债总额与固定资产净值的比值表示；④ 资本密集度（CapIntensity），用企业固定资产净值除以企业年平均员工数衡量；⑤ 赫芬达尔指数（HHI），本章利用企业总资产计算其所占行业市场份额，用以反映行业集中度。

三、数据来源及说明

本章的样本区间设定为 2000—2013 年，所使用的行业层面的工业机器人数据来自 IRF 数据库，企业层面的数据来自中国工业企业数据库以及中国海关贸易数据库。由于 IRF 数据库与工业企业数据库的行业分类存在差异，因此需要将机器人数据的行业与工业企业数据库行业进行匹配。本章参照闫雪凌等（2020）匹配方法并根据分类标准和行业名称，将中国的制造业行业整合成 14 个制造业行业，并将工业企业数据库中数据与 IRF 数据库中所提供行业层面的工业机器人数据进行——匹配，再根据本章对指标的具体衡量方法计算并整理得到本章回归的研究数据。

第四节　人工智能促进制造业出口升级的实际效应

一、基准回归结果

为保证对式（12-1）回归的准确性，本章在式（12-1）的基础上将进一步用双向固定效应模型进行估计。首先不考虑控制变量的影响进行回归，得到结果如表 12-1 第（1）列和第（2）列所示。结果显示，人工智能应用水平系数估计值显著为正，说明人工智能的提高确实有利于企业出口国内增加值率的提高，提升出口企业的贸易利得。在此基础上，加入控制变量进行回归，得到结果如表 12-1 第（3）列和第（4）列所示，从中可见，核心解释变量人工智能应用水平依然在 1% 水平上显著为正，表明企业人工智能水平的提升确实能够促进出口国内增加值率增长。据此，前文的理论假说 1 得到初步验证。

表 12 - 1　基准结果分析

被解释变量	(1)	(2)	(3)	(4)
Robot	0.009 3*** (46.27)	0.005 8*** (21.49)	0.005 9*** (26.15)	0.005 8*** (20.42)
Age	—	—	0.001 3*** (25.17)	0.000 3*** (4.39)
Finance	—	—	0.006 1*** (5.10)	−0.008 2*** (−6.34)
FinConstraints	—	—	0.000 9*** (6.83)	0.000 6*** (4.88)
CapIntensity	—	—	−0.003 6*** (−33.24)	−0.002 6*** (−22.66)
HHI	—	—	0.062 4*** (20.86)	0.016 2*** (4.62)
企业固定效应	no	yes	no	yes
年份固定效应	no	yes	no	yes
Obs	476 045	476 045	416 403	416 403
R^2	0.011 8	0.026 9	0.019 1	0.031 0

注:括号内为 t 值;＊＊＊、＊＊、＊分别表示在 1%、5%、10%的水平上显著。

二、稳健性检验

(一)指标变换及极端值的考虑

关键变量的更换包括本章的被解释变量和核心解释变量。

首先,针对被解释变量即企业出口国内增加值率的测算,尽管在基本思想以及处理方法上大致相似,但在具体计算上存在多种方法。本章借鉴许和连等(2017)的具体计算方法,重新对企业出口国内增加值率进行测算,具体测算方法如下:

$$DVAR = \begin{cases} 1 - \dfrac{M_A^P + 0.05 \times (M^T - M_A^P)}{Y_{it}^o}, shipment = O \\[2ex] 1 - \dfrac{M_{AM}^o + 0.05 \times (M^T - M_{AM}^o)}{Y_{it}^P}, shipment = P \\[2ex] w_o\left(1 - \dfrac{M_A^P + 0.05 \times (M^T - M_A^P)}{Y_{it}^o}\right) + w_p\left(1 - \dfrac{M_{AM}^o + 0.05 \times (M^T - M_{AM}^o)}{Y_{it}^P}\right), \\ shipment = M \end{cases}$$

$$(12-8)$$

式中,O、P、M 分别表示一般贸易、加工贸易和混合贸易;w_o、w_p分别表示混合贸易中一般贸易和加工贸易的比重;M_A^P表示企业实际加工贸易进口额;M_{AM}^o表示实际一般贸易中间品进口额；M^T表示企业中间投入额；Y_{it}^o、Y_{it}^p分别表示一般贸易企业、加工贸易企业总产出。

另外，在计算过程中也充分地考虑到了一般贸易 BEC 产品分类、贸易代理商以及国内中间投入的间接进口问题。回归结果如表12－2第（1）列所示。结果表明，尽管本章最为关心的核心解释变量即企业层面的人工智能利用程度（Robot）的系数估计值，与前述表12－1相比在绝对值大小方面略有变化，但无论是正负性还是影响的显著性方面，均没有发生本质改变。也就是说，企业人工智能化水平的提高确实能够促进企业出口国内增加值率的提升。

其次，本章通过更换核心解释变量的方式进行稳健性检验。与前述细化到企业层面的智能化应用程度不同，本章借鉴现有文献的做法，采用 IFR 数据库行业层面的工业机器人存量作为核心解释变量的替代指标，对计量模型（12－1）进行回归，所得结果如表12－2第（2）列所示。结果同样表明，人工智能利用程度（Robot）的系数估计值虽然在绝对值大小方面略有变化，但其影响的方向性和显著性并没有改变，也就是说，企业人工智能化利用程度对出口国内增加值率具有显著提升作用的结论依然成立。

再次，考虑极端值可能带来的影响。本章对被解释变量企业出口国内增加值率进行双边缩尾 2.5%，再次对数据进行回归分析，所得结果如表12－2第（3）列所示。结果表明，在剔除可能极端值带来的影响之后，所得回归估计结果依旧没有发生本质变化。以上稳健性检验均显示，人工智能化应用程度的提高对企业出口国内增加值率的提升具有显著的促进效应，进一步验证了本章基准回归估计结果的稳健性和可靠性，前文理论假说1再次得以验证。

（二）内生性检验

在基准回归中，通过使用双向固定效应模型回归确实能够在一定程度上减轻内生性问题带来的影响，但企业的人工智能应用水平对企业出口国内增加值率的影响仍可能存在内生性问题。首先，若企业本身出口国内增加值率较高，说明企业在自身发展水平上相对更有能力，更倾向于实现在生产过程中提升人工智能应用水平以提高自身的盈利水平和创新能力，进一步推动出口国内增加值率的提高，二者之间可能存在双向因果关系；其次，尽管本章力图从微观层面准确衡量企业工业机器人的应用程度，但因样本数据的可得性以及测算方法可能会导致对指标的测量误差；另外，在参考其他研究的基础上纳入了控制变量以控制其他可能影响企业出口国内增加值率的变量，但难免存在遗漏变量的问题。为了进一步确定人工智能应用水平对企业出口国内增加值率的影响，本章采用工具变量回归以减少因内生性问题而引起的估计偏差。参考王永钦和董雯（2020）研究构建工具变量的思路和方法，本章选用美国的工业机器人数据作为工具变量，主要是因为美国的工业机器人应用趋势与我国相似，而其又不直接影响到我国企业出口国内增加值率水平，满足工具变量选择的相关性和外生性要求。利用美国行业层面的工业机器人数据来构建中国企业层面机器人渗透度的工具变量，具体指标构建如下：

$$Robot_{ijt}^{USA}=\frac{PWP_{ijt}}{ManuPWP_t}\times IndutryRobot_{jt}^{USA}=\frac{PWP_{ijt}}{ManuPWP_t}\times\frac{MR_{jt}^{USA}}{L_{i,t=1990}^{USA}} \quad (12-9)$$

式中,MR^{USA}_{jt}表示美国 j 行业 t 年的工业机器人存量;$L^{USA}_{i,t=1990}$表示美国 j 行业 1990 年的就业人数,美国分行业就业数据来自 NBER-CES,该数据的行业分类标准与本章使用的两个数据分类标准均不同,因此同样根据具体行业分类标准和名称将其与样本数据进行行业匹配;$IndutryRobot^{USA}_{ijt}$则表示美国 j 行业在 t 年的工业机器人渗透度。

工具变量回归结果如表 12 - 2 第(4)所示,从中可见,核心解释变量工业机器人渗透度(Robot)的系数估计值仍然显著为正,说明在解决了可能的内生性问题之后,企业人工智能化应用水平对企业出口增加值率的提升仍然表现出显著的促进作用。本章构建的工具变量 $Robot^{USA}_{ijt}$ 也通过了识别不足以及弱工具变量检验,说明本章所选取的工具变量是合理的。

(三)考虑样本期内重大事件

本章使用的样本时间为 2000—2013 年,在该样本期内有两件可能会对企业出口行为进而对企业出口国内增加率产生影响的重大事件:一是中国加入世界贸易组织。加入世界贸易组织极大地促进了中国企业扩大对外出口,而扩大开放有利于企业通过学习新技术、提高产品质量等途径提高出口国内增加值率。当然,也有可能在融入全球价值链分工体系,在"大进大出"中出现出口国内增加值率下降现象。二是 2008 年全球金融危机所带来的冲击。2008 年爆发的全球金融危机对世界范围内各个国家之间的贸易往来产生了巨大的影响,具体到对企业出口行为的影响而言,可能既有负面影响也有积极作用。这是因为,受到危机冲击的企业会调整生产结构以增强抵御风险能力,进而促进企业出口能力的提升。为了考察样本期内发生的这两起事件是否会影响到企业出口国内增加值率,本章生成中国加入世界贸易组织以及金融危机的虚拟变量,将中国加入世界贸易组织前设定为 0,加入世界贸易组织后设定为 1;在 2008 年金融危机发生前的时间点,将该变量值设定为 0,之后则设置为 1。将这两个变量加入回归后,得到回归结果如表 12 - 2 第(5)列所示,加入世界贸易组织以及金融危机的发生确实对企业出口国内增加值率产生积极的促进作用,但在考虑了这两起重大事件的影响效应后,本章最为关心的核心解释变量 Robot 的系数估计值同样并未发生本质变化,即企业人工智能化应用程度能够有效促进企业出口国内增加值率提升的基本结论依然成立。前文理论假说 1 再次得以验证。

表 12 - 2　稳健性检验

被解释变量	指标变换		极端值	内生性检验	重大事件冲击
	(1) 更换 DVAR	(2) 更换 Robot	(3)	(4)	(5)
Robot	0.001 6 *** (4.53)	0.002 0 *** (12.24)	0.005 8 *** (20.42)	0.005 9 *** (26.15)	0.005 8 *** (20.42)
Age	0.000 0 (0.03)	0.000 3 *** (4.31)	0.000 3 *** (4.39)	0.001 3 *** (25.17)	0.000 3 *** (4.39)
Finance	−0.004 7 *** (−3.00)	−0.008 2 *** (6.31)	−0.008 2 *** (−6.34)	0.006 1 *** (5.10)	−0.008 2 *** (−6.34)

被解释变量	指标变换		极端值	内生性检验	重大事件冲击
	(1) 更换 DVAR	(2) 更换 Robot	(3)	(4)	(5)
FinConstraints	0.000 2 (0.94)	0.000 7*** (5.10)	0.000 6*** (4.88)	0.000 9*** (6.83)	0.000 6*** (4.88)
CapIntensity	−0.000 3* (−1.84)	−0.002 7*** (−22.86)	−0.002 6*** (−22.66)	−0.003 6*** (−33.24)	−0.002 6*** (−22.66)
HHI	0.019 0*** (4.45)	0.018 1*** (5.18)	0.016 2*** (4.62)	0.062 4*** (20.86)	0.016 2*** (4.62)
WTO	—	—	—	—	0.020 3*** (11.06)
Financial Crisis	—	—	—	—	0.076 1*** (44.15)
LM statistic	—	—	—	3.3e+05 (0.000 0)	—
Wald F statistic	—	—	—	6.5e+06	—
企业固定效应	yes	yes	yes	—	yes
年份固定效应	yes	yes	yes	—	yes
Obs	416 403	416 403	416 403	416 403	416 403
R^2	0.027 0	0.030 3	0.031 0	0.019 1	0.031 0

注:括号内为 t 值;＊＊＊、＊＊、＊分别表示在 1%、5%、10% 的水平上显著。

三、异质性分析

(一)地区发展水平

对发展水平较低地区来说,分布的产业大多生产效率不高且产业基础薄弱(吴福象和朱蕾,2010),循此逻辑不难推断,企业出口国内附加值水平可能相对较低;而发展水平较高地区的企业原本自身出口国内增加值率较高且产业间关联紧密,人工智能使用水平的提高有利于其进一步提高出口国内增加值率。但相对来说,受到边际作用递减规律的影响,受人工智能化的影响,欠发达地区出口国内增加值率的提高程度可能较发达地区相对更高。导致不同地区发展水平呈现高低差距不断扩大的原因之一,既有文献研究认为(范剑勇和谢强强,2010),主要是欠发达地区的劳动力不断地向发展水平较高地区流动。从现实情况来看也确实如此,中西部地区产业发展水平及生产效率较之于东部地区相对较低,致使东部地区对劳动力流入的吸引力越来越强。大量劳动力流出中西部地区进一步地导致中西部地区产业发展动力不足,因而企业出口国内增加值率水平较低。而企业人工智能水平的提高,一能弥补中西部劳动力不足的现实困境以提升企业生产能力,二能通过前文所述的智能化应用提高研发投入,进而提高劳动效率以及企业创新能力,由此促进企业出口国内增加值率的增加。从地区间产业联系的角度出发,长期以来由于受到中国尤其是东部地区融入全球价值链分工体系的具体方式和特征等因素影响,东部地区和中西部地区尚未形成良好的产业分工格局和有效的分工协作体系,从而东部地区在实现经济高速增长过程中,并未对中西部地区经济发展形成拉动作用和产生显著的溢出效应。但伴随人工智能的应用,尤其是在中西部地区的使用,企业提高了自身产品质量以及创新能力,进而与东部地区进行产业配套和分工协作的能力得以提升,地区间经济联系得以持续增强。在此背景下,中西部地区更容易受到东部地区积极的溢出效应影响,从而促进企业出口国内增加值率提升。为了验证该理论分析,简单地根据地理位置进行分类可能并不能具有较大说服力,为此,本章参照"七五"计划时期的划分标准,根据地理位置、经济建设条件、现实的经济技术水平以及所存在的地区差异等,将全国划分为三大经济地带(即东部、中部、西部地区)进行回归。具体回归结果如表 12-3 所示。从中可见,首先,不论是对较为发达的东部地区来说,还是对欠发达的中、西部地区来说,企业人工智能应用程度的提高,均能有效地提高企业出口国内增加值率,这一结果进一步验证了人工智能对提升企业出口国内增加值率所起到的积极作用;其次,欠发达的中西部地区企业出口国内增加值率的提升程度,受到人工智能化水平的影响确实较东部地区更大,从而证实前文的理论预期和判断。

表 12-3 异质性分析——地区发展水平

被解释变量	东部地区	中部地区	西部地区
Robot	0.005 8*** (19.87)	0.006 7*** (4.60)	0.006 6*** (2.86)
Age	0.000 3*** (4.20)	−0.000 0 (−0.04)	0.000 1 (0.33)
Finance	−0.009 4*** (−7.05)	0.003 2 (0.55)	0.005 3 (0.50)
FinConstraints	0.000 7*** (4.87)	0.000 2 (0.21)	0.002 3** (−2.09)
CapIntensity	−0.002 7*** (−22.44)	−0.000 6 (−1.22)	0.001 4* (−1.68)
HHI	0.011 7*** (3.22)	0.051 7*** (3.73)	0.088 1** (2.48)
企业固定效应	yes	yes	yes
年份固定效应	yes	yes	yes
Obs	384 403	22 226	9 774
R²	0.035 0	0.007 3	0.007 6

注:括号内为 t 值;＊＊＊、＊＊、＊分别表示在 1%、5%、10%的水平上显著。

（二）企业所有制

已有研究指出（吴延兵，2012），非国有企业具有较高的生产效率和技术创新能力，不仅创新投入多而且创新效率较高。对非国有企业来说，其致力于提高企业长期竞争力、尽可能地优化自身资源配置效率。从这一角度看，非国有企业实现人工智能化后进一步在生产、管理和未来持续发展上扩大自身竞争力，进而促进企业出口国内增加值率的提升。相较于民营企业、外商企业，国有企业的生产效率较低（刘小玄，2000），而且国有企业相对于非国有企业更需注重就业的稳定，或者说承担着"稳就业"的战略需要，对于工业机器人对劳动力的替代进程较非国有企业来说可能更为缓慢。因此，若国有企业提高使用工业机器人等智能化发展水平，应该能够更大程度地释放企业生产效率以及技术创新潜力，从而提升企业出口国内增加值率。本章参考聂辉华等（2012）、沈国兵和袁征宇（2020）的研究，将国有及集体资本金占比大于等于50％的企业定义为国有企业，其余则作为非国有企业样本数据，据此对不同所有制类型企业进行回归估计，具体结果如表12－4所示。基于表12－4报告的回归估计结果，我们基本上可以得出如下几个方面的结论。首先，以工业机器人的使用为表现的智能化水平提高，对国有企业以及非国有企业的出口国内增加值率提升均存在促进作用；其次，国有企业人工智能水平的提升能够更大程度地促进其企业出口国内增加值率。这一差异性与前文预期具有高度一致性。

表12－4　异质性分析——企业性质

被解释变量	国有企业	非国有企业
Robot	0.009 1*** (4.64)	0.005 7*** (19.88)
Age	0.000 0 (0.11)	0.000 3*** (3.23)
Finance	−0.002 6 (−0.31)	−0.003 2*** (−6.44)
FinConstraints	0.000 1 (0.08)	0.000 6*** (4.74)
CapIntensity	−0.001 6** (−2.26)	−0.002 6*** (−22.19)
HHI	−0.008 7 (−0.29)	0.017 0*** (4.82)
企业固定效应	yes	yes
年份固定效应	yes	yes
Obs	20 291	395 399
R^2	0.012 6	0.032 7

注：括号内为t值；＊＊＊、＊＊、＊分别表示在1％、5％、10％的水平上显著。

(三) 行业技术分类

根据各行业的特性,资本密集型与技术密集型行业,由于其要素密集度特征包括行业的创新潜力和空间,以及考虑到不同生产要素之间的可替代性,该种类型的企业对使用工业机器人等智能化应用的需求和依赖强度更高,也就是说,提升智能化应用水平能够在更大程度上提高生产效率,促进企业整体效益的增加,进而提升企业出口国内增加值率。相比较而言,尽管劳动密集型行业可能同样会受到企业使用工业机器人的影响,但是因为劳动密集型产业对劳动力的使用较多,而企业使用机器人等智能化发展主要体现为劳动力替代,尽管同样存在一定程度的创新空间和潜力,但与资本和技术密集型产业相比可能相对较小。也就是说,人工智能的应用对于劳动密集型产业而言,其对生产率的提升作用可能主要来自劳动力替代效应而不是主要来自创新效应和技术进步效应。因此,对于该种类型的企业而言,依托人工智能提升企业效益进而影响出口国内增加值率的程度,可能没有资本密集型以及技术密集型行业的显著。从现实情况来看,首先,全球工业机器人大多应用于高技术制造业,而非传统劳动密集型产业(邓仲良和屈小博,2021);其次,从本章所使用的样本期数据来看,劳动密集型企业平均出口国内增加值率最高,而技术密集型企业平均出口国内增加值率较低,这一差别说明,对于我国企业来说,劳动密集型企业已经发展到相对成熟的阶段,但资本密集型和技术密集型企业可能仍然处于发育和成长阶段,企业研发投入以及生产效率还存在较大提升空间。当然,也可能因为不同行业特性决定了全球价值链分工的细化程度不同,即资本和技术密集型企业的全球价值链分工更细、更专业,从而出口国内增加率相对较低。不论是何种原因占据主导地位,考虑到企业的自身特点以及出口国内增加值率水平的现实情况,可以推断技术密集型、资本密集型企业受到人工智能应用影响程度可能相对劳动密集型企业来说更为明显,也就是说,人工智能水平对处于资本和技术密集型行业的企业出口国内增加率影响,要比处于劳动密集型的企业影响更为明显。

本章参考江静等(2007)对行业的分类方法,并根据制造业各行业的特性,将其具体分为劳动密集型行业、资本密集型行业以及技术密集型行业三类。对三类不同类型的行业进行分样本回归,具体结果如表 12-5 所示。根据表 12-5 的回归估计结果,我们基本可以得出如下两方面的基本判断。首先,三类行业技术的企业应用人工智能均能促进出口国内增加值率水平提升;其次,相对于劳动密集型企业,资本密集型与技术密集型企业出口国内增加值率的提升程度受到人工智能的影响更大。由此,证实了前文的理论预期。

表 12-5　异质性分析——不同行业技术

被解释变量	劳动密集型	资本密集型	技术密集型
Robot	0.002 1*** (5.06)	0.006 2*** (8.44)	0.010 1*** (14.89)
Age	0.000 4*** (3.23)	0.000 3** (2.55)	0.000 2 (1.16)

被解释变量	劳动密集型	资本密集型	技术密集型
Finance	−0.001 3 (−0.82)	−0.012 8*** (−4.44)	−0.017 5*** (−6.05)
FinConstraints	0.000 4** (2.42)	0.001 4*** (5.31)	0.000 5** (2.05)
CapIntensity	−0.001 9*** (−11.32)	−0.003 2*** (−13.55)	−0.003 0*** (−13.05)
HHI	0.011 1*** (3.13)	−0.096 8*** (−5.39)	0.002 7 (0.10)
企业固定效应	yes	yes	yes
年份固定效应	yes	yes	yes
Obs	188 605	115 108	112 690
R^2	0.025 5	0.029 9	0.042 5

注:括号内为 t 值;＊＊＊、＊＊、＊分别表示在 1%、5%、10%的水平上显著。

(四)人工智能对出口国内附加值差距的影响

从出口升级角度分析人工智能对促进"共同富裕"目标实现的影响,前文已经证实了人工智能在促进"富裕"方面的现实效应,那么接下来还要回答是否具有"共同"效应,即在促进以提升企业贸易利得为表现的"富裕"的同时,是否还促进了出口升级的另一维度的发展,即推动企业间出口增加值率以缩小企业间发展差距为表现的"共同"富裕方向发展。为此,我们对前述计量模型(12-2)进行回归估计,所得结果见表 12-6。表 12-6 报告回归估计结果的顺序与表 12-1 的逻辑一致,从中可见,本章最为关心的核心解释变量人工智能水平,其系数估计值在各列中均显著为负,也就是说,无论是否考虑到行业和年份固定效应,以及无论是否考虑到其他控制变量的影响,人工智能变量对企业出口国内附加值差距确实存在负向影响,即人工智能水平的提高能够有效缩小企业之间出口国内增加值率的差距。结合前述分析所得结论可以看出,对本身出口国内增加值率较低的企业来说,在提升人工智能化应用水平后,能够更大程度地提高企业自身发展实力,通过盈利能力以及创新水平的提升促进企业出口国内增加值率的提升,从而缩小企业间的发展差距,在整体层面上促进价值链攀升。由此,前文的理论假说 4 得以验证。

表 12-6　人工智能与出口附加值差距

被解释变量	(1)	(2)	(3)	(4)
Robot	−0.015 0*** (−51.65)	−0.008 4*** (−21.64)	−0.009 6*** (−29.45)	−0.008 5*** (−20.50)
Age	—	—	−0.002 1*** (−28.16)	−0.000 5*** (−4.40)

续　表

被解释变量	(1)	(2)	(3)	(4)
Finance	—	—	$-0.009\,4^{***}$ (-5.37)	$0.011\,8^{***}$ (6.29)
FinConstraints	—	—	$0.000\,9^{***}$ (6.83)	$-0.000\,9^{***}$ (-4.94)
CapIntensity	—	—	$0.005\,4^{***}$ (34.70)	$0.004\,0^{***}$ (23.65)
HHI	—	—	$0.090\,8^{***}$ (-20.80)	$-0.025\,5^{***}$ (-5.02)
企业固定效应	no	yes	no	yes
年份固定效应	no	yes	no	yes
Obs	476 045	476 045	416 403	416 403
R²	0.013 7	0.031 5	0.022 6	0.036 1

注:括号内为 t 值;＊＊＊、＊＊、＊分别表示在 1％、5％、10％的水平上显著。

第五节　制造业智能化促进出口升级的机制检验

　　前述分析已经证实了人工智能的应用,对以提升企业出口国内增加率为表现的贸易利得的确具有显著的积极作用,从而意味着依托人工智能赋能有助于价值链攀升。那么接下来我们更为感兴趣的问题是:人工智能应用所产生的上述效应,是否通过前文所述的增强企业盈利能力和提升企业创新能力的内部影响机制,以及通过产业链传导的外部影响机制而产生作用?

一、内部影响机制

　　为了验证企业盈利能力的中介作用机制,本章在原有计量模型(12-1)的基础之上,加入企业盈利能力这一变量进行中介机制检验。关于企业盈利能力测算指标的构建,其具体计算公式如下:

$$\text{Profitability}_{ijt} = \frac{\text{Profit}_{ijt}}{\text{Cost}_{ijt}} \qquad (12-10)$$

式中,Profit 为企业利润总额;Cost 为企业生产成本。

　　借鉴刘斌、王乃嘉(2016)对企业生产成本的计算方法,企业生产成本表示为管理费用、财务费用、销售费用、产品销售成本、主营业务应付福利总额以及主营业务应付工资总额之和。据此建立的中介效应模型如下:

$$\text{Profitability}_{ijt} = \beta_0 + \beta_1 \text{Robot}_{ijt} + \beta_2 \text{controls}_{ijt} + \varepsilon_{ijt} \qquad (12-11)$$

$$DAVR_{it} = \beta_0 + \beta_1 Robot_{ijt} + \beta_{Pro} Profitability_{ijt} + \beta_2 controls_{ijt} + \varepsilon_{ijt} \quad (12-12)$$

验证企业创新水平中介作用机制的中介模型设定如下：

$$Innovation_{ijt} = \beta_0 + \beta_1 Robot_{ijt} + \beta_2 controls_{ijt} + \varepsilon_{ijt} \quad (12-13)$$

$$DAVR_{it} = \beta_0 + \beta_1 Robot_{ijt} + \beta_{Inno} Innovation_{ijt} + \beta_2 controls_{ijt} + \varepsilon_{ijt} \quad (12-14)$$

式中，Innovation表示企业创新水平，本章将用企业投入研究开发费用作为创新水平的衡量指标。目前企业层面创新能力的衡量主要使用投入费用或者是新产品产值这两个指标，而工业机器人的使用推动企业将更多资金投入技术开发或者是产品升级的研发中，企业创新能力的提高不一定仅仅体现在新产品这一方面，因此本章使用研究开发费作为企业创新能力的体现。

基于上述中介效应模型，企业盈利能力中介作用机制的回归结果估计如表12-7第(2)列和第(3)列所示。从第(2)列报告的估计结果可见，核心解释变量人工智能变量对企业盈利能力存在积极的促进作用，表明以工业机器人应用为表现的人工智能，对企业盈利能力和水平的提升具有显著促进作用。进一步地，第(3)列报告的回归估计结果显示，以工业机器人应用为表现的人工智能与企业盈利能力系数均显著为正。可见，人工智能确实通过提升企业盈利能力和水平这一重要作用机制而影响着企业出口国内增加值率。企业创新水平中介作用机制的回归结果估计如表12-7第(4)列和第(5)列所示。从第(4)列报告的估计结果可见，核心解释变量人工智能变量对企业创新能力和水平提升存在积极的促进作用，表明以工业机器人应用为表现的人工智能，对企业创新确实具有显著积极影响。进一步地，第(5)列报告的回归估计结果显示，以工业机器人应用为表现的人工智能与企业创新变量系数均显著为正。可见，人工智能确实通过提升企业创新能力和水平这一重要作用机制而影响着企业出口国内增加值率。综合上述回归结果，前文机制假说2得以验证，即企业盈利能力和创新水平确实是企业应用人工智能影响出口国内增加值率的中介变量。

表12-7 内部机制检验

被解释变量	(1) DVAR	(2) Profitability	(3) DVAR	(4) Innovation	(5) DVAR
Robot	0.005 8*** (20.42)	0.007 9*** (8.84)	0.005 8*** (20.20)	0.110 2*** (15.50)	0.006 4*** (12.48)
Profitability	—	—	0.001 2** (2.25)	—	—
Innovation	—	—	—	—	0.000 7*** (3.57)
Age	0.000 3*** (4.39)	0.000 1 (0.58)	0.000 3*** (4.24)	−0.005 4** (−2.17)	0.001 2*** (6.72)
Finance	−0.008 2*** (−6.34)	−0.321 9*** (−78.97)	−0.007 8*** (−5.91)	0.102 7*** (2.63)	−0.005 8** (−2.09)

被解释变量	(1) DVAR	(2) Profitability	(3) DVAR	(4) Innovation	(5) DVAR
FinConstraints	0.000 6 *** (4.88)	0.005 2 *** (12.55)	0.000 6 *** (4.86)	0.004 7 (1.23)	0.000 1 (0.47)
CapIntensity	−0.002 6 *** (−22.66)	0.004 0 *** (10.97)	−0.002 7 *** (−22.69)	0.004 7 (1.23)	−0.002 6 *** (−9.54)
HHI	0.016 2 *** (4.62)	−0.038 9 *** (−3.52)	0.016 3 *** (4.62)	−0.003 6 (−0.05)	0.015 2 *** (2.80)
企业固定效应	yes	yes	yes	yes	yes
年份固定效应	yes	yes	yes	yes	yes
Obs	416 403	413 222	413 222	180 153	180 153
R^2	0.031 0	0.023 9	0.030 9	0.003 3	0.027 1

注:括号内为 t 值;＊＊＊、＊＊、＊分别表示在 1%、5%、10%的水平上显著。

二、外部影响机制

针对人工智能的产业链传导作用机制,由于产业链上下游产业间普遍存在经济联系,因此企业人工智能水平的提高不但对本企业出口行为产生直接影响,必然也会对上下游行业的企业产生间接影响,并且犹如前文分析指出那样,存在着上游影响下游和下游影响上游两种情况。为分别检验产业链上下游之间溢出作用的两种不同情况,本章设定计量模型如下:

$$\text{DAVR}_{it} = \beta_0 + \beta_1 \text{Robot}_{ijt} + \beta^{\text{for}} \text{For}_{ijt} + \beta_2 \text{controls}_{ijt} + \varepsilon_{ijt} \quad (12-15)$$

$$\text{DAVR}_{it} = \beta_0 + \beta_1 \text{Robot}_{ijt} + \beta^{\text{back}} \text{Back}_{ijt} + \beta_2 \text{controls}_{ijt} + \varepsilon_{ijt} \quad (12-16)$$

式中,β_1 如前文一样衡量了 j 行业 i 企业的人工智能水平对企业出口国内增加值率的直接影响;For_{ijt} 的系数 β^{for} 衡量了 j 行业的上游行业人工智能水平对 j 行业企业国内出口增加值的影响;Back_{ijt} 的系数 β^{back} 衡量了 j 行业的下游行业的人工智能水平对 j 行业企业出口国内增加值率的影响。参考李瑞琴和孙浦阳(2018)、王永钦(2020),对上下游行业关联指标进行构建如下:

$$\text{For}_{ijt} = \sum_{k \neq j} \text{for}_{jkt} \times \text{Robot}_{ijt} = \sum_{k \neq j} \frac{\text{input}_{jkt}}{\sum_q \text{input}_{jqt}} \times \text{Robot}_{ijt} \quad (12-17)$$

$$\text{Back}_{ijt} = \sum_{k \neq j} \text{back}_{jkt} \times \text{Robot}_{ijt} = \sum_{k \neq j} \frac{\text{output}_{jkt}}{\sum_q \text{output}_{jqt}} \times \text{Robot}_{ijt} \quad (12-18)$$

式中,input_{jkt}、input_{jqt} 表示 j 行业在 t 年向 k 行业或 q 行业购买的中间投入品;for_{jkt} 表示 j 行业向 k 行业所购买的中间投入品占 j 行业向所有上游行业购买的全部中间品投入的比重;$\sum\limits_{k\neq j}for_{jkt}$ 表示 i 行业与上游行业的关联系数;For_{ijt} 表示 j 行业 i 企业 t 年的上游行业工业机器人渗透程度通过向 j 行业提供中间投入品对 j 行业所带来的前向溢出效应;类似地,$output_{jkt}$、$output_{jqt}$ 表示 j 行业在 t 年向 k 行业或 q 行业提供的中间投入品;$back_{jkt}$ 则表示 j 行业向 k 行业所提供的中间投入品占 j 行业向所有下游行业提供的全部中间品投入的比重;$\sum\limits_{k\neq j}back_{jkt}$ 表示 i 行业与下游行业的关联系数;$Back_{ijt}$ 表示 j 行业 i 企业 t 年的下游行业工业机器人渗透程度通过向 j 行业购买中间投入品对 j 行业所带来的后向溢出效应;$input_{jkt}$、$input_{jqt}$、$output_{jkt}$、$output_{jqt}$ 数据来源于我国投入产出表中的中间投入矩阵,每年所使用的投入产出表为该年以前公布的最新投入产出数据。

首先,将核心解释变量分别替换为 For_{ijt}、$Back_{ijt}$ 进行回归,所得回归系数结果主要反映本行业人工智能水平对企业出口国内增加值率的影响,以及上游行业、下游行业的人工智能水平对本行业企业出口国内增加值率带来的溢出影响;其次,对式(12-15)、式(12-16)进行回归,此时在控制了本行业人工智能水平的情况下,所得到的回归系数主要反映上游、下游行业的企业人工智能水平的提高对上下游企业出口国内增加值率是否存在溢出作用,即通过中间品市场途径所产生的行业间溢出作用。回归结果如表 12-8 所示,对上游行业、下游行业的人工智能水平进行回归,结果显示其他下游行业的人工智能水平提高,在行业之间产生了溢出效应,进而促进本行业企业出口国内增加值率提升;在同时加入核心解释变量本行业人工智能水平后进行回归,结果仍然显示人工智能水平的提高对企业出口国内增加值率提升存在积极影响,而且上游行业、下游行业的企业提高以工业机器人为表现的人工智能水平后,对本行业企业出口国内增加值率也会带来正向溢出影响。产业链的存在导致企业之间紧密相连,上下游企业的生产变动将通过产业链分工相互影响,企业人工智能水平的提升不但能促进自身出口国内增加值率的提升,通过上下游之间的技术共享、竞争效应等也能影响到其他企业,这就说明了更加重视国内产业链分工所带来的企业间溢出效应,有助于加快推动制造业整体高质量发展速度。总之,表 12-8 的回归估计结果证实了前文机制假说 3。

表 12-8 外部机制分析

被解释变量	DVAR			
	上游产业链传导		下游产业链传导	
For	0.004 7*** (20.82)	0.003 1*** (4.34)	—	—
Back	—	—	0.007 5*** (20.34)	0.003 6*** (3.62)
Robot	—	0.002 0** (2.21)	—	0.003 3*** (4.22)
Age	0.000 3*** (4.42)	0.000 3*** (4.40)	0.000 3*** (4.38)	0.000 3*** (4.38)
Finance	−0.003 3*** (−6.60)	−0.008 2*** (−6.33)	−0.003 3*** (−6.61)	−0.008 2*** (−6.35)

被解释变量	DVAR			
	上游产业链传导		下游产业链传导	
FinConstraints	0.000 7 *** (5.15)	0.000 6 *** (4.88)	0.000 7 *** (5.16)	0.000 6 *** (4.88)
CapIntensity	−0.002 7 *** (−22.77)	−0.002 6 *** (−22.69)	−0.002 7 *** (−22.77)	−0.002 6 *** (−22.68)
HHI	0.015 6 *** (4.44)	0.015 8 *** (4.50)	0.017 5 *** (5.00)	0.016 7 *** (4.77)
企业固定效应	yes	yes	yes	yes
年份固定效应	yes	yes	yes	yes
Obs	415 675	416 403	415 675	416 403
R^2	0.031 1	0.031 1	0.031 0	0.031 1

注：括号内为 t 值；＊＊＊、＊＊、＊分别表示在 1％、5％、10％的水平上显著。

对外开放是我国的基本国策，也是国家实现繁荣发展的必由之路。目前，依托数字赋能促进全球价值链攀升，无疑是这一新征程中的重要目标之一。实现价值链攀升，不仅要改变我国出口贸易发展的方式和模式，或者说改变过去主要通过"低端嵌入"全球价值链的国际分工方式，在促进价值链攀升中提升企业出口国内增加值率，提高企业参与国际分工的贸易利得获取能力，与此同时还需要在缩小出口企业间以出口国内增加值率为表现的贸易获益能力和水平的差距，据此缩小不同出口企业间的要素初始收入分配差距，助力实现"共同"攀升全球价值链。从当前全球新一轮技术革命和产业革命的发展趋势看，人工智能成为引领未来战略性技术的趋势日益显现。那么，依托人工智能能否推动出口升级朝着上述两个维度方向发展从而助力实现"共同富裕"的战略目标，是理论和实践部门应该关注的重要命题。本章在理论分析基础之上，利用 IRF 数据库机器人数据构建了企业层面的工业机器人渗透度，作为人工智能水平的替代指标，进而利用 2000—2013 年企业层面数据研究了人工智能对企业出口升级的影响。研究发现：第一，人工智能确实能够促进企业以出口国内增加值率提升为表现的贸易获利水平，这是价值链攀升的重要表现。这一研究结论在更换指标测算方法、考虑极端值、内生性检验以及样本期内重大事件后，依然成立。第二，人工智能对出口升级的促进作用，还表现为缩小了不同出口企业之间的出口国内增加值率差距，从而有助于实现"共同"攀升全球价值链的目标。第三，从内部作用机制看，人工智能促进出口升级战略目标的关键机制，主要通过企业盈利能力的增强以及创新水平的提高两个作用机制而发挥作用。第四，从外部作用机制看，人工智能主要通过产业间经济活动的关联性而产生的溢出效应机制而产生作用。理论假说得到了较好的逻辑一致性计量检验。

本章的研究发现，不仅有助于我们从出口升级的特定视角理解人工智能与价值链升级之间的关系，而且对于如何抓住人工智能带来的战略机遇，从而在依托数字赋能中促进价值链攀升也有重要政策含义。

第一,加快实施制造业智能化发展战略。由于当前我国传统的低成本劳动力优势正在逐渐丧失,而抓住新一轮科技革命和产业变革中的人工智能这一引领性技术,不仅可以有效缓解企业对劳动力的需求,而且可以促进企业出口升级、提高贸易利得、提升以出口贸易为主要表现和内容的开放发展效益,从而巩固中国制造业长久发展根基并提高我国出口分工地位。实际上,自全球新型冠状病毒感染疫情暴发和蔓延以来,由于人工智能在疫情防控乃至复工复产等方面的重要作用已在实践中得以证实,在此背景下,加快人工智能、云计算和大数据领域基础设施建设越发得到世界各国重视。实施人工智能及其与制造业深度融合的发展战略,也正成为世界各国在新一轮经济全球化中力图塑造竞争新优势、占据制高点的重要抓手。这就需要我们瞄准并抓住人工智能技术发展前沿及其带来的战略机遇,加快推动人工智能与制造业的深度融合和渗透,推动制造业朝着智能化方向发展。这不仅是我国经济迈向高质量发展的需要,也是促进我国迈向更高层次和更高水平开放型经济的需要,更是据此助力实现价值链攀升的现实需要。

第二,加快人工智能方面的人才建设。虽然发展人工智能的重要性不言而喻,包括本章研究发现的其在推动出口升级进而服务实现共同富裕的战略目标等方面具有重要性。然而,推动人工智能的发展或者说实施人工智能发展战略,推动人工与制造业深度融合,显然离不开相关领域人才的支撑。更具体地说,推动人工智能发展及其与制造业的融合,不仅需要具有开发人工智能技术方面的人才,还需要具有掌握和应用人工智能方面的人才。尤其是从与制造业融合发展角度看,由于不同制造业在生产、流程、工艺等方面均存在一定的差异甚至显著差异,因此推动制造业智能化发展或者说实现人工智能在制造业领域的应用,更加需要懂得细分制造业生产、流程、工艺等方面特点的"智能＋制造"的复合型人才。然而,国家工业信息安全发展研究中心发布的《人工智能与制造业融合发展白皮书2020》显示,目前中国人工智能人才缺口达30万人。习近平总书记在2021年中央人才工作会议上曾强调指出,坚持面向世界科技前沿、面向经济主战场、面向国家重大需求、面向人民生命健康,深入实施新时代人才强国战略。因此,未来实施人工智能发展战略推动企业出口升级,助力实现价值链攀升的战略目标,需要优化培育和引进人工智能及其相关领域人才的体制机制,做出更加优越的制度安排等。

第三,打造有助于激励创新的环境。本章的研究发现,人工智能对企业出口升级的影响,从内部作用机制看,主要是通过企业盈利能力和创新水平而发挥作用。追求利润最大化自然是企业的"经济人"本质所定,相对而言,无须采取更多的促进政策和具体举措。但是,提升创新能力不同,企业能否进行有效创新甚至是否愿意进行创新活动,除了与企业自身因素有关,更与整个宏观经济环境有关,或者说与激励创新的制度环境有关。比如,以知识产权保护为代表的营商环境状况等。也就是说,提升人工智能发展水平是否有助于提升企业创新活动能力和创新水平,进而影响到企业出口升级,实际上还取决于激励企业和创新型人才进行创新活动的体制机制安排,有效的激励制度更加有助于企业进行创新。因此,为了能够更好地发挥人工智能促进企业出口升级的创新作用机制,从政策设计和供给层面看,应该着重从多维度、全方位系统设计有助于激励创新的政策体系和创新生态系统。比如,完善科技投入和基础研究成果政策设计、完善以创新为导向的政府采购政策设计以及完善以创新为导向的财税和金融政策设计等,据此畅通人工智能促进企业出口升级的作用渠道。

第四,稳定和畅通产业链、供应链。本章基于外部作用机制的分析表明,由于产业链之间上下游存在的投入产出等关联关系,从而某一环节的企业行为会影响到产业链供应链上其他环节的企业行为,而具体到人工智能对企业出口升级的影响,这种关联和溢出效应是其中积极的作用机制。因此,为了更好地发挥这一机制的作用,依托人工智能促进企业出口升级进而助力实现共同富裕,稳定和畅通产业链供应链就显得特别重要。稳定和畅通产业链供应链实际上包括纵向和横向两个维度。前者主要是指产业经济活动过程中各个环节的传统划分方式,即生产、分配、交换、消费各环节和阶段之间的对接和畅通,后者主要是指不同产业乃至不同地区之间的有效对接和分工协作关系,这与当前构建双循环新发展格局,畅通国民经济循环重要内容和目标任务也是高度一致的。总之,在提升制造业企业智能化应用水平的同时,力图加强产业不同环节、不同地区乃至不同产业之间的分工协作,努力促进产业链上下游的技术共享、竞争效应等联系,最大限度地发挥产业间的投入产出关联效应,对于最大化发挥人工智能对促进企业出口升级的作用,具有极为重要的战略意义。

第 13 章

数字赋能中国全球价值链攀升：可能与可为

依托数字赋能促进全球价值链攀升，主要通过网络链接效应、成本下降效应、价值创造效应、价值链治理效应以及贸易规则效应等五个方面的作用机制而发挥作用，并且在实现路径上，需要走产业数字化、产业智能化、产业服务化和产业绿色化等中高端发展路径。必须指出的是，技术本身所产生的上述作用机制和实现路径，对于所有国家和地区而言是普遍存在和成立的，而所谓全球价值链攀升即分工地位改善，本质上又是各国分工地位的相对变化，因此，上述作用机制和实现路径对于特定国家或地区而言，只是提供了一种可能性而非必然性。目前，中国在数字技术和数字经济领域既有优势也有不足，因此，依托数字赋能实现全球价值链攀升，中国需要抢抓以数字技术为代表的新一轮信息技术革命带来的重大战略机遇，亟待通过加快数字基础设施建设、攻关重大数字技术工程项目、构建开源式数字技术创新生态系统等具体战略举措，继续锻长板，加快补短板，在世界各国的竞争和角逐中构筑先发优势。

受到 20 世纪末美国信息技术革命的影响，自 20 世纪 80 年代以来，全球价值链分工迅速发展和演进，并逐步成为国际分工的主导形态。全球价值链这一新型国际分工形态，对诸如中国等这种条件具备、战略得当的发展中国家带来重要的历史性机遇。通过发挥劳动力等低成本初级要素优势，中国快速而全面地融入全球价值链分工体系之中，取得了令世人瞩目的经济发展巨大成就，突出表现为进出口贸易的"井喷"式增长、产业规模尤其是制造业规模的迅速扩张以及经济总量在世界各主要国家中排名的逐年跃升等。然而，在改革开放之初，由于面临劳动要素相对过剩、资本要素供给相对不足、企业制度相对落后造成企业家资源高度稀缺、国家在教育以及研究开发方面所进行的投入非常不足等约束，中国只能以"低端嵌入"的方式融入全球价值链。因此，开放发展的成就主要体现在量的扩张方面，虽然在产业转型升级包括全球价值链攀升等方面，也取得了一定成果，但从现实国际分工格局看，中国仍然处于全球价值链的中低端，发达国家仍然占据着全球价值链的制高点，并在很大程度上拥有绝对的主导力和控制力。尤其是进入 21 世纪以来，诸如中国等发展中国家与发达国家的全球价值链分工地位不平等问题愈发凸显。从当前的背景和环境上看，正如党的十九届五中全会判断指出，世界正处于百年未有之大变局，单边主义、保护主义抬头、逆全球化浪潮兴起、多边制度秩序遭遇到前所未有的挑战；从内部环境看，我国虽然已转向高质量发展阶段并具有多方面优势和条件，但也面临人口红利等传统低成本优势逐步丧失等巨大压力和挑战。面临国内国际环境的深刻变化，中国亟待攀升全球价值链中高端。

当前,世界经济仍然处于深度调整期,贸易保护主义呈现抬头趋势,全球价值链、产业链、供应链正加速重组。经济全球化出现的诸如上述新形势、新变化、新问题和新趋势,纵然是多种因素共同作用的结果,但其中最为关键和核心的因素仍然是推动分工演进的科技革命和产业革命。2008年国际金融危机冲击以来,推动经济全球化发展的动力不足的根本原因,是源于美国的前一轮科技革命带来的信息、通信技术发展,尤其是计算机软硬件产业发展推动的全球化分工和产业布局的动力机制基本已经衰竭,或者说前一轮技术革命的生命周期基本已经结束(郭冠清,2018)。目前,新一轮技术革命尚未集中爆发并由此推动产业革命,但是,以数字技术为代表的新一轮信息技术革命,以及由此推动的产业组织模式变革,其效应已经初步显现。正如习近平总书记(2018)强调指出:"全球科技创新进入空前密集活跃的时期,新一轮科技革命和产业变革正在重构全球创新版图、重塑全球经济结构。"其中,新一轮科技革命和产业变革,主要是指以数字技术为代表的新一代信息技术及其在各产业领域中的运用。联合国贸发会议(UNCTAD)最新发布的《2021数字经济报告》指出,数字经济已经成为世界经济的重要组成部分和内容,甚至在部分国家和地区已经成为驱动和引领经济增长的重要引擎,在过去的十年间,世界各地不仅在数字技术进步上取得了显著成就,以及由此带来数字产业化的迅速发展,而且数字技术正在不断地向其他产业领域渗透和融合,在推动传统产业转型升级的同时,也催生着新兴产业、新型商业模式和数字平台的诞生,以及改变产业组织模式。从国际分工角度看,数字技术也必将成为推动全球价值链、产业链和供应链重塑的重要力量。

客观而言,改革开放四十多年来,中国快速而全面地融入全球价值链分工体系之中,既与自身选择的开放发展战略有关,也与全球价值链分工演进的大趋势和大环境有关。目前,一方面,中国亟待攀升全球价值链;另一方面,数字革命和数字技术进步已经成为推动全球价值链重塑的重要动力。由此提出了一个具有重要理论意义和实践价值的课题:依托数字赋能,中国能够实现全球价值链攀升吗? 如果说答案是肯定的,那么其中的理论机制又是什么? 实现的具体路径有哪些? 依托数字赋能实现全球价值链攀升,中国应该采取怎样的对策举措? 本章力图对上述问题做一粗浅探讨。

第一节 数字赋能全球价值链攀升机制的适用性

明晰中国能否依托数字赋能实现全球价值链攀升,首先需要深刻认识,从技术进步和技术变革角度看,技术赋能能否促进全球价值链攀升,或者说,数字赋能全球价值链攀升的具体作用机制是什么。因为,中国依托数字赋能实现全球价值链攀升,显然不能脱离一般和普遍性的作用原理和作用机制。众所周知,伴随着经济实践的发展演变,生产要素界定的种类和范畴也在不断拓展,比如从最初的劳动这一单一生产要素发展为劳动和土地两种生产要素,再逐步拓展到资本、技术等三种、四种乃至更多种生产要素。当前,伴随数字革命和数字技术的进步,推动了数字产业化和产业数字化的快速发展,并凸显了数据价值,使得数据成为与土地、劳动力、资本、技术并列的第五大生产要素。众所周知,在前一轮全球价值链分工演进过程中,不同国家和地区在国际分工中的地位不同,实际上就是其不同的要素禀赋优势与具有不同要素密集度特征的生产环节和阶段相匹配的结果和表现。那么当数据成为生产要素后,无疑会改变各国的要素禀赋结构乃至产业组织范式等,进而影响着全球价值链。具体来看,依托数字赋能促进全球价值链攀升,主要有如下五个方面的作用机制。

一、数字赋能的网络链接效应作用机制

"万物互联"是数字经济的本质特征,也可以说,正是因为有了数字技术支撑,才使得世界范围内实现"万物互联"成为可能(何大安和许一帆,2020)。从生产和经济活动角度看,不仅包括企业与企业之间的连接,也包括消费者与消费者之间的连接,不仅包括企业与消费者之间的连接,也包括人与物之间的连接等。总之,建立在数字技术支撑基础上的互联关系,使得各经济体主体以及各经济元素之间逐步构建起更加复杂且有效的网络体系。建立在数字基础之上的网络链接效应,会因为连接范围的扩大和连接层次的深化而不断放大,因为所谓更为复杂且高效的网络体系,实际上意味着"接入"网络的门槛越来越低,甚至变为零门槛,从而所有经济活动主体和经济元素都能以不同形式融入网络体系之中。这意味着数字技术的广泛应用,不仅使得生产者之间以更加快捷和便捷的方式融入全球生产网络之中,而且也促使消费者更好、更深度地融入全球价值链之中,使得生产者之间、消费者之间、生产者和消费者之间形成更为有效的互动;不仅使得由人的链接逐步延伸到由物的链接,而且也促进了实体经济和虚体经济的链接和深度融合,从而促使资源能够得到更加优化配置;等等。这种基于数字技术的网络链接纵深推进,为知识、信息、技术等通过价值链进行传统和扩散,提供了新的渠道,甚至改变了以往的创新模式,推动了"分布式"创新,包括消费者角色的转变,即消费者能够从消费需求的现实需求角度出发,直接参与研发和设计,推动生产技术进步,推动产品和服务品质提升,等等。更为重要的是,由于"链接"的便利性和高效性,从而使得原本在缺乏有效链接条件下无法被发现的好的创意、好的观点、好的理念、好的设计等,能够被发现乃至广泛传播,从而被生产者所用。总之,基于数字技术的"链接"效应,不仅使得创新来源范围更为广泛,而且创新元素也更为活跃,互动效应也更为明显并产生良性的互促效应等。显然,诸如此类的效应能够推动技术和创新以更快的速度发展,从而推动着全球价值链攀升。

二、数字赋能的成本下降效应作用机制

成本和收益是经济学的核心问题,也是经济主体最为关心或者说推动经济主体从事各种生产经营活动最根本的作用机制。全球价值链分工中的地位不同,往往对应着不同的收益分配,更具体地说,处于较高的分工地位通常能够获取更高的分工收益。从这一意义上说,作为参与全球价值链的各种经济主体都有攀升全球价值链的内生动力。当然,能否实现攀升,还要取决于是否具有攀升的能力,或者说为了攀升全球价值链需要付出多大的成本。如果在收益既定的情况下,攀升的成本越高,那么产生的阻碍效应就会越大,经济主体进行攀升的动力机制就会越小;如果成本越低,那么产生的推动作用就会越大,经济主体进行攀升的动力机制就会越强。总之,成本是影响乃至决定全球价值链攀升的重

要机制之一。更为重要的是，在既定资源约束下，成本越高意味着企业能够用于其他经济活动的资源就会越少，比如研究与开发费用的投入，显然与企业的利润水平及其他方面的成本支出有关，其他方面的支出越高，所能用于研发投入的资源就会越少。概括地看，企业参与全球价值链通常会面临如下五个方面的成本，即搜寻成本、复制成本、运输成本、追踪成本、验证成本。毋庸置疑，每一种成本的变化，其实都与以数字技术为代表的新一轮信息技术革命密切相关。比如，数字技术赋能下的信息化，会大幅度降低为找到某种物品、信息、资源或者交易对象而支付的各种显性和隐性成本，即所谓降低了搜寻成本；类似地，数字赋能通过区块链等可以有效降低各种经济主体声誉和信誉的验证成本；至于运输成本、追踪成本以及复制成本等，建立在数字技术基础之上的信息化，无疑都会在很大程度上促进其大幅下降。显然，每一种成本的降低，本质上都是全球价值链攀升阻碍作用的降低和攀升动力的增强。

三、数字赋能的价值创造效应作用机制

目前，尚未有衡量全球价值链分工地位的普遍认可和统一的指标，但总体来看，已有测度指标不外乎从两个方面进行衡量，其中的重要维度之一，就是从附加值创造的经济属性加以考察。通常而言，出口国内附加值率越高被认为是获取贸易利得的能力越强，从而对应着相对较高的分工地位，反之则反是。比如，传统的"微笑曲线"理论，无论是从企业层面看，还是只有拓展至产业层面，本质上就是指附加值创造能力越强，所处价值链分工地位也就越高。当然，在数字经济条件下，"微笑曲线"可能未必存在，诸如当前很多研究讨论的所谓"悲伤曲线""武藏曲线"等（黄群慧，2014；高翔等，2019），其实就是对"微笑曲线"存在性和现实适用性的质疑和修正。但是，不论"微笑曲线"是否存在，以及继续演变为何种曲线，其所揭示的基本原理应该是一致和统一的，那就是附加值创造意味着分工与贸易利益，进而意味着相应的国际分工地位。更确切地说，较高的附加值创造对应着较高的分工地位。数字赋能后，不仅数据作为生产要素其本身的价值创造地位会日益凸显，而且由于数字技术的融入，在其他生产环节和阶段以及服务提供流程上，也会改变价值创造的传统模式。比如，基于大数据的自动化取代低技能劳动力提升了制造阶段的增加值，传统的低附加值生产和服务部分，由于融合了数字技术而变为高附加值部分。与此同时，数字化改造也会改变全要素生产率等，从而提升附加值创造能力。总之，数字化及其在各行业领域中的渗透，既创造着新增加值，也改变着附加值结构，从而在附加值创造的经济属性层面推动着全球价值链攀升。此外，前文所指出的数字经济条件下网络链接效应也会放大价值创造效应。一般而言，网络链接的密度越高所带来的价值增值就会越大，从而推动着全球价值链分工地位的提升。

四、数字赋能的价值链治理效应作用机制

全球价值链治理主要是指处于特定全球价值链关系中的企业，对全球价值链中其他企业产生的影响或作用。这也就意味着不同的全球价值链治理模式下，企业之间的相互关系不同，相互影响和相互作用的方式和程度不同，从而对企业攀升全球价值链的作用价值链也不尽相同。现行关于全球价值链理论的探讨中，已经从不同的角度对全球价值链

模式进行了区分,并探讨了其中全球价值链攀升的可能作用机制。比如从供给和需求角度区分的所谓"生产者驱动型"全球价值链治理模式和"购买者驱动型"全球价值链驱动模式;从组织结构和关系角度划分的所谓市场型、模块型、关系型、领导型、科层制等全球价值链治理模式。数字经济的兴起,不仅在一定程度上改变全球价值链治理模式的传统划分方式,更为重要的是出现了其他更为重要的新型全球价值链治理模式。比如以亚马逊、阿里巴巴、Google、Apple、Facebook、Uber、Airbnb 等代表的数字平台企业,正将传统的价值链驱动方式改造成为平台驱动型全球价值链治理模式。在数字经济背景下,数字平台的作用已经远远超越了作为中介的传统作用,其不仅促进了生产者和消费者的在线交易,而且依托数字平台存储、传输、处理和分析数据的能力,产生了巨大的利润,甚至利用数据优势直接渗透到诸如设计、研发、仓储、物流、生产、加工等价值链的各个环节和阶段,深刻地改变着所谓市场型、购买者驱动型和生产者驱动型等传统形式。在数字经济条件下,价格这只长期以来一直扮演着调节市场机制的"看不见的手",在平台型全球价值链治理模式下逐步被"算法"取代,从而越来越精准地分析、预测甚至引导消费,指导着生产。总之,数字经济条件下全球价值链这种新型治理结构,会推动企业之间的相互关系发生变化,影响着全球价值链攀升。

五、数字赋能的贸易规则效应作用机制

众所周知,全球经贸规则治理体系和规则制度的改革和创新,是主权国家特别是大国博弈的结果。现行的全球经贸规则尤其 WTO 框架下的全球经贸规则,主要是第二次世界大战之后在美国等发达国家主导下制定和推行的。其在推动第二次世界大战包括全球价值链快速发展中无疑发挥了重要作用,但是由于所代表的利益诉求并非公平,更确切地说,现行全球经贸规则体系主要代表美国等发达国家利益诉求,对发展中国家的利益诉求关注不够。不同的规则体系显然对不同的参与方有着不同的影响,从全球价值链攀升的角度看亦是如此。伴随世界经济格局的变化以及国际分工的进一步深度演进,现行全球经贸规则的不适应性日益凸显,亟待改革、调整和完善。然而,目前来看,由于 WTO 改革进程十分缓慢甚至陷入大国博弈的僵局,进而兴起了区域自由贸易协定(宋瑞琛,2020;Vujanovic et al.,2021)。这一变化一定程度上反映了世界多极化进程中制度性权力分化的结果,同时显示出了全球经贸规则朝着高标准化方向演变的趋势特征。在全球数字经济兴起的背景下,数字贸易规则成为全球经贸规则的焦点议题,甚至有研究认为 21 世纪全球经贸规则就是数字贸易规则的时代。当前以数字规则为中心的国际投资和贸易新规则,正影响着不同国家参与全球价值链的方式和进程,各国纷纷诉诸于参与新规则的制定,力图在新一轮全球价值链中赢得主动权,以便能在全球价值链分工中争取到更多的利益。另一方面,不同规则深度和网络关联度的区域贸易协定,又会通过贸易效应和投资效应等,对一国融入全球价值链产生重要影响。应该说,在全球数字经济背景下,数字贸易条款不同广度、不同深度、不同质量等,对全球价值链参与均存在一定程度的影响,比如异质性区域贸易协定条款会产生的投资效应、贸易效应,对数据跨境流动及其在全球价值链中的渗透和延伸的影响,以及对附加值创造会产生的影响等,都会对全球价值链攀升产生重要作用。

第二节　数字赋能全球价值链攀升路径的适用性

数字赋能和全球价值链攀升具有鲜明的内在逻辑联系。在全球价值链分工条件下,一国拥有什么层次和什么质量的生产要素,是决定其嵌入全球价值链分工体系和分工地位的重要决定因素。如同前文分析指出,数据成为重要的生产要素后,不仅意味着其将改变要素禀赋结构,而且对全球价值链不同环节的价值创造等均会带来重要影响。此外,数据作为一种特殊的生产要素,在各种生产要素中还将扮演着特殊角色,具有特殊功能和地位,具有渗透、整合、协调其他生产要素和生产过程的巨大作用,从而传统理论所揭示的传统价值链分工环节、阶段、附加值创造等,均将带来颠覆性影响。这也就意味着传统理论所揭示的比如价值链攀升所遵循的"工艺升级"到"产品升级"到"功能升级"进而"链条升级"一般路径,可能不再适用。传统的"微笑曲线"理论所揭示的由底部向两端延伸的传统升级模式和升级路径,同样遭遇巨大挑战。况且,在数字经济条件下,一方面,全球价值链本身的边界会有所拓展,也就是从传统的制造业领域不断向服务领域延伸,而且更为重要的是数字本身可能也会形成全新的全球价值链,即学术界目前所指的数字全球价值链。因此,无论是从全球价值链中的传统物理定位来看,还是从附加值创造和收益分配的"微笑曲线"来看,可能都不存在既定范式,其地位高低、附加值创造能力高低以及收益水平高低,完全取决于数字赋能状况(罗长远和张军,2014)。但是,不论技术如何变迁及其影响的方向如何,以何种方式融入全球价值链,在全球价值链中处于何种位置,以及如何才能不断地攀升全球价值链,归根结底仍然取决于国内产业发展状况。换言之,国内产业结构及其发展水平和层次,决定了其在全球价值链分工中的地位和攀升能力。从这一意义上说,数字经济条件下,实现全球价值链攀升的路径其实就是要走产业中高端化发展路径,以国内产业的中高端化促进和推动全球价值链攀升。

基于上述意义,我们认为,数字赋能全球价值链攀升的路径,实际上可以理解为数字经济条件下产业中高端化的发展路径,也可以说,数字经济条件下产业未来的发展趋势,就是产业中高端化发展的表现,也是攀升全球价值链的路径选择。因此,现在的关键问题在于,数字技术进步究竟会推动产业朝着怎样的方向转型升级?概括地看,数字赋能全球价值链攀升的路径,主要包括数字技术推动下的产业数字化、智能化、服务化、绿色化等产业中高端化的四条主要路径。

一、数字赋能的产业数字化攀升路径

此处的产业数字化是广义上的产业数字化概念,也就是说,既包括数字产业本身,也包括依托数字技术的渗透和应用而推动的其他产业数字化转型。基于此,数字赋能实际上包含两层意义,一是数字技术本身(如网络通信、大数据、云计算、区块链、量子科技、物联网等数字技术),其本身会形成产业化,因此会成为全球价值链分工中的重要组成部分,包括全球数字价值链的兴起;二是指通过数字技术的应用,促使传统产业进行全方位、全角度、全链条改造从而实现转型升级。其实正是基于上述意义,中国国家统计局发布的

《数字经济及其核心产业统计分类（2021）》中,将数字产业明确分为两大类,即第 01—04 大类即数字产业化部分以及第 05 大类为产业数字化部分。从新一轮技术革命和产业革命角度看,未来世界各国在产业领域角逐的重点领域必然是数字技术领域,也就是说,谁能够抢抓数字技术发展的机遇,在一些关键领域率先实现突破,谁就能赢得和掌握未来发展的主动权和话语权。因此,未来一国产业在全球产业格局中能够占据中高端,从技术变革和技术进步角度看,一是数字技术本身或者说数字产业是否具有足够的国际竞争力;二是数字技术的应用所能推动的传统产业数字化转型的程度,以及建立在数字技术基础上所催生的新兴产业。应该说,这两大类产业代表着未来产业高端化演进的主要方向,也是衡量一国在全球产业链、价值链和供应链中是否具有较高分工地位的重要指标。依托数字赋能实现价值链攀升的路径,本质上就是要走产业数字化发展的路径。

二、数字赋能的产业智能化攀升路径

2017 年,《国务院关于印发新一代人工智能发展规划的通知》明确指出,人工智能的迅速发展将深刻改变人类社会生活、改变世界,也必将是世界各国在未来技术领域和产业领域竞争的新焦点。产业智能化实际上就是数字技术在产业领域的具体应用进而推动产业发展的重要方向之一。所谓的产业智能化,主要是指利用数字技术,将分散或孤立的产品生产、销售、供应、服务、设备、生产者、消费者乃至其他经济活动主体等,以产业链、价值链、供应链等方式连接起来,形成联动发展,并且以智能化为载体,实现生产方式和企业形态的根本性变革（黄群慧,2020）。近年来,欧美日等发达国家和地区基于数字技术,纷纷推出了产业智能化尤其是制造业智能化的"再工业化"发展战略,其中,又以德国的工业4.0 最受全球瞩目。无疑,"再工业化"并非以往工业或者传统制造业的简单翻版和回流,而是依托数字赋能实现的高端化发展,旨在依托数字赋能逐步提升产业发展的层次、水平和国际竞争力。依托数字赋能的产业智能化发展,有助于提升产业的整体发展质量、效益和效率。可以预期的是,建立在数字技术进步基础之上,在全球新一轮的产业结构调整和变革中,哪一个国家或者地区能够在产业智能化方面走在世界前列,那么就能够在新一轮的全球价值链分工中占据优势,构筑强大的竞争力。

三、数字赋能的产业服务化攀升路径

在数字经济条件下,产业服务化发展同样包含两层含义。一是指生产、采购、物流、研发、消费、售后服务等各个环节空间布局的分散性进一步放大。长期以来,服务贸易发展之所以滞后于货物贸易的一个重要原因,就在于服务的可贸易性较低,服务业发展通常也只能局限于一国国内。然而,伴随着技术进步,服务的可贸易性逐步增强,尤其以数字技术为代表的新一轮信息技术革命,不仅促使服务的可贸易性大大增强,还催生了更多新形态的服务业,全球价值链分工正在从以往制造业领域,不断向服务业领域拓展和延伸。实际上,在当前全球新型冠状病毒感染疫情暴发和蔓延期间,基于数字技术而进行的服务交付与受疫情严重冲击的货物贸易相比,就显示出了巨大优势,也彰显了未来发展的巨大空间。可以预期的是,未来全球经济在不断向服务经济倾斜的同时,服务业全球化或者说服务业全球价值链深度演进,将成为经济全球化的重要内容和趋势。二是指其他产业从中间投入的角度看,作为中间品的服务投入重要性会越来越高,比如目前国内外理论界所广泛关注的所谓制造业服务化问题,本质上就是中间服务投入的包括数据服务等投入,在推动制造业发展中的重要作用。其中,在数字技术支撑条件下,诸如制造业服务化等也会表现出新的形态和模式。比如,伴随 3D 打印技术的快速进步,通过在互联网上提供数据文件,就能满足对方下载并依托 3D 打印而实现物理生产的新模式、新业态(盛斌和黎峰,2021)。这显然将是未来产业服务化,同时也是高级化和高端化发展的重要趋势。当然,制造业服务化除了包括从中间投入品角度看其服务内容和构成比重会越来越大外,还有一部分就是产出的服务化,主要是指后期的营销和售后服务等,而这些功能也必将伴随着数字技术进步而不断增强,其重要性会日益凸显。总之,在数字技术支撑下,产业服务化将是未来全球经济转型升级和高端化发展的重要趋势和方向之一,也是各国攀升全球价值链的竞争方向之一。

四、数字赋能的产业绿色化攀升路径

第二次世界大战以来,经济全球化快速发展带来了财富的急剧增加,从而使得经济发展的成果惠及越来越多的人。在世界经济总量不断增长的同时,全球生态环境和生态系统遭到了极大的破坏,包括全球温室效应等已经成为威胁人类生存和发展的严重隐患;其他诸如水污染导致水资源的日益稀缺、水资源承载压力急剧上升,农业发展过程中化肥和农药使用量增加,从而使得土壤质量下降等问题,均是环境和生态系统遭到破坏的表现。应该说,过去几十年全球经济高速增长具有的高污染、高耗能、高排放的粗放发展方式,已经面临可持续发展难题,成为影响经济健康和良性发展的重要阻碍因素,世界经济进一步发展与资源、生态和环境之间的矛盾日益凸显(王海林等,2020)。在此背景下,推动以绿色发展为主要表现的经济发展方式转变,不仅必要而且紧迫。显然,绿色化发展必须建立在技术进步基础之上,其中,数字技术进步及其在各产业领域中的广泛应用和渗透,对产业绿色化发展具有极为关键的作用和意义。这主要是因为,一方面,依托数字赋能,可以实现产业发展过程中工业流程的优化、设备运转效率的提高以及管理得更加精准和精细化,从而通过更加协调的管理实现效率提升和节能减排;另一方面,依托数字赋能,尤其是互联网、大数据以及人工智能的普及和应用,有助于实现资源优化配置,甚至实现资源共享。更为重要的是,从生产要素角度看,数字技术赋能的本质是数据成为重要生产要素,而与其他生产要素相比,数据无疑具有清洁、高效、低成本以及可反复使用等特点,从而对优化产业结构尤其是优化生态系统,具有极其重要的作用。因此,在未来全球产业竞争中,依托数字赋能加快产业向绿色化方向转向,是攀升全球价值链并力图占据制高点的主要方向之一。

第三节　数字赋能价值链攀升的中国对策

从世界经济长周期的作用规律看,以数字技术为代表的新一轮信息技术革命,必将成为引领世界经济新一轮长期增长的重要动力,并且从技术革命和产业革命的历史逻辑看,

每一次总会伴随着世界经济格局的调整和变化,尤其是不同国家和地区在世界经济中地位变迁(Thangavelu et al.,2009)。应该说,建立在数字技术进步基础之上的数字赋能,无疑能够为推动全球产业结构转型升级提供技术支撑和动力来源,但这种影响主要体现为"共性"而非"特有"。换言之,依托数字赋能实现全球价值链攀升,一方面,由于技术本身所产生的作用机制,对于所有国家和地区而言,应该说基本上都是成立和存在的;另一方面,数字技术作为一种客观因素,其具体的技术进步及其在各产业领域中的渗透和应用,也并非针对某个或某些国家和地区的专有权利。从这一意义上说,世界上所有国家和地区,都有可能率先在数字技术领域,或者说某些个别领域率先实现突破,并依托数字赋能而推动其他产业转型升级。因此,数字虽然能够为攀升全球价值链提供可能,并且存在着明显的作用机制,但是从全球竞争角度看,并非意味着可能性一定会转化为现实性。况且,所谓价值链分工地位本身就是一个世界各国在国际分工地位相对比较的结果。更具体地说,如果世界上所有国家和地区都在同等程度上受到数字技术的影响,那么其结果必然是全球产业链整体性的转型升级,而并不会表现为某个国家或地区在全球价值链中分工地位的改善,即所谓全球价值链攀升。当然,世界各国的技术进步并不是同步的,受技术进步的影响也绝不是同等程度的,这也就意味着依托数字赋能实现价值链攀升,不仅可能而且可行。但要实现这一目标,关键在于抓住机遇、构筑先发优势。

具体地看,上文分析指出的作用机制和实现路径,为中国攀升全球价值链提供了可能和重要战略机遇,或者说上述分析解决了"何以可能"的问题。但随之而产生的一个更为重要的问题是,对于中国来说"何以可为"? 由于在新一轮的科技竞赛中,中国会面临来自其他国家和地区的竞争和挑战,因此,抓住机遇,迎接挑战,实现依托数字赋能而推动中国全球价值链攀升的战略目标,需要着重做好如下几个方面的工作,并尽快实现新突破和新发展。

一、把握数字经济的新机遇,构筑数字技术先发优势

如前所述,能否在以数字技术为代表的新一轮技术革命推动下,实现价值链攀升,根本就在于与世界各国竞争和角逐中能否率先取得新的竞争优势。从世界技术进步史看,技术创新国并非一成不变总是发生在某个国家或地区,不同国家和地区均有可能在某一轮技术革命和产业革命中取得突变性成绩,从而率先取得发展优势。当然,这并不意味着我们就可以无所作为,任其自然。相反,在正确地做出前瞻性预测并为之充分准备基础上,更有可能在技术进步和创新中率先实现突破。目前,从世界数字技术竞争态势看,各主要国家均将其作为未来技术竞争的焦点和重点领域,这突出表现为部分发达国家实施的所谓"重振制造业"或者所谓制造业 4.0 计划等(贾根良,2016)。为此,中国必须抢抓数字经济发展的重大战略机遇,加快推动数字技术进步和提升创新能力,率先构筑中国在数字经济领域和发展数字经济方面的先动优势,改变中国在以往融入全球价值链分工中,主要以跟随式和模仿式技术创新的传统路径,以此打牢参与全球价值链分工的技术基础,在继续扎根全球价值链分工过程中不断实现价值链攀升。

二、加快数字基础设施建设,夯实数字赋能的底层架构

数字技术进步尤其是数字技术在各产业领域的渗透和应用,离不开数字基础设施的

支撑作用。因此，依托数字赋能推动实现全球价值链攀升，中国亟待在数字基础设施建设上做足功课、下够功夫。在数字经济条件下，由于数据成为主要的生产要素，从参与全球价值链分工角度看，数据同样成为跨境流动的重要生产要素之一，以及内含于制成品和服务的数字要素进行跨境流动等，都将成为参与全球价值链分工的重要表现。由此，实际上包括参与全球价值链分工在内经济运行逻辑和机制都将发生重大变化，那么支撑经济运行，更确切地说，支撑数字经济运行所需要的底层架构也要随之进行重要调整。比如，在工业化发展阶段，以"铁公机"为代表的传统基础设施的底层构架，具有极为重要的意义（郭广珍等，2019）。全球经济进入数字经济发展阶段后，传统基础设施仍然重要，但是支撑经济运行更需要的则是数字等新型基础设施，比如5G基站、互联网工程、物联网工程、数据中心建设等，无疑在支撑数字经济运行尤其是数字技术在各产业领域中的运用方面，发挥着不可或缺的作用。因此，依托数字赋能而实现价值链攀升，中国需要在数字基础设施建设方面率先走在世界前列，从而为夯实数字赋能提供基本的底层架构。

三、实施重大项目工程战略，努力解决"卡脖子"问题

相比较而言，目前中国在数字经济领域已经具有一定的优势。比如，联合国贸发会议（UNCTAD）最新发布的《2021数字经济报告》研究发现，与传统的经济发展存在南北鸿沟的特征事实不同，数字经济条件下并没有出现发达国家和发展中国家的显著差别，因为从实践角度看，全球数字经济的发展不仅表现为美国在其中的领导力，同时也表现为中国在其中的主导作用及其引领力。这一点，无论是从目前全球区块链技术相关专利的供给数上看，还是从全球物联网支出额的占比状况看，抑或是从全球公共云计算的市场占有率上看，中国和美国都表现出非凡的影响力和主导力。而且在全球几个超级数字平台中，中国的腾讯和阿里巴巴等也是"榜上有名"。尽管如此，不得不承认的是目前中国在发展数字经济时，仍然存在某些"卡脖子"问题，尤其在高端芯片、核心元器件以及包括工业领域中的软件设计和开发等方面，我们还有很多不足（陈劲等，2020），这些不足和短板甚至成为制约我们进一步发展的重要障碍因素。依托数字赋能实现全球价值链攀升，显然需要解决在某些关键技术和领域"受制于人"的问题。为此，可以针对我国数字技术和数字经济发展的迫切需求和薄弱环节，设立相关的重大科技项目乃至项目群，通过极大的研发投入和更大力度的激励研发创新行为，在重大攻关项目上尽快实现突破，破解"卡脖子"问题。

四、实施开放融合创新战略，实现开源式技术进步

参与全球价值链分工的本质，就是要在融入国际分工体系中整合和利用全球资源，推动开放型经济更好地发展，即在发展模式上是一种开放发展。从这一意义上说，支撑参与全球价值链分工的技术面，实际上同样要以开放的视野和思维来看待。更具体地说，开放条件下的技术进步和自主创新，不同于封闭条件下的自主创新，因为后者主要是"自己创新"，而前者显然不限于"自己创新"，更多是在融合了全球范围内创新要素而进行的创新活动，具体包括原始创新、集成创新以及引进消化吸收后再创新等（张宗庆和郑江淮，2013）。应该说，这种开放式的创新模式在数字经济条件下，其特征会更加凸显，这是因为

当数据成为重要的生产要素并且基于此而构建起"万物互联"的新体系后,创新活动也就更加具有开放特征了。正如现有研究指出,开放开源不仅是数字技术和数字经济的本质特征,也是推动数字技术进步和数字经济发展的内在要求。因此,建立在数字技术进步基础上,依托数字赋能推动全球价值链攀升,中国同样需要实施开放融合创新战略,实现开源式技术进步。也只有如此,我们才能更好地跟踪和把握世界科技发展的前沿,才能更好地吸引、集聚、整合、利用全球创新要素,推动自身技术进步和提升自主创新能力。

总之,攀升价值链攀升是分工地位的相对改变,因此,依托数字赋能而实现价值链攀升,本质上就是要在推动数字技术进步和发展数字经济方面构筑先发优势。唯有构筑起先动和先发优势,才能更好地发挥数字赋能促进价值链攀升的各种作用机制,才能依托数字赋能走向产业数字化、智能化、服务化和绿色化等产业中高端发展的路径,切实改善中国在全球产业链分工格局的分工地位。

第四节　基于数字赋能中国全球价值链攀升的战略调整

中国改革开放的伟大事业正是在全球价值链分工快速发展背景下开展的。由于政治稳定、要素集聚能力强,中国抓住了全球价值链分工带来的战略机遇,实现了开放型经济的快速发展,并取得了令世界惊叹的巨大发展成就。但总体来看,受制于中国自身要素禀赋及经济实力等现实因素影响,长期以来我们依托的主要是丰富廉价的普通劳动力优势,所能吸引和集聚的外来要素也主要表现为跨国公司的资本和成熟技术乃至边缘技术,由此决定的开放型经济发展层次在产业上表现为"中低端"并呈"粗放型"特征,全球价值链分工地位还不够高。过去40多年中国通过不断扩大"边境开放",以开放和积极的姿态接受发达国家产业和技术的扩散,依托丰富廉价的劳动力禀赋优势和优惠政策等形成的成本洼地效应,吸引了大量外资进入制造业领域,通过大力发展加工贸易,以"低端嵌入"方式融入发达国家跨国公司主导的全球价值链分工体系之中。总体来看,这种发展战略和路径模式的选择,由于适应且切合了全球价值链分工特定阶段的基本趋势特征,因此总体上是比较成功的。不同的发展战略和路径选择,总是与特定的发展阶段是相适应的。因此,面临经济全球化出现的新形势和新特点,尤其伴随以数字技术为代表的新一轮技术革命推动下的全球价值链分工演进,中国亟待依托数字赋能推动全球价值链攀升,而把握上述机遇并实现上述目标,显然不能继续采用原有开放发展战略和路径选择,必须做出与新阶段相适应的战略调整和政策安排,必须在数字技术和数字产业领域的"卡脖子"和"牛鼻子"式的关键核心技术创新方面实现全面自主突破,如此才能在进一步适应新形势和把握新特点中推动中国全球价值链攀升。

一、以数字赋能和畅通攀升路径为导向的深化改革战略调整

基于新阶段我国顺应乃至引领和推动经济全球化发展的现实需要,以数字赋能全球价值链攀升的核心要义,在对内方面,要依托超大本土市场规模优势和产业基础优势,实施自主创新为主的创新驱动发展战略;在对外方面,要以实施更高水平开放为重要杠杆,

在融入全球创新链中瞄准、追踪乃至引领世界科技前沿,实现开放创新深度融合发展。只有充分和同时发挥支点和杠杆的作用,实现数字技术和数字产业领域的"卡脖子"和"牛鼻子"式的关键核心技术创新方面全面自主突破,才能更有效地依托"数字赋能"撬动"中国全球价值链攀升"。为了实现在对内方面"依托超大本土市场规模优势和产业基础优势,实施自主创新为主的创新驱动发展战略"这一核心任务,本子课题拟研究如下几个方面的战略转型:一是要从以往追求高速增长的发展战略,转向追求高质量发展的发展战略;二是要从以往主要注重效率的发展战略,转向追求效率公平并重发展战略;三是要从以往要素和投资驱动发展战略,转向实施创新驱动的发展战略;四是从以往注重商品市场改革的发展战略,转向更加注重要素市场改革的发展战略。

二、以数字赋能和畅通攀升路径为导向的对外开放战略调整

依托数字赋能,推动产业发展向数字化、智能化、绿色化和服务化等中高端方向发展,其中实施自主创新战略无疑是必由之路,也是解决"卡脖子"等问题的必然选择。但是,自主创新不等于自己创新,开放条件下通过整合和利用全球科技资源和创新要素,实施开放创新深度融合发展,不仅有助于我们追踪世界科技前沿,也更有助于我们实施创新驱动发展战略,也就是说,在充分发挥新型举国体制优势进行重大科技攻关的同时,仍然离不开通过开放对全球创新要素的使用。特别地,在全球数字经济条件下,技术和产业具有开源与开放的特征将日益明显。当然,新发展阶段基于数字赋能的、以畅通全球价值链攀升路径为导向的对外开放,显然不能停留在原有水平和原有模式的开放,而是要探索开放发展的新路子,尤其是要促进开放型经济迈向更高水平和更高层次,与数字经济发展趋势相适应的新开放发展模式。为此,在对外开放方面,中国同样必须尽快实现战略转变,包括在行为方式上,实现从主动融合向积极推动的战略转变;在要素集聚上,实现从一般要素向创新要素的战略转变;在资源整合上,实现从单向引进向双向循环的战略转变;在产业领域上,实现从制造领域向数字和服务拓展的战略转变;在开放政策上,实现从优惠政策向竞争政策的战略转变;在规则制度上,实现从被动接受向主动参与的战略转变;在利益取向上,要从注重开放效益向统筹安全与发展的战略转变;等等。本子课题拟对此展开深入探讨和分析。

三、以数字赋能和畅通攀升路径为导向的短期对策思路

在经济全球化新形势下、数字技术发展新态势下以及数字贸易规则演进新趋势下,以数字赋能中国全球价值链攀升是一项系统、复杂工程,既要有短期的有效对策举措,也要有长期的机制建设。如同波特的国家竞争优势理论指出,机遇和政策亦会通过对要素条件、需求因素、企业战略、组织和竞争四大因素的影响而发生作用。因此,基于数字赋能、以畅通全球价值链攀升路径为导向,短期的政策设计就是要能够发挥政策对促进数字经济发展及其在各行业领域中的渗透和运用为出发点和落脚点。比如,如何优化政策设计以促进扩大内需、如何优化增强产业链供应链自主可控能力的政策、如何优化自贸区和自贸港作为数字贸易试验平台的政策设计、如何优化"一带一路"高质量建设的政策设计以助推数字经济发展、如何优化政策设计以有效利用自由贸易协定的积极功能等,是本子课

题拟探讨短期政策思路和对策选择的重点内容。

四、以数字赋能和畅通攀升路径为导向的长期机制建设

基于数字赋能、以畅通全球价值链攀升路径为导向的短期应对举措，只是为了能够让"数字赋能中国全球价值链攀升"开好头、起好步，但并不能从根本上解决长期和可持续问题。我们认为，数字赋能中国全球价值链攀升是针对发展阶段而做出的重大开放战略转型，对此需要有新一轮的长期规划。对此，必须深入分析以下问题：实施数字赋能、以畅通全球价值链攀升路径为导向的发展战略更加依赖于哪些经济体制机制（包括投融资体制、审批体制、税费体制、市场准入及用地制度、合同执行制度，产权保护制度等）？制约实施数字赋能、以畅通全球价值链攀升路径为导向的发展战略的经济体制机制背后隐藏的政府部门、地区利益等，如何在体制创新中解决问题、产生激励效应？全国性的制度安排对于各地推进体制机制创新、实施以数字赋能、以畅通全球价值链攀升路径为导向的发展战略会构成哪些制约以及如何解决？

参考文献

[1] Acemoglu D, P Restrepo. The Race between Machine and Man: Implications of Technology for Growth, Factor Shares and Employment [J]. American Economic Review, 2018, 108(6): 1488 – 1542.

[2] Acemoglu D, P Restrepo. Robots and Jobs: Evidence from US Labor Markets [J]. Journal of Political Economy, 2020, 128(6), 2188 – 2244.

[3] Adao R, A Costinot, D Donaldson. Nonparametric Counterfactual Predictions in Neoclassical Models of International Trade [J]. American Economic Review 107. 3 (2017): 633 – 689.

[4] Aghion P, Jones B, Jones C. Artificial Intelligence and Economic Growth [R]. NBER Working Paper, 2017.

[5] Ahn J, Khandelwal A K, Wei S J. The Role of Intermediaries in Facilitating Trade. Journal of International economics, 2011(84): 73 – 85.

[6] Autor D H, Salomons A M. Is automation labor-displacing? Productivity growth, employment, and the labor share [R]. NBER Working Paper No.24871, 2018.

[7] Baldwin R. Globalisation: The Great Unbundling(S) [J]. economic council of finland, 2006, 38(10): 93 – 121.

[8] Blanchard, E, C Bown, R Johnson. 2016. "Global Supply Chains and Trade Policy. " NBER Working Paper No.21883, NBER, Cambridge, MA.

[9] Blomstrom M, Globerman S, Kokko A. The Determinants of Host Country Spillovers from Foreign Direct Investment: Review and Synthesis of the Literature [J]. Palgrave Macmillan UK, 2001.

[10] Bloom N, Sadun R, Van Reenen J. The Organization of Firms Across Countries [J]. Cepr Discussion Papers, 2009, 127(4): 1663 – 1705.

[11] Blum B, Goldfarb A. Does the Internet Defy the Law of Gravity? [J]. Journal of International Economics, 2006, 70(2): 384 – 405.

[12] Borjas G J, Freeman R B. From Immigrants to Robots: The Changing Locus of Substitutes for Workers [D]. NBER Working Papers, 2018, No.25438.

[13] Broda C, Greenfield J, Weinstein D. From Groundnuts to Globalization: A

Structural Estimate of Trade and Growth[J]. Reasearch in Economics, 2017, 71(4): 759 - 783.

[14] Bukht R, Heeks R. Defining, Conceptualising and Measuring the Digital Economy[R]. Development Informatics Working Paper, 2018.

[15] Caroline P, Sandra P S. "How are digital technologies changing innovation?: Evidence from agriculture, the automotive industry and retail, " OECD Science, Technology and Industry Policy Papers 74, OECD Publishing, 2019.

[16] Chaney T. The Network Structure of International Trade. American Economic Review, Vol.104, No.11, 2011: 3600 - 3634.

[17] Cheng, H, Jia, R, Li, D, Li, H. The Rise of Robots in China[J]. Journal of Economic Perspectives, 2019, Vol.33, No.2: 71 - 88.

[18] Cheung Y, Garcia Pascual, A. Market Structure, Technology Spillovers, and Persistence in Productivity Differentials[J]. International Journal of Applied Economics, 2004, 1(1): 1 - 23.

[19] Clarke G R, Wallsten S J. Has the Internet Increased Trade? Developed and Developing Country Evidence[J]. Economic Inquiry, 2006, 44(3): 465 - 484.

[20] Dai M, Maitra M, Yu M. Unexceptional Exporter Performance in China? The Role of Processing Trade[J]. Journal of Development Economics, 2016, 121(C): 177 - 189.

[21] David H. Why Are There Still So Many Jobs? The History and Future of Workplace Automation[J]. The Journal of Economic Perspectives, 2015, 29(3): 3 - 30.

[22] David Hummels, Jun Ishii, Kei-Mu Yi. The nature and growth of vertical specialization in world trade[J]. Journal of International Economics, 2001, 54(1): 75 - 96.

[23] Ding Y, Li J. Product space, potential comparative advantages and export technological complexity[J]. Australian Economic Papers, 2018, 57(3): 218 - 237.

[24] Ehab Marina, Zaki Chahir R. Alobal value chains and service liberalization: do they matter for skill-upAradinA? [J]. Applied Economics, 2021, 53(12): 125 - 136.

[25] Ehab Z. Global value chains and service liberalization: do they matter for skill-upgrading? [J]. Applied Economics, 2021, 53(12): 28 - 39.

[26] Ellison G, Ellison S F. Match Quality, Search, and the Internet Market for Used Books[R]. NBER WorkingPaper, No.24197, 2018.

[27] Fabrizio Mazzonna, Franco Peracchi. Ageing, cognitive abilities and retirement[J]. European Economic Review, 2012, 56(4): 691 - 710.

[28] Fally T. On the Fragmentation of Production in the US [R]. University of Colorado Working Paper, 2012.

[29] Fernandez-Stark K, Gereffi G. Global value chain analysis: a primer (second

edition)[J]. Chapters, 2019.

[30] Freund C L, Weinhold D. The Effect ofthe Internet on International Trade[J]. Journal of International Economics, 2004, 62(1): 171 – 189.

[31] Frey C B, Osborne M A. The Future of Employment: How Susceptible are Jobs to Computerisation? Technological Forecasting and Social Change. 2017, 114 (C): 254 – 280.

[32] Gazzola P, Colombo G, Pezzetti R, et al. Consumer Empowerment in the Digital Economy: Availing Sustainable Purchasing Decisions[J]. Sustainability, 2017, 9 (5): 693.

[33] Gereffi G. A Commodity Chains Framework for Analyzing Global Industries [Z], Working Paper for IDS, 1999.

[34] Gereffi G, Humphrey J, Sturgeon T. The Governance of global value chains [J]. Review of International Political Economy, 2003, 11(4): 5 – 11

[35] Goldfarb A, Tucker C. Digital Economics[J]. Journal of Economic Literature, 2019, 57(1): 3 – 43.

[36] Hausmann R, Hwang J, Rodrik D. What you export matters[J]. Journal of Economic Growth, 2007, 12.

[37] Hausmann R, B KlinAer. Structure Transformation and Patterns of Comparative AdvantaAe in the Product Space. CID WorkinA Paper, Harvard University, 2006.

[38] Helpman E, Rubinstein Y. Estimating Trade Flows: Trading Partners and Trading Volumes [J]. QuarterlyJournal of Economics, 2008, 123(2): 441 – 487.

[39] Hummels D, Ishii J, Yi K. The Nature and Growth of Vertical Specialization in World Trade[J]Journal of International Economics, 2011(54): 75 – 96.

[40] Humphrey J, Schmitz H. Governance in global value chains[J]. IDS Bulletin, 2001, 32(3): 19 – 29

[41] Hur J. Research Article on "Services, Trade and Alobal Value Chains" Services Alobal Value Chain in Korea[J]. Southeast Asian Economies, 2020, 36(3): 424 – 445.

[42] Khandelwal A K, Schott P K, Wei S. Trade Liberalization and Embedded Institutional Reform: Evidence from Chinese Exporters [J]. American Economic Review, 2013, 103(6): 2169 – 2195.

[43] Kogut B. Designing Global Strategies: Comparative and Competitive Value-Added Chains[J]. Sloan management review, 1985, 26(4): 15 – 28.

[44] Koopman R, Wang Z, Wei S J. Estimating Domestic Content in Exports When Processing Trade is Pervasive[J]. Journal of Development Economics, 2012, 99 (1): 178 – 189.

[45] Koopman R, Wang Z, Wei S J. Tracing Value-added and Double Counting in

gross Exports[R]. NBER Working Paper, 2012, No.18579.

[46] Levin, Jonathan D, S Tadelis. Contracting for Government Services: Theory and Evidence from U. S. Cities[J]. NBER Working Paper No.W13350, 2007.

[47] Limao N, A J Venables. Infrastructure, geographical disadvantage, and transport costs[J]. Policy Research Working Paper 15(1999).

[48] Longo S B, York R. How Does Information Communication Technology Affect Energy Use[J]. HumanEcology Review, 2015, 22(1): 55 - 72.

[49] Lu Y, Yu L. Trade Liberalization and Markup Dispersion: Evidence from China's WTO Accession[J]. American Economic Journal: Applied Economics, 2015, 7 (4): 221 - 253.

[50] Meijers H. Does the Internet Generate Economic Growth, International Trade, or Both? [J]. International Economics and Economic Policy, 2014 (1 - 2): 137 - 163.

[51] Melitz M J. The Impact of Trade on Intra-Industry Reallocations and Aggregate Industry Productivity[J]. Econometrica, 2003, 71(6).

[52] Mujumdar S. Revenue implications of trade liberalization under imperfect competition[J]. Economics Letters 82. 1(2004): 83 - 89.

[53] Oldenski L. Export versus FDI and the Communication of Complex Information[J]. Journal of International Economics, 2012, 87(22): 312 - 322.

[54] Paul Krugman. Market Structure and Foreign Trade: Increasing Returns, Imperfect Competition, and the International Economy[J]. MIT Press Books, The MIT Press, edition 1, volume 1, number 026258087x, 1985.

[55] Peter E, Michael P. Distance, Trade and FDI: A Hausman-Taylor SUR approach[J]. Journal of Applied Econometrics, 2004, 19(2): 227 - 246.

[56] Porter, Michael E. Competitive Advantage [M]. New York: The Free Press, 1985.

[57] Schumpeter J A. Capitalism, Socialism and Democracy[M]. New York: harper, 1950.

[58] Shaheer N A, Li S. The CAGE around Cyberspace? How Digital Innovations Internationalize in a Virtual World [J]. Journal of Business Venturing, 2020, 35 (1): 105892.

[59] Sven W Arndt, Henryk Kierzkowski. Fragmentation: New Production Patterns in the Global Economy[J]. Journal of Economic Geography 90. 3 (2002): 342 - 343.

[60] Thangavelu S M, Y W Yong, A Chongvilaivan (2009). FDI, Growth and the Asian Financial Crisis: The Experience of Selected Asian Countries [J]. World Economy, 2009, 32 (10): 1461 - 1477.

[61] Trajtenberg M. AI as the next GPT: a Political-Economy Perspective[J].

CEPR Discussion Papers，2018.

［62］UNCTAD. World Investment report 2013：Global Value-Chains：Investment and Trade for Development. United Nations Conference on Trade and Development，2013.

［63］UNCTAD. Digital Economy Report 2019［DB/OL］. https：//unctad. org/webflyer/digital-economy-report-2019.

［64］UNCTAD. Digital Economy Report 2021［DB/OL］. https：//unctad. org/webflyer/digital-economy-report-2021.

［65］Upward R，Z Wang，J Zheng. Weighing China's Export Basket：The Domestic Content and Technology Intensity of Chinese Exports［J］. Journal of Comparative Economics，2013，41(2)：527－543.

［66］Vujanovic N，B Casella，R. Bolwijn（2021）. Forecasting global FDI：a panel data approach［J］. Transnational Corporations，28（1）：97－125.

［67］Yang R，He C. The Productivity Puzzle of Chinese Exporters：Perspectives of Local Protection and Spillover Effects［J］. Regional Science，2014，93(2)：367－384.

［68］Z L Miao，Digital Economy Value Chain：Concept，Model Structure，and Mechanism［J］. Applied Economics，2021，53(2)：1－16.

［69］阿林·杨格.报酬递增与经济进步［J］.贾根良,译.社会经济体制比较,1996(2).

［70］柏培文,喻理.数字经济发展与企业价格加成:理论机制与经验事实［J/OL］.中国工业经济,2021(11):2－20.

［71］柏培文,喻理.数字经济发展与企业价格加成:理论机制与经验事实［J］.中国工业经济,2021(11):59－77.

［72］包群,邵敏,杨大利.环境管制抑制了污染排放吗?［J］.经济研究,2013,48(12):42－54.

［73］鲍健强,苗阳,陈锋.低碳经济:人类经济发展方式的新变革［J］.中国工业经济,2008(04):153－160.

［74］蔡昉.中国应为下一个人口转折点未雨绸缪吗?［J］.经济与管理研究,2020,41(10):3－13.

［75］蔡宏波,韩金镕.人工智能缓解人口老龄化压力:作用机理与实现路径［J］.新视野,2021(06):20－26.

［76］蔡跃洲,陈楠.新技术革命下人工智能与高质量增长、高质量就业［J］.数量经济技术经济研究,2019,36(05):3－22.

［77］蔡跃洲,张钧南.信息通信技术对中国经济增长的替代效应与渗透效应［J］.经济研究,2015,50(12):100－114.

［78］曹晓路,王崇敏.中国特色自由贸易港建设路径研究——以应对全球数字服务贸易规则变化趋势为视角［J］.经济体制改革,2020(04):58－64.

［79］曹瑛,王耀中.内地与香港金融服务贸易竞争力的比较及启示［J］.国际经贸探索,2009,25(11):25－29.

［80］岑丽君.中国在全球生产网络中的分工与贸易地位——基于 TiVA 数据与 GVC 指数的研究［J］.国际贸易问题,2015(01):3-13.

［81］钞小静,廉园梅,罗鎏锴.新型数字基础设施对制造业高质量发展的影响［J］.财贸研究,2021,32(10):1-13.DOI:10.19337/j.cnki.34-1093/f.2021.10.001.

［82］陈登科.贸易壁垒下降与环境污染改善——来自中国企业污染数据的新证据［J］.经济研究,2020,55(12):98-114.

［83］陈冬梅,王俐珍,陈安霓.数字化与战略管理理论——回顾、挑战与展望［J］.管理世界,2020,36(05):220-236+20.

［84］陈虹,徐阳.贸易自由化对出口国内增加值的影响研究——来自中国制造业的证据［J］.国际经贸探索,2019,35(06):33-48.

［85］陈虹,章国荣.中国服务贸易国际竞争力的实证研究［J］.管理世界,2010(10):13-23.

［86］陈劲,阳镇,朱子钦."十四五"时期"卡脖子"技术的破解:识别框架、战略转向与突破路径［J］.改革,2020(12):5-15.

［87］陈雯,李强.全球价值链分工下我国出口规模的透视分析——基于增加值贸易核算方法［J］.财贸经济,2014(07):107-115.

［88］陈旭,邱斌,刘修岩,李松林.多中心结构与全球价值链地位攀升:来自中国企业的证据［J］.世界经济,2019,42(08):72-96.

［89］陈彦斌,林晨,陈小亮.人工智能、老龄化与经济增长［J］.经济研究,2019(7):47-63.

［90］程承坪,彭欢.人工智能影响就业的机理及中国对策［J］.中国软科学,2018(10):62-70.

［91］程承坪.人工智能促进经济发展的途径［J］.当代经济管理,2021,43(03):1-8.

［92］程承坪.人工智能最终会完全替代就业吗［J］.上海师范大学学报(哲学社会科学版),2019,(02):88-96.

［93］程承坪,彭欢.人工智能影响就业的机理及中国对策［J］.中国软科学,2018(10):62-70.

［94］程大中,郑乐凯,魏如青.全球价值链视角下的中国服务贸易竞争力再评估［J］.世界经济研究,2017(05):85-97.

［95］程虹,陈文津,李唐.机器人在中国:现状、未来与影响——来自中国企业-劳动力匹配调查(CEES)的经验证据［J］.宏观质量研究,2018,6(03):1-21.

［96］代谦,何祚宇.国际分工的代价:垂直专业化的再分解与国际风险传导［J］.经济研究,2015,50(05):20-34.

［97］戴翔,金碚.产品内分工、制度质量与出口技术复杂度［J］.经济研究,2014,49(07):4-17.

［98］戴翔,金碚.构建双循环新发展格局的理论逻辑——基于全球分工演进视角［J］.开放导报,2021(05):49-57.

［99］戴翔,刘梦,张为付.本土市场规模扩张如何引领价值链攀升［J］.世界经济,

2017,40(09):27－50.

[100] 戴翔,秦思佳.营商环境优化如何提升企业出口国内增加值率[J].国际贸易问题,2020(11):15－29.

[101] 戴翔,宋婕."一带一路"倡议的全球价值链优化效应——基于沿线参与国全球价值链分工地位提升的视角[J].中国工业经济,2021(06):99－117.

[102] 戴翔,宋婕.我国外贸转向高质量发展的内涵、路径及方略[J].宏观质量研究,2018,6(3):22－31.

[103] 戴翔,张二震,张雨.双循环新发展格局与国际合作竞争新优势重塑[J].国际贸易,2020(11):11－17.

[104] 戴翔.要素分工、制度型开放和出口贸易高质量发展[J].天津社会科学,2021(3):93－98.

[105] 戴翔.要素分工新发展与中国新一轮高水平开放战略调整[J].经济学家,2019(05):85－93.

[106] 戴翔.中国服务贸易出口增长的数量、价格及种类分解[J].国际贸易问题,2013(09):101－110.

[107] 戴翔.中国制造业出口内涵服务价值演进及因素决定[J].经济研究,2016,51(09):44－57＋174.

[108] 单豪杰.中国资本存量 K 的再估算:1952—2006 年[J].数量经济技术经济研究,2008,25(10):17－31.

[109] 党琳,李雪松,申烁.制造业行业数字化转型与其出口技术复杂度提升[J].国际贸易问题,2021(6):32－47.

[110] 邓仲良,屈小博.工业机器人发展与制造业转型升级——基于中国工业机器人使用的调查[J].改革,2021(08):25－37.

[111] 翟振武,陈佳鞠,李龙.中国人口老龄化的大趋势、新特点及相应养老政策[J].山东大学学报(哲学社会科学版),2016(03):27－35.

[112] 丁志帆.数字经济驱动经济高质量发展的机制研究:一个理论分析框架[J].现代经济探讨,2020(01):85－92.

[113] 董洁妙,余壮雄.产品配置如何让出口企业变得更清洁[J].中国工业经济,2021(08):171－188.DOI:10.19581/j.cnki.ciejournal.2021.08.009.

[114] 段文奇,景光正.贸易便利化、全球价值链嵌入与供应链效率——基于出口企业库存的视角[J].中国工业经济,2021(02):117－135.

[115] 樊纲.双循环与中国经济发展新阶段[J].开放导报,2020(06):7－10.

[116] 樊轶侠,徐昊.中国数字经济发展能带来经济绿色化吗?——来自我国省际面板数据的经验证据[J].经济问题探索,2021(09):15－29.

[117] 范剑勇,谢强强.地区间产业分布的本地市场效应及其对区域协调发展的启示[J].经济研究,2010,45(04):107－119.

[118] 范鑫.数字经济发展、国际贸易效率与贸易不确定性[J].财贸经济,2020,41(08):145－160.DOI:10.19795/j.cnki.cn11－1166/f.2020.08.010.

[119] 付晓东.数字经济:中国经济发展的新动能[J].人民论坛,2020(21):20-23.

[120] 高翔,黄建忠,袁凯华.价值链嵌入位置与出口国内增加值率[J].数量经济技术经济研究,2019,36(06):41-61.

[121] 高运胜,杨阳.全球价值链重构背景下我国制造业高质量发展目标与路径研究[J].经济学家,2020(10):65-74.

[122] 耿伟,杨晓亮.互联网与企业出口国内增加值率:理论和来自中国的经验证据[J].国际经贸探索,2019,35(10):16-35.

[123] 郭冠清.论习近平新时代中国特色社会主义经济思想[J].上海经济研究,2018(10):5-18.

[124] 郭广珍,刘瑞国,黄宗晔.交通基础设施影响消费的经济增长模型[J].经济研究,2019,54(03):166-180.

[125] 郭金花,郭檬楠,郭淑芬.数字基础设施建设如何影响企业全要素生产率?——基于"宽带中国"战略的准自然实验[J].证券市场导报,2021(06):13-23.

[126] 郭凯明.人工智能发展、产业结构转型升级与劳动收入份额变动[J].管理世界,2019,35(07):60-77.

[127] 郭克莎,田潇潇.加快构建新发展格局与制造业转型升级路径[J].中国工业经济,2021(11):44-58.

[128] 郭美晨,杜传忠.ICT提升中国经济增长质量的机理与效应分析[J].统计研究,2019,36(03):3-16

[129] 郭周明,裘莹.数字经济时代全球价值链的重构:典型事实、理论机制与中国策略[J].改革,2020(10):58-66.

[130] 韩超,陈震,王震.节能目标约束下企业污染减排效应的机制研究[J].中国工业经济,2020(10):43-61.

[131] 韩峰,阳立高.内外市场需求、产品多样化与劳动生产率——基于中国城市面板数据的实证分析[J].财经研究,2014,40(01):25-39.

[132] 韩峰,庄宗武,李丹.国内大市场优势推动了中国制造业出口价值攀升吗?[J].财经研究,2020,46(10):4-18.

[133] 韩峰,庄宗武,阳立高.中国制造业出口价值攀升的空间动力来源——基于要素供给和市场需求的综合视角[J].中国工业经济,2021(03):61-79.

[134] 郝寿义.论信息资本化与中国经济高质量发展[J].南开经济研究,2020(06):23-33+49.

[135] 何大安,许一帆.数字经济运行与供给侧结构重塑[J].经济学家,2020(04):57-67.

[136] 何伟,何忠伟.我国运输服务贸易逆差及其国际竞争力[J].国际贸易问题,2008(11):74-79+110.

[137] 何玉梅,赵欣灏.新型数字基础设施能够推动产业结构升级吗——来自中国272个地级市的经验证据[J].科技进步与对策,2021,38(17):79-86.

[138] 洪银兴,桂林.公平竞争背景下国有资本做强做优做大路径——马克思资本和

市场理论的应用[J].中国工业经济,2021(01):5-16.

[139] 胡晟明,王林辉,朱利莹.工业机器人应用存在人力资本提升效应吗?[J].财经研究,2021,47(06):61-75+91.

[140] 胡浩然.清洁生产环境规制与中国企业附加值升级[J].国际贸易问题,2021(08):137-155.

[141] 黄群慧.从当前经济形势看我国"双循环"新发展格局[N].学习时报,2020-07-08(006).

[142] 黄群慧."新常态"、工业化后期与工业增长新动力[J].中国工业经济,2014(10):5-19.

[143] 黄群慧.改革开放40年中国的产业发展与工业化进程[J].中国工业经济,2018(09):5-23.

[144] 黄群慧.新冠肺炎疫情对供给侧的影响与应对:短期和长期视角[J].经济纵横,2020(05):46-57+2.

[145] 黄群慧;贺俊."第三次工业革命"与中国经济发展战略调整——技术经济范式转变的视角[J].中国经济评论,2013(01):5-18.

[146] 贾根良.第三次工业革命与工业智能化[J].中国社会科学,2016(06):87-106.

[147] 贾康."双循环"新发展格局的认识框架[J].金融经济,2020(12):3-8.

[148] 贾利军,陈恒烜.数字技术助力中国技术赶超:理论逻辑与政策取向[J].政治经济学评论,2021,12(06):135-157.

[149] 江静,刘志彪,于明超.生产者服务业发展与制造业效率提升:基于地区和行业面板数据的经验分析[J].世界经济,2007(08):52-62.

[150] 江小涓,孟丽君.内循环为主、外循环赋能与更高水平双循环——国际经验与中国实践[J].管理世界,2021,37(01):1-19.

[151] 江小涓.数字时代的技术与文化[J].中国社会科学,2021(08):4-34.

[152] 江小敏,梁双陆,李宏兵.进口产品质量的提升促进了我国产业出口升级吗——基于产业关联视角的证据[J].国际经贸探索,2020,283(07):16-32.

[153] 姜舸,安同良,陈孝强.新发展格局下的互联网与数字经济研究——第二届互联网与数字经济论坛综述[J].经济研究,2021,56(04):198-200.

[154] 金碚.论经济的组织资本与组织政策——兼议新冠肺炎疫情的启示[J].中国工业经济,2020(04):23-41.

[155] 金碚.以自主可控能力保持产业链供应链安全稳定[J].中国经济评论,2021(02):14-16.

[156] 鞠建东,余心玎,卢冰,李昕.全球价值链网络中的"三足鼎立"格局分析[J].经济学报,2020,7(04):1-20.

[157] 孔高文,刘莎莎,孔东民.机器人与就业——基于行业与地区异质性的探索性分析[J].中国工业经济,2020(08):80-98.

[158] 孔艳芳,刘建旭,赵忠秀.数据要素市场化配置研究:内涵解构、运行机理与实践路径[J].经济学家,2021(11):24-32.

[159] 黎峰.双重价值链嵌入下的中国省级区域角色——一个综合理论分析框架[J].中国工业经济,2020(01):136-154.

[160] 李帮喜,赵峰.固定资本、加速折旧及其经济波动效应[J].政治经济学评论,2017,8(03):190-202.

[161] 李斌,彭星,欧阳铭珂.环境规制、绿色全要素生产率与中国工业发展方式转变——基于36个工业行业数据的实证研究[J].中国工业经济,2013(04):56-68.

[162] 李春顶.中国企业"出口—生产率悖论"研究综述[J].世界经济,2015(5):148-175.

[163] 李丹.全球价值链分工下的生产要素收入:理论创新与重构[J].经济学家,2017(03):40-47.

[164] 李海舰,李燕.对经济新形态的认识:微观经济的视角[J].中国工业经济,2020(12):159-177.

[165] 李宏,乔越.数字化转型提高了制造业出口技术复杂度吗?——基于国家信息化发展战略的拟自然实验[J].山西大学学报(哲学社会科学版),2021,44(05):108-118.

[166] 李宏亮,谢建国,杨继军.金融业开放与中国企业的出口国内增加值率[J].国际贸易问题,2021(07):54-73.

[167] 李金克,张荣,李伯钧.环境动态性视角下大数据能力对制造业绿色竞争力的影响机制研究——基于SBM-GML指数模型[J/OL].科技进步与对策:1-9[2021-12-05].

[168] 李磊,冼国明,包群."引进来"是否促进了"走出去"?——外商投资对中国企业对外直接投资的影响[J].经济研究,2018,53(03):142-156.

[169] 李磊,徐大策.机器人能否提升企业劳动生产率?——机制与事实[J].产业经济研究,2020(03):127-142.

[170] 李玲,陶锋.中国制造业最优环境规制强度的选择——基于绿色全要素生产率的视角[J].中国工业经济,2012(05):70-82.

[171] 李明广,谢众.人口老龄化对企业出口国内增加值率的影响研究[J/OL].西北人口:1-16[2021-11-16].

[172] 李启航,董文婷,刘斌.经济功能区设立提升了企业出口国内增加值率吗?[J].世界经济研究,2020(12):31-47.

[173] 李青原,陈晓,王永海.产品市场竞争、资产专用性与公司资本结构——来自中国制造业股份有限公司的经验证据[J].金融研究,2007(4):100-113.

[174] 李瑞琴,孙浦阳.地理集聚与企业的自选择效应——基于上、下游关联集聚和专业化集聚的比较研究[J].财贸经济,2018,39(04):114-129.

[175] 李曦辉,弋生辉,黄基鑫.构建"双循环"新发展格局:中国经济发展新战略[J].经济管理,2021,43(07):5-24.

[176] 李晓华."新经济"与产业的颠覆性变革[J].财经问题研究,2018(03):3-13.

[177] 李笑影,李玲芳.互联网背景下应对"一带一路"贸易风险的机制设计研究[J].中国工业经济,2018(12):97-114.

［178］李旭章.以双循环格局促产业链供应链升级［J］.人民论坛,2020(23):92-94.

［179］李拯.把发展数字经济作为战略选择［N］.人民日报,2021-10-29(005).

［180］刘斌,潘彤.人工智能对制造业价值链分工的影响效应研究［J］.数量经济技术经济研究,2020,37(10):24-44.

［181］刘斌,王乃嘉.制造业投入服务化与企业出口的二元边际——基于中国微观企业数据的经验研究［J］.中国工业经济,2016(09):59-74.

［182］刘斌,魏倩,吕越,祝坤福.制造业服务化与价值链升级［J］.经济研究,2016(3):151-162.

［183］刘斌,赵晓斐.“邻居”是否影响企业出口决策?——来自中国经济功能区企业的证据［J］.世界经济研究,2019(11):24-45.

［184］刘海洋,高璐,林令涛.互联网、企业出口模式变革及其影响［J］.经济学(季刊),2019(10):261-280.

［185］刘骏,刘涛雄,谢康.机器人可以缓解老龄化带来的中国劳动力短缺问题吗［J］.财贸经济,2021,42(08):145-160.

［186］刘平峰,张旺.数字技术如何赋能制造业全要素生产率?［J］.科学学研究,2021,39(08):1396-1406.

［187］刘啟仁,铁瑛.企业雇佣结构、中间投入与出口产品质量变动之谜［J］.管理世界,2020(3):1-22.

［188］刘淑春.中国数字经济高质量发展的靶向路径与政策供给［J］.经济学家,2019(06):52-61.

［189］刘维刚,倪红福,夏杰长.生产分割对企业生产率的影响［J］.世界经济,2017(8):29-52.

［190］刘小玄.中国工业企业的所有制结构对效率差异的影响——1995年全国工业企业普查数据的实证分析［J］.经济研究,2000(02):17-25.

［191］刘洋,陈晓东.中国数字经济发展对产业结构升级的影响［J］.经济与管理研究,2021,42(08):15-29.

［192］刘洋.畅通国内国际双循环助力经济高质量发展［J］.红旗文稿,2020(19):30-32.

［193］刘元春.正确认识和把握双循环新发展格局［N］.学习时报,2020-09-09(003).

［194］刘政,姚雨秀,张国胜,匡慧姝.企业数字化、专用知识与组织授权［J］.中国工业经济,2020(09):156-174.

［195］刘志彪,凌永辉.关于国内国际双循环新发展格局的若干断想［J］.福建论坛(人文社会科学版),2021(01):5-13.

［196］刘志彪.对内开放:基于内需的经济全球化战略的关键因素［J］.探索与争鸣,2020(8):2-9.

［197］刘志彪.生产者服务业及其集聚:攀升全球价值链的关键要素与实现机制［J］.中国经济问题,2008(1):10-18.

[198] 鲁晓东.收入分配、有效要素禀赋与贸易开放度——基于中国省际面板数据的研究[J].数量经济技术经济研究,2008(04):53-64.

[199] 鲁晓东.我国服务贸易竞争力的实证分析[J].国际经贸探索,2007(10):23-27.

[200] 罗长远,张军.附加值贸易:基于中国的实证分析[J].经济研究,2014,49(06):4-17+43.

[201] 吕延方,方若楠,王冬.中国服务贸易融入数字全球价值链的测度构建及特征研究[J].数量经济技术经济研究,2020(12):25-44.

[202] 吕越,陈帅,盛斌.嵌入全球价值链会导致中国制造的"低端锁定"吗?[J].管理世界,2018,34(08):11-29.

[203] 吕越,邓利静.全球价值链下的中国企业"产品锁定"破局——基于产品多样性视角的经验证据[J].管理世界,2020(8):83-97.

[204] 吕越,谷玮,包群.人工智能与中国企业参与全球价值链分工[J].中国工业经济,2020(05):80-98.

[205] 吕越,吕云龙,包群.融资约束与企业增加值贸易——基于全球价值链视角的微观证据[J].金融研究,2017(05):63-80.

[206] 吕越,张昊天.打破市场分割会促进中国企业减排吗?[J].财经研究,2021,47(09):4-18.DOI:10.16538/j.cnki.jfe.20210707.201.

[207] 马述忠,房超,梁银锋.数字贸易及其时代价值与研究展望[J].国际贸易问题,2018(10):16-30.DOI:10.13510/j.cnki.jit.2018.10.002.

[208] 马述忠,房超.线下市场分割是否促进了企业线上销售——对中国电子商务扩张的一种解释[J].经济研究,2020,55(07):123-139.

[209] 马永飞.全球价值链重构背景下中国对外贸易发展研究[J].国际贸易,2021(02):47-54.

[210] 毛艳华,李敬子.中国服务业出口的本地市场效应研究[J].经济研究,2015,50(08):98-113.

[211] 苗圩.在建设制造强国的伟大征程中成长成才[J].时事报告,2017(10):28-33.

[212] 倪红福.全球价值链中的累积关税成本率及结构:理论与实证[J].经济研究,2020,55(10):89-105.

[213] 聂辉华,江艇,杨汝岱.中国工业企业数据库的使用现状和潜在问题[J].世界经济,2012,35(05):142-158.

[214] 牛文元.可持续发展理论的内涵认知——纪念联合国里约环发大会20周年[J].中国人口·资源与环境,2012,22(05):9-14.

[215] 逄健,朱欣民.国外数字经济发展趋势与数字经济国家发展战略[J].科技进步与对策,2013,30(08):124-128.

[216] 逄锦聚.深化理解加快构建新发展格局[J].经济学动态,2020(10):3-11.

[217] 裴长洪,刘洪愧.中国外贸高质量发展:基于习近平百年大变局重要论断的思

考[J].经济研究,2020,55(05):4-20.

[218] 裴长洪,倪江飞,李越.数字经济的政治经济学分析[J].财贸经济,2018,39(09):5-22.

[219] 裴长洪.进口贸易结构与经济增长:规律与启示[J].经济研究,2013,48(07):4-19.

[220] 裴长洪.经济新常态下中国扩大开放的绩效评价[J].经济研究,2015,50(04):4-20.

[221] 彭倩,干铠骏.产业集聚、生产率与污染排放——来自中国制造业企业的经验证据[J].山西大学学报(哲学社会科学版),2020,43(02):105-120.DOI:10.13451/j.cnki.shanxi.univ(phil.soc.).2020.02.014.

[222] 彭水军,刘安平.中国对外贸易的环境影响效应:基于环境投入—产出模型的经验研究[J].世界经济,2010,33(05):140-160.

[223] 彭向,蒋传海.产业集聚、知识溢出与地区创新——基于中国工业行业的实证检验[J].经济学(季刊),2011,

[224] 齐俊妍,强华俊.数字服务贸易壁垒影响服务出口复杂度吗——基于 OECD-DSTRI 数据库的实证分析[J].国际商务(对外经济贸易大学学报),2021(04):1-18.

[225] 齐俊妍,任奕达.数字经济渗透对全球价值链分工地位的影响——基于行业异质性的跨国经验研究[J].国际贸易问题,2021(09):105-121.DOI:10.13510/j.cnki.jit.2021.09.007.

[226] 齐俊妍,王永进,施炳展,盛丹.金融发展与出口技术复杂度[J].世界经济,2011,34(07):91-118.

[227] 綦建红,付晶晶.最低工资政策与工业机器人应用——来自微观企业层面的证据[J].经济科学,2021(04):99-114.

[228] 邱爱莲,崔日明,逄红梅.生产性服务进口贸易前向溢出效应对中国制造业TFP 的影响——基于制造业行业要素密集度差异的角度[J].国际商务(对外经济贸易大学学报),2016(05):41-51.

[229] 邱子迅,周亚虹.数字经济发展与地区全要素生产率——基于国家级大数据综合试验区的分析[J].财经研究,2021,47(07):4-17.

[230] 任保平."十四五"时期构建基于双循环新发展格局的政治经济学逻辑[J].长安大学学报(社会科学版),2021,23(01):2-7.

[231] 任保全,刘志彪,任优生.全球价值链低端锁定的内生原因及机理——基于企业链条抉择机制的视角[J].世界经济与政治论坛,2016(05):1-23.

[232] 邵朝对,苏丹妮,杨琦.外资进入对东道国本土企业的环境效应:来自中国的证据[J].世界经济,2021,44(03):32-60.

[233] 邵朝对,苏丹妮.产业集聚与企业出口国内附加值:GVC 升级的本地化路径[J].管理世界,2019(08):9-29.

[234] 邵朝对.进口竞争如何影响企业环境绩效——来自中国加入 WTO 的准自然实验[J].经济学(季刊),2021,21(05):1615-1638.

［235］邵帅,张可,豆建民.经济集聚的节能减排效应:理论与中国经验[J].管理世界,2019,35(01):36-60+226.

［236］沈国兵,袁征宇.互联网化、创新保护与中国企业出口产品质量提升[J].世界经济,2020,43(11):127-151.

［237］沈国兵.疫情全球蔓延下推动国内国际双循环促进经贸发展的困境及纾解举措[J].重庆大学学报(社会科学版),2021,27(01):1-13.

［238］沈玉良,彭羽,高疆,陈历幸.数字贸易发展新动力:RTA数字贸易规则方兴未艾——全球数字贸易促进指数分析报告(2020)[J].世界经济研究,2021(01):3-16.

［239］盛斌,黎峰.经济全球化中的生产要素分工、流动与收益[J].世界经济与政治论坛,2021(05):1-22.

［240］盛斌,马涛.中国工业部门垂直专业化与国内技术含量的关系研究[J].世界经济研究,2008(08):61-67.

［241］盛斌,赵文涛.地区全球价值链、市场分割与产业升级——基于空间溢出视角的分析[J].财贸经济:1-15.

［242］施炳展,李建桐.互联网是否促进了分工:来自中国制造业企业的证据[J].管理世界,2020,36(04):148-167.

［243］施炳展,邵文波.中国企业出口产品质量测算及其决定因素——培育出口竞争新优势的微观视角[J].管理世界,2014(9):90-106.

［244］施炳展.互联网与国际贸易——基于双边双向网址链接数据的经验分析[J].经济研究,2016,51(05):172-187.

［245］施震凯,邵军,刘嘉伟.数字基础设施对就业变动的影响——来自制造业的证据[J].河海大学学报(哲学社会科学版),2021,23(05):76-82.

［246］石良平,王素云.互联网促进我国对外贸易发展的机理分析:基于31个省市的面板数据实证[J].世界经济研究,2018(12):48-59+132-133.

［247］史丹,李鹏.中国工业70年发展质量演进及其现状评价[J].中国工业经济,2019(09):5-23.

［248］史丹,余菁.全球价值链重构与跨国公司战略分化——基于全球化转向的探讨[J].经济管理,2021,43(02):5-22.

［249］宋加强,王强.现代服务贸易国际竞争力影响因素研究——基于跨国面板数据[J].国际贸易问题,2014(02):96-104.

［250］宋瑞琛.美国关于WTO改革的主张、措施及中国的策略选择[J].国际贸易,2020(08):48-55.

［251］苏丹妮,盛斌.产业集聚、集聚外部性与企业减排——来自中国的微观新证据[J].经济学(季刊),2021,21(05):1793-1816.DOI:10.13821/j.cnki.ceq.2021.05.14.

［252］苏丹妮,盛斌.出口的环境效应:来自中国企业的微观证据[J].国际贸易问题,2021(07):142-158.DOI:10.13510/j.cnki.jit.2021.07.009.

［253］苏丹妮,盛斌.服务业外资开放如何影响企业环境绩效——来自中国的经验[J].中国工业经济,2021(06):61-79.

［254］苏丹妮.全球价值链嵌入如何影响中国企业环境绩效？［J］.南开经济研究，2020（05）：66 - 86.

［255］孙杰.对国际与国内"双循环"并重的理解［J］.南开学报（哲学社会科学版），2021（01）：21 - 22.

［256］孙黎，许唯聪.数字经济对地区全球价值链嵌入的影响——基于空间溢出效应视角的分析［J］.经济管理，2021，43（11）：16 - 34.

［257］孙浦阳，陈璐瑶，刘伊黎.服务技术前沿化与对外直接投资：基于服务企业的研究［J］.世界经济，2020（8）：148 - 169.

［258］孙浦阳，侯欣裕，盛斌.服务业开放、管理效率与企业出口［J］.经济研究，2018（7）：136 - 151.

［259］孙浦阳，张靖佳，姜小雨.电子商务、搜寻成本与消费价格变化［J］.经济研究，2017，52（07）：139 - 154.

［260］孙耀武，胡智慧.数字经济、产业升级与城市环境质量提升［J/OL］.统计与决策，2021（23）：91 - 95［2021 - 12 - 06］.https：//doi.org/10.13546/j.cnki.tjyjc.2021.23.020.

［261］孙早，侯玉琳.工业智能化如何重塑劳动力就业结构［J］.中国工业经济，2019（5）：61 - 79.

［262］孙震，刘健平，刘涛雄.跨平台竞争与平台市场分割——基于中国线上市场价格离散的证据［J］.中国工业经济，2021（06）：118 - 136.

［263］谭用，孙浦阳，胡雪波，张为付.互联网、信息外溢与进口绩效：理论分析与经验研究［J］.世界经济，2019（12）：77 - 98.

［264］田磊，陆雪琴.减税降费、企业进入退出和全要素生产率［J］.管理世界，2021，37（12）：56 - 77.

［265］铁瑛，张明志，陈榕景.人口结构转型、人口红利演进与出口增长——来自中国城市层面的经验证据［J］.经济研究，2019，54（05）：164 - 180.

［266］涂正革.环境、资源与工业增长的协调性［J］.经济研究，2008（02）：93 - 105.

［267］万攀兵，杨冕，陈林.环境技术标准何以影响中国制造业绿色转型——基于技术改造的视角［J］.中国工业经济，2021（09）：118 - 136.

［268］汪伟，刘玉飞，彭冬冬.人口老龄化的产业结构升级效应研究［J］.中国工业经济，2015（11）：47 - 61.

［269］王海林，黄晓丹，赵小凡，何建坤.全球气候治理若干关键问题及对策［J］.中国人口·资源与环境，2020，30（11）：26 - 33.

［270］王杰，刘斌.环境规制与企业全要素生产率——基于中国工业企业数据的经验分析［J］.中国工业经济，2014（03）：44 - 56.

［271］王静.新发展格局下中国产业链供应链安全稳定战略的逻辑转换［J］.经济学家，2021（11）：72 - 81.

［272］王君，张于喆，张义博，洪群联.人工智能等新技术进步影响就业的机理与对策［J］.宏观经济研究，2017（10）：169 - 181.

［273］王森，王瑞瑜，孙晓芳.智能化背景下人口老龄化的产业结构升级效应［J］.软科

学,2020,34(01):90-96.

[274] 王拓.数字服务贸易及相关政策比较研究[J].国际贸易,2019(09):80-89.

[275] 王文,牛泽东,孙早.工业机器人冲击下的服务业:结构升级还是低端锁定[J].统计研究,2020,37(07):54-65.

[276] 王小霞,李磊.工业机器人加剧了就业波动吗——基于中国工业机器人进口视角[J].国际贸易问题,2020(12):1-15.

[277] 王一鸣.百年大变局、高质量发展与构建新发展格局[J].管理世界,2020,36(12):1-13.

[278] 王永进,盛丹,施炳展,李坤望.基础设施如何提升了出口技术复杂度?[J].经济研究,2010,45(07):103-115.

[279] 王永钦,董雯.机器人的兴起如何影响中国劳动力市场?——来自制造业上市公司的证据[J].经济研究,2020,55(10):159-175.

[280] 王有鑫,赵雅婧.劳动力年龄分布、老龄化趋势与出口比较优势[J].西北人口,2013,154(06):64-69.

[281] 魏伟,肖庆兰,谌仁俊.出口贸易、技术效应与企业污染排放——来自中国工业企业的微观证据[J].华中师范大学学报(人文社会科学版),2021,60(05):65-79.

[282] 吴福象,朱蕾.中国三大地带间的产业关联及其溢出和反馈效应——基于多区域投入—产出分析技术的实证研究[J].南开经济研究,2010(05):140-152.

[283] 吴福象.双循环格局下中国深度参与全球创新链治理研究[J].河北学刊,2021,41(05):158-170.

[284] 吴延兵.中国哪种所有制类型企业最具创新性?[J].世界经济,2012,35(06):3-25+28-29+26-27.

[285] 习近平.开放共创繁荣创新引领未来[N].人民日报,2018-04-11(003).

[286] 习近平.在经济社会领域专家座谈会上的讲话[N].人民日报,2020-08-25(002).

[287] 习近平.努力成为世界主要科学中心和创新高地[J].共产党员,2021(08):4-7.

[288] 习近平.在经济社会领域专家座谈会上的讲话[J].中国政协,2020(16):85.

[289] 习近平.在中国科学院第十九次院士大会、中国工程院第十四次院士大会上的讲话[J].中华人民共和国国务院公报,2018(17):7-13.

[290] 习近平.在第三届中国国际进口博览会开幕式上的主旨演讲[N].人民日报,2020-11-05.

[291] 夏杰长,倪红福.服务贸易作用的重新评估:全球价值链视角[J].财贸经济,2017,38(11):25-32,115-130.

[292] 夏杰长,徐紫嫣.迈向 2035 年的中国服务业:前景、战略定位与推进策略[J].ChinaEconomist,2021,16(01):58-75.

[293] 项松林.中国开放型经济嵌入全球创新链的理论思考[J].国际贸易,2015(07):9-17.

[294] 谢伏瞻.中国共产党与中国特色社会主义政治经济学——庆祝中国共产党成立一百周年笔谈[J].经济研究,2021,56(06):4-39.

[295] 徐保昌,谢建国.市场分割与企业生产率:来自中国制造业企业的证据[J].世界经济,2016,39(01):95-122.

[296] 徐鹏,徐向艺.人工智能时代企业管理变革的逻辑与分析框架[J].管理世界,2020,36(01):122-129.

[297] 徐圆,邓胡艳.多样化、创新能力与城市经济韧性[J].经济学动态,2020(08):88-104.

[298] 许和连,成丽红,孙天阳.制造业投入服务化对企业出口国内增加值的提升效应——基于中国制造业微观企业的经验研究[J].中国工业经济,2017(10):62-80.

[299] 许和连,成丽红.动态比较优势理论适用于中国服务贸易出口结构转型吗——基于要素结构视角下的中国省际面板数据分析[J].国际贸易问题,2015(01):25-35.

[300] 许和连,王海成.简政放权改革会改善企业出口绩效吗?——基于出口退(免)税审批权下放的准自然试验[J].经济研究,2018(3):157-170.

[301] 许家云,毛其淋,胡鞍钢.中间品进口与企业出口产品质量升级:基于中国证据的研究[J].世界经济,2017(3):52-75.

[302] 许宪春,张美慧.中国数字经济规模测算研究——基于国际比较的视角[J].中国工业经济,2020(5):23-41.

[303] 许志瑜,张梦,马野青.全球价值链视角下中国服务贸易国际竞争力及其影响因素研究[J].国际贸易,2018(01):60-66.

[304] 宣旸,张万里.智慧城市、经济集聚与绿色全要素生产率[J].现代经济探讨,2021(09):12-25.DOI:10.13891/j.cnki.mer.2021.09.003.

[305] 闫雪凌,朱博楷,马超.工业机器人使用与制造业就业:来自中国的证据[J].统计研究,2020,37(01):74-87.

[306] 杨光,侯钰.工业机器人的使用、技术升级与经济增长[J].中国工业经济,2020(10):138-156.

[307] 杨慧梅,李坤望.资源配置效率是否影响了出口产品质量?[J].经济科学,2021(3):31-43.

[308] 姚树洁,房景."双循环"发展战略的内在逻辑和理论机制研究[J].重庆大学学报(社会科学版),2020,26(06):10-23.

[309] 姚洋,张晔.中国出口品国内技术含量升级的动态研究——来自全国及江苏省、广东省的证据[J].中国社会科学,2008(02):67-82.

[310] 易靖韬,王悦昊.数字化转型对企业出口的影响研究[J].中国软科学,2021(3):94-104.

[311] 余道先,王露.金砖国家服务贸易国际竞争力研究——基于贸易增加值和全球价值链的视角[J].世界经济研究,2016(08):36-46.

[312] 余东华,张鑫宇.知识资本投入、产业间纵向关联与制造业创新产出[J].财经问题研究,2018(03):38-47.

[313] 余玲铮,魏下海,孙中伟,吴春秀.工业机器人、工作任务与非常规能力溢价——来自制造业"企业—工人"匹配调查的证据[J].管理世界,2021,37(01):47-59.

[314] 余淼杰."大变局"与中国经济"双循环"发展新格局[J].上海对外经贸大学学报,2020,27(06):19-28.

[315] 余长林.知识产权保护与中国出口比较优势[J].管理世界,2016(6):51-66.

[316] 余振,周冰惠,谢旭斌,王梓楠.参与全球价值链重构与中美贸易摩擦[J].中国工业经济,2018(07):24-42.

[317] 余壮雄,董洁妙.企业出口行业边际的扩张与收缩[J].世界经济,2020,43(02):167-192.

[318] 喻胜华,李丹,祝树金.生产性服务业集聚促进制造业价值链攀升了吗——基于 277 个城市微观企业的经验研究[J].国际贸易问题,2020(05):57-71.

[319] 袁淳,肖土盛,耿春晓,盛誉.数字化转型与企业分工:专业化还是纵向一体化[J].中国工业经济,2021(09):137-155.

[320] 岳云嵩,李兵.电子商务平台应用与中国制造业企业出口绩效——基于"阿里巴巴"大数据的经验研究[J].中国工业经济,2018(8):97-115.

[321] 詹晓宁,欧阳永福.数字经济下全球投资的新趋势与中国利用外资的新战略[J].管理世界,2018(3):78-86.

[322] 占丽,戴翔.服务业开放与企业出口国内增加值率悖论及其解释[J].经济与管理研究,2021,42(06):43-64.

[323] 张二震,戴翔.更高水平开放的内涵、逻辑及路径[J].开放导报,2021(01):7-14.

[324] 张二震,戴翔.新发展格局重塑国际合作竞争新优势[J].广州日报,2020-09-21(002).

[325] 张二震.全球化、要素分工与中国的战略[J].经济界,2005(05):18-19.

[326] 张二震.条件具备,战略正确,全球化对发展中国家更有利[J].世界经济研究,2018(03):23-24.

[327] 张昊.地区间生产分工与市场统一度测算:"价格法"再探讨[J].世界经济,2020,43(04):52-74.

[328] 张辉.全球价值链理论与我国产业发展研究[J].中国工业经济,2004(5):18-25.

[329] 张慧.中国服务贸易国际竞争力的影响因素及变动情况——基于 1982～2011 年数据的经验研究[J].国际经贸探索,2014,30(06):56-67.

[330] 张杰,陈志远,刘元春.中国出口国内附加值的测算与变化机制[J].经济研究,2013,48(10):124-137.

[331] 张娟.中国出口增加值的服务要素贡献率提高了吗?[J].世界经济研究,2019(04):119-133+136.

[332] 张礼卿.对"双循环"新发展格局的几点认识[J].南开学报(哲学社会科学版),2021(01):17-20.

[333] 张明志,吴俊涛.人口老龄化对中国制造业行业出口的影响研究[J].国际贸易问题,2019(08):1-15.

[334] 张青,茹少峰.新型数字基础设施促进现代服务业虚拟集聚的路径研究[J].经济问题探索,2021(07):123-135.

[335] 张晴,于津平.投入数字化与全球价值链高端攀升——来自中国制造业企业的微观证据[J].经济评论,2020(06):72-89.

[336] 张晴,于津平.制造业投入数字化与全球价值链中高端跃升——基于投入来源差异的再检验[J].财经研究,2021,47(09):93-107.

[337] 张三峰,魏下海.信息与通信技术是否降低了企业能源消耗——来自中国制造业企业调查数据的证据[J].中国工业经济,2019(2):155-173.

[338] 张晓通,陈实.百年变局下中美全球贸易治理的竞争与合作[J].国际贸易,2021(10):21-27.

[339] 张勋,万广华,张佳佳,何宗樾.数字经济、普惠金融与包容性增长[J].经济研究,2019(8):71-86.

[340] 张艳萍,凌丹,刘慧岭.数字经济是否促进中国制造业全球价值链升级?[J].科学学研究.

[341] 张晔.论买方垄断势力下跨国公司对当地配套企业的纵向压榨[J].中国工业经济,2006(12):29-36.

[342] 张幼文.生产要素的国际流动与全球化经济的运行机制[J].国际经济评论,2013(5):10.

[343] 张幼文.从廉价劳动力优势到稀缺要素优势——论"新开放观"的理论基础[J].南开学报,2005(06):1-8.

[344] 张幼文.新开放观:更高阶段、更高效益的开放[J].社会观察,2006(1):9-15.

[345] 张幼文.要素流动条件下国际分工演进新趋势:兼评《要素分工与国际贸易理论新发展》[J].世界经济研究,2017(09):132-134.

[346] 张宇,蒋殿春.数字经济下的国际贸易:理论反思与展望[J].天津社会科学,2021(3):84-92.

[347] 张宇燕,徐秀军.在新发展格局中推动中国与世界经济良性互动[J].理论导报,2020(12):53-55.

[348] 张宇燕.全球化、区域化和平行体系[J].世界经济与政治,2020(01):1.

[349] 张雨,戴翔.加强知识产权保护能够提升企业出口国内增加值吗?[J].当代经济科学,2021,43(02):97-108.

[350] 张宗庆,郑江淮.技术无限供给条件下企业创新行为——基于中国工业企业创新调查的实证分析[J].管理世界,2013(01):115-130.

[351] 赵宸宇,王文春,李雪松.数字化转型如何影响企业全要素生产率[J].财贸经济,2021,42(07):114-129.

[352] 赵春明,江小敏,李宏兵.对外直接投资、产业关联与技能工资溢价——基于水平溢出与垂直溢出效应的实证研究[J].国际贸易问题,2019(02):113-128.

[353] 赵春明,文磊.数字经济助推服务贸易的逻辑与政策建议[J].开放导报,2021(06):38-46.

[354] 赵景瑞,孙慧,郝晓.产业链内嵌国内技术进步与企业出口国内附加值率提升——基于中国工业企业数据的实证分析[J].西部论坛,2021,31(04):1-17.

[355] 赵涛,张智,梁上坤.数字经济、创业活跃度与高质量发展——来自中国城市的经验证据[J].管理世界,2020,36(10):65-76.

[356] 赵增耀,章小波,沈能.区域协同创新效率的多维溢出效应[J].中国工业经济,2015(01):32-44.

[357] 周茂,陆毅,李雨浓.地区产业升级与劳动收入份额:基于合成工具变量的估计[J].经济研究,2018,53(11):132-147.

[358] 周念利,姚亭亭.数字服务贸易限制性措施贸易抑制效应的经验研究[J].中国软科学,2021(02):11-21.

[359] 周升起,兰珍先,付华.中国制造业在全球价值链国际分工地位再考察——基于 Koopman 等的"GVC 地位指数"[J].国际贸易问题,2014(02):3-12.

[360] 周烁,张文韬.互联网使用的主观福利效应分析[J].经济研究,2021,56(09):158-174.

[361] 周文,刘少阳.新发展格局的政治经济学要义:理论创新与世界意义[J],经济纵横,2021,43(7):1-9.

[362] 周懿,邓峰,卓乘风.人口红利消退阻碍我国制造业价值链攀升了吗?[J].经济问题探索,2020(04):13-26.

[363] 周琢,祝坤福.外资企业的要素属权结构与出口增加值的收益归属[J].中国工业经济,2020(01):118-135.

[364] 朱平芳,项歌德,王永水.中国工业行业间 R&D 溢出效应研究[J].经济研究,2016,51(11):44-55.

[365] 诸竹君,黄先海,余骁.进口中间品质量、自主创新与企业出口国内增加值率[J].中国工业经济,2018(8):116-134.

[366] 祝树金,戢璇,傅晓岚.出口品技术水平的决定性因素:来自跨国面板数据的证据[J].世界经济,2010,33(04):28-46.